Mag. Gabriel Schandl e.U.
General-Keyes-Straße 19/7
A-5020 Salzburg

D1692972

SCHÄFFER
POESCHEL

Michael Faschingbauer

Effectuation

Wie erfolgreiche Unternehmer denken, entscheiden und handeln

2010
Schäffer-Poeschel Verlag Stuttgart

Bibliografische Information der Deutschen Nationalbibliothek
Die Deutsche Nationalbibliothek verzeichnet diese Publikation in der Deutschen National-
bibliografie; detaillierte bibliografische Daten sind im Internet über < http://dnb.d-nb.de >
abrufbar.

Gedruckt auf chlorfrei gebleichtem, säurefreiem und alterungsbeständigem Papier.

ISBN 978-3-7910-2946-7

Dieses Werk einschließlich aller seiner Teile ist urheberrechtlich geschützt. Jede Ver-
wertung außerhalb der engen Grenzen des Urheberrechtsgesetzes ist ohne Zustimmung
des Verlages unzulässig und strafbar. Das gilt insbesondere für Vervielfältigungen, Über-
setzungen, Mikroverfilmungen und die Einspeicherung und Verarbeitung in elektroni-
schen Systemen.

© 2010 Schäffer-Poeschel Verlag für Wirtschaft · Steuern · Recht GmbH
www.schaeffer-poeschel.de
info@schaeffer-poeschel.de
Einbandgestaltung: Dietrich Ebert, Reutlingen
Druck und Bindung: CPI – Ebner & Spiegel, Ulm
Printed in Germany
April 2010

Schäffer-Poeschel Verlag Stuttgart
Ein Tochterunternehmen der Verlagsgruppe Handelsblatt

Inhalt

Geleitwort (von Dietmar Grichnik)	XI
Vorwort	XIII
Schlüsselbegriffe	XVII

1	**Einführung**		1
1.1	Prognosen der Zukunft: Drei Gefäße		1
1.2	Erscheinungsformen von Risiko, Unsicherheit und Ungewissheit..		5
	1.2.1	Risiko	5
	1.2.2	Unsicherheit	6
	1.2.3	Ungewissheit	7
1.3	Möglichkeiten und Grenzen der Marktforschung		9
	1.3.1	Marktforschung in bestehenden Märkten	10
	1.3.2	Alternativen unter Ungewissheit	11
1.4	Zunahme von Ungewissheit		13
	1.4.1	Kleine Geschichte der Ungewissheit der letzten 1500 Jahre	13
	1.4.2	Komplexität: Das neue Gewand der Ungewissheit	15
	1.4.3	Die aktuellen Herausforderungen	17
2	**Zwei Arten zu denken**		21
2.1	Linear-kausales Denken		22
	2.1.1	Der Prozess linear-kausaler Problemlösung	22
	2.1.2	Beispiele linear-kausaler Prozesse	23
2.2	Zyklischer Prozess: Effectuation		25
	2.2.1	Dynamisches Effectuation-Modell	25
	2.2.2	Beispiele zyklischer Effectuation-Prozesse	28
2.3	Situationsabhängig denken, entscheiden und handeln		30
	2.3.1	Das ideale Feld für kausales Denken	30
	2.3.2	Das ideale Feld für Effectuation	32
	2.3.3	Wenn Vorhaben das Feld wechseln	33

3	**Die vier Prinzipien von Effectuation**	35
3.1	Prinzip der Mittelorientierung	36
	3.1.1 Mittelorientierung – Versuch einer Definition	36
	3.1.2 Mittelanalyse und Zielvorstellungen	38
	3.1.3 Mittelorientierung für Fortgeschrittene	47
	3.1.4 Zusammenfassung	50
3.2	Prinzip des leistbaren Verlusts	51
	3.2.1 Leistbarer Verlust – Versuch einer Definition	51
	3.2.2 Domänen des erwarteten Ertrags	53
	3.2.3 Die Praxis des leistbaren Verlust	55
	3.2.4 Leistbarer Verlust für Fortgeschrittene	59
	3.2.5 Zusammenfassung	64
3.3	Prinzip der Umstände und Zufälle	65
	3.3.1 Das Prinzip der Umstände und Zufälle – Versuch einer Definition	66
	3.3.2 Umstände und Zufälle nutzen	68
	3.3.3 Umstände und Zufälle für Fortgeschrittene	75
	3.3.4 Zusammenfassung	78
3.4	Prinzip der Vereinbarungen und Partnerschaften	79
	3.4.1 Vereinbarungen und Partnerschaften – Versuch einer Definition	80
	3.4.2 Partnerschaften verhandeln	83
	3.4.3 Partnerschaften für Fortgeschrittene	90
	3.4.4 Zusammenfassung	95

4	**Neues in die Welt bringen – Effectuation in der Praxis**	97
4.1	Handeln	97
	4.1.1 Anatomie des Handelns	98
	4.1.2 Ins Handeln kommen	99
	4.1.3 Handeln im Team	100
4.2	Der Mythos von der brillanten Idee	101
	4.2.1 Wer bewertet Ideen?	102
	4.2.2 Ideen bewerten	104
	4.2.3 Semi-kausale Bewertung von Ideen	104
4.3	Eine Strategie wählen	106
	4.3.1 PAVE: Vier Strategien zur Gestaltung der Zukunft	106
	4.3.2 Beispiel: PAVE und die Schokoladenfabrik	109
4.4.	Steuern ohne Landkarte	111
	4.4.1 Steuern über die Wahl der Mittel	112

	4.4.2	Den leistbaren Verlust steuern	112
	4.4.3	Steuern über Umstände und Zufälle	113
	4.4.4	Steuern über Vereinbarungen	113
	4.4.5	Steuern durch teilnehmendes Beobachten	114
	4.4.6	Steuern an erreichbaren Punkten	114
4.5		Effectuation und kausale Logik verbinden	115
	4.5.1	Hinweise für den passenden Methoden-Mix	115
	4.5.2	Kausale Planung für Effectuators	118
	4.5.3	Für beide Positionen sorgen	120
	4.5.4	Den Gegensatz der beiden Logiken transformieren	121
5		**Anwendungsfelder und ausführliche Fallstudien**	**123**
5.1		Überblick	124
	5.1.1	Unternehmensgründung und Gründerbegleitung	125
	5.1.2	Führung und Management	126
	5.1.3	Innovation	126
	5.1.4	Unternehmensführung	127
	5.1.5	Karriereentwicklung	128
	5.1.6	Beratung und Coaching	128
	5.1.7	Weitere potenzielle Anwendungen	129
5.2		Unternehmensgründung (von *René Mauer*)	129
	5.2.1	Fallstudie PicoLAS	130
	5.2.2	Ungewissheit – Grundproblem technologiebasierter Gründung	131
	5.2.3	Persönlichkeit, Wissen und Netzwerk des Gründers	132
	5.2.4	Ideen breitem Feedback aussetzen	134
	5.2.5	Reifung durch die Unterstützung von Partnern	135
	5.2.6	Ein überschaubares Risiko wählen	136
	5.2.7	Effectuation und der Businessplan	137
	5.2.8	Effectuation als wertvolles Instrument für den Gründungsprozess	139
5.3		Führung (von *Ruth Seliger*)	140
	5.1.3	Positive Leadership	141
	5.3.2	Nahtstellen von Effectuation und Positive Leadership	143
	5.3.3	Die Wahl der Führungs-Perspektive	148
5.4		Innovation	149
	5.4.1	Fallstudie Gore & Associates	151
	5.4.2	Innovation als Aufgabe jedes Einzelnen	152
	5.4.3	Mittelorientierung	152
	5.4.4	Leistbarer Verlust	153

		5.4.5	Umstände und Zufälle	154
		5.4.6	Vereinbarungen	155
		5.4.7	Innovation durch Effectuation	156
	5.5	\multicolumn{2}{l}{Unternehmensführung (von *Stuart Read, Nicholas Dew, Saras Sarasvathy* und *Rolbert Wiltbank*)}	157
		5.5.1	Fallstudie Guidewire	157
		5.5.2	Elemente von Effectuation-Organisationen	159
		5.5.3	Vorhersage	161
		5.5.4	Struktur	162
		5.5.5	Prozess	164
		5.5.6	Guidewire Epilog	164
		5.5.7	Eine neue Perspektive	166
	5.6	\multicolumn{2}{l}{Karriereentwicklung (von *Helfried Faschingbauer*)}	166
		5.6.1	Effectuation als Instrument auf dem beruflichen Karriereweg?	166
		5.6.2	Entwicklung der Arbeits- und Berufswelt: Gezwungen in die Ungewissheit	167
		5.6.3	Der Prozess macht den Unterschied	169
		5.6.4	Perspektive	177
	5.7.	\multicolumn{2}{l}{Beratungs- und Coachingpraxis (von *Gunther Schmidt*)}	178
		5.7.1	Situationsbedingungen von Beratungsprozessen	178
		5.7.2	Hypnosystemische Prämissen	179
		5.7.3	Problemkonstruktionen und »Problem-hypnotische« Zielentwürfe	179
		5.7.4	Kompetenzaktivierende Transformationsprozesse	182
	5.8	\multicolumn{2}{l}{Weitere potenzielle Anwendungen}	189
		5.8.1	Projektmanagement	189
		5.8.2	Marketing	190
		5.8.3	Selbstmanagement	190
		5.8.4	Problemlösung	191
		5.8.5	Forschung	191
		5.8.6	Politik	192
		5.8.7	Non-Profit-Organisationen und soziales Unternehmertum	192
6	\multicolumn{3}{l}{**Toolbox**}	**195**
	6.1	\multicolumn{2}{l}{Tools zur Mittelanalyse}	196
		6.1.1	Lebenslaufanalyse	196
		6.1.2	Best-Self-Feedback	198
		6.1.3	Wissenskorridor	199
		6.1.4	Stakeholder-Analyse	200

	6.1.5	Analyse des Situationspotenzials	201
	6.1.6	Landkarte der Zielvorstellungen	202
6.2	Tools zum Eruieren des Leistbaren Verlusts		203
	6.2.1	Kleine Entscheidungen nach leistbarem Verlust	203
	6.2.2	Große Entscheidungen nach leistbarem Verlust	204
6.3	Tools zum Nutzen von Umständen und Zufällen		205
	6.3.1	Routine zum Management des Unerwarteten	205
	6.3.2	Katastrophenfantasien	207
6.4	Tools zum Aushandeln von Vereinbarungen		208
	6.4.1	Ein Netz aus Vereinbarungen knüpfen	208
	6.4.2	Vorbereitung, Durchführung und Dokumentation von Gesprächen	209
6.5	Tools zum Handeln nach Effectuation		211
	6.5.1	Ins Handeln kommen (5-Minuten-Trick)	211
	6.5.2	Leitplanken-Planung	212
	6.5.3	Ideen-Sondierung	213
	6.5.4	Lokale Aktionsplanung	215
	6.5.5	Der Marktplatz	216
	6.5.6	Gegensätze transformieren: Das erweiterte Tetralemma	217

7	**Effectuation-Forschungsergebnisse**	219
7.1	Entrepreneurship-Forschung	219
7.2	Die »Entdeckung« von Effectuation	222
7.3	Effectuation-Feldforschung	224
7.4	Aktuelle Forschungsschwerpunkte	226

Über den Autor	229
Gastautorinnen und Gastautoren	230
Danksagung	233
Literatur	235
Sachregister	241

Geleitwort

von Dietmar Grichnik

Praktikern in wirtschaftlichen Handlungsfeldern bietet das vorliegende Buch einmalige Empfehlungen und Hinweise, wie sie in neuartigen Entscheidungssituation trotz höchster Unsicherheit handeln können. Das Überraschende dabei ist die Abkehr von bekannten Pfaden der Managementliteratur, die dem unternehmerisch handelnden Menschen in der Wirtschaft oder auf anderen innovativen Gebieten bis dato wenig konkrete Hilfestellung im Umgang mit hoher Komplexität und Unsicherheit gab. Ausgefeilte Marktstrategien, die mit dem besten – effizienten und effektiven – Mitteleinsatz eine optimale Zielerreichung anstreben, greifen zu kurz und bleiben theoretischer Natur dort, wo es Märkte, Marktpreise und Marktreaktionen noch gar nicht gibt. Dem Innovator und Veränderer fehlt es an klassischen betriebswirtschaftlichen Zielkategorien, wenn er etwas vollständig Neues, wie ein innovatives Start-up-Unternehmen, eine neue Branche, einen neuen Markt oder auch nur ein einzelnes Vorhaben in seiner bereits bestehenden Organisation unter Ungewissheit über dessen Ausgang realisieren möchte. Die in diesem Buch vorgestellten Handlungsprinzipien basieren auf dem Effectuation-Ansatz von Saras Sarasvathy, der zurzeit die aktuelle Diskussion in der internationalen Entrepreneurship-Forschung maßgeblich prägt.

Die internationale Entrepreneurship-Forschung untersucht dabei ökonomische Entscheidungssituationen, in denen unternehmerische Gelegenheiten durch eine oder mehrere Personen entdeckt oder geschaffen, bewertet und ausgeschöpft werden. Relevante Fragestellungen für die Entrepreneurship-Praxis sind dabei: Wie denken, entscheiden und handeln erfolgreiche Gründer? Gibt es Elemente, die Entrepreneure über Zeit, Branchen und Regionen hinweg gemeinsam haben? Gibt es einen gemeinsamen lehr- und lernbaren Kern zum Unternehmertum? Lassen sich diese auch auf andere Entscheidungssituationen unter Unsicherheit übertragen? Antworten auf diese Fragen liefert der Effectuation-Ansatz. Effectuation beschreibt eine von erfahrenen Entrepreneuren bevorzugte Vorgehensweise der Problemlösung und Entscheidungsfindung. Der Effectuation-Ansatz stellt hierbei nicht bloß eine Abweichung von der kausalen, zielorientierten Vorgehensweise dar, sondern ist vielmehr eine Art des Denkens, die auf einer von kausalem Denken unabhängigen Logik aufbaut. Somit stellt Effectuation einen neuen wissenschaftlichen Zugang zu unternehmerischem Denken und Handeln bei innovativen Geschäftsideen und -modellen dar. Während die kausale Logik auf der Annahme basiert, dass die Zukunft vorhersagbar ist, wird im Sinne des Effectuation-Ansatzes Zukunft als nicht vorhersehbar, sondern als durch menschliches Handeln gestaltbar angesehen. Hierin begründet sich letztlich auch die Namensfindung dieses Ansatzes, da »to effectuate« am treffendsten mit »bewirken« übersetzt werden kann. Das Gestalten des Entrepreneurs steht folglich im Vordergrund.

Mit diesem Fachbuch etwas für Praktiker zu bewirken, ist das erklärte (kausale) Ziel des Autors und der Gastautoren. Indem sie sich an die in der Praxis Handelnden und deren Multiplikatoren – Führungskräfte, Coaches und Trainer – wenden, um den Effectuation-Ansatz in die Praxis zu übersetzen, werden sie selbst zu Effectuators. Das Buch von Michael Faschingbauer ist in vielfältiger Hinsicht originell, der Aufbau der Inhalte ist zielstrebig, die Fallstudienanalysen liefern zahlreiche überraschende Erkenntnisse. Höchsten Ansprüchen genügt auch die moderne Buchkonzeption und -gestaltung mit Arbeitsfragen zur Selbstreflexion, vielen anschaulichen Fallbeispielen und einer Toolbox für Praktiker, die diesen eine direkte Anwendung des Erlernten ermöglichen. Das Buch ist daher sowohl für den praktisch Gestaltenden als auch für dessen Berater und Trainer eine höchst empfehlenswerte Lektüre. Ich wünsche Michael Faschingbauer, den ich mit dem Effectuation-Ansatz erstmalig konfrontieren durfte, und seinen Gastautoren eine zahlreiche Leserschaft und die ihnen gebührende Aufmerksamkeit, die sie mit diesem Buch verdient haben.

Prof. Dr. *Dietmar Grichnik*
Inhaber des Lehrstuhls für Unternehmertum und Existenzgründung
WHU – Otto Beisheim School of Management, Vallendar

Vorwort

Sie müssen in ungewissen Situationen gute Entscheidungen treffen und die Zukunft gestalten? Da sind Sie nicht allein. Für immer mehr Menschen ist das immer öfter der Fall – zum Beispiel dann, wenn sie in einem Unternehmen mit Führungsaufgaben betraut sind, Innovationen hervorbringen, neue Märkte erschließen, Personal- und Organisationsentwicklung betreiben oder in der Rolle des Unternehmers das Unternehmen für die Zukunft neu ausrichten. Aber auch Menschen in der Politik, der Regionalentwicklung und im Non-Profit-Sektor handeln zunehmend unter Ungewissheit – unter komplexen dynamischen, jedoch gestaltbaren Rahmenbedingungen. Vielleicht treffen Sie auch in Ihrem Privatleben und in Ihrer persönlichen Karriereentwicklung öfter auf Situationen, die schlecht bis gar nicht einzuschätzen sind? Möglicherweise sind Sie Beraterin* oder Trainer und stellen fest, dass Ihre Kunden in ihren Vorhaben andere Dinge brauchen würden als ein klares Ziel und einen guten Plan? Doch was brauchen sie stattdessen?

Schwer einschätzbare, diffuse und mehrdeutige Situationen scheinen heute hinter jeder Ecke und auf viele unserer Vorhaben zu lauern. Doch was wir als zunehmende Ungewissheit wahrnehmen, ist keineswegs ein neues Phänomen. Unternehmerinnen haben sich beispielsweise seit jeher dem Ungewissen ausgesetzt, und es ist ihnen immer wieder gelungen, in komplexen und dynamischen Umfeldern Neues und Wertvolles zu kreieren. Gelingt es jemandem über längere Zeit wiederholt, Ungewisses in Profitables zu verwandeln, dann haben diese Personen durch Erfahrung gelernt. Sie sind zu Expertinnen ihres Feldes geworden. Unternehmer gibt es in unterschiedlichsten Feldern, doch ihnen allen ist gemein, dass sie immer wieder unter Ungewissheit denken, entscheiden und handeln (müssen). Wie wäre es also, wenn man die Expertise erfahrener Unternehmerinnen im Umgang mit Ungewissem beschreibbar und dadurch auch bewusst erlernbar machen könnte?

Dieser Aufgabe widmet sich die Entrepreneurship-Forscherin und Kognitionswissenschaftlerin Saras Sarasvathy. Mit der Unterstützung von Forschungs-Koryphäen wie dem Wirtschafts-Nobelpreisträger Herbert Simon gelang es ihr in aufwändiger Feldforschung, Schlüsselelemente der Expertise erfahrener Unternehmer zu extrahieren. Sarasvathy formulierte deren Denk-, Entscheidungs-

---

* Frauen *und* Männer bringen unter Ungewissheit Neues und Wertvolles in die Welt. In diesem Buch werden – sofern beide Geschlechter gemeint sind – die männliche und weibliche Form abwechselnd und zufällig gebraucht. Wir hoffen, dass sich dadurch Leserinnen und Leser gleichermaßen angesprochen fühlen.

und Handlungsgewohnheiten in einem Prozess und fünf Prinzipien unter dem Namen *Effectuation*. Effectuation ist eine Art unternehmerisch zu denken und zu handeln – eine eigenständige Logik, die ohne Prognosen auskommt. Damit lässt sich schlüssig erklären, wie die Experten unter Ungewissheit entschlossen und gleichzeitig mit überschaubarem Risiko Neues in die Welt bringen. Was die Sache besonders interessant macht: Effectuation *beschreibt* nicht nur, wie Experten unter Ungewissheit vorgehen, sondern macht deren Denkgewohnheiten für jene nutzbar, die keine jahrzehntelange Felderfahrung unter Ungewissheit haben.

Die Mühlen der Wissenschaft mahlen gründlich, aber langsam. Eine ständig wachsende Gruppe an Forscherinnen hat mittlerweile die Basis für Effectuation im Unternehmertum gut abgesichert und wertvolle Erkenntnisse über Effectuation in Domänen außerhalb des Unternehmertums gewonnen. Zwischen dem Start einer Feldstudie und der Veröffentlichung in einem Journal liegen jedoch mitunter mehrere Jahre, sodass viele wissenschaftliche Ergebnisse zu Effectuation bislang einer breiteren Öffentlichkeit noch nicht zugänglich sind. Dieses Buch möchte die Brücke von der Wissenschaft in die Praxis schlagen und die große Menge wissenschaftlicher Arbeitspapiere für all jene nutzbar machen, die in den eingangs beschriebenen Feldern unter Ungewissheit agieren.

Dieses Buch ist für Menschen geschrieben, die Effectuation kennenlernen, verstehen und anwenden wollen – als neuen, zusätzlichen Methodenkoffer für alle schwer einschätzbaren Situationen. Dieser Koffer ist gefüllt mit Werkzeugen, die bei den eigenen Mitteln und Vorlieben beginnen und ganz rasch ins Tun führen, ohne dass man bereits von Vornherein fixe Ziele oder eine brillante Idee haben muss. Unternehmerisches Handeln nach dem Effectuation-Ansatz erfolgt dabei auf Basis von Partnerschaften und Allianzen, bei geringem Risiko, kontrollierend statt vorhersagend, erprobt und wissenschaftlich belegt – und letztendlich höchst rational, wenn die Zukunft einfach ungewiss ist.

Um aus der Lektüre dieses Buches optimalen Nutzen zu ziehen, empfehle ich, die ersten drei Kapitel über die Grundlagen von Effectuation chronologisch von vorne nach hinten zu lesen. Im **Kapitel 1** befassen wir uns mit drei Phänomenen, die im weiteren Verlauf des Buches eine wesentliche Rolle spielen werden: Risiko, Unsicherheit und Ungewissheit. Wir klären, warum es vor allem unter Ungewissheit wenig sinnvoll ist, Entscheidungen auf Basis von Prognosen und fixen Zielen zu treffen. **Kapitel 2** stellt zwei grundsätzlich unterschiedliche Arten vor, mit der Zukunft umzugehen: linear-kausales Denken und Effectuation. Ausgehend von einer prozessorientierten Sicht auf beide Denkweisen werden die Situationsbedingungen geklärt, unter denen diese jeweils optimal wirksam werden. In **Kapitel 3** befassen wir uns ausführlich mit den handlungsleitenden Prinzipien, die Effectuation ausmachen. Immer noch in Abgrenzung zu kausaler Logik erschließen wir die Wirkung und den Einsatz der Prinzipien in der Praxis.

Kapitel 4 wird Sie darin unterstützen, die bis dahin erarbeiteten Grundlagen sinnvoll miteinander zu verbinden und in ungewissen Situationen ins Handeln zu kommen. Wir räumen gedankliche Stolpersteine und Mythen aus dem Weg, befassen uns mit der Wahl von Handlungsstrategien und führen schlussendlich die beiden Denkhaltungen wieder zusammen, die wir zuvor zum besseren Verständnis klar getrennt haben.

Im **Kapitel 5** – dem umfangreichsten Kapitel dieses Buches – nehmen wir eine Kontexterweiterung vor und verknüpfen Effectuation mit einer Reihe konkreter Handlungsfelder. Ich freue mich sehr darüber, dass ich für zentrale Felder namhafte Experten als Gastautoren gewinnen konnte: Zu Wort kommen René Mauer (Unternehmensgründung), Ruth Seliger (Führung), die führenden Effectuation-Forscher Stuart Read, Nicholas Dew, Saras Sarasvathy und Robert Wiltbank (Unternehmensführung), Helfried Faschingbauer (Karriereentwicklung) und Gunther Schmidt (Coaching- und Beratungspraxis).

Im **Kapitel 6** finden Sie schließlich eine Auswahl erprobter Tools samt Beschreibung und Hinweisen für die praktische Anwendung von Effectuation in eigenen Vorhaben. Der Großteil der Tools eignet sich sowohl für die Einzel- bzw. Selbstanwendung als auch für die Anwendung in selbstorganisierten oder moderierten Gruppen.

Den Abschluss des Buches bildet das **Kapitel 7** zu den Ergebnissen der Effectuation-Forschung. Dort erfahren Sie Genaueres darüber, in welchem Kontext Effectuation »entdeckt« wurde, was durch Feldforschung bereits abgesichert wurde und welche Aktivitäten die aktuelle Effectuation-Forschung prägen. In diesem Kapitel werden auch die Begründerin des Effectuation-Ansatzes Saras Sarasvathy und ihre engsten Forschungspartner gewürdigt, auf deren Arbeit dieses Buchs aufbaut.

Wenn Sie Effectuation mit Hilfe dieses Buches zunächst einmal kennen und verstehen lernen möchten, dann werden Sie vor allem in den Kerntexten der ersten vier Kapitel sowie den besonders hervorgehobenen »**Fallbeispielen**«, die jeweils einzelne Elemente von Effectuation illustrieren, fündig werden. Wenn Sie Effectuation auch erproben und anwenden wollen, bieten die als »**Arbeitsfragen**« markierten Kästen in den Kapiteln 1 bis 4 die Möglichkeit für Selbstreflexion und den Transfer auf Ihre eigenen Vorhaben. Dazu ist es hilfreich, die Fragen jeweils schriftlich auszuarbeiten. Sobald Sie sich dazu entschieden haben, Effectuation auf ein ganz bestimmtes Vorhaben oder Handlungsfeld anzuwenden, lohnt es sich, einzelne Tools aus der **Toolbox** systematisch anzuwenden. Im Verlauf des Buches werden Sie dazu jeweils Verweise zum passenden Tool für den gerade behandelten Kontext finden.

Wenn Sie beim Lesen dieses Buchs den Eindruck bekommen, die Welt werde polarisiert in Schwarz und Weiß dargestellt, so ist dies zunächst beabsichtigt. Ich tue das aus didaktischen Gründen und argumentiere im Folgenden über weite Strecken parteiisch für Effectuation. Es liegt mir jedoch fern, Effectuation gegen Ihr bewährtes Wissen und gängige Praktiken auszuspielen. Stattdessen möchte ich Ihnen Effectuation als nützliche Ergänzung anbieten. Dazu grenze ich Effectuation zuerst scharf von linear-kausalem Denken, Entscheiden und Handeln ab und nutze über weite Strecken das Mittel der Überzeichnung. Ich bitte schon vorab um Nachsicht für die dabei getroffenen Vereinfachungen und verspreche, diese im hinteren Teil des Buches wieder aufzulösen.

Graz, im März 2010
Michael Faschingbauer

PS: Falls Sie Ihre Erkundung von Effectuation mit einer persönlichen Erfahrung beginnen möchten, lade ich Sie ein, die Fragen unter www.pave-test.com zu beantworten. Sie erhalten umgehend eine persönliche Auswertung, die Sie im Zuge der Lektüre dieses Buches mit Ihrer Selbsteinschätzung abgleichen können.

Schlüsselbegriffe

Effectuation
Die volle Bedeutung des Begriffs *Effectuation* – ein von der Entrepreneurship-Forscherin Saras Sarasvathy eingeführtes Kunstwort für eine eigenständige Art zu denken und zu handeln (Sarasvathy, 2001a) – wird sich im Laufe des Buches noch ausführlich und in vielen Facetten erschließen. Der Begriff wird im Folgenden in unterschiedlichen Formen verwendet: *Effectuators* sind Frauen und Männer, die Effectuation anwenden, also bevorzugt nach der Logik von Effectuation denken, entscheiden und handeln. Effectuators *effektuieren*.

Stakeholder
Der Begriff setzt sich zusammen aus den englischen Wörtern »stake« für »Beteiligung« und »holder« für »Eigentümer« oder »Halter«. Wenn im Folgenden von *Stakeholdern* die Rede ist, dann sind damit all jene Personen und Gruppen gemeint, die an einem Vorhaben direkt oder indirekt beteiligt oder davon betroffen sind. Im deutschsprachigen Raum wird »Stakeholder« immer häufiger mit dem Begriff »Anspruchsgruppen« für »alle internen und externen Personengruppen, die von den unternehmerischen Tätigkeiten gegenwärtig oder in Zukunft direkt oder indirekt betroffen sind«** übersetzt.

Entrepreneurship
lässt sich am besten mit »Unternehmertum« übersetzen. *Entrepreneurship**** meint jedoch weniger die Administration oder den Besitz eines Unternehmens, sondern die schöpferischen und gestalterischen Elemente. Entrepreneure sind also diejenigen, die neue Produkte, Dienstleistungen und Unternehmen in die Welt bringen. Diese Aspekte stehen auch im Vordergrund, wenn im Folgenden von Unternehmern die Rede ist.

Unternehmerisch denken und handeln
bezieht sich in diesem Buch auf den schöpferischen und gestalterischen Akt, Neues und Wertvolles in die Welt zu bringen. *Unternehmerisch denken und handeln* geht weit über wirtschaftliche Aspekte hinaus und umfasst denken und handeln in unterschiedlichsten Vorhaben, die dazu beitragen, die Zukunft aktiv und selbstverantwortlich zu gestalten.

** Gabler Wirtschaftslexikon Online; wirtschaftslexikon.gabler.de
*** Definitionen lt. Entrepreneurship-Forschung: siehe Kapitel 7.1, S. 219 ff.

1 Einführung

»Es ist alles sehr kompliziert!« – Mit diesem Ausspruch hat sich ein ehemaliger österreichischer Bundeskanzler in das kollektive Gedächtnis der Österreicher eingebrannt. Das Zitat stammt aus dem Jahr 1983 und verweist auf die Herausforderungen der Zukunft in einer Welt, die damals erst so richtig begann, sich zu einem hochkomplexen Wirkungsgefüge aus gegenseitigen Abhängigkeiten zu vernetzen. Mehr als 25 Jahre später ist immer noch »alles sehr kompliziert«. Wir leben in einer Welt, die sich rasant und dynamisch verändert, und in deren Mehrdeutigkeiten es immer schwieriger wird, verlässliche Prognosen über die Zukunft zu machen. Ganz egal ob in der Wirtschaft, der Politik oder im Alltag: Wir müssen immer öfter Entscheidungen unter Ungewissheit treffen.

Die meisten unserer Denk- und Entscheidungsgewohnheiten beruhen darauf, Prognosen über die Zukunft zu machen, Ziele zu setzen und daraus abgeleitete Pläne zu entwickeln. Das funktioniert unter bestimmten – voraussehbaren, berechenbaren – Bedingungen ganz ausgezeichnet. Unter Bedingungen der Ungewissheit hingegen hält sich die Wirklichkeit nicht an die Pläne, und die Realität lässt die Ertrags- und Risikoüberlegungen von gestern schon heute als überholt erscheinen. In diesem ersten Kapitel geht es zunächst darum, zu definieren, was Ungewissheit ausmacht und wie sie sich von bloßem Risiko unterscheidet. Dabei wird deutlich, dass viele unserer Denkgewohnheiten unter Ungewissheit an ihre Grenzen stoßen.

1.1 Prognosen der Zukunft: Drei Gefäße

»Gestern öffnete die Frankfurter Buchmesse – der größte Wort-Jahrmarkt der Welt – ihre Tore.« – So beginnt der Artikel einer Tageszeitung. Tageszeitungen berichten zum größten Teil von *Bekanntem*. Das meiste davon liegt in der Vergangenheit. »Für das Wochenende werden rund 300.000 Interessenten erwartet«. Diese Zahl ist eine Vorhersage der Zukunft und beruht auf Erfahrungen der Vergangenheit. Alle Prognosen basieren auf Erfahrungen aus der Vergangenheit. Ob nun tatsächlich 300.000 Interessenten die Hallen stürmen, hängt von unzähligen Faktoren ab. Es besteht zum Beispiel das Risiko eines Wetterumschwungs am Sonntag, was viele Interessenten vom Besuch der Messe abhalten könnte. »Was das E-Book betrifft, zeigt sich die Branche sehr zurückhaltend«, textet der Redakteur weiter. Verlage setzen also nicht allzu großes Vertrauen in den neu entstehenden Markt. Die tatsächliche Entwicklung des E-Book-Marktes ist noch *ungewiss*. Jeder der potenziellen Anbieter kann nun versuchen, die Entwicklung einzuschätzen und sein Angebot gemäß den eigenen Prognosen zu gestalten. Ein Verlag kann auch einfach abwarten, wie sich der Markt entwickelt. Genauso gut kann er die Entwicklung seines Marktes als durch eigenes Handeln gestaltbar und formbar annehmen – etwa indem er Kooperationen mit Geräteherstellern und Onlinehändlern eingeht oder in Interaktion mit E-Book-Interessenten tritt. »Zur Zeit ist die Zukunft also noch nicht ganz digital«, schließt der Zeitungsartikel. Als Beobachter hat man es meist einfacher als die Gestalter. Sollte der Redakteur mit seiner Prognose falsch liegen, wird das für ihn wohl kaum Konsequenzen haben.

Ungewissheit ist etwas anderes als Risiko. Frank Knight macht dies in einem einfachen Gedankenexperiment deutlich. In seinem Buch-Klassiker »Risk, Uncertainty and Profit« greift der Wirtschaftswissenschafter dazu auf das Bild von drei Gefäßen zurück (Knight, 1921). Diese drei Gefäße haben möglicherweise einen wertvollen Inhalt. Man kann jedoch in die Gefäße weder hineinschauen noch ihren Inhalt ertasten. Man muss »blind« in die Gefäße greifen, um etwas herauszuholen. In ein Gefäß hineinzugreifen hat jedoch einen Preis: Das Herausholen eines Gegenstandes kostet (derzeit) 9 Taler.

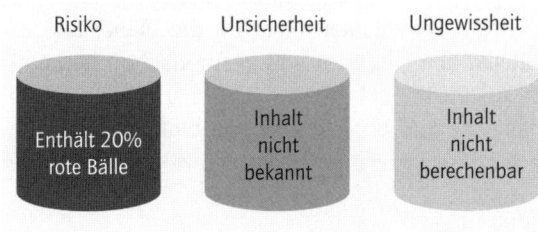

Abb. 1: Risiko, Unsicherheit und Ungewissheit[1]

Das erste Gefäß ist mit Bällen verschiedener Farbe gefüllt. 20 % der Bälle sind rot – das ist bekannt. Ein roter Ball hat derzeit einen Marktwert von 50 Talern. Gefäß 1 ist also ein Gefäß mit »bekannter Verteilung«. In diesem Gefäß herrscht – zumindest im Moment – kalkulierbares *Risiko*. Das ist eine wunderbare Sache, wenn wir in das Geschäft mit roten Bällen einsteigen möchten. Wir müssen einfach nur oft genug in Gefäß 1 hineingreifen. Bei 100 gehobenen Bällen (Kosten: 900 Taler) sollten laut Wahrscheinlichkeitsrechnung 20 rote Bälle (Wert 1.000 Taler) zum Vorschein kommen. Wir können daher im Geschäft mit roten Bällen mit positiven Erträgen rechnen, solange sich die Rahmenbedingungen nicht wesentlich ändern. Der Griff ins Gefäß könnte zum Beispiel teurer werden. Oder der Wert der roten Bälle könnte sinken. Mit der Zeit gibt es vielleicht jemanden,

---

1 Die Begriffe »Unsicherheit« und »Ungewissheit« orientieren sich hier und im Folgenden an Frank Knight und dessen Unterscheidung zwischen »uncertainty« und »true uncertainty« (Knight, 1921): Unsicherheit (uncertainty) herrscht, wenn eine Verteilungen unbekannt aber prinzipiell berechenbar oder abschätzbar ist. Ungewissheit (true uncertainty) herrscht hingegen dann, wenn eine Verteilung nicht nur nicht bekannt ist, sondern auch nicht berechnet oder abgeschätzt werden *kann* (weil z. B. ein Markt noch nicht existiert bzw. erst im Entstehen ist).

der eine Expertise darin entwickelt, schneller, effizienter oder billiger als wir rote Bälle aus dem Gefäß zu fischen. Das würde unseren zukünftigen Gewinn schmälern. Doch zurück zur Gegenwart: Heute wäre das Geschäft mit roten Bällen im Gefäß der bekannten Verteilung ein profitables.

Das zweite Gefäß ist ebenfalls mit Bällen verschiedener Farbe gefüllt. Einige davon sind sicher rot – das sagt uns die Aufschrift des Gefäßes. Wie viele Prozent der Bälle rot sind, ist leider nicht bekannt. Ein roter Ball hat – wie wir bereits wissen – derzeit einen Marktwert von 50 Talern und hineingreifen kostet nach wie vor 9 Taler pro gehobenem Gegenstand. Wir haben es hier mit einem Gefäß mit unbekannter Verteilung zu tun. Vielleicht sind 80 % der Bälle rot, vielleicht aber auch nur 5 %. In Bezug auf dieses Gefäß herrscht für uns derzeit also *Unsicherheit*. Sollen wir hier nun in das Geschäft mit roten Bällen einsteigen? Um diese Frage zu klären, können wir Marktforschung betreiben. Wir müssen etwas investieren, um abschätzen zu können, wie hoch der Anteil der roten Bälle im Gefäß ist. Danach können wir immer noch entscheiden, ob wir in diesen Markt einsteigen wollen oder nicht. Die Marktforschung verursacht Kosten in Talern und Zeit. Und auch bei diesem Gefäß kann es uns passieren, dass andere besser mit Kapital ausgestattet oder schneller und effektiver an die roten Bälle kommen als wir.

Was aber nun, wenn wir nur vermuten können, was sich in einem Gefäß befindet? Das ist im dritten Gefäß der Fall. Ist das nun ein guter Ort für unser Geschäft mit roten Bällen? Vielleicht sind die roten Bälle gerade in diesem Gefäß besonders häufig. Vielleicht sind viele Bälle im Gefäß, sie haben jedoch ganz andere Farben als rot? Vielleicht ziehen wir beim ersten Griff ins Gefäß einen roten Ball, vielleicht aber auch ein Wattestäbchen? Im dritten Gefäß herrscht *Ungewissheit*. Niemand weiß, ob es rote Bälle oder überhaupt irgendwelche Bälle enthält. Vielleicht ist das Gefäß sogar komplett leer. Es wäre wohl ein höchst riskantes Unterfangen, in diesem Gefäß groß in das Geschäft mit roten Bällen einzusteigen. Wer nämlich ausschließlich nach roten Bällen sucht, ist hoch konzentriert. Und wer sich auf etwas Bestimmtes konzentriert, alle Sinne auf eine Sache fokussiert, der läuft Gefahr, alles andere auszublenden.

In einem Gefäß, in dem Ungewissheit herrscht, kann man auf die Zukunft nur wetten, sie aber nicht prognostizieren. Eine Wette auf genau ein Ergebnis (zum Beispiel rote Bälle) ist dabei sehr riskant – es gibt schließlich noch keinerlei Aussagen über Wahrscheinlichkeiten und Verteilungen. Wir könnten uns jedoch an dem orientieren, was wir bereits haben. Vielleicht kennen wir jemanden, der rote Bälle ins Gefäß legen könnte? Vielleicht haben wir selbst rote Farbe? Vielleicht wissen wir von einer guten Bezugsquelle für Bälle? Vielleicht treffen wir – am Wochenende auf der Buchmesse – jemanden, der entweder Farbe oder Bälle oder Zugang zu einem von beiden hat? Es kann aber auch sein, dass wir im Zuge unserer Mittel-Erkundung jemandem begegnen, der nicht rote, sondern blaue Farbe hat. Oder jemanden kennenlernen, der über Informationen darüber verfügt, was in diesem Gefäß von größerem Wert als Bälle – egal ob rote oder blaue – sein könnte? Oder wir schließen eine Kooperation mit jemandem, der uns – auf Basis seiner Erfahrung – dabei unterstützt, dieses Gefäß günstig und risikoarm zu erschließen?

Fallbeispiel: E-Book und Ungewissheit
Die Geschichte des E-Books ist eine typische Gefäß-3-Geschichte. Der Begriff »E-Book« wurde schon in den frühen 1990er-Jahren – vor der Kommerzialisierung des Internets – geprägt. Anfangs war der Begriff ein Synonym für plattformunabhängige Dokumente in elektronischer Form. Adobe Systems, die 1993 das Dateiformat PDF und die dazugehörige Lese- und Schreibsoftware auf den Markt brachten, wurden aus heutiger Sicht definitiv im Gefäß 3 fündig. Damals gab es schließlich noch nicht einmal Browser für das Internet – heute eine wesentliche Voraussetzung für die Verbreitung der »Ware Wort« in unterschiedlichsten Formen.
Bis heute wird die Geschichte des E-Books von Fragen der Ungewissheit begleitet: Welche Dateiformate werden sich durchsetzen? Welchen Wort-Markt werden virtuelle Versandhäuser wie Amazon (online seit 1995) erschließen? Welche Lesegeräte – PC, Laptop, PDA oder eigene, dem Buch nachempfundene Lesegeräte – werden sich durchsetzen? Wie steht es um die Akzeptanz der »Ware Wort« in digitaler Form? Wer wird bereit dazu sein, auf die haptischen Eigenschaften eines Papier-Buchs zu verzichten? Nur Technik-Freaks? Fachpublikum, das große Textmengen per Mausklick nach Stichworten durchsuchen möchte? Werden Pay-per-View-Bibliotheken die Vielflieger auf Langstreckenflügen glücklich machen? Sind ältere und sehbehinderte Menschen eine gute Zielgruppe, da sich bei E-Books die Schriftgröße stufenlos anpassen lässt? Sollten über das Medium E-Book vorwiegend Neuerscheinungen oder vielmehr alte und vergriffene Werke aller Art wieder zugänglich gemacht werden? Werden Großeltern ihren Enkelkindern in einigen Jahren Gutenachtgeschichten aus dem digitalen Bilderbuch vorlesen? Wird man daran als Verlag noch etwas verdienen können, oder wird Google bis dahin ohnehin alle Inhalte bereits gratis verfügbar gemacht haben? Was wäre *heute* schon anders, wenn nicht der Versandhandel und Hardware-Hersteller die frühe Geschichte des E-Books gestaltet hätten, sondern große Verlage?[2]
Viele dieser Fragen sind bis heute nicht beantwortet. Das E-Book war 2009 noch fast ausschließlich im Fachbuchsegment zu Hause – als Ergänzung zum gedruckten Werk. Auf der Frankfurter Buchmesse 2009 ging man davon aus, dass im laufenden Jahr weniger als ein Promille des deutschen Buchumsatzes mit E-Books umgesetzt würden. 840 im selben Jahr befragte Branchenvertreter schätzten jedoch ab, dass das E-Book im Jahr 2018 das gedruckte Buch im Umsatz überholen würde.[3] Bei der Vielzahl und Vernetztheit der wirkenden Einflussfaktoren (Hardware, Software, Verlage, Versand, Lesegewohnheiten, ...) stellt sich allerdings die Frage, was Prognosen dieser Art wert sind.

---

2 Große Verlage haben das E-Book anfangs mehrheitlich nicht als Chance, sondern als »keine große Gefahr« einstuft.
3 Frankfurter Allgemeine Zeitung: Euphorie im Promille-Bereich, 8.10.2009

Unter Ungewissheit hat es recht wenig Sinn, ein klares Ziel »rote Bälle« zu formulieren, aufwändig an der Rote-Bälle-Strategie zu basteln oder große Investitionen auf Basis einer wackligen Rote-Bälle-Annahme zu tätigen. Stattdessen können wir mit einer Rote-Bälle-Idee starten und in ganz kleinen Schritten beginnen, das Gefäß zu formen. Unterwegs darf sich die Idee verändern – aus Bällen dürfen Quader werden, aus rot wird eine andere Farbe. Was schlussendlich das Ziel ist, entscheiden dabei nicht wir allein, sondern auch Umstände und Zufälle und die Ideen anderer, die sich darauf einlassen, mit uns gemeinsam das Gefäß zu gestalten.

1.2 Erscheinungsformen von Risiko, Unsicherheit und Ungewissheit

Gedankenexperimente haben gegenüber Feldexperimenten einen großen Vorteil: Sie finden in einem Labor statt, in dem man optimale und störungsfreie Bedingungen schaffen kann. Beispielsweise kann man die Gefäße für die Suche nach roten Bällen (oder Wattestäbchen) gedanklich sorgfältig beschriften und alle anderen Gefäße aus dem Labor räumen. Im Feld des Alltags müssen wir uns mit ganz anderen Bedingungen herumschlagen. Es ist sogar nicht immer offensichtlich, was überhaupt als Gefäß gilt.

1.2.1 Risiko

Die Verlage auf der Frankfurter Buchmesse haben sich auf Gefäße für Fachbücher, Sachbücher und Belletristik geeinigt und behandeln diese in der Regel als Gefäße des Typs 1. Die Verteilungen sind bekannt und es geht nicht um rote Bälle, sondern zum Beispiel um Marktanteile für Wirtschaftsfachbücher, wie dieses eines ist. Gefäße des Typs 1 stehen für Risiko. Unter Risiko – bei bekannten Verteilungen – ist es vernünftig, möglichst genau zu prognostizieren, zu analysieren und zu planen, bevor man handelt. Hier wird mit Ressourcen eher geklotzt als gekleckert. Die Konzentration aller Mittel auf ein klares Ziel kann dabei sehr von Vorteil sein. Bekanntes Risiko sind optimale Bedingungen für kausales, zielgerichtetes Denken, Entscheiden und Handeln. Diejenigen, die mehr wissen, mehr Mittel besitzen, über die passenden Kernkompetenzen und die bessere Wettbewerbsstrategie verfügen und sich voll auf rote Bälle konzentrieren, haben in dieser Situation die besten Chancen. So wird der deutschsprachige Fachbuchmarkt schon seit Jahren von denselben großen Verlagen dominiert. Andere, kleinere Verlage haben sich hingegen gut in sorgfältig ausgewählten Nischen etabliert.

Da es – wie bereits angedeutet – nicht immer einfach ist, zu identifizieren, mit welcher Art von Gefäß man es bei einem bestimmten Vorhaben zu tun hat, soll die Zuordnung im Folgenden jeweils anhand einiger konkreter Beispiele illustriert werden.

So hat man es wahrscheinlich mit Gefäß 1 – kalkulierbares Risiko – zu tun, wenn man ...
- den dritten Eissalon oder die fünfte Boutique in einer hippen Einkaufsstraße eröffnet,
- als Deutscher Mobilfunkanbieter in den tschechischen Markt expandiert,
- eine weitere Zahnpasta-Sorte entwickelt und als Erweiterung des bestehenden Sortiments vermarktet,
- sich für eine ausgeschriebene Stelle als Kundenbetreuerin bei einer großen Bank bewirbt,
- einen Lohnbuchhalter mit einem klar definierten Stellenprofil sucht,
- ein Fachbuch eines bekannten Experten zum Thema Teamentwicklung verlegt,
- einen Hersteller von Rasenmähern bei der Optimierung seiner Logistik-Kette berät,
- das Budget für Büroausstattung im kommenden Jahr plant,
- das fünfte Semester des Jura-Studiums beginnt,
- den Bau eines Einfamilienhauses plant,
- das unter Sammlern begehrte »Weiße Album« der Beatles (Limited Edition!) über eBay zum Verkauf anbietet,
- Violine in einem klassischen Orchester spielt oder
- Kalbsgulasch nach einem alten Wiener Rezept zubereitet.

1.2.2 Unsicherheit

Wenn im Fußball Österreich gegen Deutschland antritt, so ist der Ausgang ungewiss. Wir haben es mit einem Vorhaben des Gefäßes 2 zu tun. Es liegen zwar viele Daten über beide Mannschaften und deren Performance in den vergangenen Spielen vor. Man kann durch Recherche auch sehr viel über Form und Befindlichkeiten aller Beteiligten – inklusive der Schiedsrichter – herausfinden. Sogar über das Publikum ist einiges bekannt. Man kann über Daten aus der Vergangenheit oder Befragungen unter den Fans gute Prognosen darüber erstellen, wie viele Menschen zum Spiel kommen oder sich das Spiel im Fernsehen ansehen werden. Ort, Zeit und Regeln für das Spiel sind fixiert. Es gibt drei mögliche Ergebnisse: Sieg der einen, Sieg der anderen oder Unentschieden. Und trotzdem lässt sich nicht mit Sicherheit sagen, wie das Spiel ausgehen wird. Man kann allerdings eine qualifizierte Meinung über ein wahrscheinliches Ergebnis haben. Wer auf das eine oder andere Team wettet, kann sich am Mainstream orientieren, muss dann aber schlechtere Quoten in Kauf nehmen. Manchmal gewinnen jedoch gerade diejenigen die Wette, die – aus welchen Motiven auch immer – auf den Außenseiter setzen. Gefäß 2 ist also nicht mehr in gleichem Maße berechenbar wie Gefäß 1. Vorhersagebasierte Strategien sind hier noch rational und sinnvoll, man kann aber auch mit Strategien, die ohne Vorhersage der Zukunft auskommen, gute Ergebnisse erzielen.

Man hat es wahrscheinlich mit Gefäß 2 – Unsicherheit – zu tun, wenn man ...
- mit einer in Italien bereits erfolgreichen Franchise-Boutique in einer hippen Züricher Einkaufsstraße startet,
- als Deutscher Mobilfunkanbieter nach Nordafrika expandiert,
- sein Sortiment an biologischen Körperpflegeprodukten um Zahnpasta erweitert,
- sich blind – also ohne vorherige Ausschreibung – als Kundenbetreuer bei einer Bank bewirbt,
- eine Produktmanagerin für eine neue Produktlinie sucht,
- das erste deutschsprachige Fachbuch zum Thema Effectuation verlegt,
- ein Unternehmen bei seinem Kostensenkungs-Vorhaben begleitet,
- das Budget für die Entwicklungsausgaben im kommenden Jahr erstellt,
- in das erste Semester eines Studiums eintritt,
- den Bau eines Flughafens plant,
- das unter Sammlern begehrte »Weiße Album« der Beatles (Limited Edition!) auf Flohmärkten sucht,
- als eingespielte Jazz-Band auf Tournee geht oder
- neue Varianten auf Basis seines Lieblings-Kuchenrezepts entwickelt.

1.2.3 Ungewissheit

Das Ergebnis eines Fußballspiels zwischen Österreich und Deutschland ist nicht ungewiss, bloß unsicher. Doch wie sähe dann ein Spiel unter echter Ungewissheit aus? Es begänne vielleicht damit, dass wir zum Anfang nicht wissen, wer überhaupt mitspielt und wer Interesse daran haben könnte, zuzusehen. Wir könnten mit der Annahme starten, es handle sich um Fußball. Doch dann betritt jemand anderer das Spielfeld, um Basketball zu spielen, und es wäre ohne weiteres möglich, dass irgendwo plötzlich Tennis-Schläger und Golfbälle auftauchen. Mit der Zeit bildet sich vielleicht tatsächlich ein Spiel heraus. Der Spieler, der uns nun schon zum dritten Mal eine Kokosnuss zuspielt, gehört wohl zu unserem Team. Zuschauer kommen und gehen. Mit der Zeit bilden sich feste Regeln heraus, nach denen das Spiel weiter abläuft. Auch die Grenzen des Spielfelds werden allmählich sichtbar. Was in einem Gefäß des Typs 3 begonnen hat, ähnelt mit der Zeit immer mehr dem, was wir schon aus Gefäß 2 kennen.

Das Gefäß 3 steht für Knight´sche oder »echte« Ungewissheit. Wir können einfach nicht wissen, wie groß dieses Gefäß ist, was es heute enthält und wie sich seine Größe und sein Inhalt bis morgen verändern werden. Und genauso wie uns geht es auch allen anderen. Was sich in diesem Gefäß abspielt, kann von niemandem gewusst, aber von vielen beeinflusst werden. Das heißt nicht, dass hier die Chancen automatisch geringer oder das Risiko größer sein müssen als bei Gefäß 1 oder 2. Es hängt alles ganz davon ab, welchen Zugang man dem Gefäß gegenüber wählt. Das Gefäß bietet gute Bedingungen für jene, die gelernt haben, Ziele in der Schwebe zu halten und permanent auf Basis der aktuellen Umstände zu verändern. Auch sein Netzwerk zu nutzen, sich von anderen beeinflussen zu lassen, kleine Schritte mit geringem Einsatz zu machen und das Ergebnis jeden Schrittes als wertvolle Information willkommen zu heißen, kann hier von Vorteil sein. Gefäß 3 ist das ideale Spielfeld für Effectuation – eine Strategie, mit der aus Ungewissheit Neues kreiert werden kann.

Man hat es wahrscheinlich mit Gefäß 3 zu tun, wenn man …
- die erste Selbstbedienungs-Eisdiele des Landes eröffnet,
- als Unternehmen der Bekleidungsindustrie Handy-Verträge in sein Sortiment aufnimmt,
- ein Verfahren entwickelt, das einem das lästige Zähneputzen erspart,
- einen Bankenvorstand bei einem Elternabend kennenlernt und einen neuen Job angeboten bekommt,
- einen geeigneten Kandidaten für die interne Stabstelle »Vernetzung und Synergien« sucht,
- ein E-Book-Lesegerät für ältere und sehbehinderte Menschen auf den Markt bringen möchte,
- ein globales Unternehmen in einem Veränderungsprojekt begleitet,
- Mittel für ein F&E-Projekt bekommen möchte, das zunächst nichts mit dem Kerngeschäft des Unternehmens zu tun hat,
- die Revitalisierung einer urbanen Einkaufsstraße anstrebt, die durch Einkaufszentren am Stadtrand bedroht ist,
- auf dem Flohmarkt auf die Suche nach etwas Wertvollem geht,
- eine Theatergruppe für Improvisations-Theater gründet oder
- mit dem kocht, was im Kühlschrank und den Vorratsschränken zu finden ist.

Doch was bedeutet das nun für die Verlage auf der Frankfurter Buchmesse? Mit welcher Art von Gefäß sind sie angesichts der neuen Möglichkeiten konfrontiert, die »Ware Wort« unter Menschen zu bringen? Die meisten Verlage scheinen den Markt für E-Books gemäß Gefäß 2 zu interpretieren: ein Markt, den es zu beobachten und zu erheben gilt. Einer, in dem sich durch Marktforschung und Trendanalyse abschätzen lässt, welches Gewinnpotenzial er birgt. Die Branche versucht auch vorauszusagen, wie sich die Lesegewohnheiten der Kunden der

»Ware Wort« verändern werden. Aus den Ergebnissen der Prognosen kann ein Verlag dann seine Strategie ausrichten und Pläne schmieden, die festlegen, was getan werden soll.

Was wäre für einen Verlag nun anders, wenn er das E-Book dem dritten Gefäß als möglichen Inhalt zuordnete? Er würde dann nicht versuchen, die Chancen für das E-Book rechnerisch zu ermitteln, denn die potenziellen Kunden im dritten Gefäß wissen heute noch nicht, ob und in welcher Art sie in Zukunft die »Ware Wort« beziehen werden. Es hat also keinen Sinn, sie danach zu fragen. Oder hätten etwa die Millionen Menschen, die heute Bücher online kaufen, 1994 – zu Beginn der Kommerzialisierung des Internets – Auskunft darüber geben können, ob und wie viele Bücher sie einige Jahre später im Onlineshop bestellen würden? Der Verlag könnte aber – ausgehend von den bereits existierenden Funktionalitäten des E-Books – neue Zielvorstellungen über dessen zukünftige Nutzung entwickeln. Vielleicht würde er – als Schulbuchverlag – einen Schulversuch mit dem Gymnasium um die Ecke aushandeln. Vielleicht würde er dabei entdecken, dass die beteiligten Schüler zwar keine »klassischen« E-Books wollen, jedoch gewisse Inhalte daraus über ihr Handy beziehen möchten? Vielleicht könnte der Verlag auch eine Partnerschaft mit einem Provider von Onlinediensten aushandeln und in Zusammenarbeit mit der Klasse 4b ganz neue Formen finden, das Wort zur Schülerin zu bringen? Oder zum beteiligten Lehrer? Auf jeden Fall wäre dem Verlag bewusst, dass Trends, Nachfrage und Märkte nicht einfach da sind und entdeckt werden müssen, sondern immer von Menschen gemacht und ausgehandelt werden. Was auch immer der Verlag beginnen würde, er würde es *nicht* auf Basis von Prognosen über etwas machen, das er besser beeinflussen als prognostizieren kann. Vielleicht könnte dann der Redakteur in seiner Tageszeitung anlässlich der nächsten Frankfurter Buchmesse schon von ganz anderen, bekannten Tatsachen berichten.

1.3 Möglichkeiten und Grenzen der Marktforschung

Marktforschung ist ein großes Geschäft. Der Weltmarkt für Marktforschung verzeichnete in den letzten Jahren regelmäßig deutlich höhere Wachstumsraten als die Gesamtwirtschaft. Unternehmen und Organisationen geben Jahr für Jahr wachsende Beträge für die Vorhersage der Zukunft aus.

1.3.1 Marktforschung in bestehenden Märkten

Die Marktforschungs-Branche bringt ständig anspruchsvollere Methoden hervor, um Marktdaten systematisch zu sammeln, aufzubereiten, zu analysieren und zu interpretieren. Das Ziel ihrer Bemühungen ist ambitioniert: Die generierten Informationen sollen die Basis für kluge Entscheidungen bilden, wenn Unternehmen und Organisationen ihre Zukunftsvorhaben festlegen. Ergebnisse der Marktforschung sollen es ermöglichen, Chancen und Risiken zu antizipieren, Strategien zu formulieren, Ziele auszuwählen und Aktivitäten zu planen. Parallel zu klassischer Marktforschung agieren die Protagonisten der Trend- und Zukunftsforschung. Diese versuchen, gesellschaftliche, wirtschaftliche, technologische, politische und soziokulturelle Entwicklungen mittel- und langfristig vorherzusagen. Die Empfänger der Vorhersagen über die Zukunft sind Menschen in Wirtschaft, Politik und Gesellschaft, die daraus abzuleiten versuchen, was sie tun sollen.

So viel Information über die Zukunft – und trotzdem scheint es nicht einfacher zu werden, sich entsprechend dieser Prognosen auszurichten. Eine Studie des globalen Marktforschungsunternehmen GfK aus dem Jahr 2006[4] weist aus, dass in Deutschland 70 % der neu eingeführten Konsumgüter zum Flop werden – zwei Drittel davon bereits im ersten Jahr. Das entspricht Fehlinvestitionen im Umfang von 10 Milliarden Euro pro Jahr. Die Ursachen ortet GfK in fehlendem Innovationsgrad der Produkte, schlechtem Preis-Leistungsverhältnis, mangelhafter Zielgruppenstruktur und Fehler in der Markenpolitik – und empfiehlt den Unternehmen, Marktforschungsdaten besser zu nutzen. Doch Marktforschung garantiert keine Erfolge, ganz egal wie sorgfältig sie durchgeführt wird. Im besten Fall kann sie einen vor groben Fehlentscheidungen bewahren. Sie ist aber nicht einmal annähernd dazu geeignet, Entscheiderinnen Sicherheit zu bieten (Krasser, 1995).

Aussagen über die Akzeptanz von Angeboten aller Art sind in erster Linie dann sinnvoll, wenn sie bestehende und bekannte Märkte (Gefäß 1) betreffen. Es ist bereits schwierig genug, verlässliche Informationen darüber zu gewinnen, warum jemand eine Alternative (Produkt, Dienstleistung, Partei, …) einer anderen vorzieht. Noch schwieriger wird es, wenn man vorhersagen möchte, wie sich Wünsche, Vorlieben und Bedürfnisse in der Zukunft entwickeln werden. Das hat unter anderem damit zu tun, dass Menschen nicht wissen *können*, was sie morgen wollen oder brauchen. Menschen können sich zwar Bilder der Zukunft machen und vorausschauend planen. Sie sind jedoch schlecht darin, sich vorzustellen, wie sie sich fühlen werden, wenn sie in dieser Zukunft angekommen sind (Gilbert, 2006). Das trifft schon auf die Frage zu, wie es uns gehen wird,

---

4 GfK-Studie (2006): Ursachen von Produktflops bei Fast Moving Consumer Goods; Quelle: www.gfk.de

wenn wir im Lotto gewonnen haben.⁵ Erst recht unmöglich ist es, sich vorzustellen, wie sehr uns ein bestimmtes neues Produkt, eine neue Dienstleistung oder sonst etwas Neues gefallen werden, wenn es dieses Neue noch nicht gibt.

Heute weit verbreitete Produkte wie Post-it von 3M oder die Harry-Potter-Romane von Joanne Rowling wären nie auf den Markt gekommen, hätte man sich auf die Ergebnisse von Marktforschung verlassen. Post-it sind bei ihrer Markteinführung zunächst gefloppt: Die Kunden wussten nicht, was sie damit anfangen sollten. 3M hat in weiterer Folge Post-it einfach unter die Menschen gebracht und ihre Anwender haben mit der Zeit gelernt, was der Nutzen dieser gelben Klebezettel sein kann. Was unser Herz in Zukunft erfreuen wird, ist in hohem Maße ungewiss und nicht im Vorhinein rational zugänglich (Gilbert, 2006). Die Marktforschung stößt bereits in bestehenden und bekannten Märkten regelmäßig an ihre Grenzen – und erst recht unter Ungewissheit.

1.3.2 Alternativen unter Ungewissheit

Ist Marktforschung unter Ungewissheit – im Gefäß 3 – überhaupt sinnvoll? Vorhersagen darüber, wie in Zukunft etwas ankommen wird, was es heute noch nicht gibt, versagen jedenfalls regelmäßig und kläglich. Aussagen von Fachexperten, wie »Wer zum Teufel will Schauspieler in Filmen sprechen hören?« (Harry M. Warner, 1927), »Es gibt nicht das geringste Anzeichen, dass wir jemals Atomenergie entwickeln können« (Albert Einstein, 1932), »E-Mail ist ein nicht verkaufbares Produkt« (Ian Sharp, 1979) oder »640 kByte Speicher sollten genug für jeden Anwender sein« (Bill Gates, 1981) füllen ganze Anekdotenbücher. Prognosen wie »Das zeitraubende Hin- und Hergeschiebe von Papier wird im Büro der Zukunft durch Informationsverarbeitung mit Computern ersetzt« (Palo Alto Research Center, 1970er-Jahre) haben sich ebenfalls als Fehleinschätzung erwiesen.

Im Spiegel ihrer Zeit – auf Basis der verfügbaren Informationen – waren all diese Aussagen höchst plausibel. Es handelt sich dabei nicht um Irrtümer weit außerhalb der Norm – unter Ungewissheit sind diese Irrtümer die Regel. Nicht ohne Grund enthalten die Prognosen seriöser Marktforscher immer einen Haftungsausschluss: Prognosen werden als verlässlich dargestellt, außer es kommt anders als man denkt. Daran haben auch die Erkenntnisse der Neurowissenschaften und der Verhaltensökonomie, die zunehmend in die Methodenkoffer der Zukunftsbranche einfließen, wenig geändert. Die Methoden werden zwar immer aufwändiger und ausgeklügelter, doch führen sie tatsächlich zu besseren Vorhersagen?

---

5 Siehe dazu auch den Abschnitt »Glück, Bernoulli und weise Entscheidungen« auf Seite 62.

Anstatt über Sinn und Unsinn von Marktforschung unter Ungewissheit zu philosophieren, untersucht man besser, wie Experten des Gestaltens unter Ungewissheit mit den entsprechenden Herausforderungen umgehen. Feldforschungsergebnisse unter erfahrenen und erfolgreichen Unternehmern, welche auch die Basis für die Erforschung von Effectuation bildeten (siehe Abschnitt 7.2), sprechen eine sehr eindeutige Sprache: Probanden eines Experiments – allesamt höchst erfolgreiche Unternehmer – dachten anhand von Leitfragen laut über die Vermarktung eines auf mehreren Seiten beschriebenen, erfundenen Produkts nach. Ihnen wurden dazu auch Marktforschungsdaten in der Form zur Verfügung gestellt, wie man sie typischerweise in Businessplänen für neue Unternehmen findet. Die Probanden ignorierten die Marktforschungsdaten nicht nur: Sie wiesen sie sogar mehrheitlich als irrelevant oder unglaubwürdig zurück! Auch den Einsatz populärer Instrumente der Marktforschung – Befragungen, Fokusgruppen und systematische Markttests – lehnten sie mehrheitlich ab (Sarasvathy, 2008).

Die Vermutung liegt nahe, Expertinnen würden sich für die Einschätzung von Kundenbedürfnissen stattdessen auf ihre Intuition verlassen. Doch auch das war nicht der Fall. Begriffe wie »Bauchgefühl«, »Intuition« oder »Meinung« wurden von den Probanden kaum verwendet. Die Mehrzahl setzte vielmehr darauf, selbst loszugehen, um den ersten Kunden zu gewinnen. Es war den Unternehmern wichtig, frühzeitig möglichst direkte – und damit auch sehr kostengünstige – Erfahrungen mit potenziellen Nutzern des Produkts zu gewinnen. Einige sprachen davon, noch vor Fertigstellung des Prototyps mit dem Verkauf zu beginnen. Dann folgten Überlegungen darüber, wie man ausgehend von der ersten Kundin einen Markt kreieren und sukzessive Marktsegmente hinzufügen könnte. Dabei orientierten sie sich mehrheitlich nicht an der Segmentierung, die ihnen in den Marktforschungsdaten vorgeschlagen wurde, sondern gingen gedanklich weit über diese hinaus.

Ein paar Aussagen der erfahrenen Unternehmer aus der oben skizzierten Feldforschung seien hier wiedergegeben (Vgl. Dew, Read, Sarasvathy & Wiltbank, 2009; Read, Sarasvathy, Song, Dew & Wiltbank, 2009):

- »Ich kann Marktforschung nicht viel abgewinnen. Sie hat in meinen Projekten nie gut funktioniert.«
- »Ich glaube nicht an Marktforschung. Ich denke, viele Leute bekommen nichts auf die Reihe, weil sie zu viel analysieren.«
- »Man findet zuerst heraus, wer seine Kunden sind und passt dann seinen Marketing-Ansatz und das Produkt an.«
- »Traditionelle Marktforschung empfiehlt, Informationen auf breiter Basis zu sammeln […]. Ich würde das nicht tun. Ich würde Schlüsselfirmen direkt ansprechen und bearbeiten.«
- »Ich würde einfach losgehen und verkaufen, anstatt viele Fragen zu stellen. […] Da lerne ich viel über die Kunden … wer sie sind, welche Vorbehalte und Fragen sie haben, welcher Preis funktioniert … ich würde einfach losgehen

und handeln. [...] Meine Marktforschung besteht aus hinausgehen und verkaufen. Das ist harte Arbeit, aber viel besser als klassische Marktforschung zu betreiben.«
- »Einer meiner Wege, um nahezu alles zu verkaufen, besteht darin, potenziellen Kunden zu zeigen, dass sie an der Produktentwicklung teilhaben.«

Diese Zitate spiegeln wider, was viele erfolgreiche Unternehmer von Marktforschung halten. Was sie im Widerspruch zur gängigen Lehrmeinung in der Wirtschaft vertreten, ist aber auch theoretisch schlüssig. Schließlich agieren sie nicht unter kalkulierbaren Risiko-Bedingungen, sondern unter Ungewissheit, in der noch keine Wahrscheinlichkeiten existieren.

Es gibt unzählige Vorhaben, die erfolgreich ausgeführt wurden, ohne sie vorher durch Marktforschung abzusichern. Kein Marktforschungsinstitut der Welt könnte Daten liefern, aus denen sich die Entwicklung von Post-it, dem Rasierer mit fünf Klingen, dem Walkman oder dem Hula-Hoop-Reifen ableiten ließe. Und auch dem gewaltfreien Widerstand, der die britische Kolonialherrschaft über Indien beendete, der 68er-Bewegung oder dem Fall der Berliner Mauer sind keine Marktforschungsprojekte vorausgegangen. Im dritten Gefäß werden die Trends nicht vorausgesagt, sondern von Menschen gemacht.

1.4 Zunahme von Ungewissheit

Die Ungewissheit nimmt zu. Die Aussage scheint zunächst plausibel. Doch war die Geschichte der Menschheit nicht schon immer eine Geschichte der Ungewissheit im Bezug auf die Zukunft? Wie stand es um die Gewissheit der Menschen im 4. und 5. Jahrhundert, zu Zeiten der großen Völkerwanderungen und des Niedergangs des römischen Reichs? Worauf konnte sich Kolumbus wirklich verlassen, als er 1492 Richtung Westen in See stach, um nach Indien zu segeln? Wessen war sich Thomas Edison wirklich gewiss, als er – lange vor der Elektrifizierung New Yorks – begann, an der Glühbirne zu arbeiten? Ist die Ungewissheit vom Typ des 3. Gefäßes nicht immer schon da gewesen? Und was gibt uns das Gefühl, die Ungewissheit nähme derzeit rapide zu?

1.4.1 Kleine Geschichte der Ungewissheit der letzten 1500 Jahre

Ungewissheit wird meist nicht als besonders angenehm empfunden. Wir sind äußerst findig, wenn es darum geht, das Erleben von Ungewissheit zu reduzieren. Betrachten wir die Menschen zur Zeit der Völkerwanderung: Viele der Dinge, die Ungewissheit verursachten, kamen aus der Natur. Wird es dieses Jahr eine gute

Ernte geben? Werden wir gesund bleiben? Wie gehen wir mit denen um, die unser Weltbild nicht teilen? Der gängige Lösungsversuch der Menschen jener Zeit fand sich in der Religion. Mit Konstrukten wie Schicksal, Bestimmung und einer höheren Ordnung, die das eigene Geschick und das der Menschheit in der Hand hat, fühlte man sich gerüstet, der Ungewissheit zu begegnen. Dementsprechend groß war in Europa der Einfluss der Kirchen und ihrer Würdenträger. Letztere waren auch die Träger der zu dieser Zeit maßgeblichen Leitwissenschaften. Die damaligen Gestalter der Welt schlossen Verträge mit ihren Göttern.

Zu Zeiten von Kolumbus sah die Welt bereits ganz anderes aus. Gelehrte wie Kopernikus oder Galileo Galilei wussten im 16. und 17. Jahrhundert, dass die Erde nicht im Zentrum des Universums steht, sich um die Sonne dreht und rund – nicht flach – ist. Die Kirche lehnte zwar offiziell bis ins 18. Jahrhundert das neue heliozentrische Weltbild weiter ab, doch sie konnte nicht verhindern, dass die Religion nun nicht mehr in der Lage war, die Ungewissheit auf ein für alle erträgliches Maß zu reduzieren.

Im Zeitalter der Aufklärung waren es die Entdecker und Naturwissenschaftler, die auserkoren waren, Ungewissheit über die Zukunft zu reduzieren. Man zog – wie James Cook, Alexander von Humboldt oder Charles Darwin – los, die Welt im Großen wie im Kleinen zu erforschen. Je mehr man über die Welt wüsste, so die Idee, desto mehr bekäme man die Zukunft in den Griff.

Thomas Alva Edison (1847–1931) leistete seinen Beitrag zur Bezwingung der Ungewissheit im Kontext der Hochblüte der Industrialisierung. Die Technik machte rasante Fortschritte, und die Errungenschaften ihrer Protagonisten wurden direkt in ökonomischen Nutzen umgewandelt. Was in der Wissenschaft begann, wurde kommerziell verwertet. Edison war nicht nur Erfinder – u.a. der Glühbirne –, sondern auch der Gründer von General Electrics. Zu seiner Zeit entstanden auch die Prinzipien, nach denen im Wesentlichen noch heute Management betrieben wird: Deren zentrale Elemente sind die Vorhersage der Zukunft, arbeitsteilige Organisation von Fertigungsprozessen und Beherrschung der Technik. Physiker wähnten sich zu seiner Zeit schon nahe den Grenzen ihrer Erkenntnis-Reise. Die Welt gestalten bedeutete, sich in der Methode der Vorhersage linear-kausaler Zusammenhänge in Technik und Wirtschaft auseinanderzusetzen.

Doch die Ungewissheit war auch damit nicht überwunden. Mit dem Philosophen Karl Popper gesprochen: Je mehr wir über die Welt lernen, um so bewusster, umso detaillierter und umso genauer wird unser Wissen von den noch ungelösten Problemen, unser Wissen von unserem Nichtwissen. Wissenschaftler wie Einstein und Heisenberg öffneten ganz neue Bereiche der Ungewissheit. Ihnen wurde klar, dass alles, was wir erforschen und beobachten, dem Einfluss des Beobachters unterliegt.

Und wieder veränderte sich die Landschaft der Leitwissenschaften: Ihr Fokus wanderte von der Erforschung toter Materie zur Erforschung lebender Systeme. Der Einfluss von Sigmund Freud wäre hundert Jahre vorher kaum denkbar gewesen. Unter den neuen Leitwissenschaften rangierten plötzlich auch Geisteswissenschaften, Biologie und Quantenphysik. Aus Moderne wurde Postmoderne. Was blieb, war die Ungewissheit.

1.4.2 Komplexität: Das neue Gewand der Ungewissheit

Auf welchen Nenner kommen wir, wenn wir die Ungewissheit des 21. Jahrhundert beschreiben wollen? Was uns heute beschäftigt, ist vor allem die Komplexität der Welt, in der wir uns bewegen. Oder vielmehr: Es ist uns mittlerweile wohl bewusst geworden, dass wir die Komplexität und die Ungewissheit über die Zukunft nicht abstreifen oder wegrationalisieren können. Die Realitäten, in denen wir unser Leben und die Zukunft gestalten, können nicht mehr nur in kausalen Ursache-Wirkungs-Ketten erklärt werden. Was die Komplexität der Welt ausmacht, in der wir heute handeln, lässt sich am besten anhand folgender Dimensionen beschreiben:

- **Vielfalt**: Noch nie war die Welt so bunt und pluralistisch wie heute. Die Geschmäcker derer, die Waren und Dienstleistungen kaufen, sind keineswegs einheitlich und wandeln sich permanent. Wohin die Reise geht, lässt sich nicht mehr anhand von einigen Megatrends beurteilen – die Gegenwart ist heterogen und fragmentiert. Auch das, was wir über die Welt zu wissen glauben, ist nicht gesichert und eindeutig, sondern wird von unzähligen autonomen Akteuren auf Basis ihres jeweiligen Kontexts individuell gedeutet.
- **Vernetztheit**: Die Welt lässt sich nicht mehr so schön in Teilbereiche zergliedern wie noch vor einigen Jahren. Die Teilbereiche sind miteinander vernetzt und beeinflussen einander. Wer beispielsweise den Klimawandel in den Griff bekommen möchte, muss sich unter anderem mit ökologischen, technischen, wirtschaftlichen, politischen, gesellschaftlichen, sozialen und organisatorischen Fragen auseinandersetzen. Die Zusammenhänge sind alles andere als berechenbar, und der sprichwörtliche Flügelschlag eines Schmetterlings kann am anderen Ende der Welt im Prinzip jederzeit einen Orkan auslösen.
- **Dynamik**: Die Welt dreht sich schneller als noch vor 50 Jahren. Wissen wächst exponenziell, und was vor einigen Jahren noch als gesichert galt, ist heute vielfach schon überholt oder zumindest durch alternative Erklärungen relativiert. Eine vernetzte Welt hat ihr Eigenleben, und die Muster, die wir zu erkennen glauben, ändern sich laufend und in zunehmendem Tempo.
- **Begrenzter Einfluss**: Wir werden uns in steigendem Maße der unzähligen Faktoren bewusst, die Einfluss auf die Welt, in der wir leben, haben. Zudem wirken diese Faktoren in einer von Menschen gemachten Welt nicht unmittelbar und deterministisch (nach dem Muster: Schalter ein → Licht leuchtet), sondern verzögert und undefiniert (Schalter ein → lange nichts → Licht

beginnt zu flackern → ein Stuhl fällt um). Weiters nehmen so viele Akteure Einfluss auf die Faktoren – und werden ihrerseits wiederum von eben diesen Faktoren beeinflusst –, dass ein kontrolliertes Drehen an klar definierten Stellschrauben nahezu unmöglich wird.

Vielfalt, Vernetztheit, Dynamik und begrenzter Einfluss – wenn das die Elemente sind, die die Ungewissheit des 21. Jahrhunderts ausmachen, dann sollten wir noch fragen, für wen diese relevant sind:

Wir können den Anstieg der Komplexität zum Beispiel auf *gesellschaftlicher Ebene* betrachten. Dort erlaubt die Frage »Wo entwickeln wir uns hin?« wenige konkrete Antworten. Die präziseren Fragen lauten »Wo überall entwickeln wir uns hin?« und »Wer ist wir?«. Die großen Themen der Menschheit lassen sich sicher nicht mehr durch einzelne Akteure lösen. Bei Themen wie dem Klimawandel, dem Bevölkerungswachstum, der Bedrohung durch Massenvernichtungswaffen und der Ausbeutung des Planeten sind unzählige Stakeholder beteiligt. Einzelne Regierungen und Konzerne können diese Themen von existenzbedrohender Dimension nicht lösen, sondern nur an ihnen mit-arbeiten.

Auch auf der Ebene von *Unternehmen und Märkten* ist das Ende der Komplexität in keiner Weise abzusehen. Der renommierte Managementexperte Gary Hamel geht davon aus, dass unter der aktuellen Ungewissheit nur eines gewiss ist: Im Laufe des kommenden Jahrzehnts wird praktisch jedes Unternehmen von einer Veränderung herausgefordert werden, für die es keinen Präzedenzfall gibt und in der es für das Unternehmen um die Frage »*Verändern oder scheitern?*« gehen wird. Hamel weist allerdings auch darauf hin, dass der turbulente Wandel nicht nur Probleme, sondern auch Chancen in sich birgt (Hamel, 2008).

Doch wie verhält sich die Sache für den *Einzelnen*? Für Manager, deren Aufgabe es ist, in einem komplexen und dynamischen Umfeld sich selbst, andere und die Organisation zu führen? Für Politikerinnen, die in einem Umfeld agieren, in dem Begriffe wie »richtig« und »zielführend« zunehmend ihre Bedeutung verlieren? Für Menschen im Arbeitsleben, die sich regelmäßig mit neuen Herausforderungen konfrontiert sehen und deren Ausbildung von vorgestern bereits gestern als veraltet galt? Wie ist das für jeden Einzelnen, der autonom entscheiden kann, was er in seinem Leben beginnt, ohne jegliche Garantien dafür, dass die Zukunft so wird wie vorgestellt? Und wie ist es für Unternehmerinnen, die Kraft ihres entschlossenen Handelns immer wieder Neues und Wertvolles in die Welt bringen? Letztere standen im Rendezvous mit der Ungewissheit immer schon in der ersten Reihe. Für alle anderen Genannten könnte es sein, dass sich ihr Bewusstsein von Komplexität und Ungewissheit in den letzten Jahren dramatisch verstärkt hat. Viele, die vor einigen Jahren noch Gefäße des Typs 1 und 2 bearbeiteten, bemerken heute, dass sie es mit dem 3. Gefäß zu tun haben.

> **Arbeitsfragen: Wie komplex ist Ihre Welt?**
> - Wie berechenbar ist das Umfeld, in dem Sie sich bewegen? Lässt sich verlässlich vorhersagen, was morgen anders sein wird?
> - Sind die Fragen, mit denen Sie sich täglich beschäftigen, einfach nur kompliziert, wie das Reparieren eines modernen Autos kompliziert ist? Oder handelt es sich um komplexe Fragen, bei denen vielfältige Einflussfaktoren hoch vernetzt und dynamisch ineinander greifen?
> - Beschäftigen Sie sich vorwiegend mit Problemen, die man durch nachdenken lösen kann, oder können Sie an den Problemen einfach nur arbeiten?

1.4.3 Die aktuellen Herausforderungen

Die Welt, in der sich Unternehmen, Politik und Individuen im 21. Jahrhundert bewegen, ist instabil und unberechenbar. Kleine Ursachen können unvorhersehbare Konsequenzen nach sich ziehen. Phänomene, die sich linear aufbauen, können über Nacht exponentiell oder sprunghaft zur Lawine werden.

Betrachten wir nun die Herausforderungen, denen sich Unternehmen und deren Mitarbeiter im 21. Jahrhundert stellen müssen (Vgl. u. a. Hamel, 2008):

- Der Zusammenbruch der globalen Finanzmärkte im Herbst 2008 und seine Folgen zeigten auf dramatische Weise, wie fragil und unberechenbar die Welt des 21. Jahrhunderts ist und wie es um die Verlässlichkeit unserer Vorhersagesysteme steht. Es gibt kaum ein Unternehmen, dessen langfristige Pläne im Zuge der Krise nicht gründlich durcheinander gewirbelt wurden.
- Die Zeiten, in denen Unternehmen glaubten, ihr Wettbewerbsvorteil könnte von Dauer sein, sind vorbei. Wettbewerbsvorteile sind flüchtig und ganze Branchen müssen innerhalb kurzer Zeit unter völlig veränderten Rahmenbedingungen agieren. Beispiele dafür sind Fluglinien, Fernsehanstalten, Automobilhersteller, Zeitungsverlage und die Musikindustrie.
- Das Internet, neue Technologien und die Deregulierung von Märkten erleichtern in vielen Branchen neuen Unternehmen den Eintritt. Unternehmen mit ehemals marktdominierender Stellung sehen sich heute mit unberechenbarer Konkurrenz aus allen Richtungen konfrontiert.
- Wirtschaft, Politik und Gesellschaft sind eng miteinander verflochten. Kein größeres Unternehmen kontrolliert heute noch eigenständig seine gesamte Wertschöpfungskette. Durch Praktiken wie Outsourcing und Gemeinschaftsprojekte vernetze Akteure bestimmen ihr Schicksal nicht alleine, sondern müssen es mit anderen Akteuren aushandeln.
- Der Schutz geistigen Eigentums wird durch die Digitalisierung von Infor-

mationen immer schwieriger. Die Welt gewöhnt sich an die neue Situation, dass einzelne Informationen und Ideen leicht flüchtig und frei zugänglich sind.
- Das Internet ermöglicht Kundinnen den Vergleich von ähnlichen Waren und Dienstleistungen. War es früher aufwändig und teuer, nach alternativen Anbietern zu suchen, sind heute detaillierte Vergleiche per Mausklick verfügbar. Kundinnen nutzen diesen Vorteil und wechseln ihre Anbieter viel häufiger als früher.
- Die Lebenszyklen von Produkten, Geschäftsmodellen und Unternehmen werden kürzer. Unternehmen werden immer rascher aufgebaut und verschwinden mitunter fast über Nacht wieder von der Bildfläche.
- Noch vor 50 Jahren konnte man relativ einfach sagen, wer ein Konkurrent war und wer nicht. Heute verschwimmen die Grenzen zwischen Mitstreiterinnen, Lieferantinnen, Kunden und Konkurrenten zunehmend. Der Versuch, die »Guten« von den »Bösen« zu unterscheiden, bindet viel Aufmerksamkeit.

Viele dieser komplexen Umstände, unter denen wir heute unsere Vorhaben beginnen, lassen sich nicht rechnerisch modellieren. Oft führen Zufälle, unerwartete Ereignisse und (Neben-)Wirkungen der Handlungen Anderer Regie. Wir neigen dazu, unser Wissen zu überschätzen und unterschätzen dabei die Ungewissheit. Das hat auch damit zu tun, dass wir in Normalverteilungen und Gauß'schen Glockenkurven denken (Taleb, 2008). Diese funktionieren, wenn wir z. B. abschätzen wollen, wie sehr sich der Altersdurchschnitt bei einem Klassentreffen verändern wird, wenn eine zehnte Person den Raum betritt. Wenn es jedoch das Durchschnittsvermögen der Anwesenden zu schätzen gilt, und Bill Gates setzt seinen Fuß in den Raum, dann liegen wir mit unserer angenommenen Normalverteilung um den Faktor 10.000 daneben. Dass Bill Gates zum Klassentreffen kommt, ist natürlich unwahrscheinlich. Aber nicht nur die jüngste Geschichte zeigt, dass das Unwahrscheinliche immer wieder eintritt und Ereignisse in weit höherem Ausmaß beeinflusst, als wir das für möglich halten.

Ein weiterer Umstand, der noch nicht ausreichend im Bewusstsein der Allgemeinheit verankert zu sein scheint, ist die Tatsache, dass wir es in unseren Vorhaben mit lebenden Systemen (und nicht mit Maschinen) zu tun haben. Wirtschaft, Politik und Gesellschaft sind die Folge der Kommunikation zwischen Menschen. Ihre Hoffnungen, Befürchtungen, Wissens- und Erfahrungskorridore sowie ihre begrenzte Rationalität dämpfen das eine Phänomen und lösen das andere erst aus. Wichtig auch: Nicht nur Menschen, sondern auch Organisationen sind lebende Systeme. Sie organisieren sich selbst, folgen ihrer eigenen inneren Logik und sind prinzipiell nicht von außen kontrollierbar. Da die Umstände, unter denen wir agieren, von lebenden Systemen gestaltet werden, sind sie nicht nur vernetzt und dynamisch, sie sind auch nicht steuerbar. Linear-kausales Denken in Ursache-Wirkungs-Zusammenhängen versagt daher häufig, wenn es um den Umgang mit lebenden Systemen geht. Das Setzen und Verfolgen von Zielen funktioniert ebenfalls nicht, wenn die Zukunft einfach anders verläuft, als wir es uns in unseren Zielbildern ausgemalt haben. Doch welche Art von Denken könnte besser dazu geeignet sein, mit Ungewissheit umzugehen?

2 Zwei Arten zu denken

> *Eine große Wahrheit ist dann eine große Wahrheit,*
> *wenn ihr Gegenteil immer noch eine große Wahrheit ist.*
> Niels Bohr

Wer immer wieder mit ähnlichen Aufgaben konfrontiert wird, entwickelt Denkgewohnheiten. Dass sich zum Beispiel eine erfahrene Taxifahrerin auch in einer ihr fremden Stadt besser orientieren kann als ein Tourist im Mietwagen, hat nichts mit Intelligenz zu tun, sondern damit, wie die Taxifahrerin an das Vorhaben »Orientierung in einer Stadt« herangeht. Im Laufe der Zeit hat sie durch Erfahrung gelernt, wie sie dieses Vorhaben erfolgreich verwirklicht. Die Denkgewohnheiten, nach denen eine Expertin entscheidet und handelt, machen ihre Kompetenz aus. Mit der Zeit funktionieren die Denkgewohnheiten wie eine Methode, die die Expertin anwendet, sobald sie an ein neues Vorhaben oder eine Problemstellung herangeht: Die Expertin greift in ihren Methodenkoffer.

Linear-kausales Denken und Effectuation sind *zwei ganz bestimmte* Methodenkoffer. Beide Koffer enthalten jeweils Denkgewohnheiten von Experten. Jeder der beiden Koffer ist für sich komplett und vollständig. Beide Koffer können dazu genutzt werden, Vorhaben umzusetzen und Probleme zu lösen – doch die beiden Koffer könnten unterschiedlicher nicht sein. Sehen wir uns die beiden Methodenkoffer etwas näher an:

- Der erste Methodenkoffer ist der des *linear-kausalen Denkens*. Er enthält Denkwerkzeuge, wie sie üblicherweise an unseren Fachhochschulen und Universitäten gelehrt und in Unternehmen oder in den Wissenschaften bevorzugt angewendet werden. Diese Werkzeuge sind hervorragend dazu geeignet, bei gegebenen Zielen und stabilen Randbedingungen gute Entscheidungen zu treffen und planvoll zu handeln. Mit ihnen kann man eine Fabrik bauen, Software für einen klar vorgegebenen Zweck schreiben, eine wohldefinierte Stelle besetzen, eine Make-or-Buy-Entscheidung treffen oder die passende Strategie für die Eroberung eines bekannten Marktes wählen.
- Der zweite Methodenkoffer ist der von *Effectuation*. Er enthält die Methode erfahrener Unternehmer. Die darin enthaltenen Denkwerkzeuge werden zwar noch selten an unseren Fachhochschulen und Universitäten gelehrt, sie sind jedoch trotzdem recht weit verbreitet. Fast jeder hat schon das eine oder andere Werkzeug aus diesem Koffer genutzt, auch ohne jemals offiziell mit ihm vertraut gemacht worden zu sein. Der Methodenkoffer und seine Werkzeuge sind dann besonders nützlich, wenn noch keine Ziele fixiert wurden und es darum geht, etwas Neues in die Welt zu bringen, während die Umwelt sich laufend verändert und schwer einschätzbar ist. Mit ihnen lassen sich unternehmerische Gelegenheiten entwickeln, Innovation betreiben, Führung neu

gestalten, beraten und ganz allgemein komplexe Probleme in dynamischen Umfeldern bearbeiten.

2.1 Linear-kausales Denken

»Wie komme ich am besten von A nach B?« – Vielen Problemen, die wir im Alltag zu lösen haben, liegt diese linear-kausale Struktur zu Grunde: Ein bestimmtes Vorhaben soll auf möglichst direktem Weg umgesetzt werden. Chancen und Möglichkeiten potenzieller Vorhaben gelten als in unserer Umwelt bereits angelegt und müssen entdeckt und erschlossen werden. Der Trick besteht darin, in einer vorhersehbaren und berechenbaren Zukunft eine möglichst vorteilhafte Position einzunehmen. Linear-kausales Denken (im Folgenden »kausales Denken« oder »kausale Logik« genannt) hält exzellente Werkzeuge bereit, um genau diese Art von Problemen erfolgreich zu bearbeiten.

2.1.1 Der Prozess linear-kausaler Problemlösung

Der Startpunkt für kausale Problemlösung ist meist ein unbefriedigender aktueller Zustand. Erst wenn wir einen bestimmten erwünschten Zustand als unser Ziel definieren, sind wir nach kausalen Maßstäben legitimiert zu handeln. Der Handlungsauftrag besteht sodann darin, die Lücke zwischen dem Ist und dem erwünschten Soll zu schließen. Man muss wissen, wohin man will, damit man sich überlegen kann, wie man dort am besten hinkommt.

Doch woher weiß man, was das »B«, zu dem man hin will, ist? Woher kommen das Vorhaben und der Soll-Zustand? Wie funktioniert die Zielfindung? Diese Frage ist gar nicht so leicht zu beantworten. Nach kausaler Logik ist das Ziel das Ergebnis eines Such- und Auswahlprozesses unter der endlichen Anzahl an Chancen und Möglichkeiten »da draußen« in der Umwelt. Möglichkeiten, Gelegenheiten und Märkte – so sieht das die kausale Logik – sind in der Welt bereits angelegt, und es gilt, Ideen zu haben und gute Gelegenheiten wahrzunehmen – zum Beispiel ein Bedürfnis, das latent schon existiert, oder einen Missstand, den es zu beheben gilt. So gut unser kausales Denken dazu geeignet ist, den Weg von A nach B zu planen, so wenig kann es jedoch zur Beantwortung der Frage »Wo kommt eigentlich das Ziel her?« beitragen. Gängige Antworten auf diese Frage sind eher allgemein gehalten: Introspektion (in sich hinein hören), Beobachtung (die Augen offen halten) oder kreativ sein und sich eine der vielen zu lösenden Aufgaben aussuchen (Suche und Auswahl). In der Praxis helfen einem solch pauschale Aussagen jedoch häufig nicht wirklich weiter.

Ziele beschreiben einen erstrebenswerten Endzustand – gewünschte Ergebnisse des Denkens, Entscheidens und Handelns. Gehandelt wird unter kausaler Logik erst, wenn genauestens analysiert wurde, wie das angestrebte Ergebnis am schnellsten, billigsten und effizientesten erreicht werden kann. Ein Vorhaben war erfolgreich, wenn der gewünschte Zustand hergestellt und das Ziel erreicht wurde: das Ziel einer Reise, das Ziel eines sportlichen Wettkampfs, das Ziel eines Projekts, ein Qualitätsziel, ein Unternehmensziel.

Sobald die Idee geboren und fixiert wurde, ähneln sich die Spielarten des kausalen Prozesses zur Planung und Umsetzung des Vorhabens, unabhängig vom Handlungsfeld. Das lineare Grundmuster lautet: Idee (Ziel) haben → analysieren → Entscheidungen treffen → planen → Ressourcen akquirieren → handeln.

Idee › analysieren › entscheiden › planen › Ressourcen akquirieren › handeln

Abb. 2: Linear-kausaler Prozess der Problemlösung

Nach kausaler Logik wird ausführlich nachgedacht, bevor es ans Handeln geht: Zuerst der Businessplan, dann die Gründung. Zuerst das ausgefeilte Mitarbeiterprofil, dann die Personalsuche. Zuerst das ausgearbeitete und bewertete Projektkonzept, dann der Projektstart. Zuerst die Spezifikation (Lasten- und Pflichtenheft), dann die Entwicklung. Zuerst das quantifizierte Konzept für eine Produkt- oder Dienstleistungsentwicklung, dann das Innovationsprojekt. Auch in der Grundlagenforschung heißt es: Zuerst die Forschungsfrage, die Hypothese und das Forschungsdesign, dann das Experiment. Zuerst die Theorie, dann die Praxis.

2.1.2 Beispiele linear-kausaler Prozesse

Die DNS kausaler Vorhaben lautet, etwas überspitzt formuliert: denken, denken, denken, denken, tun. Finden wir diese Muster wirklich auch in der Praxis? Machen wir die Probe, und steigen wir in konkrete Handlungsfelder ein. In den nun folgenden Beispielen ist der kausale Grundschritt für gängige Problemstellungen in idealtypischer Form dargestellt.

Gründen nach Leitfaden
Will man ein Unternehmen gründen, dann nennt man die Idee am Anfang des Prozesses eine Marktlücke, unternehmerische Gelegenheit oder Chance. Erst mit einer guten Idee kann man das Universum aller Märkte analysieren. Wer braucht die Idee? Welche potenziellen Kunden gibt es? Wer erfüllt dasselbe Bedürfnis? Wie kann man die potenziellen Kunden in Gruppen mit möglichst ähnlichen Eigenschaften einteilen (segmentieren)? Welche dieser Gruppen ist besonders

groß oder wenig umkämpft? Wer ist bereit, viel Geld für die Erfüllung des Bedürfnisses auszugeben?

Als Nächstes wird definiert, was genau man für diese Gruppe – das Zielsegment – leisten möchte. Welche Position möchte man im Kopf der Zielgruppe besetzen? Wie muss man es anstellen, dass man in der Wahrnehmung der Zielgruppe an erster Stelle landet und nicht von Mitbewerbern verdrängt wird? Was ist das Alleinstellungsmerkmal, der USP?

Schließlich sind die Details des Geschäftsmodells zu klären. Wie wird produziert oder gedienstleistet, wie wird kommuniziert und geworben? Und was ist heute, morgen, übermorgen damit zu verdienen? Die Hauptaufgabe ist das Verfeinern des Plans, bis man theoretisch weiß, wie der maximale zukünftige Ertrag erzielt werden kann. Das Ergebnis (und nicht der Ausgangspunkt) dieser Rechnung sind Ressourcen – Geld und Humankapital –, um die Pläne in die Tat umsetzen zu können. Nun folgen der Gang zur Bank oder anderen Geldgebern und die Suche nach den richtigen Mitarbeiterinnen und Partnern. Hat man damit Erfolg, dann kann man schlussendlich das Unternehmen gründen und aufbauen.

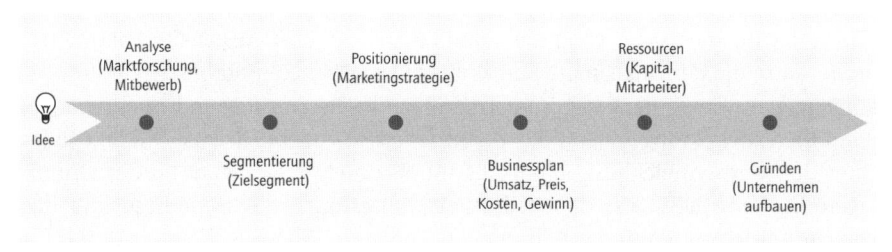

Abb. 3: Unternehmerischer Prozess nach linear-kausaler Logik (Faschingbauer, 2008)

Kausale Beratung

Kausal orientierte Beraterinnen unterstützen ihre Kunden dabei, ihre Ziele zu erreichen. Dies setzt voraus, dass die Kunden wissen, was genau sie wollen und brauchen. Die Ziele zu formulieren, ist Teil der Auftragsklärung. Da von der Erreichung der Ziele oft auch die Vergütung abhängt, ist in der Auftragsklärung wesentlich, die Ziele exakt messbar zu gestalten. Was soll bis wann erreicht werden und woran genau wird man ablesen können, dass die Ziele in geforderter Qualität erreicht wurden? Die Beraterin erstellt ein Beratungsdesign und kalkuliert den Preis für die Begleitung von A nach B. Kommt es zum Auftrag, so dient es dem Interesse der Beraterin, ihren Kunden auf Zielkurs zu halten. Die anfangs definierten Ziele wirken wie Scheuklappen und sorgen dafür, dass Ablenkungen in der Peripherie des Weges nicht wahrgenommen werden.

Kausale Karriereplanung
Auch die Gestaltung der beruflichen Karriere lässt sich als kausaler Prozess beschreiben. Am Anfang steht die Selbsterkenntnis – die Analyse der eigenen Fähigkeiten und Interessen und das Sammeln von Informationen über die Berufswelt. Dann gilt es, die eigenen Potenziale den aktuellen Möglichkeiten in der Berufswelt gegenüberzustellen. Weiter denkend (und immer noch nicht handelnd) werden die Möglichkeiten eingegrenzt und in eine Reihenfolge gebracht. Je nachdem, für welches Ziel man sich entscheidet, kann jetzt der Weg (Welche Ausbildung brauche ich?) geplant und eingeschlagen werden. Wer Ärztin, Rechtsanwalt oder Ingenieur werden will, macht sich an die dafür erforderlichen Ausbildungen, um fünf bis zehn Jahre später tatsächlich Ärztin, Rechtsanwalt oder Ingenieur zu sein. Wer Oberärztin, Staatsanwalt oder Entwicklungsleiter werden möchte, dem steht dann die nächste kausale Planungsaufgabe ins Haus.

2.2 Zyklischer Prozess: Effectuation

»Wie komme ich am besten von A nach X?« – Unter Ungewissheit lässt sich nicht mit Sicherheit vorhersagen, wo eine Reise genau hinführt. Trotzdem kann man reisen, um an Plätze zu kommen, die es wert sind, erschlossen zu werden. Effectuators gehen davon aus, dass die Zukunft nicht vorhersehbar ist, jedoch durch das eigene Handeln geformt werden kann. Dabei spielt die Dynamik der Umwelt eine entscheidende Rolle. Auch andere Akteure gestalten die Zukunft mit. Kontrolle über die eigene Zukunft ist also nur zu erlangen, indem man möglichst frühzeitig mit anderen Gestalterinnen kommuniziert und verhandelt. Chancen und Gelegenheiten *existieren* für Effectuators nicht »da draußen« – sie müssen erst gemeinsam mit anderen *erschaffen* werden. Effectuation bietet hervorragende Werkzeuge, um in einer ungewissen Zukunft Neues – das noch nicht bekannte »X« – zu kreieren. Dieser Ansatz führt daher auch zu fundamental anderen Ergebnissen – »X« – als der Ansatz der kausalen Logik, der auf ein erdachtes »B« abzielt.

2.2.1 Dynamisches Effectuation-Modell

Wer effektuiert, startet genau wie der kausale Logiker auch bei Punkt A, also im Hier und Jetzt. Effectuation kommt jedoch ohne das *eine* fixe B aus, ohne das fixe Ziel, das es zu erreichen gilt. Man muss anfangs noch nicht genau wissen, wo man hin will, um ein Vorhaben starten zu können. Umso wichtiger ist jedoch der ganz persönliche Ausgangspunkt. Wissen, *wer ich bin*, wissen, *was ich weiß und kann,* und nutzen, *wen ich kenne*: Das sind die Mittel, die den Startpunkt für Effectuation bilden. Diese Mittel werden mit dem Potenzial der Situation in Beziehung gesetzt.

Das Hier und Jetzt ist ein aufregender Ort für Effectuators. *Wer ich bin, was ich weiß* und *wen ich kenne,* wird im Lichte der eigenen Vorstellungskraft auf die Leinwand der Umwelt projiziert. Der so entstehende Film hat ein offenes Drehbuch und trägt den Titel: »Wirkungen und Ergebnisse, die sich mit meinen Mitteln erzielen lassen – heute, hier und jetzt«. Die Szenen sind vielfältig und mehrdeutig. Die Handlung ist nur kurzfristig absehbar. Es läuft keiner dieser Filme, bei denen schon nach der ersten Szene erkennbar ist, wie er letztendlich ausgehen wird. Das Genre des Films ist Action – es wird gehandelt. Handeln bedeutet, andere mit den eigenen Zukunftsvorstellungen zu konfrontieren und Zukunftsvorstellungen anderer einzuholen. Dadurch kann der Plot des Films jedes Mal die Richtung ändern, wenn ein neuer Charakter auf der Bildfläche erscheint.

Wenn der Hauptdarsteller einen Dialog eröffnet, kann das so klingen: »Das sind die Mittel, die mir zur Verfügung stehen, und ich kann mir vorstellen, diese und jene Ergebnisse damit zu erzielen. Was könnten wir gemeinsam daraus machen?« Dem folgen Gespräche, in denen der Film an Dynamik gewinnt. Denn auch die Dialogpartner verfügen im Hier und Jetzt der Szene über Mittel: ihre Motive und Intentionen, ihr Wissen und Können und ein Netzwerk an Menschen, die sie kennen. Im Dialog entstehen Entwürfe der Zukunft. Es werden Szenen improvisiert, in denen sich die Mittel und Motive der Handelnden ergänzen. Und im Hier und Jetzt werden Vereinbarungen über die Zukunft geschlossen. Über die Tragweite der Vereinbarungen bestimmen die beiden Akteure ihr Risiko – das Ausmaß dessen, was sie an Zeit, Energie, Geld und anderen Einsätzen aufs Spiel setzen können und wollen. Auch mit Einsätzen nahe Null sind Vereinbarungen möglich.

Werden bindende Vereinbarungen getroffen, so hat das für den effektuierenden Hauptdarsteller wichtige Konsequenzen:

- Erhält er durch eine Vereinbarung neue Mittel, so stehen ihm ein Mehr an Wissen und Können und ein größeres Netzwerk an Kontakten für das weitere Vorgehen zur Verfügung. Das bedeutet, dass er seine Zukunftsvorstellungen aus noch mehr Mitteln zusammenstellen kann. Mit der Summe aller nun verfügbaren Mittel lassen sich andere Wirkungen und andere Ergebnisse kreieren als zuvor. Durch den gewachsenen Mittel-Pool entstehen neue Möglichkeiten für die nächste Szene.
- Eine Vereinbarung kann aber auch eine Übereinkunft über ein bestimmtes Ergebnis sein. Die beiden Akteure definieren ein konkretes Ziel »X_1«, das sie gemeinsam erreichen können. Das angestrebte Ergebnis stammt oft nicht aus dem Drehbuch der Akteure: Es ist erst im Gespräch entstanden. Durch die Vereinbarung wird jedoch aus dem Ergebnis ein fixes Ziel. Kraft der getroffenen

Vereinbarung wird es zur Szene im Drehbuch beider Beteiligten. Die Zukunft ist für beide um eine Szene berechenbarer. Dadurch sind beide Akteure nicht mehr ganz so frei und unabhängig in ihren weiteren Entscheidungen. Die nächsten Szenen gewinnen dadurch an Fokus und Richtung.

Stellen wir uns nun einen Film vor, der sich aus einer Aneinanderreihung von Dialogen nach diesem Muster entwickelt. In jeder Dialog-Szene steuern die neu Hinzugekommenen entweder Mittel bei oder geben dem Plot durch eine Zielvereinbarung Richtung. Dialog für Dialog werden Handlungsfäden verwoben. Oft führen der Zufall und die Umstände Regie. Der Hauptdarsteller kann durch die Mittel, die neue Akteure beisteuern, aus dem Vollen schöpfen. Und durch jede Vereinbarung über die Zukunft nimmt die Ungewissheit ab. Mit jeder Zielvereinbarung wird deutlicher, wohin die Geschichte führt. Aus einzelnen Dialogen unter Ungewissheit wird die Gewissheit eines stabilen Netzwerks aus Vereinbarungen in einem gemeinsamen Vorhaben.

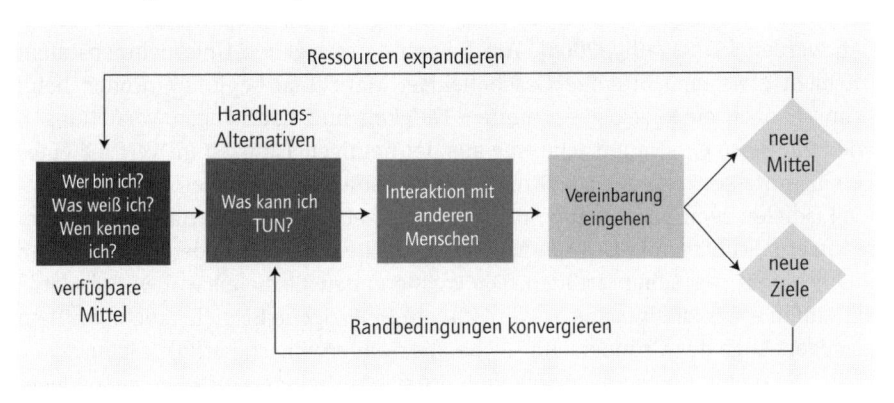

Abb. 4: Dynamisches Effectuation-Modell (Sarasvathy & Dew, 2005)

Zurück zur Ausgangsfrage: Wie komme ich von A nach X? Für Effectuators beginnt der Weg bei den eigenen Mitteln und Handlungsalternativen und führt in eine Serie von Verhandlungen mit den Stakeholdern der eigenen Vorhaben (siehe Abb. 4). Durch Vereinbarungen werden Mittel akquiriert und Ziele (Annäherungen an X) festgelegt. Dadurch werden neue Möglichkeiten für weiteres Handeln kreiert. Je mehr Runden gedreht wurden und je mehr Stakeholder an Bord sind, desto stabiler wird das Vorhaben. Es entsteht ein solides Gewebe aus Vereinbarungen. Aus dem zuvor unbekannten X wird ein bekanntes B. Das B kann ein neues Unternehmen, ein Produkt oder eine Dienstleistung sein, aber auch eine Strategie, eine Innovation oder ein Projekt. B ist jedenfalls ein Artefakt: ein Kunstprodukt. Je klarer dieses B wird, desto sinnvoller ist es, zu linear-kausaler Logik überzugehen.

2.2.2 Beispiele zyklischer Effectuation-Prozesse

Das zyklische Grundmuster von Effectuation, das in kleinen Schleifen wiederholt wird, lautet: denken, tun, tun, tun. Während im linear-kausalen Modell strikt zwischen denken (analysieren, entscheiden, planen) und handeln (Pläne umsetzen) getrennt wird – mit Schwerpunkt auf dem Denken –, betont Effectuation das ständige Wechselspiel aus Denken und Handeln – mit Schwerpunkt auf dem Handeln. Es lässt sich trefflich darüber diskutieren, welches Modell theoretisch besser oder sinnvoller ist. Viel interessanter ist die Frage, wie sich die Modelle in ihrer Wirkung in der Praxis unterscheiden. Wir sollten uns jedoch zuerst vergewissern, dass Effectuation in praktischen Handlungsfeldern überhaupt konsequent und idealtypisch denkbar ist.

Gründen wie erfahrene Entrepreneure
Effectuation ist nach dem unter erfahrenen Entrepreneuren dominierenden Verhalten modelliert – es kann als Experten-Modell im Entrepreneurship verstanden werden (Sarasvathy, 2008). Am Beginn eines eigenen Unternehmens steht oft nicht etwa eine brillante Geschäftsidee. Manchmal beginnt Gründen beim Wunsch nach einer selbstbestimmten Tätigkeit und noch vagen Vorstellungen wie zum Beispiel: »Hauptsache weg aus der heutigen Tätigkeit im Vertrieb eines Lebensmittelkonzerns.« Dem Gründer in spe ist auch aufgefallen, dass die lokalen Eisdielen zwar beliebt, aber nicht sehr flexibel sind. Sonderwünsche – kleinere Kugeln, Früchte auf Pistazien-Eis, den Eisbecher in einem anderen Glas – kann das Personal nur selten erfüllen. Die existierenden Eisdielen wollen Standards verkaufen – das ist einfacher zu verrechnen. Eine eigene Eisdiele taucht vor dem geistigen Auge des Gründers auf – eine, die Sonderwünsche erfüllen kann.

Im Dialog mit potenziellen Stakeholdern des Vorhabens entstehen neue Ideen. Im Gespräch mit der Besitzerin des besten Feinkostladens in der Gegend – eine ehemalige Kundin unseres Gründers in spe – wird die Idee einer Selbstbedienungs-Theke für Eis-Spezialitäten geboren. Die Kunden stellen ihre Kreation selbst zusammen und bezahlen nach Gewicht. Im Feinkostladen ließe sich das ausprobieren. Ein Freund des potenziellen Gründers hat viel Erfahrung mit Franchise-Systemen. Wenn das SB-Konzept im Feinkost-Laden funktioniert, dann könnte man die Idee zu einem Franchise-System ausbauen: für andere Feinkost-Läden, für Gastronomie-Betriebe ... vielleicht sogar in einem eigenen Shop-Konzept?

Wie genau die Gründungsgeschichte weiter geht, hängt nicht nur von den Vorstellungen des Gründers, sondern auch von den einbezogenen Stakeholdern ab, die Mittel und Zielvorstellungen beisteuern. Am Ende der Geschichte könnte eine internationale SB-Eis-Kette, ein Eis-Lieferservice nach dem Baukastenprinzip, aber auch ein Beratungsunternehmen für Lebensmittel-Selbstbedienungssysteme stehen. Das Ergebnis hängt davon ab, wer an Bord kommt und welche Richtungsentscheidungen gemeinsam am Weg getroffen werden.

Beratung nach Effectuation
Ein Grundsatz von Beratung nach Effectuation lautet: Die Mittel bestimmen, wo es lang geht. Beratungsaufträge nach Effectuation zielen daher nicht zwingend darauf ab, die Kundin am Weg zu einem fixen Ziel zu begleiten. Stattdessen werden Vorhaben definiert und abgesteckt. Was soll sich ändern, was sind die wesentlichen Motive und Intentionen des Vorhabens und was soll keinesfalls passieren? Und wie hoch darf der Einsatz sein?

Der Beratungsprozess beginnt sodann damit, dass vorhandene Mittel erhoben werden. Wer alles beteiligt ist, was deren Motive und Vorlieben sind, welches Wissen und Können genutzt werden kann und welche Stakeholder einbezogen werden könnten, bildet die Basis für die weiteren Schritte. Aus den Mitteln werden Zielvorstellungen abgeleitet. Die Zielvorstellungen dienen als Basis für erforschendes Handeln. Welche Ziele schlussendlich erreicht werden, entscheidet sich im Prozess in kleinen Schleifen. Gehandelt wird wiederum nur dann, wenn der Einsatz leistbar ist. Je geringer der Einsatz für die erkundenden Schritte, desto mehr Pfade können gleichzeitig erkundet werden.

Die Aufgabe des Beraters ist, die Vieldeutigkeit der Situation und deren Potenziale zu würdigen und zu risikoarmen, erkundenden Schritten anzuregen. Als Maßstäbe für den Fortschritt im Prozess können beispielsweise die Anzahl der getroffenen Vereinbarungen und die Reduktion von Ungewissheit herangezogen werden. Beraten wird in Etappen. Erst zum Ende einer Etappe werden Schwerpunkte und Ziele der jeweils nächsten Etappe ausgehandelt. Die Kundin entscheidet, wann der Beratungsprozess zu Ende ist.

Die Laufbahn entsteht im Laufen
Berufliche Karrieren sind häufig keine kausalen Start-Ziel-Reisen. Karrierewege nach Effectuation entstehen im Tun und sind nicht langfristig geplant. Viele Schul- oder Berufsausbildungen geben heute keine eindeutige Berufslaufbahn vor. Genauso wie die ersten beruflichen Tätigkeiten formen sie erst das eigene Identitätsbewusstsein, den Erfahrungs- und Wissenskorridor sowie das soziale Netzwerk. An Kreuzungspunkten steht die Frage: »Was kann ich mit meinen Fähigkeiten, meinem Wissen und meinen Kontakten im Einklang mit dem, was mir im Leben wichtig ist, tun? Und was außerdem noch?«

Karriere-Bewegungen können in alle Richtungen verlaufen: innerhalb und außerhalb von Organisationen, Branchen, Berufsbildern und klassischen Hierarchie- und Aufstiegs-Modellen. Die Karriere wird ein Wechselspiel aus sich verändernden Wünschen und Präferenzen, wechselnden Umweltbedingungen und dem Einfluss, den andere auf den Protagonisten der jeweiligen Karrierereise ausüben. Dieser ist der Dynamik des Marktes nicht willenlos ausgeliefert, sondern gestaltet Inhalt und Rahmenbedingungen aktiv mit. Und was dabei *Erfolg* ist, folgt dem inneren Maßstab.

Wo Effectuators landen und welches Portfolio an Tätigkeiten sie sich gestalten, ist im besten Sinne nicht vorhersehbar. Doch Effectuators verstehen es, aus den vielfältigen Mehrdeutigkeiten von Chancen, Wünschen, Randbedingungen und Zufällen ihren Nutzen zu ziehen. Mit Vertrauen in die eigenen Fähigkeiten, Kreativität und der Fähigkeit, sich von anderen beeinflussen zu lassen, ohne sich selbst dabei aufzugeben, formen sie ihr berufliches Patchwork. Auch aus scheinbaren Rückschlägen schlagen sie Kapital. Sie sehen sich nicht als den Umständen ausgeliefert, sondern arbeiten mit den – oft nicht vorhersehbaren – Umständen. In turbulenten Zeiten, wenn andere nach dem richtunggebenden Leuchtturm suchen, laufen sie zur Hochform auf, da sie sich an ihrem inneren Bezugssystem orientieren.

2.3 Situationsabhängig denken, entscheiden und handeln

Ein Kugelschreiber ist ein nützliches Schreibwerkzeug. Unter gewissen Bedingungen funktioniert er allerdings nicht: Zum Beispiel unter Wasser oder bei Schwerelosigkeit. Wer einen Kugelschreiber als ideales Schreibwerkzeug anpreist, setzt stillschweigend voraus, dass Schwerkraft herrscht und nicht unter Wasser geschrieben werden muss. Ähnlich verhält es sich mit kausaler Logik und Effectuation: Beides sind nützliche Methodenkoffer voller Denk- und Entscheidungswerkzeuge, die jedoch nur unter bestimmten Bedingungen gut funktionieren. Damit wir in einer gegebenen Situation in den jeweils geeigneten Methodenkoffer greifen, müssen wir verstehen, unter welchen Rahmenbedingungen welche Werkzeuge optimale Ergebnisse hervorbringen.

> Arbeitsfragen: Welche Eigenschaften hat Ihr Handlungsfeld?
> - Sind Ihre Ziele fix vorgegeben oder können Sie Ziele kreieren, verändern oder verhandeln?
> - Können Sie sich darauf verlassen, dass die Zukunft im Wesentlichen eine Fortsetzung der Vergangenheit ist?
> - Ist Ihre Umwelt unabhängig von dem, was Sie und andere autonome Akteure tun, oder können Sie Ihre Umwelt aktiv zu Ihren Gunsten beeinflussen?

2.3.1 Das ideale Feld für kausales Denken

Damit kausales Denken seine Wirkung optimal entfalten kann, müssen drei Bedingungen erfüllt sein. Die Bedingungen betreffen die Zukunft, die Ziele und das Umfeld des Vorhabens.

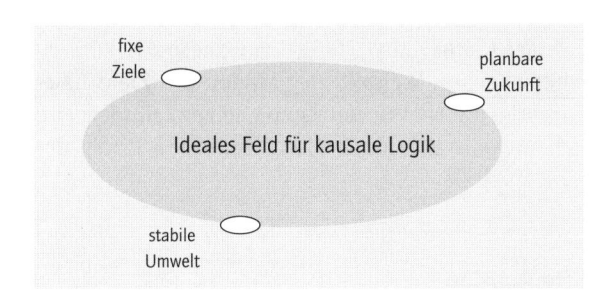

Abb. 5: Bedingungen für die Wirksamkeit kausaler Logik

Planbare Zukunft

Die Zukunft muss verlässliche Prognosen zulassen – das ist Bedingung Nummer eins. Man muss also auf Basis des Wissens aus der Vergangenheit gute Voraussagen über das Umfeld und die Entwicklung des eigenen Vorhabens treffen können. Man kann die Zukunft zum Beispiel für den Bau eines Einfamilienhauses hinreichend zuverlässig planen. Auch kann man planen, einen Lehrberuf zu erlernen. Man kann auch eine Reise nach Rom oder Tokio planen – das ist alles recht einfach.

Fixe Ziele

Die nächste Voraussetzung für kausales Denken ist die Klarheit über das Ziel. Anders gesagt: Man muss wissen, wohin man will. Es ist recht schwierig zu planen, was man braucht, um *irgendein* Haus *irgendwo* zu bauen. Auch wenn man versucht zu planen, was man tun muss, um *irgendeinen* Beruf ausüben zu können, wird man auf kein handlungsleitendes Ergebnis kommen. Und um ein Flugticket kaufen zu können, muss klar sein, ob man nach Rom oder Tokio möchte. Kausale Logik funktioniert also dann besonders gut, wenn die Zielfindung aus der Auswahl zwischen bekannten oder zumindest denkbaren Alternativen besteht oder die Ziele durch Andere vorgegeben wurden.

Stabile Umwelt

Schließlich müssen wir uns darauf verlassen können, dass die Umwelt unabhängig von dem ist, was wir und andere autonome Akteure tun. Es wäre höchst unangenehm, wenn wir mit dem Hausbau am Waldrand beginnen und in der Folge der Waldbesitzer auf die Idee kommt, den Wald durch eine Mülldeponie zu ersetzen. Auch das kausale Erlernen eines Handwerksberufes ist ein schwieriges Unterfangen, wenn sich während der Lehre das angestrebte Berufsbild radikal verändert. Und wer würde für die geplante Japan-Reise gerne in ein Flugzeug steigen, in dem die Passagiere durch demokratische Abstimmung unterwegs das Reiseziel ändern können?

Kausale Logik ist also dann eine wirksames Methode, wenn die Zukunft planbar, das Ziel vorgegeben und bekannt und die Umwelt unabhängig von den

Handlungen autonomer Akteure ist (Sarasvathy, 2001a). Auf diese Art können wir – entsprechend dem mechanistischen Weltbild der Moderne – Ziele fixieren, nachdenken, planen, die richtigen Hebel in Bewegung setzen, Hindernisse überwinden und schlussendlich – wenn alles nach Plan läuft – den Erfolg der Zielerreichung feiern.

2.3.2 Das ideale Feld für Effectuation

Auch Effectuation hat ihr ideales Handlungsfeld – einen Ort, an dem Effectuation ein Heimspiel ist. Dieses Feld hat recht wenig mit dem idealen Feld für kausale Logik gemein. Dort, wo Effectuation optimal wirkt, stößt kausales Denken an seine Grenzen. Die entscheidenden Kriterien betreffen wieder die Eigenschaften der Zukunft, der Ziele und der Umwelt.

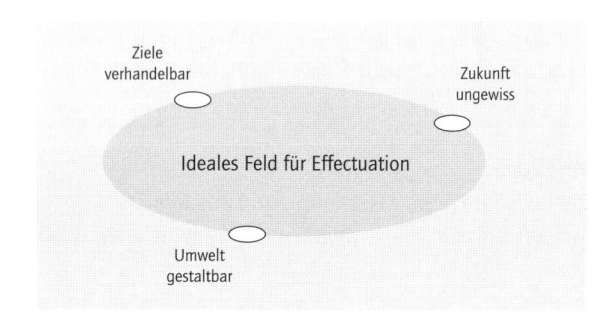

Abb. 6: Bedingungen für die Wirksamkeit von Effectuation

Ziele verhandelbar — Zukunft ungewiss — Umwelt gestaltbar — Ideales Feld für Effectuation

Ungewisse Zukunft
Die Zukunft ist nicht direkt wahrnehmbar – kein Mensch ist je dort gewesen. Gerade das macht die Zukunft so interessant. Ein Feld für Effectuation tut sich auf, wenn die Basis für eine gültige Prognose der Zukunft fehlt. Wenn alles, was bekannt ist, ausschließlich mit der Vergangenheit zu tun hat und sich nicht auf morgen übertragen lässt, ist Vorhersage kein sinnvolles Instrument. Die Zukunft kann bestenfalls fantasiert werden. Fantasien sind aber nicht brauchbar, um daraus verlässlich abzuleiten, was künftig sein oder nicht sein wird. Wie sieht die Zukunft unserer Kinder aus oder die Zukunft Europas? Was lässt sich über die Zukunft der vielen Unternehmen, die ihr Geld heute mit innovativen aber kurzlebigen Dienstleistungen und Produkten verdienen, sagen? Aber auch für den Bau eines Hauses versagt kausale Planung, wenn noch kein Flächenwidmungs- bzw. Flächennutzungsplan für den Bauplatz existiert oder noch nie jemand dort gewesen ist.

Verhandelbare Ziele
Man kann sich auf dem Feld für Effectuation noch so gründlich umsehen: Man wird dort keine vorgegebenen Ziele finden. Man wird auf die eine oder andere Vorstellung stoßen, die attraktiv erscheint, aber es gibt keine Schilder, auf denen steht: »Dort drüben ist das Ziel. Dort genau müssen wir hin.« Stattdessen wird man auf Menschen treffen, die sich auch noch nicht für fixe Ziele entschieden haben, also auch noch nicht wissen, wo genau sie hin wollen. In der Welt der Effectuation sind Ziele nicht offensichtlich oder fix vorgegeben, sondern müssen erst mit anderen Akteuren kreiert, verhandelt und vereinbart werden (March, 1990). Wer sagt uns zum Beispiel, was das Ziel unseres nächsten Urlaubs sein soll? Oder was wir in fünf Jahren beruflich machen sollen? Oder wo sich ein Unternehmen hin entwickeln soll? Welche neuen Themen sollten im politischen Diskurs lanciert werden? Wofür lohnt es sich, sich im nächsten Jahr anzustrengen?

Gestaltbare Umwelt
Eine dritte Eigenschaft der Welt von Effectuation betrifft die Formbarkeit der Umwelt. Die Umwelt ist abhängig davon, was wir und andere Akteure tun. Sie lässt sich verändern – mittels unserer Handlungen und der Handlungen anderer Akteure. In einer Welt, die von uns unabhängig ist und sich von uns nicht beeinflussen lässt, müssen wir unsere Chancen *suchen*. In der Welt der Effectuators können wir Chancen *kreieren*. Und was für Chancen gilt, gilt auch für Trends, Moden oder soziale Bewegungen. In der Fülle an Daten, die auf uns hereinprasseln, ist nicht offensichtlich, was für unser Vorhaben relevant ist und welche Trends sich durchsetzen werden. Die Umwelt besteht nicht aus trivialen Maschinen, sondern aus letztlich unberechenbaren und autonomen Menschen. Menschen kann man zwar nicht steuern, aber man kann sie beeinflussen. Kausale Denker suchen sich die Umwelt, die sie sich wünschen. Effectuators wirken auf ihre Umwelt ein, bis sie ihnen gefällt.

Effectuation fällt auf fruchtbaren Boden, wenn die Zukunft ungewiss ist, (noch) keine Ziele vorgegeben sind und sich die Umwelt durch eigene Handlungen beeinflussen und formen lässt (Sarasvathy, 2001a). Effectuators besinnen sich auf ihre Mittel, nutzen ihre Vorstellungskraft, verhandeln mit Stakeholdern, treffen Vereinbarungen und kreieren so in vielen kleinen Schritten die Zukunft.

2.3.3 Wenn Vorhaben das Feld wechseln

»Jedem Anfang wohnt ein Zauber inne«[6], schrieb Hermann Hesse, der viel Neues in die Welt der Literatur gebracht und seine Romanfiguren immer wieder in die

---
6 Aus dem Gedicht »Stufen« von Hermann Hesse (1941).

Ungewissheit geschickt hat. Der Zauber jeden Anfangs liegt wohl auch darin begründet, dass in dieser Phase die Ungewissheit am größten ist. Wenn man ein Vorhaben entwickelt, nehmen Wissen und Gewissheit kontinuierlich zu und Ungewissheit wird Schritt für Schritt abgebaut. Das gilt für ein neues Produkt, einen neuen Markt oder eine neue Firma ebenso wie für ein Forschungsprojekt oder die Gründung einer Bürgerinitiative. Das Vorhaben wechselt also sukzessive das Feld. Liegen auch anfangs optimale Bedingungen für Effectuation vor, so wandeln sich diese mit der Zeit. Vergangenheit und Strukturen entstehen, das Wissen nimmt zu, Prognosen werden sinnvoller und Ziele sind fixiert. Auch die Umwelt des Vorhabens ist nicht mehr so frei gestaltbar wie am Anfang des Vorhabens.

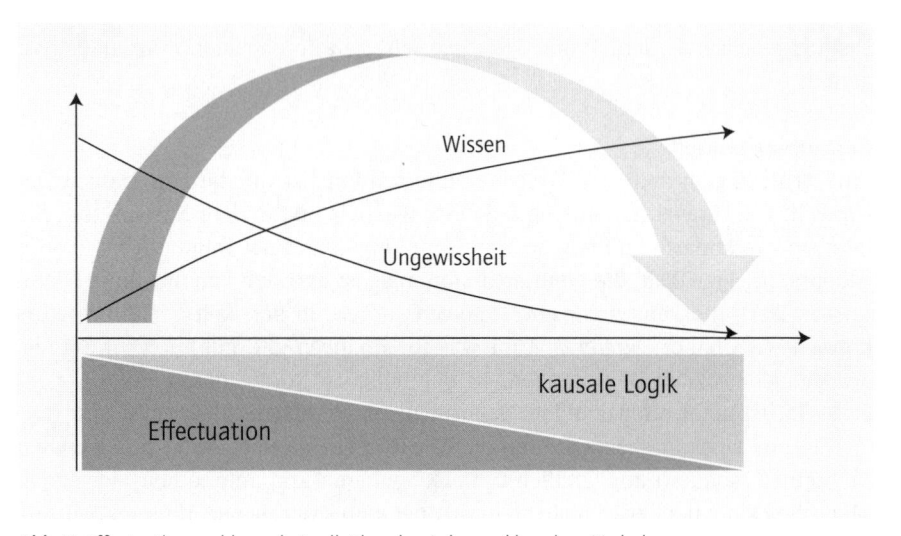

Abb. 7: Effectuation und kausale Logik über den Lebenszyklus eines Vorhabens

Es sind vor allem die frühen Phasen eines Vorhabens, in denen Effectuation besonders nutzbringend eingesetzt werden kann. In diesen Phasen ist es auch noch am wenigsten sinnvoll, ausführliche kausale Pläne zu machen, da viele der für gute Pläne benötigten Parameter noch nicht bekannt sind.

3 Die vier Prinzipien von Effectuation

Bis jetzt haben wir unser Thema aus der Distanz erkundet. Von weit oben kann man Effectuation als Weg – also als Prozess, Muster oder Abfolge von Schritten – erkennen. Anhand von Beispielen wurde deutlich, inwieweit sich typische Effectuation-Geschichten von typisch kausalen Geschichten unterscheiden. Doch wir wissen noch nicht sehr viel darüber, in welchen Kategorien Effectuators denken, nach welchen Kriterien sie entscheiden und welche Handlungsmuster sie auszeichnen. Wir verstehen sie noch nicht gut genug, um sie gegebenenfalls in konkreten Entscheidungssituationen vertreten zu können.

In diesem Kapitel möchten wir uns nun direkt zum Ort des Geschehens bewegen. Wir werden Effectuators beobachten, ihnen beim Denken und Handeln zusehen, ihr Entscheidungsverhalten untersuchen. Dadurch werden die Unterschiede zu den Denk- und Entscheidungsstrategien von kausalen Planern klar erkennbar. Die wirklich relevanten Unterschiede sind in Form von vier Prinzipien formuliert. Prinzipien sind Spielregeln, die helfen, in gewissen Situationen Entscheidungen zu fällen. Spielregeln haben zwar großen Einfluss auf den Verlauf eines Spiels, sie geben jedoch den Verlauf selbst nicht vor. Das folgende Set an Regeln ermöglicht es, Effectuation zu erlernen und bewusst anzuwenden.

Die vier Prinzipien von Effectuation:[7]
- Prinzip der Mittelorientierung
- Prinzip des leistbaren Verlusts
- Prinzip der Umstände und Zufälle
- Prinzip der Vereinbarungen und Partnerschaften

Konsistente und miteinander verbundene Regeln konstituieren eine Logik – im Gegensatz zu einer Theorie, die mit einzelnen, isolierten Regeln auskommt. Doch warum grenzen wir die Spielregeln von Effectuation weiter scharf gegen jene der kausalen Logik ab? Das hat mit der gegensätzlichen Natur der beiden Spiele zu tun. Auch kausale Logik lässt sich mit einem in sich geschlossenen und widerspruchsfreien Set an Spielregeln beschreiben. Die Logik der Effectuation ist die exakte Umkehr kausaler Logik. Sie ist das komplementäre Spiel.

Wenn wir in den folgenden Abschnitten die Welt des Denkens und Handelns gleichsam in zwei Spielkartons mit jeweils unterschiedlichen Spielregeln packen, dann geschieht dies zur Reduktion von Komplexität. Man kann an jedem beliebigen Ort der Welt suchen: Man wird nirgends die beiden Kartons oder die zugehörigen Spielanleitungen finden. Menschen spielen die beiden Spiele einfach

---

[7] Nach Sarasvathy, 2001a. Sarasvathy ging ursprünglich von fünf Prinzipien aus. Das fünfte Prinzip »Steuern ohne Vorhersage« kann jedoch auch als Grundannahme für Effectuation interpretiert werden. Als solche wird es in diesem Buch im Kapitel 4.4, S. 111 ff., ausführlich behandelt.

so – ganz ohne Anleitung. Manche Menschen bevorzugen das eine, manche das andere Spiel. Die meisten mischen jedoch die Regeln und spielen nach beiden Regel-Sets – je nachdem, was die Situation gerade vorgibt. Wer – mit Hilfe dieses Buchs – seine Spielfertigkeit verbessern möchte, der tut gut daran, zunächst jedes Prinzip für sich zu erkunden. Zirkus-Artisten üben schließlich auch zuerst Einrad fahren und dann Jonglieren, bevor sie zum einradfahrenden Jonglieren (oder jonglierend Einrad fahren) übergehen.

3.1 Prinzip der Mittelorientierung

Wenn man ein halbes Dutzend Bienen und die gleiche Anzahl von Fliegen in eine offene Flasche setzt und die Flasche waagrecht hinlegt, mit dem Flaschenboden in Richtung Fenster, wird man feststellen, dass die Bienen so lange versuchen, eine Öffnung im Flaschenboden zu finden, bis sie vor Hunger und Erschöpfung sterben, während die Fliegen innerhalb von nicht einmal zwei Minuten durch den Flaschenhals an der gegenüberliegenden Seite Reißaus nehmen. Für die fleißigen Bienen ist eine Flasche ein übernatürliches Mysterium. Sie haben jedoch ein klares Ziel, an dem sie sich orientieren. Sie denken anscheinend, dass dort, wo das Licht ist, auch der Ausgang sein muss. Ihr Ziel ist das Licht, und sie verhalten sich entsprechend. Ihre strikte Zielorientierung ist tödlich für sie. Auch die Fliegen verstehen die Anatomie einer Flasche nicht. Sie verfolgen jedoch einen anderen Ansatz der Problemlösung. Sie fliegen in der Flasche hin und her und finden dadurch innerhalb weniger Minuten den Ausgang (Mintzberg, 1999).

3.1.1 Mittelorientierung – Versuch einer Definition

Der kausalen Logik liegt das Prinzip der *Zielorientierung* zugrunde. Wer zielorientiert vorgeht, der sucht nach Mitteln und Wegen, um ein zuvor festgelegtes Ziel möglichst effizient (schnell, günstig, sicher) zu erreichen. Das Ziel ist die Voraussetzung für sinnvolles Handeln. Handeln bedeutet, die passenden Mittel und Wege zu erschließen und den kürzesten Weg vom Ist-Zustand zum Ziel zu beschreiten. Das Ziel – der erwünschte Zustand – bleibt dabei unveränderlich.

> **Prinzip 1:** Beginnen Sie bei wer Sie sind, was Sie wissen und wen Sie kennen – nicht bei »mythischen Zielen«

Effectuation stellt die *Mittelorientierung* in den Vordergrund. Wer mittelorientiert vorgeht, startet bei dem, was unmittelbar verfügbar ist und überlegt, welche

Ergebnisse damit erzielt werden können. Die Mittel bestehen aus »wer jemand ist«, »was jemand weiß« und »wen jemand kennt«. Die Ziele – das was möglich ist – verändern sich abhängig von den verfügbaren Mitteln. Die Mittel geben vor, welche Ziele überhaupt in Betracht gezogen werden.

Kausale Logik	Effectuation Logik
Auswahl bzw. Schaffung von Mitteln und Wegen, um ein zuvor festgelegtes Ziel zu erreichen	Ziele und Ergenisse finden, die sich mit einem gegebenen Set an Mitteln erreichen lassen

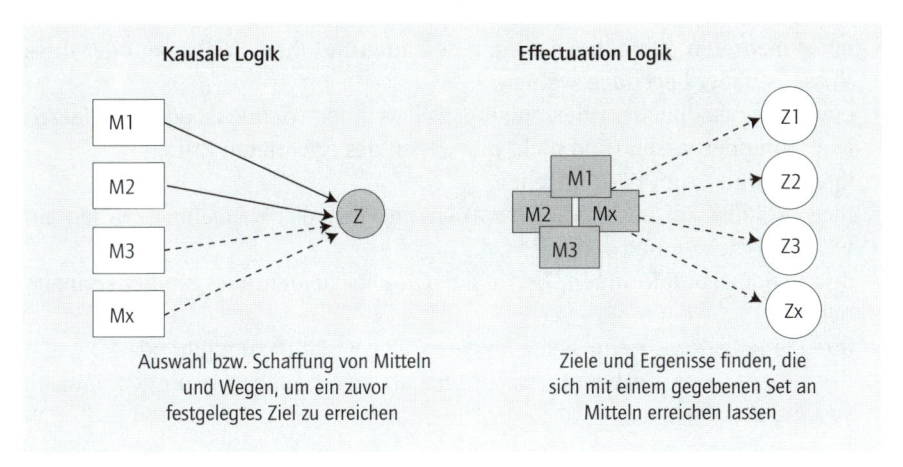

Abb. 8: Zielorientierung vs. Mittelorientierung

Ist ein Ziel – der kausalen Logik folgend – einmal festgesetzt, so verändert sich die Art, wie die Welt wahrgenommen wird. Die Aufmerksamkeit fokussiert sich auf einen Punkt. Es entsteht ein Tunnelblick, und sowohl Ablenkungen als auch Chancen und Risiken in der Peripherie werden oft ausgeblendet und nicht mehr wahrgenommen. Das ist ein Vorteil, wenn man rasch von A nach B möchte und außerhalb des Aufmerksamkeitskegels keine relevanten Veränderungen zu erwarten sind.

Wer hingegen mittelorientiert vorgeht, lässt Multivalenz zwischen mehreren möglichen Zielen zu. Der Blick wird dadurch weiter. Da es nicht zwingend notwendig ist, ein ganz bestimmtes Ziel zu erreichen, steigt die Aufmerksamkeit für Veränderungen im gesamten Blickfeld. Der Zielhorizont wird auf der Basis neuer Daten laufend aktualisiert. Das ist ein Nachteil, wenn die Zukunft gut planbar ist und man im Wesentlichen nur rasch von A nach B kommen möchte. Für Reisen unter Ungewissheit hingegen hat diese Art der Wahrnehmung eine Reihe von Vorteilen, die in diesem Abschnitt noch ausführlich erörtert werden.

> **Metapher: Kochen**
> Zielorientiertes Kochen beginnt mit der Überlegung, was schlussendlich auf dem Tisch stehen soll. Vor dem geistigen Auge erscheint eine fertige Speise. Für die Speise gibt es ein Rezept, nach dem man dann eine Einkaufsliste zusammenstellt, alle Zutaten besorgt und Schritt für Schritt das Essen zubereitet.

Beim mittelorientierten Kochen führt der erste Weg in die Küche. Es folgt die Bestandsaufnahme dessen, was im Kühlschrank und in den Schränken zu finden ist. Die nächste Frage lautet: Welche möglichen Speisen kann ich mit dem, was verfügbar ist, zubereiten?

Menschen handeln mittelorientiert, wenn sie ...
- unter mehreren alternativen Wegen den aufgrund ihrer Erfahrung oder ihres Wissens näher liegenden wählen,
- etwas aus persönlicher Überzeugung, weil es ihnen wichtig ist oder am Herzen liegt, tun oder lassen (und nicht nur wegen des erwarteten Ertrags),
- ihre Berufung zum Beruf machen,
- Ideen ständig auf Basis dessen, was sie im Fluss des Handelns dazu lernen, weiterentwickeln und verändern,
- den Kleiderschrank öffnen, bevor sie sich entscheiden, was sie heute anziehen,
- ihre Pläne ändern, wenn sich eine gute Gelegenheit dazu ergibt oder
- das nutzen, was sie bereits haben, anstatt zu versuchen, wahrgenommene Defizite zu beseitigen.

> **Arbeitsfrage:**
> - Ist das, was Sie (im Beruf, in Ihrer Partnerschaft, in Ihrer persönlichen Entwicklung ...) bis heute erreicht haben und geworden sind, ein Ergebnis der Ziele, die Sie sich früher einmal gesetzt haben?

3.1.2 Mittelanalyse und Zielvorstellungen

Wer mittelorientiert vorgeht, startet bei dem, was direkt verfügbar ist. Bevor sich eine Person oder eine Gruppe konkreten Zielen nähern kann, sollten die Mittel erhoben werden.

Effectuation unterscheidet drei Kategorien von Mitteln:
- Wer bin ich? Wer sind wir? (Identität, Werte, Charakter, Vorlieben und Kultur)
- Was weiß ich? Was wissen wir? (Wissen, Fertigkeiten und Erfahrungen)
- Wen kenne ich? Wen kennen wir? (Kontakte und Netzwerke)

> **Siehe auch Toolbox: Lebenslaufanalyse**

Wenn klar ist, welche Mittel zur Verfügung stehen, können daraus Zielentwürfe abgeleitet werden. Aus Gründen der Vereinfachung werden wir im Folgenden zunächst so tun, als ob sich die Mittelanalyse vom Entwurf der Zielvorstellungen sauber trennen ließe. In der Praxis lassen sich diese Schritte jedoch nur schwer auseinanderhalten. Die Beschäftigung mit Mitteln weckt automatisch auch Ziel-Assoziationen. Und lenkt man die Aufmerksamkeit auf machbare Ziele, so löst dies in der Regel sofort einen Suchprozess nach den zur Erreichung benötigten Mitteln aus.

Wem dann sowohl Mittel als auch Zielentwürfe vorliegen, der kann handeln. Unter Ungewissheit ist es rational, schon sehr früh zu handeln, weil erst durch das Handeln Ungewissheit abgebaut werden kann. Wenn wir losgehen, dann entdecken wir Neues, schaffen Fakten und erhalten neue Perspektiven. All das wirkt wiederum zurück auf unsere Mittelausstattung und unseren Zielhorizont. Was wir uns im Folgenden als lineare Abfolge ansehen, tritt in der Praxis als permanenter, zyklischer Prozess auf.

Wer ich bin/Wer wir sind
»Wer bin ich?« ist eine Frage nach der eigenen Identität und dem »Sitz im Leben«. Identität beginnt bei dem, was einem wichtig ist. Sie umfasst die eigenen Werte, Charakterzüge, Vorlieben, Abneigungen, Sehnsüchte und das Selbstbild. Zu wissen, wer man ist, hat enorme Vorteile in Entscheidungssituationen unter Ungewissheit. Wenn keine der möglichen Entscheidungsrichtungen offensichtliche Vorteile garantiert – die Folgen der Entscheidungen also letztlich ungewiss sind –, dann kann die eigene Identität als Entscheidungsmaßstab dienen. Mit anderen Worten: Welchen Weg man einschlägt, hängt davon ab, wer man ist.

»Die Zukunft gestalten« muss jedoch nicht mit »mich erst einmal selbst finden« beginnen. Denn wer jemand ist, ist eine Konstruktion des Denkens, das im täglichen Handeln sichtbar wird. Diesbezüglich wird man im Alltag in unterschiedlichen Kontexten fündig werden. Die Frage lautet jeweils: »Wer bin ich in diesem Kontext?« Je nach Rolle – ob im Job als Führungskraft, als Trägerin eines Ehrenamts, als Elternteil seiner Kinder oder als privates Individuum – wird man auf unterschiedliche Ergebnisse stoßen, die alle Elemente der eigenen Identität darstellen. Doch wer jemand heute in seinen unterschiedlichen Rollen ist, ist nur eine Momentaufnahme, die noch nicht allzu viel darüber aussagt, wer jemand – auf Basis seiner Mittel – noch werden kann.

Mittelorientiertes Vorgehen beginnt also mit der Ist-Analyse der eigenen Lebenssituation – wer ich bin. Das ist die Basis, auf der die weitere Ich-Entwicklung aufbaut – wer ich *werde*. Bei der Ist-Analyse kann man zunächst unstrukturiert und intuitiv vorgehen – mit einer Stichwortsammlung zu den eigenen Werten, Charakterzügen, Vorlieben, Abneigungen und Sehnsüchten. Dabei ist es hilfreich, Erlebnisse aus unterschiedlichen Lebens-Rollen zu reflektieren und nach Manifestationen des »Wer ich bin« im eigenen Handeln zu suchen.

Mittelorientierte Akteure achten sorgfältig darauf, welche Entscheidungen im Einklang mit ihrer sich wandelnden Identität stehen und welche nicht. Was ihnen wichtig ist, dient als verlässlicher Kompass für die Entscheidungen, die sie treffen. Sie tun etwas im Einklang mit sich selbst (»wer sie sind«), wenn sie die

Entscheidung unabhängig von einem bestimmten Ausgang treffen. Sie handeln so, weil sie etwas tun *wollen* und für wertvoll und richtig halten und nicht nur, weil sie ein bestimmtes Ergebnis erwarten.

Gut' Ding kommt jedoch selten (von) allein. Aus *ich* wird schnell *wir*. Auch Paare, Gruppen, Teams und Organisationen bauen eine gemeinsame Identität auf. Im Kontext von Unternehmen nennt man das »Organisationskultur«. Sie besteht aus geteilten Überzeugungen und Werten sowie bevorzugten Wegen des Denkens und Problemlösens, die das Handeln Einzelner prägen und sich auf das Handeln der Organisation auswirken (Schreyögg, 1991). Auch hier gilt: Mittelorientierte Entscheidungen werden im Einklang mit »wer wir sind« gefällt. Sind sich die Mitarbeiterinnen eines Unternehmens darüber im Klaren, wer sie sind, dann fällt es ihnen leichter, Entscheidungen im Sinne des Unternehmens zu treffen.

Auch die Kultur (sprich: Identität) einer Organisation ist nichts Starres oder Fixes – sie verändert sich. Sie entsteht durch gemeinsame Erfahrungen, die die Mitglieder der Organisation im Laufe der Zeit machen, und sie wird durch neue Erfahrungen laufend aktualisiert. Wahrnehmbar ist die Kultur aber immer nur indirekt – in der Art und Weise, wie die Mitglieder der Organisation nach innen und nach außen kommunizieren und handeln. Mit der Zeit entwickelt die Organisation Muster und Prämissen, die sich als nützlich herausgestellt haben und die somit in weiterer Folge zwischen den Mitgliedern unausgesprochen als vereinbart gelten (Shine, 1985): *So* machen wir das hier!

Wenn Organisationen (Teams, Unternehmen, ...) mittelorientiert vorgehen wollen, dann ist es sinnvoll, die gemeinsamen Werte, Vorlieben, Gewohnheiten und Abneigungen auszusprechen und abzugleichen. Dies kann am besten im Rahmen einer Leitbildentwicklung geschehen. Diese zielt nicht nur darauf ab, die aktuelle Intention und Kultur zum heutigen Tag sichtbar zu machen, sondern diese auch mit Blick auf eine gemeinsame, gewünschte Zukunft zu verändern. Die Mitglieder der Organisation lernen dabei nicht nur, wer sie gemeinsam sind, sondern auch, wer sie noch werden können.

> **Arbeitsfragen:**
> - Was verbindet uns?
> - Was wollen wir? Was wollen wir keinesfalls?
> - Was ist uns wichtig? Was machen wir besonders gerne?
> - Wie wollen wir von anderen wahrgenommen werden?
> - Welche Grundannahmen (über uns, die Welt, den Markt, die Konkurrenz, ...) teilen wir?
> - Wozu gibt es uns? Was ist unser gemeinsamer Zweck?

Ein Unternehmensleitbild beschreibt Handlungsleitlinien in Hinblick auf das Verhalten gegenüber internen und externen Stakeholdern eines Unternehmens

(Reisach, 1994). Damit Leitbilder mittelorientiertes Handeln unterstützen, sollten sie Mehrdeutigkeit in Bezug auf die Ziele der Organisation zulassen. Leitbilder mittelorientierter Organisationen sind so formuliert, dass ihre Inhalte als Mittel (und nicht als Ziel) für das gemeinsame Unterfangen wirken. »Wir organisieren die Informationen dieser Welt und machen sie für jedermann nutzbar« (Google) oder »Wir vermitteln Menschen die besten Computer-Erlebnisse durch innovative Hardware, Software und Internetangebote« (Apple) sind identitätsstiftende Leitbild-Elemente, die Kraft bündeln können, ohne die Kreativität der Organisation einzuengen: Sie lassen in Bezug auf die Ziele viele Deutungen zu. Weniger hilfreich sind hingegen Leitbilder à la »Wir wollen der größte Anbieter für X am deutschen Markt werden«, da sie das Potenzial der Organisation von vornherein auf ein sehr enges Feld eingrenzen. Was, wenn X eines Tages nicht mehr gefragt ist? Und was, wenn die Organisation die Mittel hätte, stattdessen Y anzubieten?

Kommen wir zurück zur Ausgangsfrage der Mittelanalyse für Gruppen: »Wer sind wir?« Für Gruppen von Menschen geht es nicht darum, eine einzig wahre, die richtige oder die endgültige Formulierung zu finden. Das Ziel liegt vielmehr auf dem Weg dorthin. Es geht darum, in einen Dialog über die Fragen der gemeinsamen Identität zu treten. Dabei kann fast nicht verhindert werden, dass sich Identität im Sinne von Gemeinsamkeiten und Unterschieden der Mitglieder herausbildet. Darüber zu reden, zu diskutieren, zu streiten und sich zu einigen, macht das aus, was in weiterer Folge als Mittel für gemeinsames Gestalten der Zukunft dient.

Was ich weiß/Was wir wissen
Die Frage »Was weiß ich?« zielt auf den ganz persönlichen, subjektiven Wissenskorridor eines Akteurs ab. Das Bild des Wissenskorridors kann man getrost wörtlich nehmen. Jemand geht einen langen Korridor entlang und eignet sich unterwegs Wissen, Fertigkeiten[8] und Erfahrungen an. Alles, was er unterwegs erlebt, also sieht, hört und tut, ist Teil seines ganz persönlichen Wissenskorridors. Schulische Bildung und Berufsausbildung bilden einen Teil des Korridors. Erfolgreiche Problemlösungen und ungelöste Probleme am Weg ebenfalls. Auch was dieser jemand aus alledem gemacht hat und welche Tätigkeiten er beruflich ausgeübt hat, zählt. Wenn jemand gerne und oft Schach spielt, bei den

---

8 *Wissen* umfasst alles, was jemand zur Generierung von Verhalten und Lösungen verwendet, unabhängig von Rationalität oder Intention der Wissenselemente. Wissen schließt wissenschaftliche Erkenntnisse und Theorien, Regeln und Techniken aber auch Patentrezepte, Eselsbrücken, Weltbilder, Bräuche, Aberglaube und religiöse und mystische Vorstellungen ein. *Fertigkeiten (Skills)* sind hingegen ein konkretes und inhaltlich bestimmbares Können, das durch Übung soweit automatisiert ist, dass bestimmtes Verhalten (z. B. schreiben oder Software programmieren) routinisiert vollzogen werden kann (Staudt, 2002).

Pfadfindern war, alleine oder in WGs gelebt hat, in Südafrika gearbeitet, Kinder groß gezogen, bei der Apfelernte geholfen, gesundheitliche Schicksalsschläge erlitten, besondere Erfolge gefeiert oder Krisen durchlebt hat, ist das alles Teil seines Korridors.

Welche neuen Türen kann nun jemand entlang seines persönlichen Wissenskorridors öffnen? Oft sind das Türen, die wirklich nur dieser einen Person zugänglich oder offensichtlich sind. Welche Türen jemand öffnet, hat auch mit dem zu tun, was die Person aufgrund ihrer Erfahrungen *nicht* sieht oder *nicht* weiß. Manchmal ist es ein Vorteil, dass man etwas nicht erfahren oder gelernt hat. Es beschränkt auch mitunter im Denken, wenn man den vermeintlich »richtigen« Weg für etwas gelernt hat. Wer etwas unvoreingenommen angeht, hat die Chance, alte Grenzen zu durchbrechen und die Situation zu transformieren.

> **Fallbeispiel: Josef Zotters Schokoladen-Manufaktur**
> Der Wissenskorridor des österreichischen Schokolatiers Josef Zotter enthielt vielfältige Erfahrungen aus der Gastronomie, Kenntnisse über unterschiedlichste Lebensmittel und deren Verarbeitung, Erfahrung im Umgang mit Süßspeisen aller Art, Prozesswissen in der Herstellung von Konditorwaren und Erfolgserlebnisse im Experimentieren mit Lebensmitteln. Eines jedoch fehlte ihm: Know-how im Herstellen von Schokolade. Zotter sagt über sich selbst sinngemäß: »Die Methode, nach der ich handgeschöpfte Schokolade produziere, hätte ein erfahrener Schokoladeproduzent nie entwickeln können.« Durch seine Unwissenheit hat er gleich mehrere der gängigen Branchenregeln gebrochen und durch Hartnäckigkeit zu einer schlussendlich funktionierenden, neuen Methode weiterentwickelt. Handgeschöpfte Schokolade hätte kein Schokolade-Experte erfinden können.[9]

Wissen, Fertigkeiten und Erfahrungen haben für sich allein noch keine bestimmte Bedeutung – diese entsteht erst, wenn diese Mittel in einen Kontext gestellt werden. Jemand kann als Kind bereits die Fertigkeit entwickelt haben, sich gut in andere Personen hineinzuversetzen – zum Beispiel, weil das in der Großfamilie mit fünf Geschwistern eine Notwendigkeit war. Vielleicht hat die Person diese Fertigkeit auch praktisch im Kontext der studentischen Schauspielgruppe angewandt und ausgebaut. Im späteren Beruf als Biologin in der Forschung war diese Fertigkeit zwar immer noch latent vorhanden, aber nicht erfolgsrelevant. In einem weiteren Lebensabschnitt – als Gestalterin von Wissenschaftssendungen für Schüler – können drei Kompetenzfelder des Wissenskorridors (Biologie, Forschung und Einfühlungsvermögen) eine unschlagbare Kombination ergeben.

✗ **Siehe auch Toolbox: Wissenskorridor**

---

9 Nach Gesprächen mit Josef Zotter und seinem autobiografischen Buch (Zotter, 2006)

Wer sich in Organisationen mit Strategieentwicklung befasst, denkt bei Mittelorientierung oft automatisch an Stärken-Schwächen-Analysen und die »ressourcenbezogene Sicht des Unternehmens« (Wernerfelt, 1984). Letztere geht davon aus, dass unter allen Ressourcen einer Organisation nur ein kleiner Teil als »strategisch« eingestuft werden kann. Bezogen auf Wissen und Fertigkeiten spricht man dann in der Regel von »Kernkompetenzen«. Diese seien dann besonders wertvoll, wenn sie selten, nicht zu imitieren und (für einen bestimmten Zweck) schwer zu ersetzen sind (Mintzberg, 1999).

Um es ganz deutlich zu machen: Mittelorientierung nach Effectuation ist keinesfalls gleichzusetzen mit der ressourcenbezogenen Sicht oder der Pflege von Kernkompetenzen. Letztere Konzepte nehmen an, dass bestimmte Ressourcen an sich wertvoller sind als andere. Das mag in stabilen Welten und bei existierenden Zielen durchaus zutreffen. Wenn es jedoch darum geht, in dynamischen und ungewissen Situationen eine Zukunft zu gestalten, die wir noch nicht kennen, dann ist es auch nicht sinnvoll, bestimmtem Wissen und bestimmten Fertigkeiten mehr Wert zuzuschreiben als anderen. Erst der Kontext bestimmt, welche Bedeutung ein Mittel hat, und es ist oft die Kombination der Mittel, die Wert generiert. Das macht die Mittelanalyse zu einem nach vielen Seiten offenen Projekt.

Was lässt sich also zur Mittelanalyse von Gruppen pragmatisch und konkret sagen? Stellen wir uns Menschen vor, die mit Ungewissheit konfrontiert sind und mittelorientiert vorgehen wollen. Damit diese handlungsfähig werden, kommt es nicht darauf an, einen vollständigen oder gar »richtigen« Katalog an Wissen und Fertigkeiten zu entwerfen. Viel wichtiger ist, dass die Gruppe darüber ins Gespräch kommt, welches Wissen und welche Fertigkeiten zur Verfügung stehen und als zur Situation passend angenommen werden. Sobald die Gruppenmitglieder ihre Aufmerksamkeit auf ihre Kompetenzen richten, tauchen auch Bilder darüber auf, was man mit diesen Kompetenzen anstellen könnte. Werden auch diese ausgesprochen, wird weiteres in diesem Kontext relevantes Wissen aktiviert.

Wen ich kenne/Wen wir kennen
Aus den Erkenntnissen, *wer ich bin* und *was ich weiß* lassen sich bereits viele Vorstellungen darüber ableiten, was man tun könnte. Doch nach welchen Kriterien entscheidet man, welche dieser Möglichkeiten man sinnvollerweise weiterverfolgen sollte? Nachdenken oder abwarten führen unter Ungewissheit kaum weiter. Würfeln oder Münzen werfen fördert zwar das Handeln, führt aber ob der Methode zu rein zufälligen Ergebnissen. Wie findet man also heraus, welche der Möglichkeiten tatsächlich Potenzial haben?

Unternehmerinnen, Innovatoren und Visionären sagt man nach, sie seien ihrer Zeit voraus und zudem besonders gut darin, gute Ideen frühzeitig von schlechten unterscheiden zu können. Effectuators kommen ohne diese außergewöhnlichen Fähigkeiten aus. Sie involvieren stattdessen so früh wie möglich *ihr Netzwerk (wen sie kennen)*. Wenn jemand nicht gerade eine Einsiedelei plant, hat das Gelingen der eigenen Vorhaben immer etwas mit anderen Menschen zu tun. Ganz egal, ob wir ein Unternehmen gründen, ein Produkt entwickeln, ein Projekt starten, einen Job (oder Mitarbeiterinnen) finden, eine neue Mode kreieren oder einfach nur in Urlaub fahren möchten: Wir werden andere dazu brauchen. Je früher wir diese an Bord bekommen, desto besser.

Wen kenne ich: Damit sind soziale Netzwerke gemeint – Bekannte, Kolleginnen, Mitarbeiter, Kundinnen, Lieferantinnen, Ex-Kollegen, Freunde und Familie etc., etc. Mittelorientierte Akteure fragen: »Wer ist bereit und willens, mein Vorhaben mit mir weiter zu entwickeln?«, und starten bei denen, die sie leicht erreichen können. Dabei sind sie nicht bloß auf gute Ratschläge aus. Es geht dabei um mehr: Menschen (Stakeholder) zu finden, die bereit sind mitzumachen. Und *mitmachen* heißt, dass diese auch eigene Mittel beisteuern: das eigene Wollen, Wissen, Können und weitere Kontakte. Manchmal auch Geld, ein leer stehendes Zimmer, einen LKW, überschüssige Produktionskapazitäten, ihr Vertriebsnetz.

Bei den Menschen zu beginnen, die man persönlich kennt, bringt unschätzbare Vorteile mit sich: Sie sind schneller und einfacher zu erreichen als jene, die man noch nicht kennt. Über Ideen zu sprechen funktioniert leichter, wenn man bereits auf eine bestehende Beziehung bauen kann. Wir wissen am Beginn eines Vorhabens noch nicht, wen genau wir zur Weiterentwicklung und Umsetzung brauchen können. Deshalb ist es höchst sinnvoll, bei jenen Menschen zu beginnen, die wir bereits kennen. Das spart Zeit und Aufwand und reduziert die Transaktionskosten[10] und das Risiko.

Ein Nachteil der Nutzung enger Bindungen ist allerdings, dass man eher Personen trifft, die einem ähneln und die daher auch mit ähnlichen Mitteln ausgestattet sind wie man selbst. Mit »lauter so Burschen wie i«[11] lässt sich zwar trefflich einer Meinung sein, man stößt jedoch seltener auf Mittel, die die eigenen maßgeblich ergänzen. Daher sind es oft die schwächeren Bindungen oder Kontakte um »ein Eck« (2. Grades), die erheblichen Mehrwert bieten.[12] Effectuators fragen sich daher auf der Suche nach Mitstreitern (sprich: Partnerinnen, Kundinnen, Lieferanten und anderen Stakeholdern) systematisch durch ihr Netzwerk.

Wenn »wen ich kenne« das soziale Netzwerke von Einzelpersonen beschreibt, was ist dann in Gruppen oder Organisationen das Pendant dazu? Auf der Ebene der Organisationen (zum Beispiel als Projekt-Team der Firma A) können wir fragen: Welche anderen Organisationen kennen wir (zum Beispiel die Engineering-Abteilungen unserer Kunden Firma B, C, … und das Institut für D an der örtlichen Universität)? Hier entstehen kategorisierte Listen, zum Beispiel nach den

---

10 Marktbenutzungskosten für z. B. Informationsgewinnung.
11 Helmut Qualtinger als »Herr Karl« im gleichnamigen ORF-Fernsehmonolog aus dem Jahr 1961.
12 Der Soziologe Mark Granovetter hat diesen Effekt ausführlich unter anderem im Kontext der Jobsuche untersucht und beschrieben (Granovetter, 1973).

Kategorien »Kunden«, »Lieferanten«, »Partner«, »Interessenten«, »Mitbewerber«, »Informanten«, »Meinungsmacher« und »andere Stakeholder«. Diese Listen geben Überblick und unterstützen den weiteren Suchprozess.

Die Information »Wir kennen Firma B« hilft uns noch nicht wirklich weiter, wenn wir im nächsten Schritt realistische Zielvorstellungen suchen. Es ist praktisch relevant, *wer* von uns *wen* in Firma B kennt und wie diese zueinander stehen. Gute Beziehungen zwischen den agierenden Personen sind nicht nur Schmierstoff, sondern oft die Voraussetzung dafür, dass Vereinbarungen zustande kommen. Gute Beziehungen öffnen Türen und begünstigen, dass man ins gemeinsame Handeln kommt. Umgekehrt kann ein ungünstiger Personenwechsel in der Projektleitung dazu führen, dass ein lebendiges Projekt zum Stillstand kommt, weil im gemeinsamen Vorhaben wesentliche soziale Beziehungen verloren gegangen sind.

Daher sollten wir uns von der Ebene der Firmennamen, Türschilder, Visitenkarten, Funktionsbezeichnungen und Telefonbucheinträge auf die Ebene der Gesichter begeben: Wer kennt wen, und wie ist die Beziehung beschaffen? Wir gehen also für unsere Zwecke davon aus, dass »wen wir kennen« die Summe der direkten Kontakte derer ist, die bereit sind mitzumachen.[13]

> Siehe auch Toolbox: Stakeholder-Analyse

Aus den Mitteln konkrete Zielvorstellungen entwickeln
Bis hierher haben wir uns mit Bestandsaufnahme befasst. Wir haben unsere Schränke mit der Aufschrift *Identität*, *Wissen* und *Kontakte* geöffnet und erhoben, was sich darin befindet. Der Prozess des Katalogisierens der Mittel ist in der Praxis nur schwer von dem jetzt folgenden Schritt der Zielentwicklung zu trennen. Mittel zu betrachten, führt in der Regel schon zu Ideen darüber, was man mit den Mitteln alles anstellen könnte. Wer schon einmal seinen Keller aufgeräumt hat, weiß wahrscheinlich, wovon die Rede ist.

Realisierbare Ergebnisse zu kreieren ist ein Akt des Vorstellens. Es ist dabei zunächst nicht erforderlich, besonders wählerisch oder restriktiv vorzugehen. Unter Ungewissheit ist es nicht sinnvoll, sofort ein Werturteil darüber abzugeben, ob die assoziierten Ergebnisse auch die besten Ergebnisse sind. Es geht zunächst nur um Möglichkeiten. Mittelorientierte Akteure haben zu jeder Zeit mehrere Zieloptionen für die mögliche Zukunft im Blickfeld (Abb. 9).

Ein Mittel, das wir auf jeden Fall einsetzen, wenn wir neue Zielvorstellungen kombinieren, ist unsere Vorstellungskraft. Wir können es auch Kreativität nennen – oder die Fähigkeit, sich neue Kombinationen auszudenken. Kreativität hat

---
13 Organisationssoziologinnen würden für »wen wir kennen« die Begriffe »soziales Kapital« oder »Beziehungskapital« einsetzen.

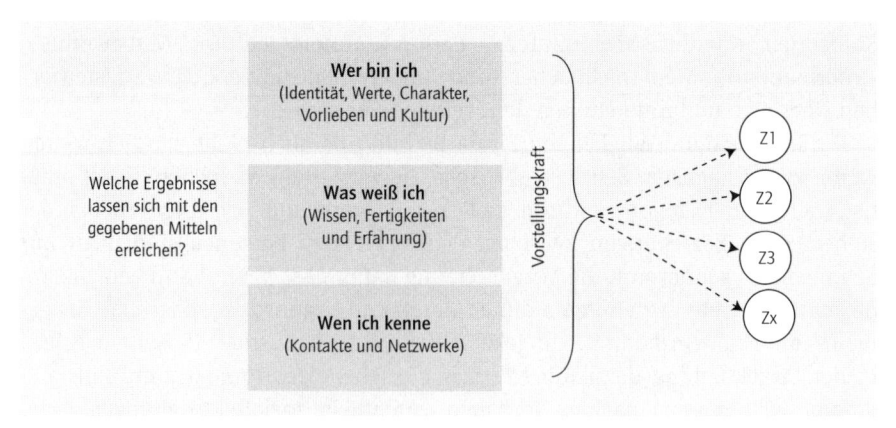

Abb. 9: Aus Mitteln Zielvorstellungen kreieren

für viele Menschen etwas Magisches und Geheimnisvolles. Was wir an dieser Stelle brauchen, ist jedoch die praktische Kreativität des Alltags (Holm-Hadulla, 2007). Dieselbe Kreativität, die zum Einsatz kommt, wenn man seinen Kindern eine erfundene Geschichte erzählt oder sich aus dem Inhalt des Kühlschranks ein Abendessen zubereitet.

> **Fallbeispiel: Ernö Rubik und sein Würfel**[14]
> »Raum hat mich immer schon fasziniert – mit seinen reichen Möglichkeiten zur Gestaltung durch Objekte (Architektur), die Transformation von Objekten im Raum (Skulpturen, Design), Bewegung im Raum und in der Zeit, deren Zusammenhänge und Rückwirkungen auf Menschen, das Verhältnis von Menschen und Raum, Objekten und Zeit. Ich denke, der Würfel entstand aus diesem Interesse und auf der Suche nach Ausdrucksformen dieser für mich brennenden Gedanken«, sagt Ernö Rubik 1981 in einem Interview. Der nach ihm benannte, weltbekannte Rubik-Würfel entstand keineswegs aus der Intention, mit einer Erfindung reich zu werden – seine Erfindung ist vielmehr ein ausgezeichnetes Beispiel für Mittelorientierung. Den Würfel hatte der ungarische Architekt, Bildhauer und Designer 1974 als Lehrmittel für seine Vorlesungen an der Universität entwickelt: zur Schulung des räumlichen Denkvermögens. Rubik über seine Erlebnisse mit den ersten Prototypen: »Als die ersten Prototypen für mich und meine Freunde hergestellt waren, war es aufregend, mit ihnen das erste Mal zu spielen. Wir waren alle überrascht, als wir nach und nach entdeckten, dass wir etwas Originäres, Neues kreiert hatten.« Erst ab diesem Zeitpunkt wurden für Rubik neue, wirtschaftliche Ziele – auf Basis des neu geschaffenen Würfels – vorstellbar. In den Jahren danach meldete Rubik ein Patent an und gewann Partner für die Fertigung und Vermarktung. Der Würfel kam 1977 als Geduldspiel auf den Markt. Bis 1981, dem Höhepunkt der »Würfelmania«, wurden weltweit 160 Mio. Stück verkauft.

---

14 Quellen: Stolz, 2009 sowie ein Rubik-Interview vom 31.1.1981 auf http://cubeland.free.fr/infos/ernorubik.htm

Wenn wir hier von Zielentwürfen sprechen, dann sollten wir klären, dass es sich nicht unbedingt um – wie oft empfohlen – möglichst SMART[15] formulierte Ziele handeln muss, damit wir handlungsfähig werden. Es gibt jedoch ein paar Kriterien, an denen wir uns bei der Formulierung orientieren können.

> **Arbeitsfragen:**
> - Ist das, was Sie sich vorstellen, auf Basis der Ihnen zur Verfügung stehenden Mittel erreichbar?
> - Können Sie erklären, warum das Ziel gerade eines *Ihrer* Ziele ist?
> - Mobilisiert das Ziel Energie in Ihnen?
> - Können Sie sich auch Details zum Ziel vorstellen?
> - Wissen Sie, in welche Richtung Sie losgehen müssen?

> Siehe auch Toolbox: Landkarte der Zielvorstellungen

3.1.3 Mittelorientierung für Fortgeschrittene

Das Prinzip der Mittelorientierung ist anfällig für Missverständnisse. Eingeschworene kausale Denker stecken es schnell in Schubladen mit den Aufschriften *chaotisch, kopflos, planlos, ziellos* und *unstrukturiert* oder missverstehen es als rein intuitive Methode, als eine einfache Abkürzung oder als esoterische Haltung. Schlussendlich kann der Trugschluss auftreten, dass Mittelorientierung gar keine Ziele braucht. Mit diesen und anderen Missverständnissen wollen wir nun aufräumen.

Ergebnisse er*ziel*en: Nicht ziel-los, sondern viele Ziele
Die erzielbaren Ergebnisse – das Wort *erzielbar* drückt es bereits aus – sind natürlich auch Ziele. Ein wesentlicher Unterschied zu kausalen Zielen ist die Verwendung der Mehrzahl! Bei Vorhaben unter Ungewissheit gibt es wenig rationale Gründe, sich auf genau ein Ziel zu fixieren. Effectuators sind es gewohnt, mehrere Ziele gleichzeitig zu verfolgen. Sie denken in Szenarien und vermeiden es, potenziell attraktive Alternativen am Nebengleis auszuschließen. Mittelorientierung bedeutet nicht, ziellos zu sein, sondern sich seinen Zielen gegenüber ambivalent zu verhalten. Wenn sich die Mittel ändern, ändern sich oft auch die Ziele. Im kausalen Denken sind »Moving Targets« ein Missgeschick. In Effectuation sind sie die Regel.

---

15 SMART steht für »spezifisch, messbar, aktionsorientiert, realistisch und terminierbar« (Marents-Scholz, 2008)

Nicht wahl-los, nicht beliebig

Effectuators haben mehrere Ziele im Blickfeld. Sie verfolgen jedoch nicht wahllos irgendwelche Ziele. Ganz im Gegenteil: Sie gehen von den verfügbaren Mitteln aus und ziehen das Machbare dem Erträumten vor. Sie starten beim sprichwörtlichen Spatz in der Hand, anstatt nach flüchtigen Tauben auf irgendwelchen Dächern zu jagen.[16] Und sie wählen Ziele aus, mit denen sie sich identifizieren können, die also dem entsprechen, *wer sie sind*. Obwohl Effectuators darauf verzichten, nach klar definierten Ergebnis- oder Handlungszielen zu agieren, laufen sie nicht jeder beliebigen Idee nach. Sie tun nur, was sie für wert erachten, getan zu werden.

Nicht »kleinere Brötchen backen«

Mittelorientiert agieren heißt auch nicht, sich mit wenig zufrieden zu geben. Bei dem, was gerade verfügbar ist, zu starten, bedeutet nicht, dass die erzielbaren Ergebnisse bei den eigenen Mitteln enden. Sie sind nur der Startpunkt von Reisen, auf deren Weg Mittel jeder beliebigen Dimension mobilisiert werden können: Die Mittel derer, die bereit sind, mitzugehen. Wie das vor sich geht, wird Thema des Abschnitts 3.4 (S. 79 ff.) sein. Für den Anfang sei erwähnt, dass viele prototypische Effectuation-Geschichten mittelorientiert begonnen haben. Denken Sie an die Zotter Schokoladen Manufaktur (siehe S. 42), Rubick-Würfel (S. 46), Starbucks (S. 101), eBay (S. 6) oder Microsoft (S. 108). Sind das »kleine Brötchen«?

Nicht nebulos oder vage

Die Untersuchungen bei den Modellpersonen für Effectuation – sehr erfahrene Unternehmer (siehe Abschnitt 7.2) – haben gezeigt, dass Effectuators zu jedem Zeitpunkt ein komplettes, holistisches Bild dessen, was möglich sein könnte, haben (Sarasvathy, 2001a). Sobald mehrere Beteiligte mittelorientiert effektuieren, sind diese Bilder der Schlüssel für gemeinsames Handeln. Sie sind das, was das Team zusammenhält. Wenn sich Ziele laufend ändern, dann sind es die Beschreibungen kompletter Szenarien und deren Varianten, über die permanent kommuniziert werden muss. Mehr dazu noch im Abschnitt 4.1.3, S. 100 f.

Kein kopfloser Aktionismus

Mittelorientierung kann leicht mit einer »Wir-brauchen-keine-Ziele-wir-haben-doch-genug-Arbeit-Philosophie« verwechselt werden. Es geht jedoch nicht um Aktionismus im Sinne von betriebsamem, unreflektiertem Handeln ohne Konzept. Auch für Effectuators konvergiert die Vielzahl an möglichen Ergebnissen schließlich über die Zeit zu ganz konkreten Zielen. Das wird vor allem durch eingegangene Vereinbarungen mit anderen erreicht.

---

16 Saras Sarasvathy nennt das Prinzip der Mittelorientierung daher auch das »Bird-in-Hand-Principle« (Sarasvathy, 2008).

Ein Ziel ist ein Mittel ist ein Ziel ist ein ...

Wenn ein Ziel erreicht ist, was kommt dann? Denken wir an Ziele wie den Abschluss eines Studiums, die Fertigstellung eines Hauses, die Erreichung des geplanten Jahresumsatzes. Jedes Ziel wird, wenn man es von einer höheren Ebene aus betrachtet, wieder zum Mittel. Der Abschluss des Studiums ermöglicht verschiedene Berufsoptionen, das Haus kann bewohnt werden, und der Jahresumsatz schafft Mittel für die Vorhaben des nächsten Geschäftsjahrs. Mit der Frage »Wenn das Ziel erreicht ist, was wird dadurch sichergestellt?« kann man sich elegant von Ziel-Ebene zu Ziel-Ebene fortbewegen. Je höher die Ebene, desto abstrakter und umfassender werden die Definitionen dafür. Am Ende kommt man meist bei Werten wie Sicherheit, Wohlstand, Zufriedenheit, Ruhe oder Friede an. Das sind strategische Ziele, die sich auf unterschiedlichste Art und Weise operationalisieren lassen. Effectuators haben strategische Ziele, die ihnen die Richtung weisen. Sie wissen aber auch, dass es unzählige Möglichkeiten gibt, diese Ziele zu verfolgen.

Wer ein Ziel hat, hat ein Problem

Wenn man sich von der Erreichung eines bestimmten Ziels abhängig macht, setzt man sich großem Stress aus. Und Stress macht durch die damit verbundenen Hormonausschüttungen »dumm«, kostet Ressourcen und Kreativität und fördert Defizitgefühle. Dies ist die biologische Begründung dafür, warum ein fixes Ziel im Hinblick auf die eigene Wirksamkeit hinderlich sein kann (siehe Abschnitt 5.7, S. 178 ff.). Ein weiteres Problem eines fixen Zieles ist, dass es den Blick sowohl auf die übergeordneten, strategischen Ziele als auch auf interessante Gelegenheiten am Weg verstellt. Wenn wir einen Marathon gewinnen wollen, dann nehmen wir diese Nachteile in Kauf. Wenn wir letztlich auf der Welt Spuren hinterlassen und auf ein erfülltes Leben zurückblicken wollen, auch?

Wer kein Ziel hat, hat auch ein Problem

Ziele zu haben, die messbar, erreichbar und attraktiv sind, hat durchaus einen Sinn. Sie motivieren, den ersten Schritt zu tun und loszugehen. Sie geben Energie und Richtung. Effectuators beschäftigen sich sehr wohl ausführlich mit Zielen. Sie machen ihre Zufriedenheit jedoch nicht von der Erreichung eines bestimmten Ziels abhängig. Sie nutzen Ziele als Navigationshilfe und machen sie nicht zum Selbstzweck. Das Ziel bringt einen unter Ungewissheit in Bewegung und an neue Orte, die man ohne das Ziel nie entdeckt hätte. So kann man nach Indien losgeln und unterwegs Amerika entdecken (Sarasvathy, 2001a).

3.1.4 Zusammenfassung

- Effectuators ziehen unter Ungewissheit die Mittelorientierung der kausalen Zielorientierung vor. Ihr Ausgangspunkt für die Gestaltung der Zukunft sind ihre Mittel. Sie reduzieren damit ihr Risiko und geben dem Machbaren gegenüber dem Erträumten den Vorzug.
- Auch mittelorientiertes Vorgehen braucht Ziele. Diese geben die Richtung zum Losgehen vor und werden laufend aktualisiert. Mittelorientierung bedeutet auch, mehrere unter Umständen auch widersprüchliche Ziele ambivalent im Blickfeld zu halten und gleichzeitig anzustreben.
- Will man Mittelorientierung prozesshaft anwenden, so beginnt dies bei der Mittelanalyse. Abhängig von einem bestimmten Handlungskontext (Worum geht es überhaupt?) sind dazu die Fragen *wer bin ich, was weiß ich* und *wen kenne ich* zu beantworten. Für Gruppen wird dabei aus »ich« ganz rasch »wir«. Die Fragen bleiben die gleichen.
- Im nächsten Schritt werden aus den vorhandenen Mitteln Zielvorstellungen entwickelt. »Zielvorstellungen« bedeutet, dass sie dem Handeln zwar Kraft und Richtung geben können, unter Ungewissheit jedoch nicht garantiert ist, ob sie erreichbar und morgen noch sinnvoll sind.
- Beginnt man auf Basis von Zielvorstellungen zu handeln, dann verändert sich laufend sowohl die Mittelausstattung als auch der Zielhorizont. Mittelorientiertes Vorgehen endet also nicht mit einer einmaligen Mittelanalyse und Formulierung von Zielvorstellungen. Beides wird laufend aktualisiert.

	Zielorientierung (kausale Logik)	Mittelorientierung (Effectuation)
Grundannahme	Ohne klares und eindeutiges Ziel ist jedes Handeln sinnlos.	Beginne bei dem, *wer du bist, was du weißt* und *wen du kennst* – und nicht bei mythischen Zielen.
Gegeben	klares Ziel	eigene Mittel
Gesucht	Mittel, um das Ziel zu erreichen	Ergebnisse, die mit den gegebenen Mitteln erreicht werden können
Erfolgskriterium	Das zuvor gesteckte Ziel erreichen	Mit den verfügbaren Mitteln ein sinnvolles und zufriedenstellendes Ergebnis erzielen
Leitfragen	Welches Ziel soll erreicht werden? Welche Mittel sind erforderlich, um das Ziel am schnellsten/günstigsten/effizientesten zu erreichen?	Wer bin ich? Wer sind wir? Was weiß ich? Was wissen wir? Wen kenne ich? Wen kennen wir? Welche Ergebnisse kann ich/können wir mit den gegebenen Mitteln erzielen?

Abb. 10: Vergleich von Ziel- und Mittelorientierung

- Mittelorientierung ist *nicht* ziellos, wahllos, beliebig, nebulos, vage, kopflos, aktionistisch oder irrational. Mittelorientierung hat klare Strukturen und Merkmale und ist für Reisen im Ungewissen wesentlich rationaler als das Festhalten an einem einzigen, klaren Ziel.
- In stabilen Umwelten, wenn die Zukunft planbar ist, ist es hingegen rationaler, zielorientiert vorzugehen und all seine Kräfte auf genau *einen* zuvor bestimmten Punkt zu konzentrieren.

3.2 Prinzip des leistbaren Verlusts

»Was soll das bringen?« – Wie oft hat diese Frage schon jemanden daran gehindert, etwas auszuprobieren? Wir kennen die Frage aus Besprechungen mit Kolleginnen, Vorgesetzten und Kunden – aber auch aus dem Privatbereich, wenn wir unserer Familie vorgeschlagen haben, diesmal im Winter an die Adria zu fahren. Mit der simplen Frage »Was soll das bringen?« lässt sich so manche Aktivität im Keim ersticken. Der Homo Sapiens hat darüber nachzudenken gelernt, welchen Ertrag seine Handlungen in der Zukunft bringen könnten. Zuerst wird bilanziert, erst dann wird losgelegt – das gilt als professionell.

Unternehmerisch handeln, Zukunft kreieren und Neues in die Welt bringen basiert jedoch auf besonderen Voraussetzungen. Wenn wir noch nicht wissen, ob sich unsere Vorstellungen materialisieren können, dann lässt die Frage »Was soll das bringen?« nur sehr vage Antworten zu. Experten für die Ungewissheit verzichten daher auf den Blick in die Glaskugel und fragen stattdessen: »Was ist mir der Versuch wert?« Ist der Einsatz tragbar, dann beginnen sie zu handeln und entdecken dabei Dinge, die anderen nicht zugänglich sind. Sie handeln nach dem Prinzip des leistbaren Verlusts und relativieren die alte Volksweisheit »Nur wer wagt, gewinnt«.

3.2.1 Leistbarer Verlust – Versuch einer Definition

Kausales Denken orientiert sich am *erwarteten Ertrag*. Bevor gehandelt wird, wird abgeschätzt, was die Handlung an Nutzen bringen wird. Wenn der erwartete Nutzen groß genug ist, dann darf das Unterfangen auch etwas kosten. Wer sich gute Chancen auf den ersehnten Erfolg ausrechnet, der ist oft auch bereit, viel dafür zu investieren – ganz gemäß dem Sprichwort »Von nichts kommt nichts«.

> **Prinzip 2:** Orientieren Sie Ihren Einsatz am leistbaren Verlust – und nicht am erwarteten Ertrag.

Im Effectuation-Prinzip des *leistbaren Verlusts* wird einmal mehr die kausale Logik auf den Kopf gestellt. Entscheidend für einen praktischen Schritt sind nicht die Fantasien über einen erhofften Ertrag, sondern der subjektiv leistbare Einsatz an Mitteln. Riskiert wird also nur, was man auch zu verlieren bereit ist. Wie hoch dieser Einsatz sein kann, hängt unmittelbar von der Person oder Gruppe ab, die ihn leistet. Effectuators kontrollieren also ihr maximales Verlustpotenzial, anstatt im Lichte mythischer Chancen unter Ungewissheit irrationale Risiken einzugehen.

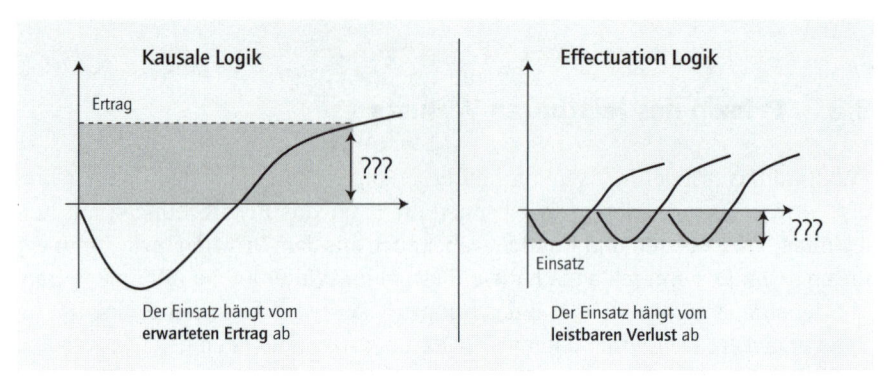

Abb. 11: Erwarteter Ertrag vs. leistbarer Verlust

Nach dem erwarteten Ertrag vorzugehen bedeutet, sich am Potenzial »da draußen« zu orientieren. Der Blick geht nach *außen*, zur Umwelt und den Chancen und Risiken, die diese birgt. Das funktioniert dann gut, wenn sich die Umwelt stabil und vorhersehbar verhält. Dann können gültige Annahmen über das, was sich in dieser Welt gestalten und verdienen lässt, getätigt werden. Um zu bewerten, was *man* tun *sollte*, werden sehr aufwändige Verfahren angewandt. Faktoren, die man kennen und berechnen kann, fließen in die Entscheidungs-Szenarien ein, um nach bestem Wissen und Gewissen entscheiden zu können. Dann wird entschieden, welches die *beste* Alternative ist.

Leistbarer Verlust richtet die Aufmerksamkeit dagegen nach *innen*. Ob eine Entscheidung sinnvoll ist, hängt unmittelbar davon ab, wer sie trifft. Fragen wie »Ist es mir/uns etwas wert?« und »Ist es mir/uns wichtig?« werden entscheidungsrelevant. Die Entscheider akzeptieren, dass sie letztlich nicht wissen, welcher Ertrag am eingeschlagenen Weg auf sie wartet. Sie wissen aber auch, dass sie mittels ihrer Handlungen Einfluss auf den Ertrag haben – dieser also nicht »da draußen« *wartet*, sondern *co-kreiert* werden muss. Sie handeln nach der Maxime: »Ich weiß zwar nicht, wie es ausgeht, aber der Ausgang hängt wesentlich von dem ab, wie ich handle«. Diese Art zu entscheiden macht handlungsfähig und ist der Schlüssel zum Potenzial des Unvorhersehbaren. Als real und kontrollierbar wird hingegen der zu leistende Einsatz angenommen. Der maximale Einsatz wird bewusst festgelegt und begrenzt.

Menschen handeln nach dem Prinzip des leistbaren Verlusts, wenn …
- das, was sie unternehmen, auch schief gehen darf – ohne dass es sie Kopf und Kragen kostet,
- sie bei riskanten Vorhaben nach Mitteln und Wegen suchen, die weniger oder gar nichts kosten,
- sie nicht nach perfekten, sondern nach machbaren Lösungen suchen,
- sie lieber rasch drei einfache Dinge ausprobieren, anstatt lange über den *richtigen* Weg nachzudenken,
- sie in kleinen, risikoarmen Schleifen vorgehen, anstatt den großen Wurf zu planen,
- sie die Schwelle kennen, bei der sie aufhören und etwas anderes probieren,
- sie mehrere »Eisen im Feuer« haben,
- für sie Fehler machen zum Prozess des Lernens gehört,
- sie Entscheidungen so treffen, dass der Zugang zu anderen Möglichkeiten nicht verschlossen wird und
- sie sich immer ein Notfallszenario offen halten.

> **Arbeitsfragen:**
> - Wenn Sie in eine Sache Energie, Zeit oder Geld stecken, könnten Sie damit leben, Ihren gesamten Einsatz zu verlieren?
> - Steigt Ihre Risikobereitschaft mit höheren Ertrags-Fantasien?
> - Setzen Sie eine »Bis-dort-und-nicht-weiter-Schwelle« für Ihren Einsatz fest?

3.2.2 Domänen des erwarteten Ertrags

Die Logik des erwarteten Ertrags ist allgegenwärtig. Machen wir eine kleine Bestandsaufnahme und beginnen wir bei den klassischen Domänen des erwarteten Ertrags: der Wirtschafts- und Finanzwelt. Es gibt dort eine ganze Reihe von Verfahren, den zukünftigen Ertrag zu bewerten.

Eines der gebräuchlichsten Verfahren ist die Berechnung des »Barwerts«– zum Beispiel einer Investition in eine neue Maschine. Die aufwändige Formel bezieht Zinsen für Kapital, Ertrag über die Zeit und die Größe »Risiko« mit ein. Es wird auch angenommen, dass das, was die Maschine produzieren soll, später auch zu einem bestimmten Preis verkauft werden kann. Auch die Kosten für das benötigte Material, die Bedienung der Maschine und der Verkauf des Endprodukts müssen abgeschätzt werden. Hat man alle einzelnen Schätzwerte ermittelt, kann man den Barwert der Investition in einer einzigen Zahl zusammenfassen. Diese kann man dann mit dem Barwert für alternative Investitionen vergleichen und damit eine hoch komplexe Entscheidung auf Basis des Vergleichs einzelner Zahlen begründen.

All das ist rational und nützlich, wenn man sich einer wesentlichen Tatsache bewusst ist: Jeder einzelne Schätzwert kann sich als falsch herausstellen. Wer kennt denn schon den Ölpreis in 18 Monaten? Wer kann garantieren, dass ein Produkt in zwei Jahren noch gebraucht wird? Was ist mit all dem Unwägbaren und Unerwarteten, das noch geschehen wird? Wie kann man modellieren, was andere autonome Akteure (Kunden, Mitbewerber, Lieferantinnen, ...) in der Zwischenzeit tun und lassen werden? Trotzdem werden Entscheidungen routinemäßig auf Basis dieser Berechnungen getroffen. Und erstaunlich oft sind die Annahmen genau genug – oder die Abschätzungsfehler kompensieren einander – und der erwartete Ertrag tritt tatsächlich ein.

Auch in der Finanzwelt werden Entscheidungen auf Basis der erwarteten Ertrags getroffen. Das betrifft große Finanzinvestoren genauso wie individuelle Entscheidungen über die passende Pensionsvorsorge. Die meisten Finanzprodukte werben mit den erwarteten Renditen, enthalten jedoch Klauseln, die dem Kunden das Risiko für das wirklich Unvorhersehbare zuschieben. Vorhersagen über den minimal zu erwartenden Ertrag oder maximalen Verlust lösen das Problem des Risikos nicht. Es handelt sich nach wie vor um Erwartungswerte – also Vorhersagen über eine letztlich nicht vorhersehbare Zukunft.

Banken und deren Umgang mit Krediten sind ein Musterbeispiel für die Logik des erwarteten Ertrags. Man formuliert einen Businessplan, der großartige Ertragsaussichten in Aussicht stellt, begründet dabei alle Annahmen gut und erklärt plausibel, dass man das Geschäftsmodell – unter Berücksichtigung aller *vorhersehbaren* Risiken – umsetzen kann. Wenn auch die Details (Besicherung) plausibel dargestellt werden können, dann wird der Vergabe des Kredits nicht mehr viel im Wege stehen. Reicht man denselben Plan ein, ohne sich auf einen hohen erwarteten Ertrag festzulegen, wird sich kaum eine Bank finden, die bereit ist, dafür Geld zu investieren.[17]

Auch bei Entscheidungen im privaten Bereich spielen Ertragsüberlegungen oft eine dominierende Rolle. Zum Beispiel überall dort, wo Ertrag nicht nur Geld bedeutet, sondern auch Zufriedenheit, Sicherheit oder ganz individuelle Definitionen von Erfolg. Wie werden Entscheidungen für eine bestimmte Ausbildung getroffen? Weil man sich damit später ein bestimmtes Einkommen erhofft, oder die Sicherheit, später eine Stelle zu bekommen? Wie gehen Menschen bei der Partnerwahl vor? Steht die Erwartung auf zukünftiges, gemeinsames Glück im Vordergrund? Wie steht es um die Entscheidung, Kinder in die Welt

---

17 Erfahrene Risikokapitalgeber und Business Angels sehen denselben Sachverhalt anders. Sie setzen eher auf Effectuation-Strategien und die Logik des leistbaren Verlusts, wenn sie persönlich an eine Geschäftsidee glauben. Siehe dazu Dew, Read, Sarasvathy & Wiltbank, 2009.

zu setzen? Wie gehen jene vor, die beschließen, ihr Heimatland zu verlassen, in der Hoffnung auf ein besseres Leben anderswo? Die Liste der Entscheidungen unter Ungewissheit, die auf Basis eines erhofften zukünftigen Ertrags getroffen werden, ließe sich endlos fortsetzen. Manchmal trifft der Ertrag wie erwartet ein. Manchmal werden die Erwartungen übertroffen, manchmal wird man enttäuscht. Und oft ist das Ergebnis auch etwas ganz anderes.

3.2.3 Die Praxis des leistbaren Verlust

Wenn die Zukunft ungewiss ist, dann lässt sich auch nicht voraussagen, welche Resultate wir mit unseren Handlungen erzielen werden. Ganz egal was wir tun, wir haben letztlich keine Sicherheit, dass unsere Vorstellungen Realität werden. Zukunftsvorstellungen basieren immer auf aktuellem Wissen, und künftige Ereignisketten sind aus dieser Perspektive schwer vorstellbar. Die Science-Fiction-Serie »Raumschiff Enterprise« aus den späten 1960er-Jahren spielt zwar im Jahr 2200. Doch bereits in den 1990er-Jahren wirkte sie in vielen Aspekten (Computertechnologie, Kultur, Rollenverständnis, Kleidung) überholt und verstaubt.

Das Prinzip des *leistbaren Verlusts* ist ein Endscheidungskriterium, das uns dabei unterstützt, das Verlustrisiko zu kontrollieren. Trotzdem bleiben wir ständig handlungsfähig. Das gilt sogar dann, wenn wir unseren leistbaren Einsatz nahe Null setzen.

> **Fallbeispiel: CD-Produktion nach leistbarem Verlust**
> Andrea K. möchte eine 1x1-CD für Grundschüler schaffen. Die Lieder sollen ansprechen und qualitativ hochwertig sein – so dass sie und ihr Sohn sie gerne hören und das Kind nebenbei lernt, wie viel sieben mal neun ist. Am Markt gibt es nichts Passendes – am besten »funktionieren« die selbst gedichteten Strophen von Andrea K. und ihrem Sohn. Doch wo beginnen? Geht die Idee auf und die CD wird ein Hit, dann verspricht der deutschsprachige Markt großes Potenzial. Man müsste eben nur ... Lieder schreiben, vertonen – am besten beides mit Profis – die CD mixen, mastern, produzieren, ein Booklet mit Hinweisen für Kinder, Eltern und Lehrer entwickeln und gestalten, Vertriebskanäle erschließen, Werbung machen und ... in Gedanken hört Andrea K. schon an allen Ecken Kinder die 1x1-Melodien singen. Eine erste Abschätzung ergibt sechsstellige Eurobeträge an möglichem Umsatz – und einen satten fünfstelligen Eurobetrag an Startinvestition. Nur wer wagt, gewinnt? Geschäftsplan schreiben und loslegen? Oder kleinere Brötchen backen – mit der Wandergitarre im Wohnzimmer – für den erweiterten Hausgebrauch? Oder das Projekt als »derzeit zu riskant« ablegen?
> Nach leistbarem Verlust handeln, heißt, festlegen, wie viel man persönlich aufs Spiel zu setzen bereit ist. In Andreas Fall: einen Teil ihrer Freizeit, ihr Wissen, viel Energie und Fantasie – aber kein Geld. Andrea K. kann jetzt – ausgehend von ihrem persönlichen Netzwerk – beginnen, Stakeholder an Bord zu holen. Da wären zum Beispiel die Profi-Musiker aus dem Bekanntenkreis, darunter auch ein Studio-Besitzer. Andere Eltern mit starker Affinität zu Musik

und Pädagogik. Ihre Kontakte aus dem öffentlichen Bereich, wenn es um Finanzierung von Vorhaben im Bildungswesen geht. Auch der Elternverein, der Schulchor und der Landesschulrat könnten potenzielle Partner sein. Was ist mit Lehrmittelverlagen? Was wäre möglich, wenn sich eine der großen Fastfood-Ketten für so eine CD als Beigabe zu ihrem Kindermenü interessieren würde? Oder eine Bank für den Weltspartag? Wer könnte Interesse daran haben, sich mit Mitteln und Engagement in Andreas Projekt einzubringen? Ganz egal, was sich aus den Gesprächen und Aktivitäten mit all diesen Interessenten ergibt, sie wird nur das tun, was ihrem leistbaren Verlust entspricht. Damit ihr Projekt durchstartet, wird es ein Demo-Lied geben, ohne dass jemand vorab bezahlt wird, und es wird Partnerinnen, Kundinnen und Sponsoren geben, bevor es ein fertiges Produkt gibt.

Wer in *erwartetem Ertrag* denkt, fragt nach dem besten möglichen Ergebnis. Was lässt sich verdienen? Was gewinnen? *Leistbarer Verlust* lenkt die Aufmerksamkeit auf eine andere Kategorie: Was könnte schief gehen? Was ist das Schlimmste, das passieren kann? Was wäre der ungünstigste Ausgang? Die nächste Frage lautet: Könnte ich mit diesen Konsequenzen leben? Wenn nein: Was sind günstigere Alternativen? Wenn ja: Was hält mich davon ab, loszulegen?

Die Schwelle, was leistbar ist und was nicht, ist eine sehr persönliche. Die eigene Mittelausstattung spielt eine wesentliche Rolle. Dies betrifft nicht nur materielle Ressourcen. Es geht auch um die im Abschnitt 3.1.1 (S. 36) identifizierten Mittel der Kategorie »Wer bin ich«: Identität, Werte und Vorlieben. Wenn Ergebnisse ungewiss sind, ist es hilfreich, einen starken Bezug dazu zu haben, wer man ist (und nicht nur was man will). Auch das eigene Wertesystem und die Emotionen, die jemand mit einem Vorhaben verbindet, können dabei unterstützen, die Schwelle für einen leistbaren Verlust festzulegen.

Die wenigsten unserer Fantasien darüber, was im schlimmsten Fall passieren könnte, treten tatsächlich ein. In Situationen, in denen es um Unternehmungen geht, sind es jedoch oft Dinge, die *nicht* passieren, die einen Unterschied machen. Man hat eine gute Idee und keinen interessiert es. Man startet eine Initiative und keiner zieht mit. Man bietet etwas an und keiner kauft es. Man sucht Freiwillige und keiner meldet sich. Der *Verlust* ist dabei das, was man investiert hat, um bis zu dieser Erkenntnis zu kommen.

Doch was kann in Entscheidungssituationen nun wirklich auf dem Spiel stehen? Einsatz bzw. Verlust lassen sich zum Beispiel in diesen Kategorien beschreiben:

- Geld und materielle Güter
- Zeit
- Energie und Einsatz
- Reputation
- Kontrolle und Entscheidungsspielräume
- Opportunitätskosten (das, was wir stattdessen *nicht* tun können)
- Ideen (geistiges Eigentum)
- Selbstwert und Selbstvertrauen

Was wir jeweils in der Lage sind, aufs Spiel zu setzen, hängt auch von einer Reihe von Randbedingungen ab.

> **Arbeitsfragen:**
> - Aus welchem Kontext treffen Sie die Entscheidung?
> - Wovon ist genug oder im Überfluss verfügbar? Wovon zu wenig?
> - Welche Verpflichtungen und Bindungen beeinflussen Ihre Entscheidungsfreiheit?
> - An welchen Alternativen oder Einsätzen hängen starke Emotionen?

Fallbeispiel: Karriereentscheidung

Beim Mitarbeitergespräch mit ihrem Vorgesetzten wird Helga H. eine Beförderung in Aussicht gestellt – allerdings ohne Zeitangabe. Zwei Tage später bietet ihr die Partei, für die sie ehrenamtlich arbeitet, einen chancenreichen Listenplatz für die nächste Wahl an. Schließlich wird Helga H. auch noch von einer ehemaligen Kollegin aus Indien angerufen und gefragt, ob sie nicht ihr Team in Delhi für ein Jahr verstärken wolle. Drei verlockende Perspektiven, wenn Helga H. an das denkt, was sie jeweils gewinnen könnte. Doch welche Einsätze müsste sie für jede der Alternativen leisten?

- **Geld.** Mit wie viel weniger an fixem Einkommen würde Helga H. leben können? Aber auch: Was ist der Verlust, den sie in Kauf nimmt, wenn sie einen Job mit besserer Gehaltsaussicht ausschlägt?
- **Zeit.** Wie lange wäre Helga H. noch bereit, auf eine mögliche Beförderung zu warten? Wenn sie sich für ein Jahr in Indien bindet, und es gefällt ihr dort nicht, ist dann der Einsatz eines Jahres verkraftbar? Welches zeitliche Commitment wäre ihr ihre politische Tätigkeit maximal wert?
- **Reputation.** Ganz in die Politik zu gehen macht Helga H. sichtbarer. Was setzt sie aufs Spiel im Bezug darauf, wie sich ihr Erscheinungsbild gegenüber Freunden, Bekannten und Fremden verändern kann? Ist das für sie akzeptabel?
- **Energie.** Welche der Alternativen kann Helga H. die meisten Nerven kosten?
- **Kontrolle.** Mit welcher der Optionen gibt sie am meisten Kontrolle über die eigene Zukunft auf? Welche Aspekte möchte sie auf jeden Fall selbst kontrollieren können?
- **Opportunitätskosten.** Was könnte Helga H. *nicht* tun, wenn sie sich für eine der Alternativen entscheidet? Welche potenziellen Chancen schlägt sie dauerhaft aus? Welche Türen schließt sie jeweils, während sie eine der beiden anderen Türen öffnet?

Es gibt keine objektive Antwort auf die Frage, welche Einsätze für Helga H. leistbar sind. Das hängt von Helga H., von ihren persönlichen Ambitionen und ihrer Risikobereitschaft ab.

Auch die Potenziale hinter jeder möglichen Entscheidungsalternative sind ungewiss. Womöglich würde Helga H. in Indien den Partner ihrer Träume kennen lernen? Oder in Folge ihrer politischen Tätigkeit einen Job angeboten bekommen, der dem, was sie möchte, noch weit besser entspricht als alles, was sie sich jetzt vorstellen kann? Vielleicht tut sich aber auch eine wirklich gute Chance auf, wenn sie im aktuellen Job bleibt?

Die Perspektive des *leistbaren Verlusts* gibt keine Antwort auf die Frage, was objektiv das Beste ist. Das wirklich Unvorhersehbare – Erfolgspotenzial am Weg – kann nicht prognostiziert, nicht kontrolliert, sondern nur erschlossen werden. Handeln ist die Eintrittskarte in einen Raum, in dem Unerwartetes erforscht werden kann. Der leistbare Verlust ist der Preis für diese Eintrittskarte.

Denken in *leistbarem Verlust* unterstützt dabei, Entscheidungen zu treffen, mit deren Konsequenzen man in jedem Fall leben kann. Und zwar ganz egal, wie die Sache letztendlich ausgeht. Wenn wir Entscheidungen unter der Prämisse »Das Schlimmste wäre – na und?« treffen, dann machen wir uns von den Umständen weitgehend unabhängig. Wenn uns nicht gefällt, was dabei herauskommt, dann haben wir keinen Fehler gemacht, sondern einfach neue Informationen gewonnen – für den nächsten (leistbaren) Schritt.

Kleinere Schritte und schnellere Resultate

Für die kleinen, täglichen Entscheidungen sichert die Logik des leistbaren Verlusts auf jeden Fall einen Nutzen: Tempo. Wer sich nicht lange mit Szenarien herumschlagen muss, was denn die ertragreichste Möglichkeit ist, kann rascher handeln. Während kausale Entscheidungstechniken oft Tage kosten, um nach der besten Alternative zu suchen, ermöglicht leistbarer Verlust stündlich erkundende Schritte. Nach der Devise »Nutzt es nichts, so schadet es auch nichts« können wir in kleinen Schritten Fakten schaffen und bei Ergebnissen ankommen, die andere noch nicht einmal antizipiert haben. Wir sprechen hier über den Unterschied zwischen darüber diskutieren, was wohl die beste Speise am Buffet ist, oder sich durchzukosten und auf interessante Überraschungen zu stoßen.

So finden Entscheider nach dem leistbaren Verlust auch rascher heraus, was *nicht* funktioniert. Und »rascher« bedeutet meist auch billiger, mit weniger Energie, geringerem Reputationsverlust, größerer Kontrolle und geringeren Opportunitätskosten. Herausfinden, was nicht funktioniert, ist kein Fehler oder Versagen, sondern ein notwendiger Teil des Lernprozesses. Ein Ergebnis, das ebenso als Ertrag gewertet werden kann. Es ist ein Hinweis darauf, etwas anderes zu probieren. Mit der Strategie, unter Unsicherheit öfter, rascher und billiger zu scheitern, erhöhen Effectuators ihre Chancen, letztlich erfolgreich zu sein. Ideen, die nach dem Prinzip des leistbaren Verlustes in kleinen Schritten vorangetrieben werden, selektieren sich selbst: Nur die, die im jeweils nächsten Schritt noch als »interessant« eingestuft werden, überleben.

✗ Siehe auch Toolbox: Kleine Entscheidungen nach leistbarem Verlust

Die großen Entscheidungen
Auswandern oder nicht? Gründen oder nicht? Die Produktion auslagern oder nicht? Die Firma kaufen oder nicht? Auf die neue Technologie umsteigen oder nicht? Nicht alle Entscheidungen lassen sich in kleine, leichtverdauliche Scheiben schneiden. Manchmal muss man springen, ohne genau sehen zu können, wo man landen wird. Ist der Ausgang ungewiss, kann auch für große Entscheidungen das Prinzip des leistbaren Verlusts angewandt werden.

Bei vielen Entscheidungssituationen vor einem größeren Schritt hat die kausale Betrachtung nach erwarteten Erträgen eine eher hemmende Wirkung. Wägt man zum Beispiel Gründungsentscheidungen rational und objektiv ab, so sprechen die Fakten oft gegen den Sprung. Man muss nur die Erfolgsstatistiken von Gründungen studieren, um Argumente gegen eine Gründung zu finden. Diese Abwägungen ignorieren jedoch die persönlichen Voraussetzungen der handelnden Akteure und die Tatsache, dass das Wie der Gründung die Risikogleichung wesentlich beeinflusst. Entscheidungsheuristiken nach dem leistbaren Verlust beziehen das Commitment der Akteure mit ein und begrenzen gleichzeitig die möglichen Verluste. Sie ermöglichen uns, im vollen Bewusstsein des riskierten Einsatzes loszugehen, obwohl objektive Analysen gegen das Vorhaben sprechen.

> Siehe auch Toolbox: Große Entscheidungen nach leistbarem Verlust

3.2.4 Leistbarer Verlust für Fortgeschrittene

Der leistbare Verlust ist eine sehr pragmatische Denkgewohnheit. Sie ist schnell erklärt und kann rasch und unmittelbar angewandt werden, ohne vorher alle Fakten wissen zu müssen. Sie bezieht die Persönlichkeit der Entscheider und deren Mittelausstattung mit ein. Sie wirkt risikominimierend und erlaubt doch große Sprünge. Doch das ist noch nicht alles. Um das Prinzip des leistbaren Verlusts in seiner gesamten Tragweite verstehen zu können, leuchten wir nun ein paar Details über Nutzen und Wirkung des Prinzips aus.

Die Isotropie in den Griff bekommen
Jeder von uns kennt Situationen, die Handlungen erlauben würden, wäre da nicht eine ständige Flut an widersprüchlichen Informationen. Wenn man alle verfügbaren Informationen nebeneinander legt, dann bleibt manchmal nichts als weißes Rauschen. Wir fragen drei Leute, was sie an unserer Stelle tun würden, und erhalten vier verschiedene Ratschläge. Es ist, als ob man zehn Diätbücher nebeneinander legen und versuchen würde, sich nach allen gleichzeitig zu richten. Am Ende würde man verhungern, weil die Informationen in ihrer Summe einfach keinen Sinn ergeben. Hinweise in alle Richtungen – doch was ist wirklich wichtig?

Dieses Phänomen heißt Isotropie (Fodor, 1983): Alles, was wir sehen, hören, fühlen, riechen und schmecken, könnte relevant sein. Das ist leider nicht die Ausnahme, sondern die Regel unter Ungewissheit: nicht wissen, was heute – geschweige denn morgen – wichtig oder richtig ist. Es ist unklar, auf was man achten sollte und was man ignorieren kann. Nach leistbarem Verlust auszuwählen, also mit leistbarem Risiko zu handeln, bietet einen pragmatischen Ausweg aus dem Problem der Isotropie. Man tut dann etwas, weil man es für sinnvoll *und* den Einsatz für leistbar hält und lebt mit den Konsequenzen.

Die andere Seite des leistbaren Verlust
Bis hierher, und nicht weiter – bisher haben wir uns vor allem auf diesen Aspekt des Prinzips beschränkt. Es gilt jedoch nicht nur zu erkennen, wann man besser aufhören sollte, sondern auch, bis zu welchem Punkt man durchhält. Biografien von Gründerinnen, Entdeckern, Wirtschaftskapitänen, Forscherinnen und Politikerinnen beschreiben detailliert das Wechselbad der Gefühle, das durch Ungewissheit ausgelöst werden kann. In ihren persönlichen Geschichten kommen alle erdenklichen Spielarten von Unruhe, Zweifel und Ambivalenz vor. Wie dabei sicher und entschlossen handeln, ohne umzufallen?

Wenn wir den leistbaren Verlust bewusst festsetzen, dann sagen wir allerdings auch: Bis zu dieser Marke werde ich durchhalten, ohne meine Handlungen in Frage zu stellen. Die leistbare Verlustschwelle wirkt dabei als Vereinbarung mit uns selbst. Wir setzen selbst die Marke, bis zu der wir gehen wollen. Sobald diese Vereinbarung getroffen ist, gibt es einen psychologischen Anreiz, bis zu diesem Punkt durchzuhalten. Vorher aufzugeben wäre ein Vertragsbruch sich selbst gegenüber. Richten wir uns hingegen nach dem ungewissen erwarteten Ertrag, so laufen wir eher Gefahr, uns bis zum Ruin für ein nicht erreichbares Ziel zu verausgaben oder zu früh die Notbremse zu ziehen (Dew, Sarasvathy, Read & Wiltbank, 2009).

Neuer Rahmen – neue Lösungen
Entscheidungen werden nicht immer zwischen vorgefertigten Alternativen getroffen. Wer jedoch nur verfügbare Mittel in Betracht zieht und deren Verlust begrenzt, der kommt zu anderen Lösungen als der, der sein Vorhaben ohne Rücksicht auf die Herkunft von Mitteln konzipiert. Die Frage »Was kann ich aufs Spiel setzen?« öffnet den Raum für neue, kreative Lösungen.

> **Fallbeispiel: Leistbare Weltraumforschung**
> In den frühen Zeiten der Raumfahrt, als die USA und die UdSSR noch um die Vorherrschaft im Weltall eiferten, stellten beide Seiten fest, dass Kugelschreiber in der Schwerelosigkeit ihren Dienst quittieren. Die NASA, ausgestattet mit dem weitaus größeren Forschungsbudget, beauftragte die Firma Fisher mit einer Entwicklung eines Schreibgeräts für ihre bemannten Weltraum-Missionen. Einige Zeit und einige Milliarden Dollar später lag das Resultat vor:

> ein Kugelschreiber, der nicht nur unter Schwerelosigkeit und in jeder Lage, sondern auch unter Wasser, auf fast jeder Oberfläche (sogar auf Glas!) und Temperaturen von unter dem Gefrierpunkt bis +300 Grad Celsius funktionierte. Die Sowjets, mit weitaus weniger Budget ausgestattet, verwendeten einen Bleistift (Chatterjee, 2005).

Welche Lösungen wir für ein bestimmtes Problem finden, hängt davon ab, wo wir suchen. Gehen wir von viel Geld/Zeit/Wissen als verfügbar aus, dann finden wir eher Lösungen, die teuer/zeitaufwändig/wissensintensiv sind. Ist unser Suchfeld begrenzt, dann werden wir eher Lösungen finden, die den Rahmen dieser Beschränkungen transformieren. Oft sind jedoch Kombinationen von Alternativen oder völlig neue Lösungen außerhalb der eingefahrenen Denkmuster möglich. Der selbst gesteckte Rahmen eines leistbaren Einsatzes hilft dabei, eindimensionalem Schubladendenken zu entkommen. Nicht nur Not macht erfinderisch – *leistbarer Verlust* tut dies ebenfalls.

Ein kulturelles Tabu brechen

Wenn man angehende Gründerinnen nach den Konsequenzen eines möglichen Scheiterns ihrer Gründung fragt, dann kehrt oft Stille ein. »Ich möchte einfach nicht so negativ denken. Wie kann mein Unternehmen ein Erfolg werden, wenn sogar *ich* das Scheitern als Option in Betracht ziehe?« – so eine der typischen Antworten (Faschingbauer, 2008). Wenn jemand entschlossene Schritte in Richtung Ungewissheit setzt, dann tragen oft Freunde, Verwandte und Bekannte mit ihrer Skepsis dazu bei, das mögliche Scheitern zu tabuisieren. Wenn das nähere Umfeld fragt: »Ob das wohl gut geht?«, tut es gut, zumindest sich selbst sagen zu können: »Na klar, es wird schon gut gehen.« Das entspricht der Diskont-Version des positiven Denkens: Verdränge, dass es schief gehen kann, dann wird es schon gut gehen. Wenn man jedoch seine Schritte so setzt, dass man ein mögliches Scheitern souverän überleben kann – dann bekommt der Gedanke »Es wird schon gut gehen« eine völlig neue Qualität. Er stellt nicht mehr eine zwingende Verpflichtung dar, sondern eine unterstützende Affirmation.

Kein Rezept für *klassische* Spitzenleistungen

Welche Entscheidungslogik ist günstig, wenn man Schachweltmeisterin werden will? Oder der virtuoseste Pianist seiner Zeit? Olympia-Gold im Geräteturnen erzielen? Zu den allerbesten Rednern, Wissenschaftlerinnen, Ärztinnen, Therapeuten, Bildhauerinnen, Sängern oder Kopfrechnern seiner Domäne zählen? All das sind Spitzenleistungen, die man in der Regel nicht durch Effectuation erzielt. Die Handlungsräume für diese Arten der Spitzenleistung sind abgegrenzt, das Ziel ist klar und definiert, und die eigene Kompetenz kann durch Konzentration und Übung kontinuierlich entwickelt werden.

Das sind Domänen des erwarteten Ertrags, in denen jene ganz vorne mitspielen, die alles auf eine Karte setzen. Sie zahlen den hohen Preis der Spezialisierung auf ein enges Feld. Ist der Ertrag auch letztlich immer noch ungewiss, so kann er doch visualisiert werden. Man tut gut daran, die Ziele hoch zu stecken und den eigenen Weg konsequent zu planen. Störungen sind unerwünscht. In den Jahren des Übens und Feilens an der eigenen Expertise kann man auf Ablenkungen und Mehrdeutigkeiten gerne verzichten.

Glück, Bernoulli und weise Entscheidungen
Der niederländische Physiker Daniel Bernoulli meinte bereits 1738, eine allgemeingültige Formel für »weise Entscheidungen« gefunden zu haben. Man nehme die Wahrscheinlichkeit, mit der wir durch eine bestimmte Entscheidung das erreichen können, was wir wollen (sprich: *Wahrscheinlichkeit der Ziel-Erreichung*). Diese multipliziere man mit dem Nutzen, der sich durch die Erreichung des Ziels einstellen wird (sprich: *erwarteter Ertrag bei Zielerreichung*). Ein Beispiel: Wenn wir einen Lotto-Schein abgeben, wie wahrscheinlich ist es, dass wir den Jackpot gewinnen? Und wie hoch ist unser Nutzen (z. B. Zufriedenheit, Glück), wenn das dann auch tatsächlich eintritt und wir in Geld baden werden? Nach Bernoulli werden dann beide Werte miteinander multipliziert: je größer die Zahl, desto weiser die Entscheidung, einen Lotto-Schein zu kaufen.

$$\text{Weisheit einer Entscheidung} = P_{(\text{Zielerreichung})} \times \text{Nutzen}_{(\text{Ziel})}$$

Abb. 12: Bernullis Formel für weise Entscheidungen

Der Harvard-Psychologe Daniel Gilbert merkt folgendes Problem mit Bernoulli´s Formel an (Gilbert, 2006): Menschen können in der Regel nicht gut einschätzen, wie sie sich fühlen werden, wenn sie das haben, was sie haben wollten. Nach Gilbert sind Menschen, denen nach einem Unfall vor einem Jahr beide Beine amputiert wurden, nicht unglücklicher als Menschen, die vor einem Jahr den Lotto-Jackpot geknackt haben. Das ist ziemlich schwer vorstellbar, aber durch Forschung bestens belegt: Wenn wir den Nutzen zu bestimmen versuchen, den wir bei der Erreichung eines bestimmten Zieles erzielen, fügen wir in unserer Vorstellung Details hinzu, die nicht eintreffen werden und lassen relevante Details aus, die mit der Erreichung des Ziels einhergehen. Was den Nutzen in Form unserer zukünftigen Befindlichkeit (= erwarteter Ertrag) betrifft, müssen wir auf die Aussagekraft dieses Teils der Bernoulli-Gleichung wohl verzichten.

Sehen wir uns also den ersten Teil der Gleichung an: die Wahrscheinlichkeit, dass wir das erwünschte Ziel erreichen. Das ist ein triviales Unterfangen, wenn es um Lotto geht. Das Ziel ist klar und eindeutig, die Umstände sind bekannt und durch eigenes Handeln nicht beeinflussbar, und wir wissen, wann, wo und wie die Ziehung stattfindet. Lotto spielen ist eine kausale Angelegenheit nach den Regeln der Wahrscheinlichkeit (Gefäß 1).

Die wesentlichen Entscheidungen in Bezug auf persönliches oder kollektives Glück und Zufriedenheit entziehen sich oft der Logik des kalkulierbaren Risikos. Wie groß die Wahrscheinlichkeit ist, dass wir mit unserem Partner (oder neuen Mitarbeiterin) die – bewusst oder unbewusst gesteckten – 5-Jahres-Ziele erreichen, ist nicht nur *nicht bekannt*, sondern *kann nicht gewusst werden*. Es entzieht sich für den Einzelfall der Berechnung. Ähnlich verhält es sich mit vielen Entscheidungen in Bezug auf die Fragen »Wo soll ich leben?« und »Womit soll ich mich beschäftigen?«. Die Fragen nach dem *was Tun*, *mit wem Tun* und *wo Tun* sind für Individuen und Organisationen gleichermaßen relevant.

Bernoulli und die Glücksforschung liefern weitere Erkenntnisse für den praktischen Einsatz von Entscheidungsstrategien: Wenn wir vor Entscheidungen sowohl die *Wahrscheinlichkeit der Zielerreichung* als auch den *erwarteten Ertrag* bei Zielerreichung abschätzen können, dann ist multiplizieren sinnvoll. Wenn wir jedoch an der Seriosität unserer Schätzungen zweifeln, weil wir uns in Feldern der Ungewissheit bewegen, dann bietet uns die Logik des *leistbaren Verlusts* eine bessere Entscheidungsgrundlage.

Perspektivenwechsel: Leistbaren Verlust ermöglichen
Nehmen wir nun die Perspektive derer ein, mit denen wir Vereinbarungen eingehen wollen. Auch unsere Partner schätzen unter Ungewissheit bewusst oder unbewusst ihren erwarteten Ertrag ab oder legen ihre *eigene* Schwellen des leistbaren Einsatzes fest. Man kann für den letzteren Fall durch kluge Gestaltung der Kooperationsangebote günstige Voraussetzungen für das Zustandekommen einer Vereinbarung schaffen.

Dies gilt insbesondere in asymmetrischen Ausgangssituationen, in denen eine von zwei Gesprächspartnerinnen größeres Interesse am Zustandekommen einer Vereinbarung hat als die andere. Bei den Arbeitssuchenden hat beispielsweise der leistbare Verlust der Arbeits- oder Empfehlungsgeberin eine zentrale Bedeutung. Wer jemanden einstellt oder auch nur für eine Stelle empfiehlt, leistet einen Einsatz und geht ein Risiko ein. Als Arbeitssuchender tut man oft gut daran, Angebote zu machen, die das Risiko des Gegenübers reduzieren.

Auch in anderen Domänen ist es sinnvoll zu überlegen, welche Einstiegsschwelle man anderen anbietet. Diese Überlegungen haben Auswirkungen darauf, wie man Preise, Fristen, Bindungen, Bestelllose, Gesprächszeiten, Veranstaltungsdauern usw. ansetzt.

> **Arbeitsfragen:**
> - Wie kann ich meinem Gegenüber Sicherheit bieten?
> - Wie kann ich niedrige Einstiegsschwellen für die Kooperation schaffen?
> - Wie kann ich Risiko und Einsatz für andere reduzieren?

3.2.5 Zusammenfassung

- Unter Ungewissheit sind noch keine zuverlässigen Ertragsprognosen für Vorhaben möglich. Effectuators drehen daher den Spieß um und konzentrieren sich auf das, was sie selbst beeinflussen und kontrollieren können: den eigenen Einsatz.
- Bei Vorhaben unter Ungewissheit kann das, was man in sein Vorhaben investiert, im schlimmsten Fall verloren gehen. Das Prinzip des leistbaren Verlusts besteht darin, diesen eigenen Einsatz an Mitteln bewusst zu begrenzen.
- Kausale Alternativen wie der Businessplan, die Barwertberechnung oder die Szenario-Analyse negieren die Ungewissheit.
- Einsatz und Verlust kann nicht nur in Geld und materiellen Gütern, sondern auch in Zeit, Energie, Reputation, Opportunitätskosten und anderem Immateriellen bewertet werden.
- Während kausale Ertrags-Logik auf vorstellbare und berechenbare Erträge abzielt, strebt die Logik des leistbaren Verlusts danach, aus Ungewissheit Erträge zu kreieren.
- Anstatt zu überlegen, was objektiv am besten wäre, wird getan, was subjektiv leistbar, attraktiv und wert zu versuchen ist.
- Das Prinzip des leistbaren Verlusts fördert kleine Schritte und bringt rasche

	Erwarteter Ertrag (kausale Logik)	Leistbarer Verlust (Effectuation)
Grundannahme	Die Erträge von Vorhaben können sinnvoll abgeschätzt werden und der erwartete Ertrag bestimmt die Risikobereitschaft.	Die Erträge von Vorhaben unter Ungewissheit sind nicht sinnvoll abschätzbar und der leistbare Verlust bestimmt die Risikobereitschaft.
Gegeben	Entscheidungsalternativen mit abgeschätzter Erfolgswahrscheinlichkeit	Entscheidungsalternativen mit unbekannter Erfolgswahrscheinlichkeit
Gesucht	Die objektiv ertragreichste Alternative	Die subjektiv attraktivste Alternative mit leistbarem Einsatz
Entscheidungskriterium	außen: durch Analyse der Situation	innen: durch eigene Neigungen
Erfolgskriterium	Der prognostizierte Ertrag wird erschlossen.	Ungewissheit wird in Ertrag verwandelt.
Leitfragen	Was kann ich verdienen? Was muss ich für die ertragreichste Alternative investieren?	Was bin ich zu verlieren bereit? Was kann ich unter dieser Randbedingung Sinnvolles tun?
Risiko	von außen vorgegeben	aktiv begrenzt

Abb. 13: Vergleich von erwartetem Ertrag und leistbarem Verlust

Resultate. Scheitern und Fehler bedeuten einen Lerngewinn und sind fixer Bestandteil des Prozesses.
- Das Prinzip ist auch für weite Sprünge und Entscheidungen großer Tragweite anwendbar. Es macht handlungsfähig und wirkt trotzdem risikoreduzierend. Gleichzeitig unterstützt die festgelegte leistbare Verlustschwelle dabei, bei einer Sache zu bleiben, anstatt frühzeitig aufzugeben.
- Der leistbare Verlust ist ein Denkwerkzeug um Isotropie in den Griff zu bekommen und handeln zu können, ohne vorher alles wissen zu müssen. Dabei werden Entscheidungen bevorzugt, die die zukünftigen Möglichkeiten erweitern und Türen offen lassen.
- Wer für sich einen geringen leistbaren Verlust vorgibt, setzt damit einen neuen Rahmen für kreative Lösungen abseits der kausalen Trampelpfade.
- Bei stabilen, berechenbaren Bedingungen oder wenn es um klassische Spitzenleistungen in abgegrenzten Domänen geht, sind die kausalen, ertragsorientierten Entscheidungswerkzeuge die bessere Wahl.

3.3 Prinzip der Umstände und Zufälle

Dem Unerwarteten haftet im wirtschaftlichen und gesellschaftlichen Alltag ein zweifelhaftes Image an. »Für die Existenz und Fortentwicklung eines Unternehmens sind Innovationen von so großer Bedeutung, dass Innovationsprozesse nicht dem Zufall überlassen bleiben dürfen […].«[18] – So lautet ein bezeichnender Satz aus einem Lehrbuch der Allgemeinen Betriebswirtschaftslehre. »Wir sollten es nicht dem Zufall überlassen« ist eine gebräuchliche Phrase unserer Alltagssprache. In Feldern wie Wirtschaft, Forschung und Politik gilt es als Tugend, nichts dem Zufall zu überlassen. Wenn wir Vorhaben bis ins Detail planen und Prozesse wasserdicht gestalten, dann geschieht das, um den Zufall auf den für ihn vorgesehenen Platz zu verweisen: außerhalb und nicht innerhalb unserer Vorhaben.

Andererseits wissen wir, dass der Zufall immer wieder seine Finger im Spiel hat, und das nicht immer zu Ungunsten der Beteiligten.

Ein paar Beispiele:
- Das Post-it von 3M basiert auf einem Missgeschick: Aus einer Kleber-Entwicklung ging ein Produkt hervor, das nicht klebte, sondern nur haftete. Art Fry, ein findiger 3M-Mitarbeiter, überlegte sich, was man daraus machen könnte.

---

18 Dieses Zitat aus Bea, F. et al. (2003): Allgemeine Betriebswirtschaftslehre, wurde zufällig ausgewählt und aus dem Zusammenhang dargestellt, um einen allgemeinen Sachverhalt zu verdeutlichen.

- Der italienische Winzer Mario Moretti Polegato war beruflich in Reno, Nevada unterwegs. Sein Schuhwerk war jedoch nicht dazu geeignet, in der Mittagshitze die Landschaft zu erkunden. Geplagt von seinen schwitzenden Füßen bohrte er mit einem Taschenmesser Löcher in die Sohlen. Polegato ist der Gründer von GEOX. Das Schuh-Unternehmen mit den »atmenden« Schuhen beschäftigt heute über 3.500 Mitarbeiter weltweit (Read, Sarasvathy, Wiltbank, Dew & Ohlsson, 2010).
- Der Zufall mischte bei einer ganzen Reihe bedeutender Entdeckungen mit. Man denke an die Entdeckungen der Röntgenstrahlung, des Penicillins und Viagras, des Sekundenklebers, der kosmischen Hintergrundstrahlung, des Benzolrings und der Entdeckung Amerikas 1492. Auch bei Erfindungen wie dem Klettverschluss, Teflon, Linoleum, dem Teebeutel, der Nylonstrümpfe oder des LSD spielte der Zufall eine Hauptrolle.[19]

Im nun Folgenden werden wir dem Zufall eine neue Chance geben. Wer seine Vorhaben im Feld der Ungewissheit betreibt, der wird nicht darum herumkommen, sich mit unerwarteten Umständen, Unfällen und Zufälligkeiten auseinanderzusetzen. Man kann natürlich versuchen, sich gegen alle erdenklichen Eventualitäten abzusichern. Was einem aber niemals erspart bleibt, ist das Undenkbare. Beim Prinzip der Umstände und Zufälle geht es darum, wie man mit dem, was ungeplant passiert, arbeitet und aus dem Unerwarteten etwas Wertvolles macht. Dabei wird deutlich, dass Zufällen und Unfällen große Chancen (und nicht Bedrohungen) für Kapitäne in ungewissen Meeren innewohnen.

3.3.1 Das Prinzip der Umstände und Zufälle – Versuch einer Definition

Kausales, zielorientiertes Denken birgt ein fatale Konsequenz: Alles Unerwartete wird als Störung auf dem Weg zum Ziel wahrgenommen. Es gilt schließlich, ein bestimmtes Ziel zu erreichen – und zwar *trotz* aller Umstände und Zufälle. Was die Pläne stören könnte, wird vermieden, umschifft, ausgeschaltet oder abgewehrt. Überraschungen sind in der Regel Hindernisse, die es vorherzusehen gilt und deren störende Folgen begrenzt werden müssen. Das ist die Welt des Risikomanagements.

> **Prinzip 3:** Nutzen Sie Umstände, Zufälle und Ungeplantes als Gelegenheiten, anstatt sich dagegen abzugrenzen.

---

19 http://de.wikipedia.org/wiki/Serendipity

Effectuators haben gegenüber dem Unerwarteten eine grundsätzlich andere Einstellung. Sie arbeiten mit der Wirkung von Umständen und Zufällen und suchen vor allem das Nutzenpotenzial von Überraschungen. Für sie bietet das Unerwartete die Chance, Kontrolle über die aktuell ungewisse Situation zu erlangen. Da sie nicht fix an ein bestimmtes Ziel gebunden sind, können sie mit den Eventualitäten und neuen Informationen frei arbeiten. Da Effectuators mit veränderlichen Zielen arbeiten, können sie ihre Pläne im Tun rasch anpassen. Das Unvorhersehbare liefert wesentliche Zutaten für die schrittweise Gestaltung ihrer Vorhaben. Überraschungen während des Prozesses helfen, die letztlich angestrebten Ergebnisse auszuwählen.

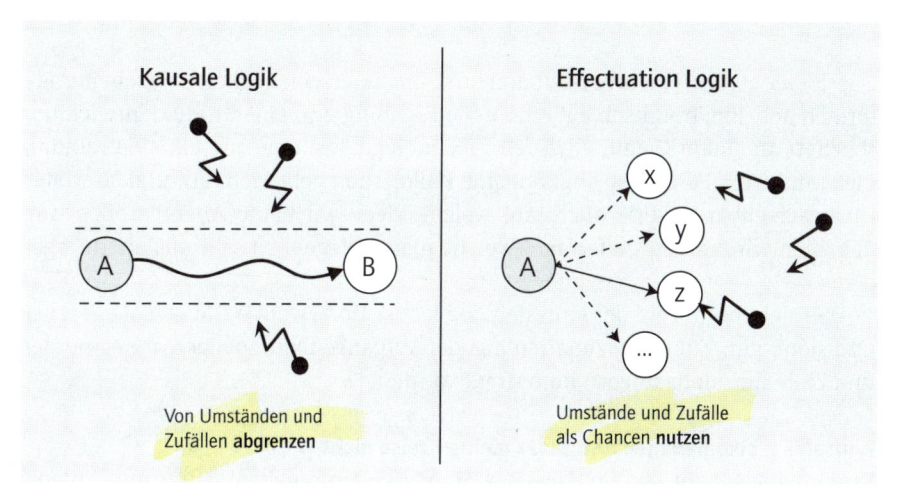

Abb. 14: Abgrenzen vs. Nutzung von Umständen und Zufällen

Aus kausaler Sicht stellen überraschende Ereignisse immer ein Problem dar. Sie durchkreuzen wohlgeordnete Pläne und verhindern die Erreichung einmal gesteckter Ziele. Schließlich wurde zuvor Kraft, Zeit und Energie investiert, um alle erdenklichen Eventualitäten durchzudenken und deren Schadenspotenzial einzugrenzen. Das Überraschende und Unerwartete wird als Rückschlag und als Nachteil im Wettlauf mit anderen wahrgenommen.

Wer jedoch veränderliche Umstände, Unfälle und Zufälle von vornherein als den Normalzustand bei seinen Vorhaben annimmt, der kann deren Eintreffen ganz anders bewerten: Der Zufall mischt die Karten neu und in einem neuen Spiel bestehen wieder gleiche Chancen für alle Beteiligten. Jetzt hat nicht mehr der den Vorteil, der am besten geplant hat, sondern derjenige, der am besten mit den neuen Verhältnissen umgeht. Während nun kausale Planer damit ringen, ihre Pläne neu zu ordnen, sind Effectuators in ihrem Element: Sie suchen Möglichkeiten, die veränderte Situation zu ihren Gunsten zu nutzen.

⮕ **Arbeitsfragen:**
- Hadern Sie mit sich und der Welt, wenn etwas Überraschendes Ihre Pläne durchkreuzt?
- Ordnen Sie manchmal Ihre Ziele neu – auf Basis neuer Umstände oder eines zufälligen Gesprächs im Flugzeug oder am Flur?
- »Und plötzlich ist wieder alles anders ...« – Bedroht oder inspiriert Sie das?

3.3.2 Umstände und Zufälle nutzen

Das Element des Unvorhersehbaren tritt in unterschiedlichsten Erscheinungsformen auf: Ein Trend schlägt eine neue Richtung ein, eine Produktentwicklung scheitert an einem Detail, eine neue Technologie löst eine alte ab, eine Kundin/Lieferantin/ein Partner springt ab, eine Kalkulation geht nicht auf und so weiter. Unvorhersehbar ist aber auch, auf welche Ideen wir heute Abend stoßen werden, wen wir morgen treffen und welche neue Gelegenheit sich uns übermorgen bietet.

Wie sieht es im Feld der kausalen Logik aus? Dort, wo die Umwelt als gegeben und stabil gilt, Zukunftsszenarien aus der Vergangenheit hochgerechnet werden und Ziele nur mehr ungern hinterfragt werden?

Kausales Risikomanagement: Störe meine Kreise nicht

Risikomanagement ist ein kausaler Standard. Unternehmensführung, Finanzwesen, Produktentwicklung, Gesundheitswesen, Katastrophenschutz, Informationstechnologie, Logistik und das Versicherungswesen – kein Bereich wirtschaftlichen Handelns kommt ohne Risikomanagement aus. Es wurden daher ausgefeilte Instrumente dafür entwickelt. Mit ihnen werden denkbare Risiken systematisch erfasst, bewertet und überwacht sowie mögliche Reaktionen auf den Worst Case geplant.

Risikomanagement beginnt in dem Moment, in dem *eine* Vision oder *ein* Zukunftsbild als die angestrebte, zukünftige Realität fixiert wird. Risikomanager wissen: Ohne klares Ziel gibt es kein Risikomanagement, weil erst das Ziel etwas begründet, dessen Erreichung durch Unwägbarkeiten gefährdet werden kann.

Sind die Risiken erfasst und bewertet, dann gilt es, den Umgang mit ihnen zu planen. Wir können uns unterschiedlicher Strategien bedienen und die Risiken je nach Neigung vermeiden (= unterlassen), mindern (= auf ein akzeptables Maß reduzieren), begrenzen (= streuen oder den maximalen Einsatz festlegen), überwälzen (= versichern) oder schlicht und ergreifend akzeptieren (= eingehen).

Das alles hat in planbaren Umwelten seinen Sinn. Wer möchte schon in einem Flugzeug verreisen, das nicht auf alle nur denkbaren Eventualitäten geprüft und vorbereitet wurde? Wer würde Medikamente schlucken, die keine Informationen über eventuelle Risiken oder Nebenwirkungen ausweisen? Auch auf Bergtouren an sonnigen Tagen werden wir einen Regenschutz mitnehmen – in den Bergen besteht immer das Risiko eines plötzlichen Wetterumschwungs.

Risikomanagement dient einem guten Zweck: Dem, dass wir ein definiertes Ziel auf einem zuvor erdachten Weg erreichen können – und zwar mit einem Minimum an Störungen. Dabei gilt es zur Kenntnis zu nehmen, dass unserer Fähigkeit, zukünftige Eventualitäten vorherzusagen, Grenzen gesetzt sind. Das ist schon der Fall, wenn wir die denkbaren Risiken nicht vollständig erheben oder falsch einschätzen. Die wahren Grenzen bilden jedoch die Spielregeln der Ungewissheit: All die Handlungsfelder, in denen die zukünftigen Ereignisse nicht nur *nicht bekannt,* sondern *nicht wissbar* sind. Kausale Logik spricht dann verharmlosend vom Restrisiko oder dramatisierend vom Super-GAU[20].

Es fällt auf, dass Unwägbares in kausaler Logik durchwegs negativ konnotiert ist. Es wird nicht etwa neutral vom »Management der Unwägbarkeiten« gesprochen. Es geht um Risiko. Und Risiko bedeutet für die meisten Menschen Bedrohung und Gefahr. Wen wundert es, dass es uns mit dieser Brille so schwer fällt, das Unerwartete als Gelegenheit zu begreifen?

Das Unerwartete als Hebel nutzen[21]

Kausale Planerinnen sehen Unerwartetes eher durch die Brille der *Gefahr* und des *Risikos*. Haben Effectuators einfach nur eine andere Brille, die stattdessen auf *Chance* geschliffen wurde? Die Krise als Chance sehen? Diese Floskel haben wir schon tausendmal gehört. Und sie klingt platt und provokant, wenn man zum Beispiel gerade 500 Mitarbeiter entlassen oder substanzielle Sachwerte verloren hat, weil der Markt von einem Tag auf den anderen weggebrochen ist. Die Fragen, die sich stellen: Wer empfiehlt das, für wen gilt das, und wie macht man das genau, »die Krise als Chance sehen«?

Die Bedeutung unerwarteter Ereignisse

»Jetzt ist schon wieder etwas passiert.« So beginnt fast jedes Buch des österreichischen Erfolgsautors Wolf Haas. Haas meint immer ein Verbrechen – und macht jedes Mal einen ausgezeichneten Roman daraus. Die meisten Dinge, die unerwartet passieren, sind jedoch keine Verbrechen. Trotzdem stellt sich die Frage, was man daraus machen kann – anstatt bloß die negativen Folgen aus dem Ereignis abzuwehren.

---

20 Super-GAU: Die Folgen des größten anzunehmenden Unfalls (GAU) werden noch übertroffen, z.B. in einem Kernkraftwerk.
21 Was sich auf Englisch elegant als »to leverage contingencies« ausdrücken lässt, lässt sich auf Deutsch nur mit »das Unerwartete hebeln« oder »Umstände und Zufälle kreativ nutzen« übersetzen. Die Grenzen der Sprache oder Unterschiede in der Kultur?

Was bedeutet es also, wenn »schon wieder etwas passiert« ist? Für einen Leistungssportler ist ein Unfall, in dessen Folge er seinen Sport nicht mehr ausüben kann, ein persönlich tragisches und vielleicht auch wirtschaftlich existenzbedrohendes Ereignis. Unter Umständen ist er in der Folge nicht mehr in der Lage, seinen Brotberuf auszuüben und muss in seinem Alltag beträchtliche Einschränkungen in Kauf nehmen. Das alles sind unerwünschte Wirkungen und es geht auf keinen Fall darum, diese zu beschönigen.

Das Leben geht jedoch weiter und man kann zukunftsorientierte Fragen stellen: Was bedeutet dieses Ereignis außer den tragischen und unerwünschten Folgen *außerdem noch*? Welche neuen Möglichkeiten ergeben sich aus der veränderten Situation?

> **Fallbeispiel: Innovation in Folge eines Unfalls**
> Der gelernte Handwerker Franko Rinner betrieb ein Fitnessunternehmen, war mehrmaliger deutscher Meister in Karate und belegte regelmäßig Podiumsplätze bei deutschen Meisterschaften und Landesmeisterschaften. Den Bau von Fitnessgeräten betrachtete er als sein Hobby. Durch einen tragischen Skiunfall war er eineinhalb Jahre auf Krücken angewiesen und sein Arbeitsplatz wechselte von der Trainingsfläche zum Schreibtisch. Rinner wollte so schnell wie möglich wieder in den Leistungssport zurück. Als Physiotherapie und vorhandenes Equipment Rinner nicht schnell genug weiter brachten, begann er, Kraftgeräte zu entwickeln, um gewisse Muskelgruppen trotz seiner Bewegungseinschränkungen optimal trainieren zu können. Seine Bauch-, Beinbizeps- und Gesäßmaschine »Emotion Zero« konnte im Liegen bedient werden, wurde im Jahr 2000 zum Patent angemeldet und auf der FIBO[22] mit dem »Fitness Innovation Award« ausgezeichnet. Eine weitere Maschine zum Training des Trapezmuskels war zu diesem Zeitpunkt schon auf dem Reißbrett geplant.

Die Geschichte von Franko Rinner ist ein Beispiel für kreative Umdeutung des Unerwarteten durch einen Einzelnen. Doch auch für Organisationen oder sogar eine ganze Branche kann das Unerwartete dazu genutzt werden, neue Fragen zu stellen, neue Handlungsbedarfe zu identifizieren und Wertvolles und Neues zu schaffen. Sehen wir uns die Geschichte der Novartis AG an, die ebenfalls mit einem tragischen Unfall beginnt:

> **Fallbeispiel: Vom Chemieunfall zum Wandel der Unternehmenskultur**
> Im November 1986 stand ein Lagerhaus des Schweizer Chemiekonzerns Sandoz in Flammen. 500 Tonnen Chemikalien verbrannten. Das verunreinigte Löschwasser vernichtete einen großen Teil des tierischen und pflanzlichen Lebens im Rhein – zweifellos eine der größten Umweltkatastrophen des 20. Jahrhunderts. In der Folge hat diese Katastrophe jedoch massiv zum Wertewandel in der Chemieindustrie beigetragen. CIBA, das damals größte

---

22 Die FIBO ist seit mehr als 25 Jahren eine Leitmesse für Fitness, Wellness und Gesundheit in Essen.

Chemie- und Pharmaunternehmen der Schweiz, schrieb unter dem Eindruck der Sandoz-Katastrophe »ein ausgewogenes Verhältnis unserer wirtschaftlichen, gesellschaftlichen und ökologischen Verantwortung« in seiner »Vision 2000« fest und leitete damit im Unternehmen und in der Branche einen massiven Wandel ein (Gomez & Probst, 1999). Sandoz selbst nahm nach der Katastrophe zwar eine strategische Neuausrichtung vor, der Umwelt- und Sicherheitsgedanke wurde allerdings erst in einer späteren Organisationsanpassung (1995) nachhaltig forciert (Hülsbeck & Benyaa, 2009). In einer der größten Firmenfusionen der Wirtschaftsgeschichte wurden 1996 CIBA und Sandoz schließlich zur Novartis AG zusammengeführt. Novartis ist heute das drittgrößte Pharmaunternehmen weltweit.

Wie wäre die Geschichte von Sandoz, CIBA und der gesamten Chemieindustrie wohl verlaufen, wäre 1986 kein Brand ausgebrochen? Welchen Unterschied hätte es gemacht, wenn das CIBA-Management den Brand *nicht* als Zeichen der Zeit gedeutet und alles beim alten belassen hätte? Diese Fragen sind hypothetisch – real ist jedoch, dass CIBA den Chemieunfall unmittelbar zum Anlass genommen hat, das eigene Tun in einem größeren Kontext zu betrachten und daraus neue Ziele abzuleiten. Fakt ist ebenso, dass sich in weiterer Folge auch bei Sandoz der Wertewandel einstellte und beide Unternehmen durch ihre Fusion zur Novartis AG noch mehr als 10 Jahre später eine dominierende Marktstellung in der Pharmaindustrie innehaben.

Wenn man sich jedoch angesichts drastischer Folgen unerwarteter Ereignisse weiter an davor gefasste Ziele klammert, dann bleiben die gesamte Aufmerksamkeit und Handlungsfähigkeit gebunden. Unfälle und Zufälle als Hebel können nur bedingt dazu genutzt werden, seine Ziele anzupassen. Erst durch die Bereitschaft zur Neuordnung der Mittel und Neudefinition angestrebter Ergebnisse werden Kopf und Sicht für alternative Deutungen der Ereignisse frei.

> **Arbeitsfragen:**
> - Welche Bedeutung geben Sie einem unerwarteten Ereignis spontan?
> - Welche alternativen Bedeutungen könnten Sie dem Ereignis zuweisen?
> - Welche Auswirkung hat das, was passiert ist, für die Realisierbarkeit Ihrer Ziele?
> - Inwiefern verändert das, was passiert ist, Ihre Mittelausstattung (plus/minus)?
> - In welchem anderen oder erweiterten Kontext kann das, was passiert ist, kreativ genutzt werden?

Bedeutung zufälliger Begegnungen

So beginnen viele Geschichten: Menschen begegnen sich am Flughafen, im Warteraum, im Bus, auf einer Party, am Urlaubsort, bei einer Betriebsfeier, auf dem Fußball- oder Golfplatz. Sie kommen ins Gespräch, mit oder ohne Absicht, mit oder ohne Zweck. Und auf einmal nehmen Geschichten ihren Lauf. Etwas Neues kommt in die Welt, das es ohne dieses Treffen nicht gegeben hätte. Entsteht daraus etwas Wertvolles für die Beteiligten, dann nennt man das einen »glücklichen Zufall«. Es ist legitim zu fragen, wie häufig oder wie relevant diese zufälligen Begegnungen sind, damit Neues in die Welt kommt. Viele Menschen haben jedenfalls erlebt, dass Reisen von A nach X durch eine zufällige Begegnung ihre Richtung ändern können und wissen, dass das oftmals gut und nützlich ist.

Dabei ist es nicht das Treffen oder Gespräch an sich, das automatisch neuen Wert schafft. Es geht vielmehr darum, ob sich die Beteiligten gegenseitig beeinflussen und anregen. Oder ob sie sich dafür entscheiden, eine Vereinbarung miteinander einzugehen – zum Beispiel für ein weiteres Gespräch, eine gemeinsame Aktivität, einen gemeinsamen Plan oder ein gemeinsames Projekt. Das passiert nicht dadurch, dass man jemandem seine Visitenkarte oder eine Broschüre in die Hand drückt. Es geht darum, was man aus der Begegnung macht.

Eine Voraussetzung für die Nutzung zufälliger Begegnungen ist Offenheit. Auch Absichtslosigkeit kann ein wesentlicher Faktor sein. Eine Wiener Unternehmensberaterin, die schon viel Neues in die Welt gebracht hat, bezeichnet das als »absichtsloses Kaffeetrinken«. Sie trifft sich gerne mit Menschen – bevorzugt mit denen, die sie noch nicht so gut kennt. Das hat Methode und dabei entstehen Ideen und Aktivitäten. Es ist eine Form, Ungewissheit zu schaffen und zu zelebrieren. Kann es sein, dass wir unter Ungewissheit das »absichtslose Kaffeetrinken« zur Methode machen können?

Die wirklich zufälligen Begegnungen haben einen Vorteil: Es handelt sich dabei oft um Gespräche mit Menschen, die nicht aus demselben Umfeld wie wir kommen. Wenn Menschen Tag für Tag zusammen sind – ob in der Firma, bei Kundenbesuchen, im Freundeskreis, in der Familie oder bei der bevorzugten Partei – werden sie selten auf grundlegend neue Ideen stoßen. Auch das Brainstorming in der Teambesprechung zwischen 9 und 10 Uhr, die tägliche Begegnung in der Teeküche und das moderierte Networking-Event unter Gleichgesinnten wird weniger Neues produzieren als der Dialog mit Außenstehenden. Zufällige Begegnungen und absichtslose Gespräche bergen die Vorteile der *schwachen Bindungen*, wie sie der Soziologe Mark Granovetter in »The strengths of weak ties« beschrieben hat (Granovetter, 1973).

▶ **Arbeitsfragen:**
- Sorgen Sie für zufällige Begegnungen? Wo gehen Sie hin, mit wem kommen Sie ins Gespräch, worüber reden Sie?
- Fördern Sie zufällige Begegnungen? Räumen Sie Firmen- und Branchenfremden einen Platz in Ihrer Organisation ein? Sorgen Sie für Durchmischung und Gedankenaustausch, wenn Sie eine Besprechung/eine Veranstaltung/ein Fest organisieren?
- Gibt es in Ihrem Alltag Platz und Gelegenheit für »absichtsloses Kaffeetrinken«?

Bedeutung überraschender Informationen

Eine weitere Gattung der Spezies »Überraschungen« ist der überraschende Gewinn von Informationen. Man erfährt etwas, womit man nicht gerechnet hat. Etwas, dem man Bedeutung geben kann und das in der Folge die Ungewissheit reduziert.

> **Fallbeispiel: Die (Er-)Findung des Teebeutels**
> Überraschende Informationen lösen zunächst oft Irritation aus. Das war sicher der Fall, als der US-amerikanische Teehändler Thomas Sullivan erfuhr, was seine Kunden mit den Verpackungen seiner Teelieferungen anstellten. Um das Gewichtsproblem beim Versand von Teeproben zu umgehen, füllte Sullivan um 1900 erstmals Teeproben in kleine Seidenbeutel statt in Blechdosen ab. Einige seiner Kunden tauchten diese Seidenbeutel als Ganzes in siedendes Wasser – im Glauben, dass das so vorgesehen war. Sie sparten sich dadurch das Abseihen und Umfüllen des Tees (de.wikipedia.org/wiki/teebeutel).

Der Teehändler Sullivan hätte mehrere Optionen gehabt, mit der Information »Meine Kunden verwenden mein Produkt samt Verpackung« umzugehen. Er hätte beispielsweise Hinweise »Vor Verwendung auspacken!« auf die Seidenbeutel drucken können, um die »ordnungsgemäße Verwendung« seines Produkts sicherzustellen. Auch hätte er auf luft- und wasserdichte Beutel umstellen können, was sowohl besseren Aromaschutz (inkrementelle Produktverbesserung) als auch zuverlässigeren »Schutz vor Fehlbedienung« garantiert hätte. Dass Sullivan die Information dazu nutzte, ein völlig neues Produkt – den Teebeutel – zu kreieren, ist nicht selbstverständlich. Schließlich wusste noch keiner, was ein Teebeutel ist und es gab auch ganz bestimmt keine Marktstudien dafür.

Überraschende Informationen zu finden ist ein Phänomen, das sich nicht direkt planen oder in einen Prozess packen lässt. Wie sucht man geplant nach unerwarteten Informationen? Wo könnten Informationen auf uns warten, die in weiterer Folge für uns nützlich sind? Wie steigert man die Wahrscheinlichkeit, fündig zu werden? Sicher nicht, indem man sich an die traditionellen Grenzen des eigenen Fachgebiets hält. Wer sich im Elfenbeinturm verschanzt, macht es dem Zufall nicht besonders leicht. Das »Braten im eigenen Saft« führt zwar oft zur Bestätigung der eigenen Hypothesen, aber selten zu echten Überraschungen.

Wenn wir unsere Chancen auf die Gewinnung überraschender Informationen steigern möchten, dann müssen wir die Fühler ausstrecken. Voraussetzungen für gutes Gelingen sind Offenheit, Neugier und Interesse sowie die Art und Weise, wie wir mit den überraschenden Informationen umgehen. Wir werden eher auf den Nutzen überraschender Informationen stoßen, wenn wir diesen mit erkundender Neugier anstatt abwehrendem Misstrauen begegnen.

Umgang mit Unerwartetem in Organisationen
Für den proaktiven Umgang mit Unerwartetem in Organisationen können wir Anleihen bei Karl Weick und Kathleen Sutcliffe von der University of Michigan nehmen. Sie beschreiben fünf Handlungsmuster von »Highly Reliable Organizations (HRO)« – Organisationen, die Unerwartetem mit einem Höchstmaß an Zuverlässigkeit begegnen müssen (Weick & Sutcliffe, 2007). Wir sprechen von Stromnetzbeibern, aber auch von Geiselbefreiungsteams und Atomkraftwerken – Organisationen, für die schlechtes Management von Unerwartetem fatale Auswirkungen haben kann. Die fünf im Folgenden beschriebenen Handlungsmuster können direkt als Anweisungen im Sinne von Effectuation gedeutet werden. Auf unsere Zwecke angepasst lassen sich die von Weick und Sutcliffe identifizierten Handlungsmuster als Katalysator beim Gewinnen überraschender Informationen nutzen:

- Lassen Sie sich nicht vom Erfolg blenden und achten Sie auf Ungereimtheiten. Wenn äußerlich noch alles gut läuft, dann kann ein unerwarteter kleiner Fehler oder ein Körpersignal (wie etwa ein »eigenartiges Gefühl«) eine wertvolle Information für eine sich ankündigende Überraschung sein.
- Hören Sie auf die Spezialisten in der ersten Reihe. Sie selbst mögen als Generalist einen guten Überblick haben – die unterschiedlichen Spezialisten im Feld (sprich: am Kundenschalter, am Fließband, vor Ort in Rumänien, …) verfügen jedoch über viel differenziertere Informationen als Sie. Und manche der Informationen bergen wertvolle Überraschungen.
- Akzeptieren Sie Komplexität. Wie auch immer Sie Informationen im Alltag filtern und vereinfachen, um rasch und entschlossen handeln zu können: Überprüfen Sie regelmäßig, ob die verfügbaren Informationen mehrere Interpretationen gleichzeitig ermöglichen – das ist fast immer der Fall. Je mehr Interpretationen Sie zulassen, desto größer ist Ihr Reaktionsspektrum auf Überraschungen.
- Experimentieren Sie – manchmal auch ohne vorher eine überzeugende Hypothese aufzustellen. Im Ungewissen sind Experimente dann gelungen, wenn sie unerwartete Ergebnisse zutage fördern. Wie wollen Sie lernen und auf Unerwartetes stoßen, wenn Sie nur antizipieren und nicht handeln?
- Suchen Sie nach Lösungen im Unerwarteten. Unerwartete Informationen haben oft auch bereits unerwartete Lösungen im Gepäck.

> Siehe auch Toolbox: Routine zum Management des Unerwarteten

3.3.3 Umstände und Zufälle für Fortgeschrittene

Das englische Wort »Serendipity« nimmt auf der »Words-hardest-to-translate-list« von Übersetzern einen der obersten Plätze ein. Am ehesten lässt es sich mit »etwas finden, das man nicht gesucht hat« übersetzen – sieben Wörter für die Übersetzung eines einzigen Begriffs. Serendipity sind auch die intelligenten Schlussfolgerungen, die zum Erkennen und Verwerten von zufällig Gefundenem führen. Im diesem Abschnitt wenden wir uns Erkenntnissen und Ideen aus unterschiedlichen Handlungsfeldern zu, die sich mit den Zufällen und dem konstruktiven Umgang damit auseinandersetzen.

Serendipität in der Forschung

Der Soziologe Robert Merton spricht von »dem Glück oder der Klugheit geschuldeten Entdeckungen von gültigen Ergebnissen, nach denen nicht gesucht wurde« (Merton, 1995). Er nennt dies »die Serendipitätskomponente in der Forschung« und führt die Entdeckung des Penicillins als Beispiel an. Das zugrundeliegende Muster sieht folgendermaßen aus: Ein Forscher beobachtet etwas, das ihn überrascht, weil es mit seiner aktuellen Theorie unvereinbar ist. Er möchte den Sinn des überraschenden Phänomens finden und nähert sich dazu den Daten und Informationen aus einem anderen, neuen Blickwinkel. Auf diesem Weg findet er ein neues Erklärungsmuster, das er zur Formulierung einer neuen Theorie nutzt. Bei diesem Muster hat der Forscher mit »geschultem Geist« einen wesentlichen Vorteil. Menschen haben zum Beispiel immer schon Gedächtnislücken oder Versprecher bemerkt. Es war dann der geschulte Geist des Sigmund Freud, der aus diesen Daten psychologische Phänomene wie das der Verdrängung abgeleitet hat.

> **Arbeitsfragen:**
> - Auf welchem Gebiet ist Ihr Forschergeist so geschult, dass die Serendipitätskomponente wirksam werden kann?
> - Lässt die Art und Weise, wie Sie Hypothesen formulieren und Experimente designen, überhaupt zu, dass verblüffende und überraschende Phänomene auftreten?
> - Was könnten Sie tun, um in Ihrem Wirkungsbereich mehr Raum für die Serendipitätskomponente zu schaffen?

Framing: Mentale Bezugsrahmen

Die Bedeutung jeder Information – jedes Ereignisses, Sachverhalts, Verhaltens oder Gefühls – hängt vom Rahmen (Frame) ab, in den der Informationsempfänger sie stellt. Der Rahmen bestimmt die Bedeutung. Bei unerwarteten Veränderungen greifen Managerinnen oft zu Werkzeugen wie der SWOT-Analyse[23], die bereits durch ihren Aufbau starke mentale Bezugsrahmen setzen. Allein dadurch, dass man Faktoren den Kategorien »Stärke«, »Schwäche«, »Chancen« oder »Bedrohungen« zuordnet, werden diese Rahmen wirksam. Wechselt man den Rahmen, so ändert sich auch die Bedeutung der Faktoren. Manager, die mehr auf Potenziale als auf Bedrohungen blicken, reagieren rascher und besser auf plötzlich aufkommende Ungewissheit als gefahrenorientierte Manager (Smit & Read, 2008). Es lohnt sich daher, dies beim Einsatz von Werkzeugen wie SWOT zu bedenken und die gewählten Bedeutungsrahmen kritisch zu hinterfragen.

Arbeitsfragen:
- Welchen Rahmen ordnen Sie die Veränderungen in Ihrer Umwelt zu? Stufen Sie sie eher als Chancen oder als Bedrohungen ein?
- Lassen sich die Umstände, die Sie zunächst als Schwächen oder Bedrohungen sehen, kreativ in Stärken oder Chancen umdeuten?
- Wie können Sie in Ihrem Umfeld zu einer Chancen-orientierten Kultur beitragen?

Krisen und Ziele

Wie schafft es eine Person oder Organisation, eine Krise so richtig erleben zu können? Diese Frage ist keineswegs absurd, denn auch *eine Krise erleben können* ist eine Kompetenz (Schmidt, Dollinger & Müller-Kalthoff, 2009). Wer eine Krise erlebt, hat Vorhersagen getroffen und Erwartung an die Zukunft formuliert, die sich (zum Beispiel aufgrund von unvorhergesehenen Ereignissen) gar nicht oder zumindest nicht aus eigener Kraft erfüllen lassen. Wer eine Krise erlebt, ist also im wahrsten Sinne der Wortes ent-täuscht. Man kann eine Krise nur dann wirklich erleben, wenn man gedanklich an einer als unrealistisch enttarnten Zielsetzung weiter festhält. Das gilt für persönliche Krisen, wenn eine Partnerschaft scheitert, ein berufliches Ziel zusammenbricht oder eine Krankheit die Lebenspläne durchkreuzt. Das gilt aber genauso, wenn eine Organisation in die Krise gerät, weil ein Markt zusammenbricht, eine neue Technologie eine bestehende ablöst oder das Finanzsystem ins Trudeln gerät. Man muss gedanklich an zuvor gefassten Zielen festhalten, um eine Krise erleben zu können.

---

23 Die SWOT-Analyse ist ein gebräuchliches Instrument des strategischen Managements, in dem die internen Stärken (Strengths) und Schwächen (Weaknesses) externen Chancen (Opportunities) und Bedrohungen (Threats) gegenübergestellt werden.

Mittelorientierte Effectuators haben einen entscheidenden Vorteil, wenn ihre Ziele dem Unerwarteten zum Opfer fallen. Sie hängen nicht so stark an ihren Zielen und passen diese daher rascher an die neuen Möglichkeiten an. Sie wissen, dass in der Krise oft nicht der Ist-Zustand das Problem darstellt, sondern die vereitelte Zukunftserwartung. Sie verwenden ihre Energie nicht darauf, an der zerplatzten Fantasie festzuhalten, sondern bündeln ihre Kräfte neu, um mit den veränderten Rahmenbedingungen zu arbeiten. Sie transformieren die Krise.

Arbeitsfragen:
- Die Randbedingungen ändern sich, Sie werden enttäuscht und halten trotzdem an den unrealistischen Zielen fest – kennen Sie das? Als Privatperson? Im Beruf? In Ihrer Organisation?
- Eine Krise transformieren, indem Sie die Zielvorstellungen anpassen – wo haben Sie das schon erlebt?
- Die nächste Krise kommt bestimmt. Wie werden Sie/Ihr Team/Ihre Organisation an die Bewältigung herangehen?

Siehe auch Toolbox: Katastrophenfantasien

Offene Innovation: Dem Zufall nachhelfen

BMW: »Wie können die heutigen Motorräder mit den Kommunikationslösungen von morgen verbunden werden?«

DeLonghi: »Bügeln ist mühsam. Welche neue Idee kann das Bügeln revolutionieren?«

Kultur&Kommunikation: »Welche neuen Dienstleistungen könnten Kunstmuseen attraktiver machen?«

So und ähnlich lesen sich Anfragen, die von namhaften Unternehmen auf der offenen Innovationsplattform Atizo online gestellt werden (siehe www.atizo.com). Das Prinzip hinter der Plattform ist denkbar einfach: Ein Unternehmen sucht etwas, das es noch nicht kennt, und es ist sich nicht sicher, wo es suchen soll. Das anfragende Unternehmen schreibt für die aus seiner Sicht beste der eingereichten Idee eine Geldprämie aus. In weiterer Folge kann jeder, der über einen Internetanschluss verfügt, seine Idee zur jeweiligen Fragestellung auf die Plattform hochladen. Alle hochgeladenen Ideen werden öffentlich sichtbar gemacht, sind also auch den Mitbewerbern des anfragenden Unternehmens zugänglich. Warum machen die Firmen das?

Eine Antwort: Die Firmen wissen, dass etwas, das man noch nicht kennt, praktisch überall lauern kann. So suchen möglicherweise bei DeLonghi nur die

Physiker und Mechaniker nach einer Revolution für das Bügeln. Vielleicht hat jedoch am andern Ende der Welt ein Chemiker eine (chemische) Lösung für DeLonghis Fragestellung? Oder eine Hausfrau? Ob eine gute Lösung und das dazu passende Problem zusammenfinden, ist oft eine Frage des Zufalls. Das Web 2.0 mit all seinen Interaktionsmöglichkeiten ermöglicht zufällige Begegnungen und den Zugang zu überraschenden Informationen und kann dazu genutzt werden, den glücklichen Zufall wahrscheinlicher zu machen.

Lösungen im Unerwarteten
Der Organisationsforscher Karl Weick beschreibt und analysiert in einem Aufsatz (Weick, 1993) die fürchterliche Brandkatastrophe von 1949 in der Mann-Schlucht (Montana, USA). Er geht auf die erstaunliche Reaktion des Kommandanten Wagner Dodge in einer scheinbar ausweglosen Situation ein. Auf der Flucht vor den Flammen, die sich mit mehr als 10 Stundenkilometern auf die Truppe zubewegten, entzündete er ein Feuer, welches das trockene Buschwerk rund um ihn und seine Männer verzehrte. Dieses »escape fire« brannte sozusagen ein Loch in das anrollende Großfeuer und rettete dem am Boden kauernden Dodge das Leben. Das »escape fire« zählt heute bei Buschbränden zum Standard-Rettungs-Repertoire.

3.3.4 Zusammenfassung

- Überraschungen sind an sich weder positiv noch negativ. Erst das Nachdenken über ihre erwünschten und unerwünschten Wirkungen machen sie zu positiven oder negativen Überraschungen.
- In kausaler Planung wird viel Zeit darauf verwendet, alle Unwägbarkeiten auszuschließen. Was unerwartet geschieht, also nicht antizipiert wurde, wird meist als Störung empfunden. Der Fokus liegt auf der Verteidigung der Pläne und auf Schadensbegrenzung.
- Risikomanagement hat das Ziel, nichts dem Zufall zu überlassen. Das Unerwartete soll vermieden oder seine Wirkung gemindert, begrenzt, auf andere übergewälzt oder letztendlich akzeptiert werden. In der Praxis z. B. des Finanzwesens, des Gesundheitswesens, des Katastrophenschutzes, der IT, der Logistik und des Versicherungswesens ist professionelles Risikomanagement rational, sinnvoll und nützlich.
- Überraschungen sind auch für andere Akteure unter Ungewissheit nicht vorhersehbar. Diejenigen, die schnell konstruktiv mit den veränderten Rahmenbedingungen arbeiten, haben einen Vorteil denen gegenüber, die den Zufall bloß als Störung ihrer Pläne betrachten.
- Unerwartetes hat unterschiedliche Erscheinungsformen: Unerwartete Ereignisse, Begegnungen und Informationen sind drei wesentliche Spielarten, derer sich der Zufall bedient.

- Das Festhalten an mentalen Bezugsrahmen, die Umständen und Unerwartetem ausschließlich negative Bedeutungen geben, hemmt den kreativen Umgang damit. Dies trifft auch auf das Festhalten an obsoleten Zielen zu.
- Effectuators bauen auf die positiven Effekte, die sie aus Umständen, Unfällen und Zufällen ziehen können. Unerwartetes bietet ihnen die Möglichkeit, Kontrolle über eine ungewisse Zukunft zu erlangen. Sie setzen dort den Hebel an, wo sich die Welt *nicht* gemäß den Erwartungen verhält.
- Es gibt unzählige Beispiele dafür, dass Unvorhergesehenes zum Motor oder Auslöser von Innovation und Weiterentwicklung werden kann. Das stimmt für die Produkt- und Dienstleistungsentwicklung genauso wie für die Entwicklung von Unternehmen und Privatpersonen oder die wissenschaftliche Forschung.

	Gegen Umstände und Zufälle abgrenzen (kausale Logik)	Mit Umständen und Zufällen arbeiten (Effectuation)
Grundannahme	Unerwartetes und Zufälliges ist gefährlich, weil es die Erreichung der gesteckten Ziele gefährdet.	Unerwartetes und Zufälliges ist normal und Ausgangspunkt von Innovation und Entwicklung.
Gegeben	Risiko	Ungewissheit
Gesucht	Maßnahmen, die das Risiko antizipieren und beherrschbar machen	Möglichkeiten, kreativ mit dem Unerwarteten umzugehen
Erfolgskriterium	Zielerreichung trotz Störungen	Neues und Wertvolles auf Basis von Überraschungen
Leitfragen	Was könnte alles passieren? Wie können wir uns dagegen absichern?	Was passiert? Wie können wir damit konstruktiv umgehen?

Abb. 15: Vergleich: Abgrenzung oder Nutzung von Umständen und Zufällen

3.4 Prinzip der Vereinbarungen und Partnerschaften

Ein Puzzle zusammenzusetzen ist ein Geduldsspiel. Für jedes Teil gibt es genau eine Stelle, an der es passt. Der Puzzle-Spieler sucht immer nach dem einen, *richtigen* Teil. Das Spiel ist erst zu Ende, wenn ein komplettes Bild vorliegt. Erfahrene Spieler beginnen das Spiel, indem sie die Teile ordnen. Sie trennen die markanten Randteile mit jeweils nur zwei oder drei Schnittstellen von den Zentrumsteilen mit vier Schnittstellen. Auch Teile mit klaren Formen, einheitlichen Farben oder deutlichen Konturen kann man vorsortieren. Man sollte jedoch auf jeden Fall die Verpackung zur Hand haben, denn dort ist das Ziel des Spieles

– das vollständige Motiv – abgebildet. Ein Puzzle zusammensetzen ist eine sehr kausale Angelegenheit.

Einen Crazy Quilt[24] zu nähen ist eine ganz andere Form der Beschäftigung. Man beginnt weder bei vorgefertigten Teilen noch mit einer Vorlage. Wer einen Crazy Quilt anfertigen möchte, der beginnt mit vielen einzelnen, unregelmäßigen Stoffresten. Man kann auch Brokat, Seide und Spitzen verwenden. Die Kunst besteht nun darin, aus den verfügbaren Elementen etwas zusammenzustellen, das am Ende schön *und* funktional ist. Die einzelnen Teile haben keine vordefinierten Schnittstellen. Man kann für jedes Teil prüfen, ob und an welcher Stelle es sich in das entstehende Bild einfügt. Die Teile werden durch Nähte fix miteinander verbunden. Der oder die Künstler haben keinen vorgegebenen Plan und es gibt theoretisch unendlich viele Möglichkeiten, wie die Teile aneinander gepasst werden könnten. Ein Crazy Quilt kann auch ein Gemeinschaftskunstwerk sein. Wenn jeder Künstler Teile mitbringt, dann wird die Vielfalt dessen, was geschaffen werden kann, größer. Einen Crazy Quilt anzufertigen hat sehr viel damit gemein, wie Effectuators Vereinbarungen schließen, um Partnerschaften und Allianzen zu bilden.

3.4.1 Vereinbarungen und Partnerschaften – Versuch einer Definition

Auch kausales Denken kennt Allianzen und Partnerschaften. Wer Teil eines Partnernetzes wird, hängt dabei stark vom vorher definierten Zweck einer Zusammenarbeit ab – das, was man erreichen möchte. Dann wird entschieden, welche Rollen andere Stakeholder in dem Vorhaben einnehmen können und sollen. Zu besetzende Rollen sind zum Beispiel »Mitarbeiter«, »Kundinnen«, »Lieferanten«, »Wählerinnen«, »Multiplikatoren«, »die Öffentlichkeit« aber auch »Konkurrentinnen«. Für die Zusammenarbeit mit den Stakeholdern werden präzise Schnittstellen geschaffen und Regeln definiert, wie kommuniziert werden soll und was die Partner voneinander erwarten können. Wenn die *Schnittstellen* zu den zukünftigen Partnern feststehen, kann man auf die Suche nach den *richtigen* Partnern gehen.

> **Prinzip 4:** Treffen Sie Vereinbarungen und bilden Sie Partnerschaften mit denen, die mitzumachen bereit sind, anstatt sich abzugrenzen oder nach den »richtigen« Partnern zu suchen.

---

24 Engl. Quilt = Patchwork-Decke, Textil-Intarsie; Saras Sarasvathy hat für das hier beschriebene Prinzip die Metapher »Crazy Quilt Principle« geprägt (Sarasvathy, 2001a).

Effectuators gehen den umgekehrten Weg. Sie sondieren frühzeitig, wer Mittel für ein gemeinsames Vorhaben beisteuern kann und möchte. Sie treten mit anderen in Kontakt, noch lange bevor endgültig feststeht, was genau sie erreichen möchten, und handeln Richtung und Ziele der Partnerschaft aus. Mit denen, die sich durch ihre Bereitschaft mitzumachen selbst »auswählen«, gehen sie fixe Vereinbarungen ein. Dadurch reduzieren sie die Ungewissheit für alle Parteien. Indem sie die erste Kundin/Lieferantin/Partnerin/Wählerin … ins Boot holen, kreieren sie ein erstes Stück Zukunft. Sie bilden *Nahtstellen*, anstatt nach exakten Gegenstücken zu vordefinierten *Schnittstellen* zu suchen. Für Effectuators sind diejenigen die *richtigen* Partner, die bereit sind, bindende Vereinbarungen einzugehen. Je nachdem wer an Bord kommt und was derjenige mitbringt, kann das gemeinsame Vorhaben eine neue Richtung einschlagen.

Kausale Logik

Die *richtigen* Partner suchen und *Schnittstellen* bilden

Effectuation Logik

Vereinbarungen mit denen eingehen, die *bereit* sind, mitzumachen

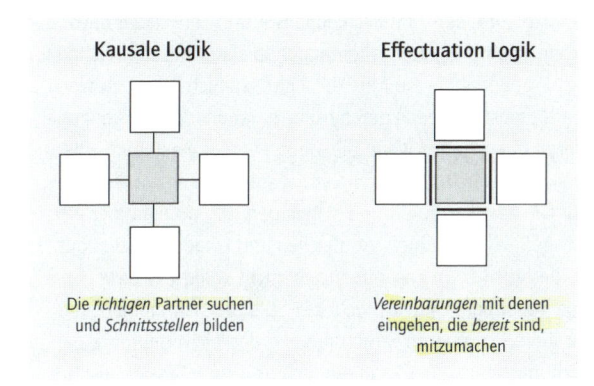

Abb. 16: Die richtigen Partner suchen vs. Vereinbarungen eingehen

Kausales Denken geht davon aus, dass Gelegenheiten und Märkte für eigene Vorhaben bereits »da draußen« existieren. Wo Gelegenheiten und Märkte sind, gibt es auch Gegenspieler. Kausale Denkerinnen richten viel Aufmerksamkeit darauf, die Umwelt zu analysieren und zu definieren, wer Freund und wer Feind sein wird. Sie positionieren sich gegenüber einem potenziellen Mitbewerber und grenzen sich gegen die ab, die nicht Teil ihres Netzwerks werden sollen.

Effectuation geht davon aus, dass es unter Ungewissheit noch keine Gelegenheiten und Märkte für eigene Vorhaben gibt – diese müssen erst geschaffen werden. Für Effectuators ist anfangs noch nicht definiert, wer Kunde, wer Partnerin und wer Konkurrent sein wird. Folglich verzichten sie auch auf das Unterfangen, sich von Mitbewerbern abzugrenzen. Sie kommunizieren mit denen, die Interesse am Vorhaben zeigen und treffen mit denjenigen Vereinbarungen, die bereit sind, Risiko und Verantwortung zu übernehmen. Indem sie interessierte Stakeholder durch Vereinbarungen an sich binden, bevor überhaupt noch ein Markt existiert, schaffen sie Eintrittsbarrieren für potenzielle Mitbewerber. Die, die bereits am Anfang mitmachen, sind der Kristallisationskern für den neuen Markt.

Metaphern: Streichquartett und Jamsession
Wer ein Streichquartett von Beethoven spielen möchte, der kann das nicht alleine tun: Beethoven hat seine Quartette für zwei Violinen, Bratsche und Violoncello geschrieben. Man braucht also Musikerinnen, die das jeweilige Instrument beherrschen und Beethoven spielen wollen. Beethoven hat Arrangement und Satz für seine Quartette genau vorgegeben. Haben sich nun vier Musikerinnen entschieden, ein bestimmtes Quartett gemeinsam aufzuführen, können sie zunächst getrennt voneinander üben. Natürlich üben sie auch gemeinsam. Dabei werden Fragen der Interpretation ausgehandelt: Durch die Variation von Tempo, Lautstärke, Dynamik oder Klangfarbe machen sich die Musikerinnen das Stück zu eigen und interpretieren Beethovens Werk auf ihre Art und Weise. Das Stück selbst – die Abfolge der Noten, Notenwerte, Tonart usw. – ist vorgegeben und wird nicht in Frage gestellt. Die Partnerschaft zwischen den Musikerinnen im Streichquartett ist kausaler Natur.
Auch eine Jamsession im Jazz kann man nicht alleine spielen. Anders als beim klassischen Quartett gibt es anfangs weniger fixe Vorgaben. Unterschiedlichste Musiker – jeder davon Experte für sein Instrument – können eine Session miteinander spielen. Wer mitmachen wird, hat Einfluss darauf, welches Klangerlebnis die Musiker schlussendlich erzeugen werden. Haben die Musiker vereinbart, dienstagabends gemeinsam zu jammen, dann können sie ihren Part nicht vorher im Detail üben. Selbst wenn die Truppe vorher vereinbart, über ein ganz bestimmtes Thema zu improvisieren, und zwar in Es-Dur, steht noch nicht fest, wie sich die Session entwickeln wird. Die Musiker hören und schwingen sich aufeinander ein und es entwickelt sich ein komplexes Spiel aus Führen, Angleichen und Folgen. Jamsessions funktionieren deshalb, weil sich die Musiker im Zusammenspiel nicht völlig frei bewegen, sondern an einer ganzen Menge von Regeln hinsichtlich des Stils, der Harmonien und der Rhythmen orientieren. Es existieren stringente Strukturen, die das nicht geprobte gemeinsame Musizieren erst möglich machen. Keiner kann die Richtung einer Session alleine bestimmen, aber alle haben Einfluss darauf. Die Musiker effektuieren.

Arbeitsfragen:
- Wie holen Sie für gewöhnlich Partner ins Boot? Verkaufen Sie *Ihre* Ideen oder verhandeln Sie *gemeinsame* Vorhaben?
- Brauchen Sie einen fertigen Plan, bevor Sie in Interaktion mit anderen treten?
- Gestalten Sie *Schnittstellen* und suchen dann nach den *Richtigen* oder schaffen Sie *Nahtstellen* mit denen, die sich durch ihren Einsatz *selbst auswählen*?

3.4.2 Partnerschaften verhandeln

[Handschriftliche Notiz: BIONICS: Schwärme]

Wer Neues in die Welt bringen möchte, kommt um das Schließen von Partnerschaften und Allianzen nicht herum. Je nach gewähltem Ansatz unterscheiden sich der Startpunkt und die Schritte, die zu funktionaler Zusammenarbeit mit anderen Stakeholdern führen.

Zwei Arten, Partner zu gewinnen
Die folgenden Beispiele zeigen, wie Kooperation in ganz konkreten Kontexten entsteht beziehungsweise erzeugt wird. Sind die Beispiele hier jeweils idealtypisch dargestellt, so finden wir in der Praxis alle Mischformen aus kausaler Logik und Effectuation.

Leistungen ausschreiben. Ein klassisches Werkzeug für *kausale* Partnerschaften ist die Ausschreibung. Sie definiert genau, was der handelnde Akteur haben will: Form, Menge, Preis, Schnittstellen, Eigenschaften, Konditionen, Termine und Qualität dessen, was Gegenstand der Zusammenarbeit ist, werden vorab fixiert. Die Spezifikation wird potenziellen Anbieterinnen zu Verfügung gestellt, die dann ihre Angebote abgeben. Abweichungen von der Ausschreibung sind dabei tendenziell unerwünscht. Man stuft ein von der Spezifikation abweichendes Angebot als »nicht vergleichbar« oder »nicht den Kriterien entsprechend« ein. Dies stört den kausalen Prozess. Ausschreiben ist ein guter Weg, um genau das, was man will, zu den besten Konditionen zu bekommen.

> **Fallbeispiel: Happy Day für Red Bull und Rauch**
> Das Vorarlberger Familienunternehmen Rauch ist heute durch Marken wie »Happy Day« und »Bravo« international bekannt. Rauch ist seit den 1970er-Jahren der erfolgreichste österreichische Fruchtsaftlieferant und verfügt 1984 über etwas, was der Marketing-Manager von »Blendax« nicht hat: Abfüllanlagen. Jener Manager hat dafür etwas anderes zu bieten: die Idee, ein asiatisches Energiegetränk, für das es laut Marktstudien keinen nennenswerten Bedarf in Europa gibt, auf den Markt zu bringen. Er macht sich selbständig und handelt mit Rauch einen Abfüllvertrag aus. Erst drei Jahre später, 1987, kommt das neue Getränk auf den Markt. Es trägt den klingenden Namen »Red Bull« und wird von Rauch exklusiv abgefüllt. Red Bull verfügt bis heute über keine eigenen Produktionsanlagen. Der Unternehmer hinter Red Bull heißt Dieter Mateschitz. Mateschitz mag bei der Gründung von Red Bull wohl oft zielorientiert vorgegangen sein, seine Kooperation mit Rauch basiert jedoch auf einer Effectuation-Vereinbarung: Beide Seiten brachten in einer Situation der Ungewissheit nur ihre jeweils verfügbare Mittel ein und formten durch die Vereinbarung ihre Zukunft. Wer hätte geahnt, wie groß der tatsächliche Nutzen für beide Seiten sein würde, als Mateschitz und Rauch ihre Partnerschaft begründeten? O Happy Day!

Kundinnen gewinnen. Wenn Kundinnen für Dienstleistungen oder Produkte gewonnen werden sollen, dann beginnt der *kausale* Weg bei der Definition der

Zielgruppe. Dabei sollen die idealen Kundinnen für das eigene Angebot identifiziert werden. Mit den idealen Kundinnen im Blick lassen sich Verkaufsargumente maßschneidern und das Angebot an die Zielgruppe anpassen. Erst wenn der Markt und dessen Bedürfnisse untersucht und die passende Produkt-, Preis-, Distributions- und Kommunikationspolitik ausgewählt wurden, wird angeboten und verkauft.

Effectuators dagegen gewinnen den ersten Kunden oft schon, bevor sie eine bestimmte Leistung erstellt haben. Sie beziehen den Kunden in die Entwicklung mit ein und machen ihn zum Partner. Dabei teilen sie den Einsatz: Beide Seiten investieren Zeit und gehen Verpflichtungen ein. Durch die getroffenen Vereinbarungen reduzieren sie ihr Risiko und die Ungewissheit. Gemeinsam mit Leitkunden werden im Prozess die Richtung und die Ziele der Entwicklung ausgehandelt. Auch wer welche seiner Mittel – im eigenen Interesse – einbringt, ist Teil der Vereinbarung. Am Ende des Prozesses stehen im Erfolgsfall viel Wissen darüber, wie ein echter Kunde »tickt«, eine überzeugende Referenz und ein marktfähiges Produkt.

Projekte aufsetzen. Projektpartner können – fast unabhängig vom Projekttyp – auf streng *kausale* Art und Weise gewonnen werden. Zuerst arbeitet man eine Projektidee aus, die den Anforderungen des Auftraggebers entspricht und dessen Ziele unterstützt. Potenzielle Partner findet man im nächsten Schritt mit Hilfe von Partnerprofilen. Den Profilen entsprechende Partner werden sodann nominiert oder per Ausschreibung gewonnen und es werden die Details der Zusammenarbeit (Leistungen, Kompensation und Schnittstellen) ausgehandelt. Die Projektziele und -inhalte werden in dieser Phase selten in Frage gestellt.

Im Gegensatz dazu setzen *Effectuators* in der Projektentwicklung häufig auf Doppelstrategien: Mit Auftrag- und Geldgeberinnen treffen sie Vereinbarungen in Bezug auf die Projektabsichten und die Freiheitsgrade, die sie im Rahmen von deren Intentionen und Motive nutzen können. Im Dialog mit potenziellen Partnern werden die Karten offen auf den Tisch gelegt: das, was für Projektleitung und Auftraggeber wesentlich und unverrückbar ist, genauso wie das, wo noch Lücken, Gestaltungs- und Verhandlungsspielräume bestehen. Es folgt gegenseitiges Abtasten, Vergleichen der Zielvorstellungen und Treffen von Vereinbarungen über eine Zusammenarbeit und deren Ziele. Über gemeinsames Probehandeln zwischen den Köpfen und auf Papier wird die Partnerschaft ausgehandelt und es werden allmählich machbare Projektaktiviäten und -ziele entstehen. Parallel dazu werden mit den Auftraggebern kritische Punkte geklärt, sodass deren Unterstützung für das Projekt als *vor-vereinbart* gilt.

Kooperation verhandeln: Der Prozess
Wenn Menschen unter Ungewissheit die Zukunft miteinander aushandeln, dann ist das Ergebnis im positiven Sinne nicht vorhersehbar. Der Weg zu etwas Neuem ist keine Autobahn von A nach B, sondern ein zu erschließenden Pfad von A

nach X. Man könnte sogar sagen, dass der Pfad erst im Gehen entsteht. Trotzdem ist der Weg ein rationaler und effizienter, da es zwischen A und einem unbekannten X noch keine Autobahnen gibt. Wer den Pfad erschließen möchte, der kann sich nicht an Landkarten orientieren. Das heißt aber nicht, dass man gänzlich unvorbereitet losmarschieren muss. Wir können uns an der Schrittfolge orientieren, die Unternehmerinnen mit viel Expeditionserfahrung unter Ungewissheit mehrheitlich bevorzugen.

Wenn Effectuators sich auf den Weg machen, dann sind sie vor allem auf eines aus: Vereinbarungen mit denen, die im selben Gebiet unterwegs sind, eingehen. Über Vereinbarungen lässt sich Ungewissheit in verlässliche Tatsachen verwandeln. Diese Tatsachen – der Gegenstand getroffener Vereinbarungen – sind entweder neue Mittel (Proviant für die weitere Reise) oder gemeinsame Ziele (Richtungsentscheidungen). Wie die folgenden Beispiele zeigen, sind Vereinbarungen bei Expeditionen im Ungewissen unserer Wirtschaft und Gesellschaft keineswegs vage – sie haben sehr konkrete Gestalt.

Beispiele für Vereinbarungen über neue Mittel:
- Jemand stellt Ihnen Know-how zur Verfügung.
- Jemand stellt Ihnen Räume oder Maschinen zur Mitbenützung. *Maschinenring*
- Jemand empfiehlt Sie oder stellt Kontakte für Sie her.
- Jemand stellt Ihnen Geld zur Verfügung.
- Sie können einen Vertriebskanal (mit-)nutzen.

Beispiele für Vereinbarungen über gemeinsame Ziele:
- Sie entwickeln ein Produkt oder eine Dienstleistung gemeinsam.
- Sie beschließen ein gemeinsames Vorhaben (nächstes Treffen, Projekt, Workshop, …).
- Sie bieten eine Leistung gemeinsam an.
- Sie gehen eine Koalitionsvereinbarung zu einem Thema ein.
- Sie gründen gemeinsam ein Unternehmen.

Wie nun das systematische Knüpfen von Vereinbarungen vor sich geht, beschreibt das dynamische Effectuation-Modell (Abb. 17). Es besteht aus einer Schrittfolge, die man handlungsleitend wie eine Gebrauchsanweisung nutzen kann. Je mehr Mittel durch Vereinbarungen erschlossen werden, desto mehr Möglichkeiten gibt es, das Vorhaben voranzutreiben. Je mehr gemeinsame Ziele vereinbart werden, desto stabiler und eindeutiger wird die Gestalt des Neuen. Der gesamte Prozess kann so lange durchlaufen werden, bis das Neue klar erkennbar und stabil geworden ist. Je geringer dadurch die Ungewissheit und je klarer die Ziele werden, desto sinnvoller wird es, auch mit kausaler Planung zu arbeiten.

> ✗ **Siehe auch Toolbox: Ein Netz aus Vereinbarungen knüpfen**

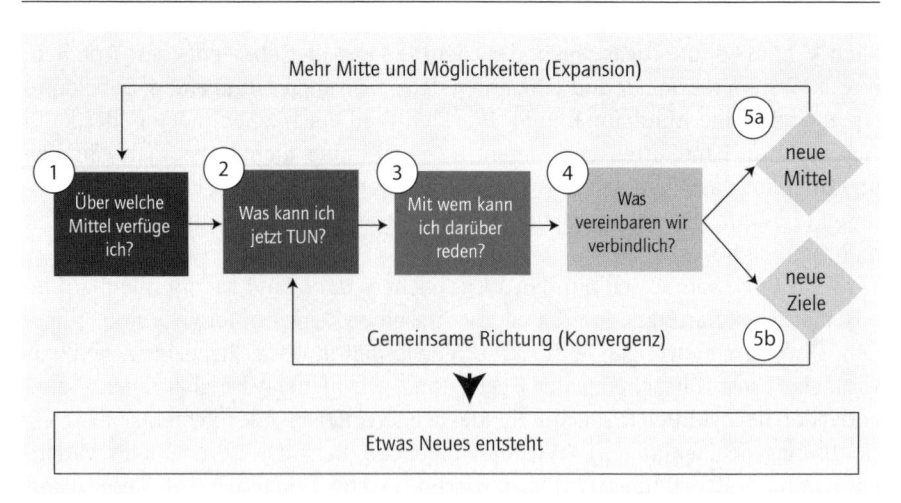

Abb. 17: Dynamisches Effectuation-Modell (Sarasvathy & Dew, 2005): Etwas Neues entsteht

Gesprächsvorbereitung
Wie kann man ein Gespräch vorbereiten, in dem man etwas kreieren möchte, das man noch nicht kennt? Wahrscheinlich funktioniert es nicht, einen detaillierten Gesprächsleitfaden zu erstellen oder ein exaktes Gesprächsziel zu definieren. Es geht schließlich nicht nur darum, einen Gesprächspartner zu beeinflussen, sondern sich umgekehrt auch von seinem Gesprächspartner beeinflussen zu lassen. Speziell was Agenda, Ziele und Ergebnisse betrifft, ist es im Vorfeld des Gesprächs sinnvoll, über *Zielvorstellungen* und *Szenarien* nachzudenken. Selbige lassen sich am besten im Konjunktiv formulieren.

> Siehe auch Toolbox: Vorbereitung, Durchführung und Dokumentation von Gesprächen

Der Abgleich von Mitteln und Motiven
Jemand anderem unter Ungewissheit Mittel zur Verfügung stellen oder gemeinsame Ziele vereinbaren – warum sollte das jemand tun? Ein wesentliches Motiv ist *Eigeninteresse*. Wenn Vereinbarungen stabil sein sollen, dann ist es von Vorteil, wenn die Beteiligten aus Eigeninteresse handeln. Sie gehen eine Vereinbarung ein, weil sie sich davon einen Nutzen versprechen. Der Nutzen kann, muss aber nicht, materieller Natur sein. Auch Erfolg, Ruhm und Ehre, Erkenntnisgewinn, Entwicklung und Selbstverwirklichung sind mögliche individuelle Nutzen. Aus den Erkenntnissen der Verhaltensökonomen der letzen 30 Jahre wissen wir zudem, dass der Homo Oeconomicus, der zu jeder Zeit rational seinen Nutzen maximiert, menschliches Verhalten nicht ausreichend erklären

kann. Hinter der Entscheidung, eine bestimmte Vereinbarung einzugehen, können zum Beispiel auch Rollen-Normen, altruistische Motive oder persönliche Faustregeln (Heuristiken) stehen.

Ein Gespräch, in dem zwei Parteien eine Vereinbarung unter Ungewissheit aushandeln, beinhaltet eine Design-Aufgabe: Das Design der für beide Seiten lohnenden und dadurch tragfähigen Vereinbarung. Beide Seiten können aktiv konzipieren. Es fällt naturgemäß leichter, gute Vereinbarungs-Designs vorzuschlagen, wenn die Mittel und Motive beider Seiten auf dem Tisch liegen. Wenn wir wissen, was unsere Gesprächspartnerin zu bieten hat und was ihr wichtig ist, können wir Vorschläge machen, die die Interessen beider Seiten gleichermaßen berücksichtigen.

> **Fallbeispiel: Die Kommerzialisierung des Internets**
> Erinnern Sie sich noch an Ihre ersten Besuche im Internet? Höchstwahrscheinlich haben Sie diese über Netscape Navigator gemacht – den ersten grafischen Web-Browser, der die Kommerzialisierung des Internets erst möglich machte. Netscape wurde im April 1994 von Marc Andreessen und Jim Clark gegründet. Andreessen war der Erfinder von Mosaic (Vorläufer des Netscape Navigators) und hatte keine Ahnung von Wirtschaft, Clark wiederum war einer der Gründer von Silicon Graphics und hatte keine Ahnung vom Internet. Einer seiner Mitarbeiter zeigte ihm im Januar 1994 Mosaic. Daraufhin lud Clark Andreessen zu einem Gespräch ein. Zu diesem Zeitpunkt hatte keiner der beiden die Idee oder Absicht, das Internet zu kommerzialisieren. Wenn Clark und Andreessen sich damals nicht mehr oder weniger zufällig getroffen und im Gespräch tragfähige Vereinbarungen ausgehandelt hätten – was hätte das an unseren ersten (und den darauf folgenden) Besuchen im Internet geändert? (Sarasvathy, 2008, S. 109 ff.)

Das Design von Vereinbarungen ist ein kreativer und assoziativer Prozess, in dem mitunter mehrere Runden gedreht werden, bevor es zu symmetrischen Vereinbarungen kommt. Es gibt keine allgemeine Regel dafür, ob der Prozess und die Dokumentation strukturiert oder intuitiv, offen oder verdeckt, schriftlich oder mündlich ablaufen sollten.

Ein mögliches Ergebnis eines Stakeholder-Gesprächs ist natürlich auch, dass keine Vereinbarung zustande kommt. Solche Gespräche könnten wir als »leere Kilometer« im Sinne des leistbaren Verlusts verbuchen. Wiederholte Stakeholder-Kontakte zu einem Vorhaben, die nicht in Vereinbarungen münden, können jedoch auch als wertvolle Information gedeutet werden. Wir können die eingeschlagene Richtung im Vorhaben in Frage stellen und nach Alternativen Ausschau halten. Es zählt zu den Stärken von Effectuation, dass potenzielle Sackgassen zu einem frühen Zeitpunkt und bei geringem Einsatz erkannt werden. Wer ein Vorhaben rasch und billig abbricht, spart Ressourcen und gewinnt Freiraum für alternative Vorhaben.

> **Arbeitsfragen:**
> - Im Gespräch: Was hat Ihre Gesprächspartnerin, was Sie nicht haben? Welche ihrer Mittel könnten Sie gemeinsam nutzen? In welche Richtung zeigen Ihre kumulierten Interessen?
> - Nach dem Gespräch: Was ist jetzt anders? Welche Mittel haben Sie dazugewonnen oder eingesetzt? Hat Ihr Denken eine neue Richtung bekommen? Sind Sie eine Vereinbarung eingegangen?

⚒ Siehe auch Toolbox: Vorbereitung, Durchführung und Dokumentation von Gesprächen

Unabhängigkeit, Kontrolle und *leistbarer Verlust*

Wer viele Vereinbarungen eingeht – Effectuation beruht darauf – der begibt sich in Abhängigkeiten. Lässt das den Umkehrschluss zu, dass Effectuators ihre Unabhängigkeit und die Kontrolle über ihre Vorhaben verlieren? Allianzen und Partnerschaften wecken bei vielen Menschen die Assoziation von irreversiblen, langfristigen Zusammenschlüssen – »bis dass der Tod uns scheide«. In Kontexten wie der Gründungsvorbereitung mit Erstgründerinnen ist die Diskussion über Partnerschaften und (Un-)Abhängigkeit fast unausweichlich (Faschingbauer, 2008). Die Gründerinnen übersehen zunächst oft zwei Aspekte:

Erstens kontrollieren die Akteure selbst, was sie in einer Vereinbarung aufs Spiel setzen. Sie legen ihren leistbaren Verlust fest – und das hat Auswirkungen auf das Design der getroffenen Vereinbarungen. Im Minimalfall ist es nur die Zeit für ein weiteres Gespräch in einer Woche, die als leistbar eingestuft und aufs Spiel gesetzt werden kann. Eine typische erkundende Vereinbarung mit geringem Einsatz besteht aus einem einzigen gemeinsamen Schritt – einer Allianz auf Probe und mit Zeitbegrenzung. Der Prozess wird so in Gang gehalten und nicht vorzeitig abgebrochen. Im gemeinsamen Schritt kann Vertrauen aufgebaut werden. Und sobald Resultate vorliegen, ist es Zeit für eine nächste Verhandlungsrunde.

Zum Zweiten sollten wir uns in Erinnerung rufen, auf welchem Feld wir uns befinden: Die Zukunft ist ungewiss. Mit einer schlau gestalteten Vereinbarung geben wir auf diesem Parkett nicht Kontrolle *ab*, sondern *gewinnen* Kontrolle über die ungewisse Situation. Wenn wir etwas entwickeln wollen, das noch keiner kennt, dann macht es uns sicherer, wenn wir uns der Unterstützung anderer Stakeholder versichern. Ein erster Kunde, Lieferant oder Partner, der bereit ist, am Vorhaben teilzunehmen, ist der Beginn eines Stakeholder-Netzwerks, das neue Chancen und einen neuen Markt schaffen kann. Wir haben den Spatzen in der Hand, anstatt uns weiter nach potenziellen Tauben auf irgendwelchen Dächern recken zu müssen. Manch einer reckt sich übrigens ewig und fängt trotzdem keine Tauben.

Drei Schlüsselfähigkeiten für gute Verhandlungen

Effectuators sind groß oder klein, jung oder alt, laut oder leise und extrovertiert oder introvertiert. Sie müssen also keine bestimmten Persönlichkeitsmerkmale mitbringen um effektuieren zu können. Um gute Effectuation-Vereinbarungen eingehen zu können, sind jedoch drei Fähigkeiten besonders nützlich: *Kreativität*, *Überzeugungskraft* und *Lernbereitschaft*[25].

Kreativität. Kreativität ist fast schon ein Gemeinplatz. Ganz egal, was man vorhat – Kreativität spielt eine Rolle. Dabei gibt es unzählige Kreativitätsdefinitionen und -theorien. Ganz allgemein lässt sie sich als Fähigkeit, etwas Neues zu schaffen – sei es eine Problemlösung, eine Entdeckung, Erfindung oder ein neues Produkt – definieren (Holm-Hadulla, 2007). Kreativität kann man jedoch nicht nur als Fähigkeit, sondern auch als das Ergebnis eines Austauschprozesses in der Dynamik einer Situation verstehen (siehe 4.1.1, S. 98). Im Gespräch mit Stakeholdern gibt es unzählige Möglichkeiten, unsere Mittel und Intentionen mit den Mitteln und Intentionen anderer zu verknüpfen. Unser Job ist es, sinnvolle, symmetrische und direkt umsetzbare Möglichkeiten im Gespräch zu erschaffen.

Überzeugungskraft. Es lässt sich darüber streiten, ob man *überzeugen* in Verkaufs-, Rhetorik- oder Kommunikationstrainings lernen kann. Es steht aber außer Zweifel, dass die eigene Überzeugung, in einer Sache etwas bewirken zu können (Selbstwirksamkeit), dazu beiträgt, auch andere ins Boot zu holen. Je begeisterter und überzeugter wir also selbst hinter unseren Ideen stehen, desto leichter wird es uns fallen, die Begeisterung anderer zu entfachen. Begeisterung ist zudem ein gutes Schmiermittel für kreative, schöpferische Prozesse (Csikszentmihalyi, 1997). Ohne eigenes Feuer ist es schwierig, die Welt zu verändern oder eine gute Partnerschaft zu begründen.

Lernbereitschaft. Gespräche, in denen wir im Wesentlichen unsere eigenen Ideen »durchdrücken«, mögen zwar angenehm sein. Wir haben in ihnen aber noch keine Realität transformiert oder etwas Neues erschaffen – geschweige denn dazugelernt. Wenn wir Effectuation ernst nehmen, dann dürfen wir in Gesprächen nicht nur unsere eigenen Ideen verkaufen. Den größeren Hebel haben wir, wenn wir beeinflussbar sind und die Ideen, Assoziationen, Vorschläge, Empfehlungen und Erfahrungen anderer mit den unseren kombinieren. Neuland entsteht, wenn wir und unser Gegenüber bestehende Landkarten hinter uns lassen können.

---

25 Saras Sarasvathy nennt Kreativität, Selbstwirksamkeit (Bandura, 1997) und Lernbereitschaft (docility) (Simon H., 1993) als zentrale Verhaltenskonstrukte von Effectuation (Sarasvathy, 2003).

3.4.3 Partnerschaften für Fortgeschrittene

Bisher haben wir uns mit den handwerklichen Aspekten des Arrangierens und Nähens von Crazy Quilts befasst. Wir haben es allerdings mit einem Kunsthandwerk zu tun. Damit unsere Quilts wirklich kunstvolle und funktionale Unikate werden, sollten wir uns mit einigen Qualitätsaspekten dieser Kunst näher auseinandersetzen. Es wird dabei deutlich, dass wir es mit einem kreativen Prozess zu tun haben, in dem Übung, Wahrnehmung und vor allem Vorstellungskraft wesentliche Rollen einnehmen.

Die Anatomie guter Vereinbarungen

Effectuation ist für eine ganze Reihe von Problemstellungen anwendbar. Das Eingehen von risiko- und unsicherheitsreduzierenden Vereinbarungen ist dabei – unabhängig vom Anwendungsfeld – ein zentraler Bestandteil. Was das Wesen und das Potenzial einer guten Vereinbarung ausmacht, lässt sich anhand eines Beispiels rund um ein unbestimmtes Ding X erklären (Sarasvathy & Dew, 2005). Das Ding X kann vieles sein: ein Produkt, eine Technologie, eine Dienstleistung, ein Problem oder auch ein interessantes Vorhaben.

Daniel hat einen Prototyp von Ding X in rot entwickelt. Dagobert interessiert sich für Ding X. Er würde 1.000 Stück zum Preis von je 50 Talern kaufen, wenn das Ding X nur blau statt rot wäre. Für die Änderung (blau statt rot) schätzt Daniel allerdings ein Jahr Zeit und Kosten in Höhe von 10.000 Talern – die er im Moment nicht aufbringen kann – ab. Was tun?

- Daniel kann weiterziehen und kausal versuchen, andere Käufer für Ding X, so wie es ist – nämlich rot – zu finden. Vielleicht findet er diese – gleich, erst nach langer Zeit, oder gar nicht.
- Anderseits könnte Daniel kausal abschätzen, wie groß der Markt für Ding X in blau wäre. Mit einem guten Businessplan bekäme er vielleicht auch Geld von der Bank und könnte darauf setzen, dass Dagobert und andere das Ding X in blau in einem Jahr auch wirklich kaufen werden.
- Daniel könnte auch versuchen, Dagobert schon jetzt zu einer Bestellung von Ding X in blau zu bewegen. Dann muss dieser ein großes Risiko eingehen. Wird Daniel wirklich zeitgerecht in gewünschter Qualität in Blau liefern können? Wird Dagobert das Ding X in blau in einem Jahr noch brauchen?
- Der (Effectuation-)Vorschlag von Daniel sieht folgendermaßen aus: Wenn Dagobert die 10.000 Taler für die Modifikation jetzt bezahlen würde, würde er ihm die 1.000 Stück X in blau für 30 statt 50 Taler das Stück verkaufen und Dagobert würde am Ende sogar 10.000 Taler sparen.
- Dagobert – auch ein Effectuator – macht einen Gegenvorschlag: Er würde die 10.000 Taler schon jetzt investieren, damit Daniel Ding X von rot auf blau ändern könnte. Dagobert möchte sich jedoch – anstatt eines Nachlasses auf sei-

ne 1000 Stück – mit seinem Anteil von 10.000 Talern an Daniels Unternehmen beteiligen. Damit könnten sich beide das Marktrisiko, aber auch den möglichen späteren Gewinn teilen. Unterwegs könnten sie gemeinsam entscheiden, ob das Ding schlussendlich besser rot, blau, violett oder eine ganz andere Farbe haben sollte.

Das Interessante an der letzten Lösung ist, dass sich weder Daniel noch Dagobert von einer Vorhersage eines noch nicht existierenden Marktes für Ding X abhängig machen. Trotzdem werden sie durch die Vereinbarung sofort handlungsfähig. Daniels Änderungen sind vorfinanziert, Dagobert riskiert 10.000 Taler (er kann sich das leisten) und kann zukünftig aktiv dazu beitragen, dass das Ding X ein Erfolg wird.

> **Arbeitsfragen:**
> - Welches aktuelle Vorhaben ist Ihr Ding X?
> - Welche Vereinbarungen könnten Sie aushandeln, um handlungsfähig zu werden und gleichzeitig Ihr Risiko zu reduzieren?

Vertrauen: Wie du mir, so ich dir
Kann ich vertrauen oder werde ich ausgebeutet? Das ist eine Schlüsselfrage beim Anbahnen einer Kooperation. Mitteleuropäer sind stark nach dem Grundsatz »Vertrauen ist gut, Kontrolle ist besser« geprägt. Trotzdem entstehen Kooperationen – manchmal sogar unter den widrigsten Bedingungen. So konnte man in Stellungskämpfen im Ersten Weltkrieg beobachten, dass die befeindeten Soldaten zwischen oder sogar während der Schlachten ein erstaunliches Maß an Zurückhaltung übten. Mitten in einem grauenvollen Krieg entstand Kooperation zwischen Feinden nach dem Muster «leben und leben lassen».

Der amerikanische Politikwissenschafter Robert Axelrod liefert auf Basis der Spieltheorie rationale Erklärungen, wie Kooperation entstehen kann (Axelrod, 2000). Sein Ausgangspunkt ist das bekannte Gefangenendilemma aus der Spieltheorie. Abbildung 18 zeigt vier Szenarien dessen, was passieren könnte, wenn zwei Personen eine Kooperationsvereinbarung eingehen.

		Spieler B	
		kooperiert	betrügt
Spieler A	kooperiert	A: 2 B: 2	A: -1 B: 3
	betrügt	A: 3 B: -1	A: 0 B: 0

Abb. 18: Gefangenendilemma: kooperieren oder betrügen?

Wäre es unter diesen Bedingungen auf den ersten Blick nicht absurd, fair zu kooperieren? Man kann schließlich nur 2 Punkte gewinnen, jedoch sogar einen Punkt verlieren, wenn der Partner nicht mitspielt. Würden wir kooperieren, weil wir wissen, dass es das Beste für das Gemeinwohl (4 Punkte Gesamtauszahlung), aber nicht das Beste für uns (nur 2 statt 3 Punkte) wäre? Der Knopf löst sich, wenn wir das Spiel über mehrere Runden denken. Wenn wir betrügen, wird unser Gegenüber nicht mehr mit uns spielen wollen. Und wie gewinnen wir dann noch weitere Punkte?

Dieses Spiel wurde auch zum Gegenstand eines Turniers zwischen Computern gemacht (Axelrod, 2000). Die teilnehmenden Programmiererinnen brachten ihren Programmen Strategien bei und jedes Programm trat im Turnier gegen jedes andere Programm zum Spiel über mehrere Runden an. Sieger war, wer am Ende die meisten Punkte gesammelt hatte. Die mit Abstand erfolgreichste Strategie des Turniers heißt »Wie du mir, so ich dir« und ist sehr einfach:

- Sei *nett*: Beginne kooperativ
- Sei *provozierbar*: Wenn dein Gegenüber dich betrügt, schlag in der nächsten Runde zurück
- Sei *versöhnlich*: Wenn dein Gegenüber einlenkt, kooperiere wieder
- Sei *berechenbar*: Halte dich *immer* an obige Regeln

> **Arbeitsfragen:**
> - Wie könnten Sie vorgehen, um Vertrauen schrittweise aufzubauen?
> - Wie könnten Sie Ihre Vereinbarungen so gestalten, dass Ihr Gegenüber lernen kann, dass Sie vertrauenswürdig (sprich: berechenbar) sind?
> - In welchem Kontext können Sie »Wie du mir, so ich dir« ausprobieren, um eine Allianz zu bilden?

Was spricht gegen »die *richtigen* Partner suchen«?

Manche Menschen handeln, als ob sie ewig Zeit hätten. Abgesehen davon, dass das alleine schon durch die Begrenztheit des menschlichen Lebens nicht der Fall ist, stimmt das auch für die meisten wirtschaftlichen und gesellschaftlichen Fragestellungen nicht. Nicht entscheiden kostet Zeit, Geld und Nerven, und oft sind andere dann einfach schneller.

So verhält es sich auch mit der Suche nach den *richtigen* Stakeholdern oder Gelegenheiten. Suchen kostet. Das stimmt umso mehr, wenn wir auch unsere Opportunitätskosten kalkulieren: Das, was wir alles *nicht* tun können, während wir suchen. Das Feld der Ungewissheit verschärft diese Problematik. Woher wollen wir wissen, dass es den richtigen Partner, Kunden, …, überhaupt gibt und ob dieser gerade auf *uns* wartet? Diese Unsicherheiten sind nur ein weiterer Grund dafür, dass Effectuators recht rasch ihre Ziele anpassen, um mit denen arbeiten zu können, die mitzumachen bereit sind. Sie bauen dadurch Unsicherheit und Transaktionskosten (z. B. Suchkosten) ab und gewinnen Tempo.

> **Arbeitsfragen:**
> - Woher wissen Sie, ob die nach Ihrer Vorstellung *Richtigen* wirklich die *Richtigen* sind? Gibt es Beispiele, wo Sie sich diesbezüglich schon geirrt haben?
> - Wie finden Sie schnell, einfach und risikoarm heraus, wer bereit ist, *mitzumachen*?
> - In welchen Situationen könnten Sie Unsicherheit abbauen oder Suchkosten reduzieren, indem Sie mit denen arbeiten, die *mitmachen* wollen?

Finanzieren durch Partnerschaften

Meistens braucht man auch finanzielle Mittel, um ein Vorhaben umsetzen zu können. *Kausale* Wege zu Geld sehen so aus: Wer selbst Geld hat, setzt es ein. Wer kreditwürdig ist, geht zur Bank. Wer einen guten Plan gemacht hat, besorgt sich Risikokapital. All diese Wege wird man im Nachhinein als gute Wege betrachten, wenn der erwartete Ertrag des Vorhabens eintrifft oder übertroffen wird. Wenn das nicht der Fall ist, dann hat man ein Problem.

Die meisten Brieftaschen haben glücklicherweise auch ein dazugehöriges Gesicht. Was spricht also dagegen, sich auf die Gesichter zu konzentrieren statt auf die Brieftaschen? So gehen jedenfalls *Effectuators* das Thema »Finanzierung« an. Anstatt sich an eine Bank zu wenden, suchen sie nach Menschen, die ein echtes Interesse an ihrem Vorhaben haben und beteiligen sie direkt daran. Das führt im Extremfall dazu, dass Effectuators ihre Vorhaben mit einem persönlichen Einsatz von 0 Euro starten können. Es gibt eine Reihe von Möglichkeiten, Stakeholder zu finden und zu binden, die Geld beisteuern können. Der Business Angel, der einem Gründer neben Geld auch seine eigene Erfahrung zur Verfügung stellt, ist einer davon. Sponsoring, Public Private Partnerships[26] und Förderungen sind weitere.

Man kann aber auch – anstatt den Umweg über die Tauschwährung Geld zu gehen – direkt das zum Gegenstand der Partnerschaften machen, was man sonst für das Geld beziehen würde. Dies sind zum Beispiel (anderweitig verfügbare oder brach liegende) Betriebsmittel oder Dienstleistungen. Wir brauchen Räume? Wer könnte ein Interesse daran haben, uns diese zur Verfügung zu stellen? Wir brauchen Produktionsstätten? Wer produziert ähnliches und hat freie Kapazitäten? Wir brauchen Ideen oder Know-how? Welche Universität oder Fachhochschule

---

26 Zusammenarbeit zwischen öffentlicher Hand und Privatwirtschaft, bei der Know-how, Betriebsmittel, Kapital, Personal etc. von den Partnern eingebracht und das Risiko geteilt werden.

könnte uns unterstützen wollen? Wir brauchen einen Vertriebskanal? Wer arbeitet bereits mit unseren potenziellen Kunden?

> **Fallbeispiel: Gründerbegleitung**
> In der Gründerbegleitung ist »Finanzieren über Partner« ein wahrer Königsweg. So wird zum Beispiel aus »eine geeignete Immobile für meinen Erlebnisbauernhof mieten« später »jemand finden, der einen Bauernhof hat und mit mir gemeinsam nutzen möchte« oder aus »einen Gastro-Backofen kaufen« wird »mit einer Bäckerei zusammenarbeiten, deren Backstube nachmittags leer steht« (Faschingbauer, 2008).

Die Verteilung des Kuchens
Wenn man Partnerschaften für Vorhaben im Ungewissen verhandelt, dann ist die Größe des Kuchens, den man gemeinsam zu backen gedenkt, noch nicht absehbar. Sicher ist nur, dass man letzteren – so er aufgeht – durch Partnerschaften wesentlich vergrößern kann. Wenn es darum geht, noch nicht gebackene Kuchen zu verteilen, kann man aber trotzdem die Fantasie spielen lassen. Was immer wir in dieser ungewissen Phase an Vereinbarungen über die Kuchenverteilung treffen können, kann uns später viel Ärger ersparen.

> **Arbeitsfragen:**
> - Welche potenziellen Werte stehen überhaupt zu Disposition? Geht es nur um die Verteilung von Eigentum und Profit des Vorhabens oder kann auch die Verteilung immaterieller Werte (Rollenverteilung, Urheber-, Nutzungs- und Verwertungsrechte, Entscheidungsrechte, ...) vorab definiert werden?
> - Wie können Sie – auch wenn der Kuchen noch ungewiss ist – Ihre Vereinbarungen so gestalten, dass Ihnen später die Verteilung leicht fällt?
> - Welche individuellen Motive sind zu berücksichtigen, damit sichergestellt werden kann, dass alle Beteiligten im Vorhaben ihr bestes geben?

Wer entscheidet was?
Auch wer was entscheiden kann, sollte Gegenstand unserer Vereinbarungen mit unseren Partnern sein. Wir sollten uns klar machen, was wir auf jeden Fall selbst unter Kontrolle haben möchten. Was ist uns so wichtig, dass wir es den Hoffnungen, die wir in die Partnerschaft projizieren, auf keinen Fall unterordnen würden? Wie stellen wir sicher, dass wir darüber die Souveränität behalten? Ein weiteres Kriterium für Entscheidungsspielregeln sind die Kompetenzen, die wir und unsere Partner mitbringen. Wo können wir froh darüber sein, dass die Last der Entscheidungen Thema eines anderen ist?

Einfluss und Kontrolle sind dabei nicht automatisch eine Frage der in einem Vorhaben herrschenden Eigentumsverhältnisse. Wir müssen nicht unbedingt Besitzer von etwas sein, um steuern zu können. Bill Gates hält heute weniger als 10 % der Anteile von Microsoft. Trotzdem kommt für wesentliche Unternehmensentscheidungen niemand an ihm vorbei. Wie könnten wir es also anstellen, auch als Minderheiteneigentümer Steuerungsmöglichkeiten in unseren Vorhaben zu behalten?

> **Arbeitsfragen:**
> - Was wollen Sie in Ihrem Vorhaben auf jeden Fall persönlich entscheiden? In welchen Bereichen können und wollen Sie Kontrolle abgeben?
> - Kennen Sie die Motive derer, denen Sie Entscheidungsrechte in Ihrem Vorhaben einräumen? Wie könnten sich diese auf deren Entscheidungsverhalten auswirken?

3.4.4 Zusammenfassung

- *Kausales* Denken beginnt mit dem Design des Großen und Ganzen. Partnerschaften und Allianzen sind Teile davon. Stehen infolgedessen die Profile und die Schnittstellen zu den Stakeholdern des Vorhabens fest, geht es darum, die *Richtigen* entsprechend der eigenen Vorlage zu finden.
- *Effectuators* gehen hingegen so früh wie möglich Vereinbarungen mit denen ein, die bereit sind, sich am Vorhaben zu beteiligen. Wie sich Gegenstand und Richtung des Vorhabens entwickeln, ist abhängig davon, wer an Bord kommt, Mittel beisteuert und Risiko übernimmt.
- *Kausale* Denker gehen von bereits existierenden Gelegenheiten und Märkten aus. In diesen ist es wesentlich, sich gegen andere abzugrenzen. Kausale Denker verwenden daher viel Energie auf Wettbewerbsanalyse und Positionierung. *Effectuators* machen neue Märkte. Anstatt auf die anderen »da draußen« zu schielen, konzentrieren sie sich auf das Knüpfen ihres Stakeholder-Netzwerks und errichten dadurch effektive Eintrittsbarrieren für zukünftige Mitbewerber.
- Das Element, das Effectuation-Netzwerke zusammenhält, ist die Vereinbarung. Potenzielle Stakeholder anzusprechen und mit ihnen Vereinbarungen auszuhandeln, ist eine zentrale Aufgabe im Effectuation-Prozess.
- Wenn Stakeholder eine Vereinbarung aushandeln, dann verwandeln sie Ungewissheit in Chancen und reduzieren dabei ihr Risiko. Das ist ein kreativer Prozess, in dem die Mittel und Motive beider Seiten einfließen und Lösungen erst im Gespräch entstehen. Effectuators gehen daher freizügig mit Informationen um, da dies die Chancen erhöht, im Gespräch Anknüpfungspunkte für Vereinbarungen zu finden.

- Ausgang und Verlauf guter Stakeholderverhandlungen sind im besten Sinne nicht vorhersehbar. Trotzdem kann man sich – was Haltung und Zielvorstellungen betrifft – darauf vorbereiten. Wesentliche Elemente für gute Verhandlungen sind Kreativität, Beeinflussbarkeit und Lernbereitschaft.
- Wer Vereinbarungen eingeht, muss weder die Kontrolle für sein Vorhaben abgeben noch mehr riskieren, als er zu verlieren bereit ist. Gute Vereinbarungen formen die Realität, reduzieren das Risiko und regeln die Verteilung potenzieller zukünftiger Gewinne.
- Neue Partnerschaften starten oft mit Serien kleiner Kooperationsaktivitäten, in denen Vertrauen in mehreren Schritten aufgebaut wird.
- Vereinbarungen mit Partnerinnen und Kunden sind ein effektiver Weg, finanzielle Mittel und materielle Ressourcen aufzubringen. Wer seine Vorhaben über Stakhholder-Vereinbarungen mit Ressourcen ausstattet, der braucht keinen Kredit von der Bank.

	Vereinbarungen mit den *richtigen* Partnern (kausale Logik)	Vereinbarungen mit denen, die etwas beitragen (Effectuation)
Grundannahme	Gelegenheiten und Märkte existieren bereits »da draußen« und sollten mit den *richtigen* Partnern erobert werden.	Gelegenheiten und Märkte können gemacht werden, indem man Partnernetze mit denen knüpft, die bereit sind, mitzumachen.
Gegeben	Vorstellung vom gesamten Vorhaben und dessen Stakeholder	Zielvorstellungen und persönliche Kontakte (wen wir kennen) für ein Vorhaben
Gesucht	die *richtigen* Partner, Kunden, Lieferanten, …	die, die Verantwortung übernehmen und Mittel einbringen
Entscheidungskriterium	Partner entspricht dem Partnerprofil	Partner hilft, die Ungewissheit zu reduzieren
Verbindendes Element	definierte Schnittstellen	co-kreierte Nahtstellen
Erfolgskriterium	Das Stakeholder-Puzzle ist komplett und behauptet sich im Wettbewerb.	Das Stakeholder-Netz wächst organisch und bringt wertvolles Neues in die Welt.
Dimensionierung	den großen Wurf planen und im Design anlegen	in vielen Schritten organisch erweitern
Informationen	Nur die Informationen weitergeben, die Partner brauchen, um ihre zugewiesene Rolle zu erfüllen	Karten auf den Tisch legen, damit beide Seiten am kreativen Prozess teilnehmen können
Schutz vor Konkurrenz	Positionierung und Abgrenzung gegen den Mitbewerber	Frühzeitige Vereinbarungen mit vielen Stakeholdern
Leitfragen	Wen brauche ich für mein Vorhaben? Wie gestalte ich die Schnittstellen? Wie grenzen wir uns gegen Mitbewerber ab?	Wer könnte Interesse daran haben, mitzumachen? Wie können wir gemeinsam Neues schaffen und Ungewissheit reduzieren?

Abb. 19: Vergleich: »die richtigen Partner« und »die, die etwas beitragen«

4 Neues in die Welt bringen – Effectuation in der Praxis

*Das Leben kann nur in der Schau nach rückwärts verstanden werden.
Es muss aber in der Schau nach vorwärts gelebt werden.*
Søren Aabye Kierkegaard

Jetzt haben wir alles ausgepackt: Der Inhalt des Effectuation-Methodenkoffers – Prinzipien und Prozess – liegt vor uns ausgebreitet. Auch mit der Handhabung der einzelnen Elemente haben wir uns vertraut gemacht. Dem Handeln nach Effectuation in eigenen Vorhaben steht also nichts mehr im Wege. Oder doch?

Es kann sein, dass wir noch genauer klären müssen, was *Handeln* im Kontext von Effectuation bedeutet. Vielleicht müssen wir zuerst auch einen Widerstand überwinden, um vom Denken ins Tun zu kommen. Ist die Tatkraft erst mobilisiert, kann das Loslegen immer noch am vermeintlichen Mangel an brillanten Ideen scheitern. Schließlich ist es möglich, dass wir uns nicht sicher sind, welche Strategie für das eigene Vorhaben sinnvoll ist und tun uns schwer, den jeweils nächsten Schritt festzulegen. Auch das Gefühl des Kontrollverlusts, das beim Verzicht auf Vorhersage und exakte Landkarte entstehen kann, könnte ein Hindernis sein. All diese Themen sind Gegenstand der folgenden Abschnitte.

Das Wichtigste folgt jedoch im letzten Abschnitt (4.5, S. 115) dieses Kapitels: Wir werden dann auch unseren kausalen Methodenkoffer vor uns ausbreiten und überlegen, wie sich Effectuation und kausale Logik sinnvoll kombinieren lassen. Das entspricht nämlich am ehesten den Herausforderungen, denen wir uns in realen Vorhaben unter Ungewissheit stellen müssen. Dieser Abschnitt löst auch das Versprechen aus dem Vorwort ein, die vereinfachende und polarisierende Darstellung der Welt in Schwarz und Weiß wieder aufzulösen.

4.1 Handeln

Es gibt zwei Arten von Reue: über das, was man getan hat und über das, was man nicht getan hat. Letzteres kommt weitaus häufiger vor. Man kann seine Vorhaben sorgfältig planen oder auch nicht – nichts ersetzt das Handeln. Handeln steht im Zentrum von Effectuation – Effectuation steht und fällt mit dem Handeln. Dies ist ein wesentlicher Unterschied zu kausaler Logik, die vor allem von Vorhersage und Planung lebt. Bei kausal organisierten Vorhaben ist Planen und Handeln klar voneinander getrennt und gute Pläne stellen einen eigenständigen Wert dar – nicht so bei Effectuation.

4.1.1 Anatomie des Handelns

Die Aktion des Effectuators ist die Interaktion: Handeln bedeutet, die Zukunft mit anderen zu *ver*handeln. Interaktion und Verhandlung können und sollen in Bezug auf ihren Verlauf und ihre Ergebnisse nicht genau geplant werden: Es wird gemeinsam improvisiert. Dabei beeinflussen die Handlungen des einen die Handlungen des anderen und umgekehrt.

Kausales Vorgehen setzt der Interaktion viel engere Grenzen. Wenn kausal verhandelt wird, dann geht es um Details und nicht um die grundsätzliche Frage, was der Kern der Vereinbarung ist. Bei kausalem Vorgehen kann man Planen und Handeln arbeitsteilig organisieren: Die einen planen, die anderen führen das Geplante aus. Effektuieren kann man hingegen nicht am grünen Tisch – man muss hinaus ins Handlungsfeld gehen. Effectuation ist stark mit den Mitteln des Effectuators und dessen Geschick, verbindliche Vereinbarungen auszuhandeln, verknüpft und kann daher kaum delegiert werden. Wer effektuiert, braucht das direkte Feedback derer, mit denen er interagiert.

Für Effectuators ist Handeln ein kreativer Akt. Sie gehen dabei jedoch sehr pragmatisch vor: Was genau sie tun – also aushandeln – wird von ihrer Person, ihren eigenen Mitteln, den Mitteln ihrer Gesprächspartner und dem Potenzial der Situation geprägt (und nicht von ihrem Plan). Im Klartext: Effectuators tun nicht genau das, was sie sich zu tun vorgenommen haben, sondern sie lassen sich von ihrem Gegenüber und der Gunst der Stunde beeinflussen. Dass dies im Prinzip nichts Außergewöhnliches ist, lässt sich übrigens in der »Theorie des kreativen Handelns« des Soziologen Hans Joas nachlesen (Joas, 1992). Dieser erklärt kreatives Handeln nicht etwa als Folge von zielgerichteten Überlegungen, sondern aus der Dynamik der Situation, der Körperlichkeit (als Teil der Identität) des Handelnden und der Interaktion mit anderen.

Handeln und Denken sind für Effectuators keine Gegensätze. Ganz im Gegenteil: Handeln und Denken bilden eine Einheit. Effectuators denken ständig, während sie handeln, doch sie trennen Handeln nicht bewusst vom Denken. Es ist Teil ihrer Expertise, in großen Zusammenhängen zu denken, während sie eine einzelne Handlung ausführen. Die Gewohnheit, während des Handelns das Große und Ganze im Kopf zu behalten, findet man in der Expertise-Forschung übrigens in den unterschiedlichsten Domänen (Dew, Read, Sarasvathy & Wiltbank, 2009). Schach-Expertinnen denken nicht nur an den Läufer, den sie gerade erobern, sondern an den Aufbau eines Angriffs. Erfahrene Feuerwehrmänner löschen nicht einen einzelnen brennenden Baum, sondern arbeiten daran, die Dynamik des gesamten Brands in den Griff zu bekommen. Die Expertinnen unter den Programmiererinnen bauen nicht an einer einzelnen Routine, sondern haben das gesamte Wirkungsgefüge der Software im Blick. Und die Expertinnen unter den Unternehmerinnen schließen nicht nur eine Vereinbarung mit einem einzelnen Stakeholder, sondern basteln an einem neuen Unternehmen.

Entschlossen handeln fällt leichter, wenn man auf ein vollständiges inneres Bild vom Großen und Ganzen zurückgreifen kann. Dieses Bild wird sich im Handeln laufend verändern, es wird jedoch zu jedem Zeitpunkt möglichst widerspruchsfrei konstruiert. Das Bild macht es einem auch einfacher, seinen Stakeholdern gegenüber glaubwürdig aufzutreten. Wenn man aus einer holistischen Vorstellung seines Vorhabens heraus handelt, kann man sich im Detail auf Spontaneität und Improvisation einlassen, ohne dabei die Orientierung zu verlieren.

Handeln schließt schließlich auch Planen nicht aus. Viele Effectuators erstellen Pläne. Ihre Pläne haben jedoch nicht den Zweck, die Zukunft *vorherzusagen*, sondern sie dienen als Mittel, um die Zukunft mit anderen *aushandeln* zu können. Planen kann auch nützlich sein, um Motivation für das Handeln aufzubauen. Wer einen Plan hat, der weiß, was als Nächstes zu tun ist. Effectuators sind sich aber dessen bewusst, dass jede Handlung zu neuen Erkenntnissen führt, die im Zweifelsfall realer und relevanter sind als der beste Plan. Effectuators können zwar auf das Planen verzichten, jedoch nie auf das Handeln. Sie tun das, was machbar ist und bauen die nächsten Schritte auf dem Ergebnis auf.

4.1.2 Ins Handeln kommen

Was das Ins-Tun-Kommen unter kausaler Logik oft so schwierig macht, ist das Denken in Erträgen. Wenn man erst handeln kann, wenn die Ertrags-Aussichten attraktiv genug sind, um den Widerstand des wahrgenommenen Risikos zu überwinden, kommt man schwer vom Fleck. Etwas zu versuchen könnte schließlich der erste Schritt in Richtung des Scheiterns sein. Im Zweifelsfall wirkt der sichere Job, der sichere Ertrag aus bestehenden Aufträgen oder das sichere Territorium bekannter Märkte stärker als die Ungewissheit erwarteter Erträge eines neuen Vorhabens. Effectuators kommen leichter ins Tun, weil sie sich nicht durch Ertragsaussichten motivieren. Sie handeln, weil sie es wollen und richtig finden, und legen fest, was sie dafür aufs Spiel setzen können. Sie riskieren einen leistbaren Teil ihrer Arbeitszeit, einen leistbaren Verlust an bestehenden Aufträgen oder eine leistbare Expedition in neue Märkte und motivieren sich durch das Handeln in den geschaffenen Freiräumen.

Auch die Vorstellung dessen, was »Handeln« bedeutet, kann das Ins-Tun-Kommen erschweren. Das kausale Bild setzt Handeln mit Umsetzen gleich. Handeln kann man also erst, wenn das Vorhaben, das man umsetzen möchte, theoretisch komplett und rund ist. Aus dieser Vorstellung heraus muss man eine ganze Menge nachdenken, bevor man mit dem Handeln beginnen kann.

Auch Effectuators arbeiten innerlich unentwegt an der Konzeption ihrer Vorhaben. Doch für sie ist Handeln ein Teil dieses Konzeptionsprozesses. Sie erschaffen, revidieren und erweitern ihre Konzeption, während sie handeln. Sie gehen los, reden und gewinnen Stakeholder, noch lange bevor das Vorhaben aus kausaler Sicht fertig und rund ist. Handeln (sprich: *ver*handeln) und konzipieren sind für sie kein Widerspruch, sondern zwei Seiten derselben Medaille.

Ein Vorteil linear-kausaler Prozesse ist, dass sie einen klar definierten Einstiegspunkt haben. Man weiß also, wo man zu beginnen hat. Das erleichtert das Festlegen dessen, was zu tun ist. Effectuation kann an vielen Einstiegspunkten beginnen. Der Einstieg kann eine Idee sein, aber auch ein Missstand, ein Problem, plötzlich frei gewordene Ressourcen und so fort. Egal, was es ist, das den Handlungsbedarf begründet, die Handelnde muss entscheiden, wo sie zuerst zupackt.

Arbeitsfragen:
- Welche fünf bis zehn Bereiche sind erfolgskritisch für Ihr Vorhaben?
- Was kann sofort und rasch geklärt werden?
- Was würde beweisen, dass Ihre Idee brauchbar ist?
- In welchem Bereich ist die Ungewissheit bzw. das Nicht-Wissen am größten?

Siehe auch Toolbox: Ins Handeln kommen (5-Minuten-Trick)

4.1.3 Handeln im Team

Handeln ist nicht die bloße Umsetzung von Planung: Die Ziele können und sollen sich während des Handelns ändern. Doch wie soll das im Team funktionieren? Was gibt dem Team Richtung und Führung? Worauf können sich die Teammitglieder verlassen? Wie können die einzelnen Teammitglieder im Sinne von Effectuation handeln, ohne dass dadurch das Team die Orientierung verliert?

> **Fallbeispiel: Moving Targets im Gründerteam**
> Wenn Effectuators handeln, verändern sich die Ziele. In Teams kann das mitunter zu Problemen führen. Ein Gründerteam in einem österreichischen Gründerprogramm war rund um einen Ideengeber organisiert, der Mittelorientierung und Zielambivalenz ernst nahm und routinemäßig Neudefinitionen des zuvor kommunizierten Zieles vornahm. Der Rest des Teams reagierte erst irritiert, dann frustriert: »Es ist sowieso morgen wieder alles anders. Warum soll ich mich noch anstrengen?« Fünf Wochen nach dem Projektstart stand das Projekt kurz vor dem Abbruch. Erst das Festlegen von Regeln, wie Ziele im Projektteam vereinbart werden und in welchen Zyklen sie – ebenfalls durch Vereinbarungen – verändert werden können, sicherte den Fortbestand des Projekts (Faschingbauer, 2008).

Wenn Einzelpersonen effektuieren, dann handeln sie auf Basis einer holistischen, jedoch jederzeit veränderbaren Vorstellung ihres Vorhabens. Diese Vorstellung dient ihnen als Basis für Entscheidungen im Alltag. Wenn Teams Effectuation anwenden, braucht das starke Vereinbarungen zwischen den Team-Mitgliedern hinsichtlich dessen, was fix bleibt und wie mit Änderungen umgegangen wird.

Die folgenden Punkte können dabei helfen, dass Teamvorhaben mit Effectuation funktionieren:
- Auch im Team gilt das dynamische Modell von Effectuation: Die Team-Mitglieder treffen Vereinbarungen miteinander und legen damit gemeinsame Ziele fest. Diese können auch nur wieder gemeinsam geändert werden.
- Die Mitglieder von Teams tun gut daran, ihre holistischen Vorstellungen des Vorhabens untereinander zu vergleichen und abzustimmen. Da sich diese Vorstellungen im Prozess stark verändern können, sollte diese Abstimmung regelmäßig aktualisiert werden.
- Wenn einzelne Team-Mitglieder an unterschiedlichen Stellen an einem gemeinsamen Vorhaben basteln, dann braucht das ein gewisses Maß an Stabilität. Ein pragmatischer Weg, Stabilität herzustellen, ist die Vereinbarung fixer Ziele für die jeweils nächste Arbeitsetappe.
- Je nach Art und Dynamik des Vorhabens können Etappen über einen Tag, eine Woche, einen Monat oder länger vereinbart werden. Am Ende einer Etappe werden Ergebnisse verglichen und die Ziele neu priorisiert oder verhandelt.
- Eine gute Orientierungshilfe für das tägliche Handeln bieten gemeinsam festgelegte Grenzen für das Vorhaben. Anstatt sich (zu) früh darauf festzulegen, was genau das Ziel des Vorhabens ist, wird ein Korridor vereinbart, innerhalb dessen gehandelt werden darf und Ergebnisse entwickelt werden können (siehe Abschnitt 6.5.2, S. 212).

> Siehe auch Toolbox: Leitplanken-Planung

4.2 Der Mythos von der brillanten Idee

Es erscheint so selbstverständlich, dass es kaum hinterfragt wird: Am Anfang eines erfolgreichen Vorhabens steht eine brillante Idee. Doch ist dem wirklich so? Starbucks startete zunächst mit der Idee, hochwertige Kaffeesorten in die USA zu importieren und zu rösten – während der ersten Jahre seiner Geschäftstätigkeit bereitete Starbucks keine einzige Tasse Kaffee zu. FedEx basierte anfänglich auf der Idee, Ersatzteile rasch zustellen zu können – heute ist daraus ein weltweit operierender Frachtdienst geworden. Viele Vorhaben werden erst dadurch wirklich erfolgreich, dass sich die ursprüngliche Idee veränderte. Auch hinter der Schaffung des Internet standen Ideen: Die Entwicklung des ARPAnet, eines Vorgängers des Internets, war zunächst militärisch motiviert und vernetzte Forschungseinrichtungen, die mit dem US-Verteidigungsministerium zusammenarbeiteten. Auch nach der sukzessiven Öffnung und Internationalisierung des ursprünglichen Regierungsnetzes bestand das Hauptinteresse der Beteiligten darin, Universitäten zu vernetzen und Rechenleistung gemeinsam nutzen zu können. Niemand der Internet-Pioniere dachte in den 1970er- und 1980er-Jahren daran, dass über das Netz einmal geworben, eingekauft, Politik gemacht, geschweige denn Musik verbreitet, ferngesehen oder telefoniert werden würde.

Entgegen landläufiger Meinung muss man nicht immer das Ende im Auge haben, um bahnbrechende Vorhaben beginnen zu können. Doch kausale Denker scheitern mitunter am Mythos der genialen Ideen. Anstatt loszulegen sagen sie: »Ich würde *alles* tun, wenn ich nur wüsste, *was*.« Bedeutet das, dass die Idee keine Rolle spielt? Nicht unbedingt. Doch wie will man ohne Vorhersage der Zukunft feststellen, was eine gute Idee ist?

> **Fallbeispiel: TV Guide Trivia**
> »Die Leute glauben, man soll erst etwas unternehmen, wenn man eine geniale Idee hat, die die Welt verändern wird. So funktioniert das aber nicht. Die genialen Ideen sind ganz selten. Man macht einfach etwas ein bisschen besser als die anderen. Man nimmt etwas Existierendes und versieht es mit einem Extra. Das Ganze ist wie beim Scrabble: Man fügt einen Buchstaben hinzu und bekommt die Punkte für das ganze Wort.«[27] Robert Reiss ist Mehrfach-Gründer und gründete u. a. einige sehr erfolgreiche US-amerikanische Unternehmen. Er fällt damit in die Kategorie derer, nach denen Effectuation modelliert wurde. Reiss ist dafür bekannt, zu handeln, ohne große Risiken einzugehen. In einer seiner Unternehmungen brachte er »TV Guide Trivia« heraus, eine auf der Fernsehwelt basierende Variante von Trivial Pursuit. Er gewann das auflagenstarke Medienmagazin TV Guide als Partner und kreierte einen Geschäftserfolg als Zwei-Personen-Unternehmen ohne eigenes Kapital, eigene Entwicklung oder eigene Produktion. Und letztlich ohne brillante Idee – nachdem Trivial Pursuit gerade boomte, war es einfach naheliegend, ein Quiz-Spiel rund um das Medium zu produzieren, vor dem Erwachsene im Jahr 1984 den größten Teil ihrer Freizeit verbrachten: dem Fernseher.

4.2.1 Wer bewertet Ideen?

Es gibt unzählige Verfahren, die dabei helfen sollen, Ideen zu bewerten. Die erste wesentliche Frage lautet jedoch: Wer entscheidet überhaupt, ob eine Idee gut ist? Je nachdem, wen wir fragen, werden wir zu unterschiedlichen Ergebnissen kommen.

---

27 Das gesamte Interview mit Bob Reiss vom Februar 2001 kann auf der Website der Harvard Business School gelesen werden: http://www.hbs.edu/entrepreneurs/bobreiss.html

Man kann zum Beispiel *Gremien* bilden, in denen die Unterscheidung zwischen guten und weniger guten Ideen getroffen wird. In Unternehmen bestehen diese Gremien großteils aus Entscheidungsträgerinnen im Management. Auch im politischen Prozess werden Vorhaben in Gremien bewertet und selektiert. In der Praxis reicht die Palette von basisdemokratisch (alle bestimmen mit) bis zu diktatorisch (einer sagt, was gut ist).

In *Businessplan-Wettbewerben* versucht eine Jury aus Fachleuten zu beurteilen, ob eine Geschäftsidee gut ist. Laut mehreren Studien unter Preisträgern solcher Wettbewerbe gibt es jedoch keinen signifikanten Zusammenhang zwischen Erfolgen in Businessplan-Wettbewerben und einem späteren Geschäftserfolg. Ripsas et al. haben beispielsweise in zwei empirischen Untersuchungen den Zusammenhang von Planungsqualität und Unternehmenserfolg bei Teilnehmern an deutschen Businessplan-Wettbewerben untersucht und keinen signifikanten Zusammenhang festgestellt (Ripsas, Zumholz & Kolata, 2008).

Eine weitere Studie unter Gründerinnen von Inc. 500-Firmen[28] ergab, dass nur 28 % der erfolgreichen Unternehmerinnen einen formalen Businessplan erstellt hatten. 71 % der Gründer replizierte oder erweiterte Ideen aus einer früheren Festanstellung. 20 % stieß mehr oder weniger zufällig auf ihre Ideen. Nur 4 % wandten systematische Verfahren zur Identifikation und Bewertung von unternehmerischen Gelegenheiten an. Und nur 12 % der Inc. 500-Firmen gaben an, sie hätten vor der Gründung formelle Marktforschung betrieben (Bhidé, 2000).

Fragt man visionär orientierte Entscheider um Rat bei der Ideenauswahl, wird man oft auf das Vertrauen in die eigene *Intuition* verwiesen: Eine Idee sei dann gut, wenn man an sie glauben kann, ganz egal, was andere dazu sagen. Auch dieses intuitive Verfahren beruht jedoch darauf, die Zukunft vorherzusagen.

Doch man kann Ideen auch auswählen, ohne die Zukunft vorherzusagen. Effectuators gehen dabei so vor: Sie bilden kein Gremium, das entscheidet, sondern sie bilden ein *Netzwerk aus Stakeholdern*. Ihre eigene Bereitschaft, für eine Idee einzutreten, filtert, welche Ideen sie nach außen tragen. Eine Idee ist für sie dann gut, wenn sie dafür Stakeholder binden können, die so sehr an die Idee glauben, dass sie Risiko und Verantwortung für deren Umsetzung übernehmen. Sie sind nicht an der Meinung von Experten, sondern an Vereinbarungen mit Stakeholdern interessiert und machen mit ihren Ideen keine Umfragen, sondern Geschäftsabschlüsse.

---

28 Ranking der am schnellsten wachsenden US-Firmen, jährlich herausgegeben vom Inc. Magazin (siehe www.inc.com).

4.2.2 Ideen bewerten

Gibt es also aus Effectuation-Perspektive überhaupt keine Möglichkeit, Ideen am grünen Tisch zu bewerten und auszuwählen? Wo bleibt der Gedanke des leistbaren Einsatzes, wenn wir alle Ideen nach draußen tragen müssen, um zu erfahren, ob sie gut sind? Oder anders gefragt: Sind die zahllosen Tools der Ideenbewertung für Effectuators unter Ungewissheit wertlos, nur weil diese vorwiegend auf Vorhersage basieren? Keineswegs – wenn man ihre Grenzen kennt und berücksichtigt. Betreten wir nun also den Raum zwischen der (unter Ungewissheit unmöglichen) objektiven Beurteilung und der puren Mutmaßung. Wenn es darum geht, qualifizierte Vermutungen darüber anzustellen, ob etwas eine gute Idee ist, dann können semi-kausale Werkzeuge, die auch Prognosen der Zukunft einbeziehen, sehr nützlich sein.

Wenn man Werkzeuge zur Ideenbewertung für Vorhaben unter Ungewissheit einsetzt, dann sollten vier Aspekte berücksichtigt werden (Read, Sarasvathy, Wiltbank, Dew & Ohlsson, 2010):

- Passt die Idee zu dem/den Betreiber(n) des Vorhabens?
- Passt die Idee zur Umwelt, in der sie verwirklicht werden soll?
- Ist es möglich, die Idee umzusetzen?
- Ist die Idee es wert, umgesetzt zu werden?

Eine Idee ist dann gut, wenn alle vier Aspekte berücksichtigt sind: Sie muss zu den Akteuren ebenso passen wie zur Umwelt, sie muss nicht nur umsetzbar sein, sondern ihre Umsetzung auch wert sein. Alle vier Aspekte können mit Ungewissheit behaftet sein. Die Ideenbewertung führt also zu keiner endgültigen Entscheidung über die Güte einer Idee. Sie lenkt jedoch den Scheinwerfer der Aufmerksamkeit auf die Bereiche, in denen es zu recherchieren und zu verhandeln gilt.

⚒ Siehe auch Toolbox: Ideen-Sondierung

4.2.3 Semi-kausale Bewertung von Ideen

Natürlich gibt es so etwas wie bessere und schlechtere Ideen. Die Schwierigkeit besteht darin, die einen von den anderen zu unterscheiden. Man muss daher nicht darauf warten, bis einen die geniale Idee für ein Vorhaben wie der Blitz trifft. Eine bloße Idee als »genial« zu beurteilen, setzt schließlich immer zwei Dinge voraus: (a) wissen, wie sich die Zukunft entwickeln wird und (b) wissen, wie sich die Geschmäcker und Vorlieben von uns und anderen entwickeln werden. Aber wir wissen weder, was passieren wird, noch was zukünftigen

Wünschen entsprechen wird. Um es also nochmals deutlich zu machen: Ja, es ist wichtig, gute Ideen zu haben, wenn man Neues in die Welt bringen möchte. Man kann jedoch unter Ungewissheit weder von Anfang an beurteilen, welche Ideen gut sind, noch müssen die Ideen am Anfang eines Vorhaben stehen. Es ist völlig ausreichend, wenn sich die Ideen im Laufe des Vorhabens herausbilden und zu guten Ideen entwickeln.

> **Fallbeispiel: Von der Seife zum Kaugummi**
> Mit einem Startkapital von 32 Dollar gründete William Wrigley im Jahr 1891 ein Unternehmen, das Seifen an Großhändler lieferte. Um sein Produkt attraktiver zu machen, legte er jeder Packung Gratisproben Backpulver bei – eine damals völlig unbekannte Methode der Verkaufsförderung. Als Wrigley hörte, dass sein Backpulver mehr Anklang fand als seine Seifen, beschloss er, das Seifengeschäft aufzugeben und nur noch mit Backpulver zu handeln. Doch auch dem Backpulver legte er Gratisproben bei. Diesmal handelte es sich um zwei Packungen Kaugummi. Der Kaugummi kam noch besser an als das Backpulver. Erneut traf Wrigley eine folgenschwere Entscheidung. Die Zukunft gehörte dem Kaugummi und nicht dem Backpulver. Abermals gab er sein eigentliches Produkt auf und bot nur noch Kaugummi an. Im Jahr 1893 kamen Juicey Fruit und Wrigley's Spearmint auf den Markt, zwei Klassiker, die sich bis heute gehalten haben (Nölke, 2002).

Wenn also nicht zwingend die gute Idee am Anfang eines Vorhaben stehen muss, was kann dann sonst am Beginn stehen?

Hier finden Sie eine kleine Auswahl an Alternativen zur brillanten Idee:
- ein Missstand oder Unzufriedenheit mit etwas, das man gut kennt
- ein Hobby, aus dem man mehr machen möchte
- Netzwerke und Wissen aus früheren Beschäftigungen
- eine plötzliche Veränderung in der (eigenen) Umwelt
- andere, mit denen man gerne »etwas machen« möchte
- andere, die einen einladen, etwas gemeinsam zu tun
- andere, die Ideen haben, aber keine Zeit, diese umzusetzen
- ein Unfall, ein persönlicher Schicksalsschlag oder eine Krise
- eine persönliche Überzeugung oder Berufung
- der Wunsch, die Welt zu verbessern

Bei jedem dieser Punkte lässt sich ansetzen und der Effectuation-Prozess kann in Gang gesetzt werden. Jede Schleife mit einem Stakeholder des gestarteten Vorhabens bringt Impulse und kann vorhandene Mittel und Ideen transformieren. Manche der transformierten Ideen sind – auch nachträglich beurteilt – gut.

4.3 Eine Strategie wählen

»Wie nehmen wir ihn denn?«, fragt Hans Moser als Titelheld im Film »Hallo Dienstmann« (1951) angesichts eines besonders großen Koffers. Er stellt dabei eine Schlüsselfrage im unternehmerischen Umgang mit der Zukunft. Die Frage »Was soll ich als nächstes tun?« lässt sich mit einer Strategie viel leichter beantworten als ohne. Eine Strategie kann man als Muster – als über die Zeit hinweg konsistentes Verhalten – verstehen (Mintzberg, 1999). Strategien helfen dabei, in konkreten Situationen Entscheidungen zu treffen. Doch je nachdem, wie die Strategie des Akteurs beschaffen ist, unterscheiden sich die Handlungen.

Wir haben uns bisher mit zwei Strategien auseinandergesetzt: Die *kausale* Strategie basiert darauf, Prognosen der Zukunft zu erstellen und einen Weg zu einer bestimmten Position in dieser vorgegebenen Zukunft zu planen. Die Strategie der *Effectuators* verzichtet auf die Vorhersage der Zukunft und setzt auf Steuerung, um die Zukunft zu beeinflussen und zu formen. Während die einen möglichst exakt vorhersagen, lassen die anderen dies bleiben. Und während die einen sich der Zukunft anpassen, gestalten die anderen sie aktiv. Wenn wir diese Elemente nun mischen, stoßen wir auf zwei weitere gängige Strategien.

4.3.1 PAVE: Vier Strategien zur Gestaltung der Zukunft

Die Zukunft vorhersagen oder nicht? Sich anpassen oder die Welt aktiv gestalten? Bei jeder Entscheidung, die wir treffen, haben wir die Wahl. Wenn wir die beiden Fragen getrennt voneinander beantworten, gibt es vier mögliche Antwort-Kombinationen. Jede dieser Kombinationen entspricht einer bestimmten Strategie: Der des *Planers*, des *Anpassers*, des *Visionärs* oder des *Effectuators*.

	sich anpassen	aktiv gestalten
Zukunft vorhersagen	Planer	Visionär
Zukunft nicht vorhersagen	Anpasser	Effectuator

Abb. 20: PAVE: Vier Strategien im Umgang mit der Zukunft [29]

Beobachtet man konkretes Verhalten auf Basis der unterschiedlichen Strategien, dann wird rasch klar, dass jede Strategie zu einem anderen Ergebnis führen kann. Beginnen wir unsere Beobachtungen in einer einfachen und alltäglichen Situation: unterwegs mit dem Auto in einer fremden Gegend.

---

[29] Angelehnt an Wiltbank, Dew, Sarasvathy & Read, 2006.

Strategie des Planers: vorhersagen und anpassen
Der Planer weiß, dass es ganz wichtig ist, sich ein klares und attraktives Ziel zu suchen. Das Ziel ist der Ort, an dem er in absehbarer Zukunft sein möchte. Um das Ziel und die Route zum Ziel zu bestimmen, braucht er Informationen. Bestens ausgestattet mit Reiseführer, Straßenkarte und dem aktuellen Wetterbericht wählt er ein für ihn attraktives Ziel aus. Das liegt je nach Geschmack abseits der eingefahrenen Wege oder im Zentrum des Trubels. Er weiß, dass er letztlich nicht beeinflussen kann, wie die Gegend beschaffen ist, was unterwegs noch alles passieren kann und was genau er am Ziel vorfinden wird. Aber sein Plan – die Route, die er einschlägt, die geplanten Tankstopps am Weg und sogar der Notfallplan, falls es Staus geben sollte – gibt ihm Sicherheit, mit allen auch nur irgendwie vorhersehbaren Risiken umgehen zu können. Sein Erfolgsrezept: besser analysieren, entscheiden und planen als die anderen. Der Profi unter den Planern programmiert sodann sein Navigationssystem samt Notfall-Route und versucht von Start bis Ziel auf Kurs zu bleiben.

Strategie des Anpassers: nicht vorhersagen und anpassen
Der Anpasser weiß genau, dass erstens alles anders kommt und zweitens als man denkt. Er verzichtet daher auf die hoffnungslosen Versuche, die Zukunft vorherzusagen oder gar zu gestalten und verlässt sich ganz auf seine Reaktionsfähigkeit. Er ist ein Meister der Improvisation. Der Anpasser fährt auf Sicht. Nebel oder schlechte Sicht sind für ihn kein Problem, sondern eine Randbedingung. Da muss er eben langsamer fahren. Wird das Klima wirklich rau, dann findet sich sicher ein Unterstand. Er weiß, dass man oft die Spur wechseln muss, wenn man gut vorankommen möchte. Und wenn es eng wird, dann weicht er eben aus. Dort vorne wird ein Parkplatz frei: Nichts wie hinein in die Parklücke! Wenn es ihm dort, wo er ist, nicht gefällt, dann fährt er eben weiter. Und geht ihm der Treibstoff aus, dann geht er zu Fuß …

Strategie des Visionärs: vorhersagen und gestalten
Der Visionär baut die Zukunft nach seinen eigenen Ideen. Man sieht es ihm schon auf den ersten Blick an: Er weiß, wo er hin will und er ist auch überzeugt davon, dort anzukommen. Anders als die anderen, die auf die Karte blicken und nur Linien sehen, sieht er Straßen, Häuser, Plätze und Menschen dort, wo sie erst in Zukunft sein werden. Er hat ein klares Bild der Zukunft. Damit die Zukunft so wird, wie er es sich vorstellt, nutzt er seinen Einfluss, seine Überzeugungskraft und übt wenn notwendig auch Macht aus. Kommt raues Wetter auf, dann gilt es dem zu trotzen und den Kurs zu halten. Er weiß, dass man gegen den Strom schwimmen muss, um wirklich Neues zu schaffen. Dort wo es keine Wegweiser mehr gibt und man niemanden fragen kann, weist er den Weg. Und wenn die Straßen zu seinem Ziel erst gebaut werden müssen – er macht es möglich.

Strategie des Effectuators: gestalten ohne vorherzusagen

Wenn sich der Effectuator in unbekanntem Gebiet bewegt, weiß er, worauf er bauen kann. Er ist – ähnlich dem Anpasser – sehr skeptisch, was Vorhersagen der Zukunft betrifft. Die Wetterprognose betrachtet er als relevante aber keineswegs exklusiv handlungsbestimmende Information. Ziele hat er viele, und manche davon erreicht er auch. Seine Landkarte entsteht, während er das Gebiet erkundet. Er ist unterwegs und fragt sich: Welche meiner Erfahrungen und Kenntnisse kann ich *hier und jetzt* nutzen? Mit wem gemeinsam kann ich den Ort am Ende dieser Straße zu einem nützlichen Ort machen? Wer kommt mit, und wem kann ich mich anschließen? Und wie können wir diesen Stau da vorne in eine Party verwandeln?

> **Fallbeispiel: Bill Gates – Visionär oder Effectuator?**
>
> Es wird kaum jemand widersprechen, wenn man Bill Gates – den Gründer von Microsoft – als Visionär bezeichnet. Doch verdankt er seinen Erfolg ausschließlich der Kraft seiner Visionen und seiner Beharrlichkeit oder war auch Effectuation im Spiel? Dazu ein paar Fakten aus der Vielzahl von Berichten, die zur Gates-Geschichte vorliegen:
>
> Gates konnte in seiner Schulzeit ausgiebig Erfahrung mit dem Minicomputer PDP-8 (»Mini« bedeutete damals ein Gewicht von einigen hundert Kilogramm) sammeln. Er nutzte die einfache Programmiersprache BASIC – während damalige Großcomputer mit komplizierteren Sprachen wie COBOL oder FORTRAN programmiert wurden. Da BASIC auf frühen Intel-Chips nicht funktionierte, entwickelte Gates mit seinem Schulfreund Paul Allen eine noch einfachere BASIC-Version dafür. Als Intel 1974 den 8080 Chip herausbrachte, war Gates Student an der Harvard University. Gates und Allen arbeiteten das Handbuch vom 8080 durch und stellten fest, dass BASIC – mit einigen Anpassungen – darauf laufen müsste. Daraufhin schrieben sie alle großen Computerfirmen an und bewarben sich als BASIC-Programmierer für den neuen Chip – und erhielten keine einzige positive Rückmeldung. Im Dezember 1974 wurden Gates und Allen über das Titelblatt einer Zeitschrift auf einen neuen Computer der mexikanischen Firma MITS aufmerksam: Er hieß Altair, basierte auf dem Intel 8080 Chip, passte (laut Titelblatt) auf einen Schreibtisch und sollte nur 397 Dollar kosten. Gates und Alan riefen sofort bei MITS an und boten an, eine BASIC-Version für den Altair zu schreiben. MITS zeigte sich interessiert, konnte Gates und Allen aber noch nicht einmal einen Prototypen des Altair zur Verfügung stellen, sondern nur ein Handbuch. Allan bildete daher auf einem PDP-8 Minicomputer einen Altair nach und Gates schrieb innerhalb von 6 Wochen BASIC um. Gates und Allan reisten zu MITS und bekamen einen Vertrag – Altair wurde ab sofort mit BASIC vertrieben. Gates ließ sich postwendend von Harvard beurlauben und zog mit Allen nach Mexiko. Im April 1975 gründeten sie eine Firma, die sie »Micro-Soft« nannten. Gates und Allen verknüpften also im Wesentlichen vier vorhandene Mittel: Den PDP-8 Minicomputer, BASIC, den Intel 8080 und ein Titelblatt mit der Abbildung des Altair. Auf Basis dieser Verknüpfung veränderten sie alle ihre Ziele und taten etwas, was sie nie vorgehabt hatten: Sie gründeten ein Softwareunternehmen (Duggan, 2007).

Die PAVE-Strategien im Vergleich

Alle vier beschriebenen PAVE-Strategien sind sinnvoll – aber nur in einem jeweils bestimmten Kontext.

Die Strategien der *reaktiven* Typen, die des Planers und die des Anpassers, bestehen eher aus der Einnahme einer Position oder Haltung in einer vom eigenen Handeln recht unbeeindruckten, auf jeden Fall nicht direkt beeinflussbaren Welt. Planer leben in statischen Umwelten besser, während Anpasser gut gedeihen, wenn sich ihr Lebensraum rasch und dynamisch verändert.

Die Strategien der *gestaltenden* Typen, die des Visionäres und die des Effectuators, bestehen hingegen darin, aktiv in die Welt einzugreifen. Visionäre und Effectuators legen selbst Hand an und basteln an der Zukunft und der Umwelt. Hier sind Akteure am Werk, die es sich nicht nur in einer Welt einrichten, sondern die die Welt verändern. Während der Visionär der Welt kraft seiner mächtigen Bilder und starken Position seinen Stempel aufdrückt, arbeitet der Effectuator mit der Situation und seinen freiwilligen Mitstreitern, und formt auf diese Weise die Zukunft kontrolliert.

	anpassen	aktiv gestalten
Zukunft vorhersagen	**Der Planer** konzentriert sich auf exakte Analyse und Voraussage der Zukunft. Er macht Pläne, um eine gute Position in der (nicht beeinflussbaren) Zukunft zu besetzen. Sein Weltbild: Die Welt ist stabil genug, um gute Vorhersagen zu machen. Ich plane besser als die anderen.	**Der Visionär** macht Bilder der Zukunft und nutzt seine Macht und seine Beharrlichkeit, damit aus den Bildern Realität wird. Sein Weltbild: Ich habe genug Einfluss, um die Welt nach meinen Vorstellungen zu gestalten.
Zukunft nicht vorhersagen	**Der Anpasser** beobachtet die laufende Entwicklung und passt sich an veränderte Randbedingungen möglichst schnell an. Sein Weltbild: Die Umwelt verändert sich dynamisch und unvorhersehbar. Ich lerne schneller als die anderen, damit umzugehen.	**Der Effectuator** nutzt die eigenen Mittel und Kontakte, um in einer veränderlichen und ungewissen Welt Neues zu erschaffen. Sein Weltbild: Ich kann die Zukunft nicht vorhersagen. Durch mein Handeln gemeinsam mit anderen kann ich sie jedoch beeinflussen und co-kreieren.

Abb. 21: Die PAVE-Strategien im Vergleich

4.3.2 Beispiel: PAVE und die Schokoladenfabrik

Im Jahr 1998 kostete eine Tafel Schokolade im österreichischen Supermarkt 7 Schilling (also ca. 1 Mark oder 50 Cent). Schokolade gab es mit oder ohne Nuss und vor allem in 100g- und 300g- Packungen. Diese stammten von ein paar großen, marktdominierenden Unternehmen. Einen Spezialitätenmarkt für Schokolade gab es noch nicht. In diesem Umfeld machte sich Josef Zotter, der erfahrene aber gerade mit seiner Konditoreienkette gescheiterte Koch und Konditor, Gedanken über seinen unternehmerischen Neubeginn:

Planer	Visionär
Josef Zotter hatte Erfahrung im Geschäft mit süßen Sachen. Er hatte seine Lektion gelernt. Der Schokoladenmarkt hatte ihn schon immer interessiert und für ihn als neuen Marktteilnehmer war es wohl am sinnvollsten, sich eine lukrative Nische zu suchen. Er nutzte sein Wissen über die aktuellen Trends zu qualitativ hochwertigeren Produkten, steigender Kaufkraft, die zunehmend in Genussmittel mit lokalem Flair investiert wurde und die steigende Akzeptanz für neue Kombinationen in der Lebensmittelbranche. Sein Businessplan war so überzeugend ausgearbeitet, dass er auf Anhieb das erforderliche Kapital für die »Zotter Schokoladen Manufaktur« akquirieren konnte. Entschlossen und professionell eroberte er in den folgenden Monaten eine süße und lukrative Nische im Schokoladenmarkt.	Josef Zotter hatte einen Traum. Vor seinem geistigen Auge konnte er sehen, wie hunderte Menschen – junge wie alte – zu seiner »Schokoladen Manufaktur« pilgern, um für einen Tag die Produktionsstätte seiner handgeschöpften Köstlichkeiten zu besuchen. Er träumte von Schokolade mit exotischen Zutaten, vom Schokoladetheater, in dem seine Kunden den Herstellungsprozess der edlen Ware kennenlernen. Er sah auch schon die Schokoladeseilbahn bestückt mit Gläsern edelster Schoko-Ingwer oder Schoko-Grüntee-Kreationen. Anfangs stand er mit seiner Idee allein da – das Wort »Spinner« bekam er regelmäßig zu hören. Er blieb seiner Vision treu, und was vor zehn Jahren noch als verschroben und seltsam galt, ist heute Teil des österreichischen Nationalstolzes: die »Zotter Schokoladen Manufaktur«.
Anpasser	**Effectuator**
Josef Zotter hatte im Laufe seines Lebens gelernt, sich rasch und flexibel an geänderte Rahmenbedingungen anzupassen. Der Konditormarkt hatte sich geändert – das musste er akzeptieren. Als Kenner der Branche hatte er jedoch das Ohr am Markt und an den Kunden. Unter den von ihm akribisch beobachteten Trends in süßen Sachen erschien ihm die aufkeimende Nachfrage nach »Schokolade für Genießer« als der interessanteste. Die Schokoladewelt war gerade im Begriff, sich zu verändern und auf dem sich formierenden Zug gab es noch freie Plätze. Da er gewohnt war, sich schnell zu bewegen, konnte er sich als erster eine Position aufbauen und sichern, die ihm so rasch niemand abjagen würde. Geschickt manövrierte er sein Unternehmen in die Nische, die sich im Zuge der Eroberung des neuen Marktes durch die internationale Konkurrenz vor seinen Augen auftat. Zotter ruht sich heute jedoch nicht auf dem Erfolg seiner »Schokoladen Manufaktur« aus. Er bleibt wachsam, denn die Konkurrenz schläft nicht und neue Trends werden früher oder später wieder radikale Anpassungen seiner Strategie erfordern.	Josef Zotter begann nach dem Konkurs seiner Konditoreienkette mit einer Reihe von Produkten zu experimentieren. Dabei verwendete er immer hochwertige Grundstoffe. Eines seiner Experimente war die Herstellung von Seife. Für einen Kunden entwickelte er einmal Schokolade mit Kürbiskernen. Das Firmenlogo des Kunden druckte er auf eine einfache Papierbanderole. Das kam so gut an, dass er daraufhin Kürbismarzipan-, Orangen- und Hanfschokolade entwickelte und in seiner Konditorei anbot. Weil er die saisonale Nachfrage nach Schokolade-Nikolo und -Krampus nicht bedienen wollte, produzierte er Nikolaus- und Krampus-Schokoladetafeln. Ein Jugendfreund, Absolvent einer Kunstakademie, sah die Banderolen und bot an, künstlerische Designs dafür zu entwickeln. Die Schokoladekreation »Für Schlingel« wurde zum Verkaufsschlager. Da es in seiner Konditorei bald zu eng für die Produktion wurde, begann er in seinem ländlichen Heimatort, weit ab vom Schuss aber kostengünstig, auf 160m Schokolade zu produzieren. 1999 hatte er sieben Mitarbeiter und keine Zeitreserven. Er verkaufte seine Konditorei und stürzte sich voll auf die Schokoladenproduktion.

Abb. 22: Vier Varianten einer Innovationsgeschichte

Josef Zotter entwickelte in den folgenden Jahren über 140 innovative Schokoladevariationen, die von Hand verarbeitet und mit einer 60 Jahre alten Verpackungsmaschine verpackt werden. Als Zutaten setzte er unter anderem Curry, Bio-Bier, Chili, Bergkäse, Grammeln, österreichische Weine und Brände, Steinpilze,

Mangos, Edelkastanien, Tomaten, Stutenmilch, Tofu und Polenta ein. Seine »Schokolade Manufaktur« baute er in mehreren Stufen aus. Die Produkte erlangten Kultstatus und erreichten einen Exportanteil von 60 % (vgl. Zotter, 2006). Welche der vier strategischen Varianten kommt dem tatsächlichen Verlauf der Geschichte wohl am nächsten?

4.4. Steuern ohne Landkarte

In der Kybernetik spricht man von *steuern*, wenn das Verhalten eines Systems von außen zielgerichtet beeinflusst wird – etwa durch Informationen oder Reize. So kann ein Mensch zum Beispiel ein Auto steuern. Das ist eine recht kausale Aufgabe, da man die Straße vor sich sehen kann und weiß, wo die nächste Kurve kommt. Man weiß, dass wenn man das Lenkrad nach links dreht, das Auto sofort nach links fährt. Das Auto kausal steuern bedeutet, sich auf die Elemente zu konzentrieren, die man vor sich sehen kann. Die Straßenkarte oder ein Navigationssystem erleichtern das Steuern, weil sie es einem ermöglichen, weiter zu sehen als der Horizont erlaubt.

Die Zukunft steuern ist nicht dasselbe wie ein Auto steuern. Die Zukunft hat kein Lenkrad. Möchte man sich die Zukunft trotzdem mit Lenkrad vorstellen, dann hat sie ganz viele davon. Es gibt jedoch keine fixen Regeln, wie die Zukunft reagiert, wenn bestimmte Akteure ihre Räder auf eine bestimmte Art und Weise drehten. Trotzdem kann man die Zukunft durch Informationen und Reize beeinflussen. Manchmal hat es große Wirkung, wenn einer an einem Rad dreht. Manchmal fast keine. Oft ist die Wirkung eine andere als jene, die die Steuernde erzielen wollte.

Der Vergleich mit dem Steuern eines Autos hinkt aus einem weiteren Grund. Autos kann man über Vorhersage steuern. Vorhersagen bedeutet dabei, den Verlauf der Straße über den Blick nach vorne und über das Wissen jenseits des Sichtfelds zu antizipieren. Unter Ungewissheit sind der Vorhersage enge Grenzen gesetzt. Es gibt keine Windschutzscheibe, durch die man verlässlich Informationen über den Verlauf der Straße bekommen könnte. Und es gibt keine verlässlichen Straßenkarten oder Navigationssysteme.

Trotzdem ist Steuern ein ganz wesentliches Element, wenn Effectuators die Zukunft gestalten. Sie steuern, indem sie die Umwelt zielgerichtet beeinflussen – ohne Garantie dafür, dass ihre Bemühungen das gewünschte Ergebnis bewirken. Sie konzentrieren sich auf das, was sie am ehesten steuern können und verzichten auf unverlässliche Straßenkarten und Navigationssysteme.

Kausale Logik sagt: Nur was wir vorhersagen können, können wir steuern.[30] Effectuation-Logik sagt hingegen: Alles was wir steuern können, brauchen wir

---
30 Von engl. »to control«

nicht vorherzusagen (Sarasvathy, 2001 a). Wenn Unvorhergesehenes eintritt, dann kann man auch noch in Situationen steuern, in denen die auf Vorhersehbares programmierten Autopiloten versagen. Doch welche Steuermechanismen stehen dazu zur Verfügung?

4.4.1 Steuern über die Wahl der Mittel

Effectuators steuern die Zukunft, indem sie ihre Vorhaben aus ihnen verfügbaren Mitteln designen. Sie beginnen bei ihren eigenen Vorlieben und Wünschen und dem, was sie selbst wissen. Sie nutzen bevorzugt die Technologien, die sie bereits beherrschen oder an deren Entwicklung sie beteiligt sind. An Geld und Betriebsmitteln nutzen sie vorrangig das, was jene, die sich am Vorhaben beteiligen, einbringen. Trends sind für sie dann maßgeblich, wenn sie sie selbst mitgestalten können. Und als Stakeholder gewinnen sie bevorzugt jene, die bekannt und mitzumachen bereit sind, anstatt nach idealen Kandidaten laut Steckbrief zu suchen. Effectuators steuern, indem sie Vorhaben aus verfügbaren Mitteln gestalten, anstatt Mittel zu suchen, mit denen sie zuvor erdachte Vorhaben ausführen können.

4.4.2 Den leistbaren Verlust steuern

Wenn kausale Planer ein Ziel ansteuern, dann suchen sie nach dem effizientesten Weg, dieses zu erreichen. Was effizient ist, ist dabei eine Frage der Definition: Je nach Vorhaben bedeutet das, den günstigsten, ressourcenschonendsten, elegantesten, sichersten oder oftmals auch den schnellsten Weg zu suchen. Dabei gibt der Weg vor, was es einzusetzen gilt, und der erhoffte Ertrag rechtfertigt die Höhe des Einsatzes. Mit der Höhe des erwarteten Ertrages steigt auch die Risikobereitschaft.

Effectuators steuern ihren leistbaren Einsatz. Sie gehen nicht davon aus, dass sich ein erhoffter Ertrag auch tatsächlich einstellen wird – das ist schließlich ungewiss. Stattdessen setzen sie sich damit auseinander, welchen Verlust sie maximal für ein Vorhaben unter Ungewissheit in Kauf nehmen würden. Dieser maximale Einsatz an Geld, Zeit, Energie und anderen Mitteln unterliegt ihrer direkten Kontrolle. Effectuators *steuern* also ihr Risiko, anstatt zu versuchen, es zu *verwalten*. Kommen sie an ihre leistbare Verlustschwelle, dann ändern sie entweder die Ziele ihres Vorhabens oder sie brechen das Vorhaben ab. Der leistbare Verlust ist ein wesentliches Design-Element ihrer Zukunft.

4.4.3 Steuern über Umstände und Zufälle

Unfälle, geänderte Umstände und Zufälle sind natürliche Feinde kausaler Vorhaben. Alles, was nicht vorhersehbar war, kann die Steuerung nach Plan vereiteln. Daher schöpfen kausale Planer in der Regel alle Möglichkeiten aus, sich auf das Ungeplante vorzubereiten. Ihr Lösungsversuch im Lichte der Ungewissheit besteht darin, noch bessere Vorhersagemethoden für die Zukunft zu entwickeln. Mit ihnen sollten nicht nur der gewünschte Fall, sondern auch die möglichen Störfälle antizipiert werden. Risikomanagement zielt darauf ab, sich gegen alle denkbaren Eventualitäten abzusichern. Das Undenkbare wird unter dem Begriff des unvermeidlichen Restrisikos zusammengefasst.

Für Effectuators sind geänderte Umstände und Zufälle eine Möglichkeit, Kontrolle über die Zukunft zu erlangen. Läuft alles wie vorhergesagt, gibt es oft auch andere mit besseren Plänen, volleren Taschen und längerem Atem. Das, womit keiner gerechnet hat, begünstigt die, die es aufgreifen und verwerten. Unerwartete Ereignisse, zufällige Begegnungen und überraschende Erkenntnisse sind im dritten Gefäß eher die Regel als die Ausnahme. Es gibt unzählige Beispiele dafür, wie Effectuators den Zufall genutzt haben, um ihn in Wertvolles zu verwandeln. Effectuators steuern die Zukunft, indem sie Unerwartetes in Innovatives und Nützliches verwandeln.

4.4.4 Steuern über Vereinbarungen

Ob ein zukünftiges Vorhaben erfolgreich ist, hängt nicht davon ab, was die relevanten Stakeholder eines Vorhabens *heute* wissen, glauben und wollen. Es sind ihre *zukünftigen* Präferenzen, die den Ausschlag geben. Und diese sind ungewiss. Wer ein innovatives Vorhaben kausal plant, wettet auf die Präferenzen von morgen. Und diese lassen sich in der Regel nur sehr schwer steuern.

Effectuators holen andere so früh wie möglich ins Boot und gehen mit ihnen verbindliche Vereinbarungen über die Zukunft ein. Mit jedem Stakeholder, der an Bord kommt, entsteht ein Stück Zukunft. Effectuators entscheiden bei jeder Vereinbarung, was sie selbst steuern und in welchen Bereichen sie Kontrolle abgeben. Indem sie andere in Bezug auf die Zukunft ins Wort nehmen, schaffen sie stückweise Gewissheit. Sie teilen das Risiko, aber auch den noch ungewissen Ertrag. Anstatt auf ein großes Stück eines ungewissen Kuchens zu wetten, gewinnen sie andere, die dazu beitragen, dass der Kuchen größer wird.

> **Fallbeispiel: Modetrends setzen statt vorhersagen**
> Natürlich können Modedesigner versuchen, die Mode der nächsten Jahre durch Markt- und Trendforschung vorherzusagen. Stattdessen würde ein Effectuator unter den Modedesignern losgehen und ein Netzwerk aus exklusiven Vereinbarungen mit Produzenten, Großhändlern,

> Magazinen und so weiter knüpfen. Und dann würde er die Mode, die er ausgehandelt hat, entwerfen.

4.4.5 Steuern durch teilnehmendes Beobachten

Ein wesentlicher Steuerhebel kausaler Vorhaben ist Controlling. In Controlling wird mitunter beträchtlicher Aufwand investiert: Soll-Ist-Abweichungen sollen möglichst früh erkannt werden, um *gegensteuern* zu können. Soll-Ist-Abweichungen werden über Indikatoren in Zahlen gegossen und möglichst objektiv gemessen. Die Wahrnehmung wird auf das fokussiert, was schon im Planungsprozess als relevant identifiziert wurde. Als wichtig gilt, was gemessen wird. Was nicht gemessen wird, kann auch nicht gesteuert werden.

Effectuators setzen eher auf teilnehmende, erforschende Beobachtung als auf Controlling. Teilnehmend, weil sie sich mitten im Geschehen befinden und das Geschehen aktiv beeinflussen. Teilnehmend auch deshalb, weil sich ihre subjektive Perspektive des Geschehens wesentlich besser dazu eignet, steuernd zu wirken, als objektive Messwerte. Erforschende Beobachtung, weil sie nicht nur an dem quantifizierten Wert einer bestimmten Größe interessiert sind. Sie interessieren sich für das sich wandelnde Gesamtbild einer Situation. Die subjektive Wahrnehmung der Beobachterin – das, was sie für wichtig hält – ist ihre Stärke. Effectuators entscheiden situativ, was sie für wichtig halten und greifen dort steuernd ein, wo sich ihre Aufmerksamkeit bündelt.

4.4.6 Steuern an erreichbaren Punkten

Wie nun entscheiden, an welchen Hebeln es sich als Nächstes anzusetzen lohnt, wenn man die Zukunft steuernd beeinflussen will? Effectuators gehen einmal mehr pragmatisch vor: Wenn ein Hebel gut erreichbar ist, dann ist das ein Hinweis darauf, ihn zu nutzen. Sind mehrere Hebel erreichbar, dann beginnen sie dort, wo sie sich die größte Kontrolle erwarten. Das kann das Set an Mitteln sein, das am nächsten liegt. Oder die Aktivität, die sich mit dem geringsten Einsatz umsetzen lässt. Oder die Zufälligkeit, die sich gerade vor den eigenen Augen ereignet. Es kann auch die Vereinbarung sein, die sich heute treffen lässt. Für Effectuators ist auch wichtig, dass sie flexibel bleiben. Sie ziehen eher Alternativen vor, die ihre Möglichkeiten erweitern und nicht einschränken. Je flexibler Effectuators die sich bietenden Gelegenheiten nutzen – so ihre Logik – desto eher haben sie Kontrolle über die ungewisse Zukunft.

4.5 Effectuation und kausale Logik verbinden

Wie einfach doch die Welt wird, wenn man in Schubladen denkt. Alles hat seine Ordnung und seinen Platz. Durch ein geeignetes Ordnungssystem lassen sich die komplexesten Themen darstellen und zwischen zwei Buchrücken packen. Diesen Sachverhalt nutzt natürlich auch dieses Buch. Konsequent haben wir uns daran gehalten, Denk- und Entscheidungswerkzeuge zu beschreiben und artenrein auf zwei Methodenkoffer aufzuteilen. Die Aufteilung in linear-kausales Denken und Denken nach Effectuation funktioniert auf dem Papier ganz ausgezeichnet, da sich jedes Effectuation-Werkzeug als Gegenteil eines bekannten, kausalen Werkzeugs beschreiben lässt. Effectuation wurde als neue und attraktive Expertenmethode unter Ungewissheit dargestellt. Die Versuchung ist also groß, Effectuation für die bessere Methode zu halten und den einen Methodenkoffer gegen den anderen auszutauschen. Doch das ist weder notwendig noch sinnvoll.

Effectuation ist kein Ersatz für vorhersagebasierte, linear-kausale Rationalität – Effectuation ist eine Ergänzung. Es geht nicht darum zu entscheiden, was besser ist, sondern was jeweils in einer ganz bestimmten Situation die erwünschte Wirkung ermöglicht. Dazu kann man die Denkwerkzeuge beider Methoden auch sequenziell, parallel, miteinander kombiniert und gleichzeitig einsetzen. Das tun wir bereits unbewusst im Alltag, und das tun im Übrigen auch die erfahrenen Unternehmer, die für Effectuation Modell standen. Das belegen auch quantitative Aussagen aus Effectuation-Feldstudien (vgl. Abschnitt 7.2, S. 222): 89 % der untersuchten erfahrenen Unternehmer bevorzugen Effectuation gegenüber kausaler Logik und 63 % setzen Effectuation mehr als 75 % der Zeit ein. Selbst die Experten unter Ungewissheit kombinieren ihr Vorgehen aus Denkgewohnheiten unterschiedlicher Methodenkoffer. Sie setzen jedoch andere Schwerpunkte als MBA-Studenten und Managerinnen in großen Unternehmen. Letztere setzen – vor dieselben Aufgaben gestellt – zu einem ebenso überwiegenden Anteil (81 %) Werkzeuge aus der kausalen Logik ein (Sarasvathy, 2008). Es geht also nicht um »entweder – oder«, sondern um »sowohl als auch«, um eine nützliche Kombinationen der Werkzeuge beider Methoden.

4.5.1 Hinweise für den passenden Methoden-Mix

Wie stellt man nun bewusst nützliche Kombinationen aus kausaler Logik und Effectuation her? Da es dafür noch wenig eindeutige Regeln gibt, sollen in den folgenden Abschnitten einige Praxishinweise und Arbeitsfragen Orientierung geben.

Klärung der persönlichen Präferenz

Es klingt plausibel, wenn man Effectuation und kausale Logik bestimmten Typen von Menschen zuschreibt. Auch in diesem Buch haben wir Menschen in Effectuators und kausale Denker kategorisiert. Doch beide Arten des Denkens sind nicht angeboren, sondern erlernt. Die meisten Menschen können gut an ihre persönlichen Erfahrungen anknüpfen, wenn sie das erste Mal mit dem Effectuation-Konzept konfrontiert werden. Sie erleben Effectuation nicht als fremd und unbekannt, denn beides – Effectuation und kausale Logik – sind integrale Bestandteile menschlichen Denkens. Jeder Mensch kann auf positive Erfahrungen zurückgreifen, in denen er intuitiv Effectuation einsetzte. Doch viele bevorzugen entweder die eine oder die andere Logik. Bei Expertinnen des Unternehmertums und Experten im Management lässt sich die Präferenz für jeweils eine Logik aus ihrer individuellen Erfahrung begründen. Wie dies bei Nicht-Experten aussieht, ist jedoch noch nicht hinreichend erforscht. Die Effectuation-Forscher vermuten, dass Persönlichkeitsmerkmale eine Rolle spielen könnten, manche Menschen also aufgrund ihrer Persönlichkeit eine Präferenz für die eine oder andere Logik entwickeln. Der Kontext, in dem sich jemand bevorzugt bewegt, habe aber einen mindestens ebenso großen Einfluss auf ihre Präferenz einer Logik.

Wer nun – aus welchen Gründen auch immer – eine Präferenz für die eine oder die andere Logik entwickelt hat, tendiert dazu, diese auch in Situationen einzusetzen, für die diese Logik nicht so gut geeignet ist. Wer eine Präferenz für einen Hammer hat, wird diesen auch einsetzen, wenn er keinen Nagel vor sich hat. Um also flexibler in der Wahl der Werkzeuge zu werden, kann man sich seine eigene Präferenz bewusst machen. Für eine erste Bestandsaufnahme der eigenen Präferenz eignet sich der PAVE-Test, der unter www.pave-test.com online ausgefüllt werden kann. Jemand, der weiß, dass er intuitiv zum Hammer tendiert, kann in der Folge entweder bewusst Situationen vermeiden, in denen er auf Nägel trifft oder aber in Nicht-Nagel-Situationen bewusst zu anderen Werkzeugen greifen.

> **Arbeitsfragen:**
> - Wo erkennen Sie sich eher wieder: in Effectuation oder in kausalem Denken?
> - Was davon halten Sie in ihrem Handlungsfeld für professioneller? Was davon für sympathischer?

Klärung des Kontexts

Die Umwelt beeinflusst, wie jemand in einer bestimmten Situation denkt, entscheidet und handelt. Je nachdem, ob jemand seine Vorhaben im Umfeld eines Großkonzerns, einer Kreativagentur, einer (konservativen oder progressiven) politischen Partei, einer Behörde oder im Kreise freischaffender Künstlerinnen startet, gelten andere Denk- und Handlungsweisen als akzeptiert und professionell. Doch in jedem dieser Kontexte gibt es Vorhaben, die eher vorhersehbarer oder eher ungewisser Natur sind. Es ist also nützlich, für sich zu klären, welche Logik das unmittelbare Umfeld bevorzugt bzw. für professionell hält. Menschen, die zum Beispiel in einem streng kausal orientierten Kontext auch mit Effectuation arbeiten wollen, sollten sich Gedanken darüber machen, wie sie dies »kontextkompatibel« gestalten können.

> **Arbeitsfragen:**
> - Sind Sie in Ihrem Kontext frei in der Wahl ihrer Vorgehensweise oder gibt Ihr Umfeld vor, was als professionell gilt?
> - Kann Information dazu beitragen, dass andere Ihre Vorgehensweise verstehen und dadurch akzeptieren können?
> - Könnten Sie mit einer Doppelstrategie (zum Beispiel nach Effectuation handeln, jedoch kausal begründen) arbeiten?

Einschätzung der Situation

In den Kapiteln 1 und 2 gingen wir stillschweigend davon aus, dass sich Situationen eindeutig einem Handlungsfeld zuordnen lassen: entweder der kausalen Logik oder Effectuation. Die Realität sieht oft anders aus: Was man in einer bestimmten Situation vorhersehen kann und was nicht, darüber lässt sich streiten. Auch ob die Ziele fix vorgegeben sind oder neu verhandelt werden können, ist nicht immer eindeutig. Und ob sich die Umwelt gestalten lässt oder fix ist, kann man oft erst durch Ausprobieren feststellen. Zudem verändern sich Situationen mitunter über Nacht und kippen von »stabil« nach »ungewiss« – und manchmal auch umgekehrt. In diesen Fällen kann es sinnvoll sein, dieselbe Situation alternierend aus beiden Perspektiven zu betrachten. Aus beiden Perspektiven lassen sich Arbeitshypothesen bilden – ganz egal, was man für wahr oder gesichert hält. Auch pragmatische Als-Ob-Überlegungen nach dem Muster »Wenn ich sicher wüsste, wie viel zwei und zwei ist, würde ich sagen: vier« können nützlich sein, um handlungsfähig zu werden.

> **Fallbeispiel: Effectuators im kausalen Gründerprogramm**
> Wer Gründerleitfäden studiert oder die einschlägigen Internetplattformen für angehende Unternehmensgründer besucht, wird vor allem auf Ratschläge auf Basis kausaler Logik stoßen. Die meisten Unterstützungsstrukturen für Unternehmensgründer sind streng kausal orientiert. Um beispielsweise am größten österreichischen Gründerprogramm, aus dem jährlich 5.000 Unternehmensgründungen hervorgehen, überhaupt teilnehmen zu können, müssen die Bewerberinnen in klaren kausalen Zielen argumentieren. Im Programm werden sie – mitunter Monate vor der Gründung – dabei unterstützt, ihr Unternehmen kausal zu

planen. Dies hat Konsequenzen auf die Art und Weise, wie im Programm gegründet wird: Da vor allem kausales Vorgehen als professionell dargestellt wird, unterdrücken intuitive Effectuators ihre Präferenz für den Effectuation-Methodenkoffer und verschenken damit einen Teil ihres Potenzials, Neues und Wertvolles in die Welt zu bringen (Faschingbauer, 2008).

> Arbeitsfragen:
> - Lässt sich eindeutig entscheiden, ob eine bestimmte Situation eher kausale Logik oder Effectuation erfordert?
> - Wenn nein: Wie können Sie vorgehen, um beiden Ansätzen Rechnung zu tragen?

Position im Lebenszyklus eines Vorhabens

Bereits im Abschnitt 2.3.3 (S. 33) haben wir festgestellt, dass Vorhaben, die unter Ungewissheit beginnen, im Laufe ihres Lebenszyklus' immer kausalere Züge annehmen (siehe Abb. 7, S. 34). Um zu klären, welcher Methodenmix sich in einem Vorhaben eignet, kann man abschätzen, in welcher Phase seines Lebenszyklus' sich das Vorhaben befindet.

Sehr erfahrene Effectuators tun sich übrigens oft schwer mit dem Übergang von Effectuation zu kausaler Logik. Viele erfolgreiche Gründerinnen verkaufen beispielsweise ihr Unternehmen, wenn die kausalen Strukturen einziehen und Personalnummern an die Mitarbeiterinnen vergeben werden. Andere geben die Führung des Unternehmens an erfahrene Manager – die Experten für kausale Logik – ab. Gründerpersönlichkeiten wie Bill Gates, die ihr Unternehmen nicht nur erfolgreich unter Ungewissheit kreieren, sondern später auch erfolgreich kausal führen, sind eher die Ausnahme als die Regel.

> Arbeitsfragen:
> - In welcher Phase seines Lebenszyklus befindet sich Ihr Vorhaben?
> - Welche persönlichen Erfahrungen haben Sie mit dem Übergang von Ungewissheit zu prognostizierbaren Verhältnissen?

4.5.2 Kausale Planung für Effectuators

Das Erstellen von Plänen haben wir bisher als wesentliches Element kausaler Logik behandelt. Wir haben uns dabei vor allem mit den Schattenseiten kausaler Planung in Vorhaben unter Ungewissheit beschäftigt: Kausales Planen setzt die Vorhersage einer nicht vorhersehbaren Zukunft voraus, vermittelt die Illusion von Kontrolle und Sicherheit und hält vom Handeln und der eigentlichen Arbeit ab.

Der radikale Verzicht auf kausale Pläne ist jedoch insbesondere bei komplexeren Vorhaben weder empfehlenswert noch praxistauglich. Eine Reihe von Gründen spricht für schriftliche Pläne, auch wenn ein Vorhaben mittels Effectuation unter Ungewissheit begonnen wird.

Schriftliche Pläne haben (besonders für Effectuators) folgende Vorteile:
- Der Akt des Planens zwingt zu präzisen Gedanken und unterstützt einen dabei, das eigene Vorhaben ganzheitlich zu verstehen.
- Pläne helfen, das Vorhaben mit *den* Elementen der Zukunft zu verbinden, die – wenn auch nicht gewiss – doch sehr wahrscheinlich sind.
- Planen lenkt die Aufmerksamkeit auch auf potenzielle K.o.-Kriterien eines Vorhabens. Es ist zum Beispiel sinnvoll, schriftlich durchzuspielen, ob ein wirtschaftliches Vorhaben überhaupt rentabel sein *kann*.
- Planen unterstützt Akteure dabei, Worst-Case-Szenarien zu identifizieren. Sackgassen, nicht kalkulierbare Risiken oder unerwünschte Nebeneffekte werden eher wahrgenommen und können berücksichtigt werden.
- Pläne begünstigen klare Vereinbarungen des Planers mit sich selbst, in Bezug auf den leistbaren Einsatz und Verlust.
- Das wahrscheinlich wichtigste Argument für schriftliche Pläne: Sie erleichtern die Kommunikation mit potenziellen und tatsächlichen Stakeholdern des Vorhabens. Für stark kausal orientierte Stakeholder sind schriftliche Pläne die Voraussetzung dafür, Vereinbarungen einzugehen.
- Für »Effectuators unter sich« sind Pläne ein wirksames Mittel, um über den Status quo eines Vorhabens zu kommunizieren.

Es versteht sich von selbst, dass für Effectuators die Substanz eines Plans weit über der Form steht. Ein Plan muss seinen Zweck erfüllen – der Zweck gibt also vor, was formal zu tun ist, und nicht umgekehrt. Soll der Plan auch zur Kommunikation mit kausal orientierten Stakeholdern (zum Beispiel Geldgeberinnen) dienen, dann muss die Form des Plans deren Anspruch gerecht werden. Dient der Plan vor allem der internen Kommunikation in einer Gruppe enger Verbündeter, gelten *deren* Nützlichkeits-Kriterien.

Ein schriftlicher Plan eines Effectuators kann unter anderem Folgendes enthalten:
- Beschreibung der getroffenen Annahmen über die Zukunft (Trends, Prognosen).
- Priorisierte Liste der Elemente, die für das Gelingen des Vorhabens zwingend notwendig sind (bestimmte Voraussetzungen, Vereinbarungen, Verfügbarkeit von Mitteln, …).
- Liste der Elemente, die für den Betreiber des Vorhabens nicht verhandelbar sind (zum Beispiel im Bezug auf die Kontrolle über das Vorhaben).

- Beschreibung dessen, was im Vorhaben noch besonders unklar oder widersprüchlich ist.
- Fiktiver Scheiter-Plan (enthält Ideen, wie man das Vorhaben zum Scheitern bringen kann); durch diesen Plan wir klar, was man besser unterlassen sollte.[31]
- Beschreibung der Opportunitätskosten des Vorhabens, also dessen, was unterlassen oder nicht realisiert wird, damit das Vorhaben gelingen kann.

Eines sollte man sich beim Planen unter Ungewissheit immer bewusst machen: Der Plan ist eine Momentaufnahme und wird laufend von der Realität überholt. Der Plan soll dem Vorhaben dienen und nicht umgekehrt. Daher ist es auch sinnvoll, seine Pläne zu exponieren und von anderen »stören« zu lassen. *Besser andere Menschen stören die Pläne, als die Realität stört das Vorhaben.* Der Plan ist unter Ungewissheit nur dann nützlich, wenn er regelmäßig an die geänderte Realität angepasst und um geschaffene Gewissheit erweitert wird. Im Laufe des Vorhabens wird der Plan immer kausalere Züge annehmen. Das ist gut so und unterstützt den kontinuierlichen Übergang von Effectuation zu kausaler Logik.

> ✖ Siehe auch Toolbox: Lokale Aktionsplanung

4.5.3 Für beide Positionen sorgen

Nichtlineare Denker verunsichern ihre Umgebung, da sie gewohnte lineare Eindeutigkeiten in Frage stellen. Aber ein Team, das solche Denker zu integrieren lernt, ist wie kein anderes vor den Folgen einseitiger Deutung von Prozessen geschützt (Kibéd & Sparrer, 2003). Dies ist auch der Fall, wenn Effectuators und kausale Denker gemeinsam an die Arbeit gehen. Sie werden es einander nicht immer leicht machen. Doch wenn sie es schaffen, wertschätzend miteinander umzugehen und mit den Stärken des jeweils anderen zu arbeiten, bilden sie äußerst schlagkräftige Teams.

Was kann man also tun, um die jeweils blinden Flecken von Expertinnen in der einen oder anderen Denkhaltung zu kompensieren und das volle Potenzial zu nutzen? Dazu ein paar Anregungen:

- Sich seine *eigene Denkhaltung* (kausal oder Effectuation) bewusst zu machen, hilft: Damit wird nicht nur klar, was man besonders gut kann, sondern auch, wo die eigenen blinden Flecken liegen könnten.

---

31 Vgl. dazu auch die Methode der Leitplanken-Planung im Kapitel 6.5.2, S. 212

- *Positionswechsel* nützt: Immer wieder von einer Position in die andere zu wechseln und zu reflektieren, was aus jeder der Positionen zu tun wäre, kann vor Fallen bewahren.
- *Komplementäre Partner* zu gewinnen, befreit: Wer beispielsweise gut im Effektuieren ist, könnte seine Vorhaben mit einem kausalen Partner betreiben. Über gemeinsame Reflexion kann es gelingen, eine gute Balance aus erforschendem Handeln und vorhersagendem Planen herzustellen.
- *Reflektieren* zahlt sich aus: Gerade in komplexen und mehrdeutigen Situationen ist es ratsam, Pausen zu machen und sich immer wieder in reflektierende Distanz zu begeben – um dann wieder das Machbare entschlossen anzupacken.

4.5.4 Den Gegensatz der beiden Logiken transformieren

Die Idee, man solle bei einer bestimmten Fragestellung (Vorhaben unter Ungewissheit) *immer in einen bestimmten* Methodenkoffer (Effectuation) greifen, haben wir bereits hinter uns gelassen. Damit haben wir uns aber auch von einer pragmatischen und komplexitätsreduzierenden Sichtweise gelöst, die uns in der Regel rasch *handlungsfähig* macht. Die Wahlmöglichkeit zwischen zwei Methodenkoffern erzeugt jedoch auch eine Zwickmühle, und Zwickmühlen behindern das Handeln. Im ungünstigsten Fall geht es uns wie Buridans Esel, der in der Mitte zwischen zwei gleich großen Heuhaufen verhungerte, weil er sich nicht entscheiden konnte, welchen er zuerst fressen sollte. Damit wir also nicht zwischen unseren beiden Methodenkoffern »verhungern«, können wir nach Möglichkeiten suchen, dieses Dilemma zu transformieren.

Eine Variante, das Dilemma aufzulösen, haben wir im Abschnitt 4.3 (S. 106 ff.) kennengelernt. Dort haben wir uns neben den Strategien des Effectuators und der Planerin auch mit den Strategien der Anpasserin und des Visionärs befasst. Beide ergeben sich aus der Variation der Parameter »Vorhersage der Zukunft (ja oder nein)« und »sich anpassen oder aktiv gestalten«. Jede der Strategien überschneidet sich in jeweils einem Bereich mit denen des Planers und des Effectuators: Anpasser bevorzugen es – wie die Effectuator – die Umwelt als fix zu betrachten und sich den äußeren Gegebenheiten anzupassen. Visionäre hingegen trachten danach, die Zukunft – wie die Effectuator – aktiv zu gestalten. Wie schon beschrieben, kann es je nach Situation sinnvoll sein, situativ eine dieser Positionen einzunehmen.

Wir haben das Dilemma aus zwei Optionen nun zwar auf vier Optionen erweitert, und haben damit zwei weitere Methodenkoffer – den des Anpassers und den des Visionärs – begründet. Das macht zwar flexibler, löst aber noch nicht unsere (selbst auferlegte) Beschränkung des Schubladendenkens. Um auch dieses zu transformieren, können wir uns der logischen Form des erweiterten

Tetralemmas – einem Querdenker-Muster, zur Auflösung des Schubladendenkens – bedienen (Kibéd & Sparrer, 2003). Die Idee dabei: Wo es zwei Alternativen gibt, da ist auch ein »Sowohl-als-auch« denkbar. Ebenso kann man sich ein »Keines-von-beiden« vorstellen. Schlussendlich können wir uns im Bereich von »All dies nicht – und selbst das nicht« vollends von den zuvor definierten Alternativen befreien. Jedem, der – zumindest temporär – die Last der Methodenkoffer aus diesem Buch hinter sich lassen möchte, sei das Tool des erweiterten Tetralemmas (siehe Abschnitt 6.5.6, S. 217 f.) wärmstens empfohlen.

> Siehe auch Toolbox: Gegensätze transformieren

5 Anwendungsfelder und ausführliche Fallstudien

Das meiste ist noch nicht getan. Wunderbare Zukunft!
Ingvar Kamprad

Für Effectuation sind erfahrene und erfolgreiche Unternehmerinnen Modell gestanden. Diese haben in ihrem Alltag seit jeher beste Voraussetzungen, Kompetenz im Umgang mit Ungewissheit zu entwickeln. Ihre Präferenz für Effectuation hat sich gleichwohl nicht über Nacht eingestellt. Sie haben viele Jahre des Erfahrungslernens in unzähligen ungewissen und komplexen Situationen hinter sich. Unternehmer haben jedoch kein Monopol auf ungewisse und komplexe Situationen. Schon im Kapitel 1 (S. 1 ff.) konnten wir feststellen, dass Ungewissheit in den unterschiedlichsten Handlungsfeldern auftritt. In einer Welt, die so vernetzt ist, dass Einzelne immer nur einen Ausschnitt ihrer Komplexität erfassen können, nimmt die Ungewissheit eher zu als ab. Es geht also darum, zu lernen, wie wir besser unter Ungewissheit agieren können. Effectuation ist daher viel zu nützlich, um sie nur den Unternehmerinnen zu überlassen.

Dieses Kapitel ist folgenden Fragen gewidmet: In welchen Handlungsfeldern könnte Denken, Entscheiden und Handeln nach Effectuation Nutzen stiften? Welche Elemente von Effectuation sind in diesen Handlungsfeldern besonders relevant und welche weniger? Und welche Effectuation-Elemente finden wir in den jeweiligen Handlungsfeldern bereits vor? Wir verlassen dabei fallweise auch den durch Feldforschung abgesicherten Bereich, nutzen die Mittel, die uns zur Verfügung stehen und erproben, ob wir daraus Neues und Wertvolles in anderen Kontexten kreieren können.

> **Fallbeispiel: Effectuation an der Medizinischen Universität Graz**
> Große Unternehmen – ganz besonders auch öffentliche Universitäten und medizinische Einrichtungen – werden in der Regel streng linear-kausal geführt. In einer medizinischen Universität mit mehr als 2.400 Mitarbeiterinnen und fast 150 Jahren Tradition kann man also davon ausgehen, eine durch und durch kausale Führungskultur vorzufinden. Nicht so an der Medizinischen Universität Graz: Die »junge Universität mit langer Tradition«[32] (sie wurde im Jahr 2004 von der medizinischen Fakultät zur eigenständigen Uni) hat Effectuation zum Führungsinstrument erklärt. Effectuation ist das Mittel der Wahl, um trotz zunehmender Ungewissheit, äußerst knapper Budgets und begrenzter Personalressourcen sowohl Forschung auf internationalem Niveau als auch Lehre und Ausbildung gemäß

---

32 Eigendefinition lt. www.medunigraz.at

höchster Standards zu betreiben. Für die über 700 Forscher der Einrichtung hat das beispielsweise sehr praktische Konsequenzen: Anstatt nach Mitteln für ihre kausal entworfenen Forschungsvorhaben zu rufen, werden sie auf Basis der bestehenden Mittel und Infrastruktur sowie ihrem internen und externen Netzwerk unmittelbar handlungsfähig. Aber auch die Entwicklung innovativer Studienangebote – alles unter der Prämisse begrenzter Budgets – ist ein Fall für unternehmerisches Vorgehen nach Effectuation. Die Med Uni Graz hat Effectuation daher zum fixen Bestandteil ihrer Führungskräfteentwicklung gemacht. Rektor Josef Smolle, der Effectuation an die Med Uni Graz geholt hat, begründet diese Entscheidung so: »Die vorhandenen Möglichkeiten nutzen, die eigenen Stärken erkennen, Partner begeistern und damit erfolgreich Neues gestalten – viele Wissenschafter gehen intuitiv in dieser Weise vor. Mit Effectuation hat diese Strategie einen Namen und eine theoretische Grundlage bekommen. Nun gilt es, Effectuation im kreativen Umfeld unserer Medizinischen Universität zu verbreiten und umzusetzen.«

Doch wir wollen noch einmal kurz innehalten, bevor wir Effectuation in neue Kontexte tragen: Natürlich sind sich viele Expertinnen in den im Folgenden angesprochenen Anwendungsfeldern der Grenzen linear-kausalen Vorgehens bereits bewusst. Und selbstverständlich haben diese sich bereits damit auseinandergesetzt, ihr Vorgehen für dynamische, komplexe und ungewisse Situationen zu adaptieren. In diesem Kapitel kommen daher Gastautoren – jeweils namhafte Expertinnen in ihrem Anwendungsfeld – zu Wort, die sich auf Basis ihrer eigenen Erfahrungen im Effectuation-Konzept wiedergefunden haben. Sie steuern ihre Mittel (Fallstudien, Konzepte und weiterführende Überlegungen) bei und formen die Richtung, die dieses Buch ab hier nimmt.

5.1 Überblick

Das Erfassen und Katalogisieren von Anwendungsfeldern für Effectuation könnte man – die Versuchung ist groß – als kausalen Prozess anlegen. Am Anfang steht die Idee von Effectuation als potenziell nützlicher Methodenkoffer. Als Effectuation-Anbieter könnte man nun den Markt auf potenzielle Zielgruppen untersuchen, eine Segmentierung der Zielgruppen vornehmen, die interessantesten Zielsegmente auswählen, Effectuation für diese Zielgruppen positionieren und planen, wie Effectuation für diese Zielgruppen ausgerollt werden kann. Das entspräche den kausalen Prozessen der Unternehmensgründung oder des Marketings. Das wäre nicht etwa aussichtslos, es entspräche nur nicht dem Geiste dieses Buches.

Eine zweite Möglichkeit, Anwendungsfelder für Effectuation zu erschließen, besteht darin, mit dem was bereits vorhanden und verfügbar ist, loszugehen und Stakeholder zu gewinnen, die bereit sind, selbst Mittel beizusteuern, um gemeinsam etwas Neues und Wertvolles zu kreieren. Dies entspricht der Art und Weise, wie sich das »Produkt Effectuation« bisher verbreitet hat. An den Schritten in Richtung der folgenden Märkte (Anwendungsfelder) waren immer Stakeholder (Anwender und Expertinnen) beteiligt, die sich durch ihren Einsatz an Aufmerksamkeit, Zeit, Energie, Expertise und manchmal auch Kapital (z.B. in Form von Seminarbeiträgen und Beratungshonoraren) selbst ausgewählt haben. Der folgende Katalog an Anwendungsfeldern muss daher als vorläufig und im Entstehen begriffen und keineswegs als vollständig angesehen werden.

5.1.1 Unternehmensgründung und Gründerbegleitung

Dieses Anwendungsfeld ist wohl das offensichtlichste. Wenn erfahrene Gründer intuitiv Effectuation-Elemente einsetzen und damit immer wieder erfolgreich sind, dann hat das auch Implikationen darauf, was man Menschen aktiv anbieten und empfehlen sollte, die den Schritt in die Selbstständigkeit wagen oder neue Unternehmen gründen wollen. Effectuation wurde daher bereits vielerorts – vor allem im akademischen Umfeld – in die Curricula von Entrepreneurship-Lehrgängen und (meist universitären) Gründerinnenprogrammen aufgenommen. Die ersten beiden auf Effectuation basierenden Lehrbücher für die universitäre Lehre – eines in englischer und eines in deutscher Sprache – sind im Herbst 2010 verfügbar (Read, Sarasvathy, Wiltbank, Dew & Ohlsson, 2010; Brettel, Grichnik & Mauer, 2010).

Aber auch in nicht-akademischen Formen der Gründerbegleitung kann Effectuation von Nutzen sein, zum Beispiel für Gründungen aus der Situation der Arbeitslosigkeit heraus (Faschingbauer, 2008). Wenn Fragen des Erfolgs einer Gründung besonders stark mit Fragen der Existenzsicherung verknüpft sind, erweisen mittelorientiertes Vorgehen und Risikokontrolle nach leistbarem Verlust ausgezeichnete Dienste. Effectuation ist für potenzielle Gründerinnen meist aufgrund ihrer eigenen Lebenserfahrung intuitiv zugänglich, somit anschlussfähig und leicht umzusetzen.

Auch für Unternehmensgründerinnen und deren Begleiter gilt: Effectuation soll klassisches linear-kausales Planen und Handeln nicht ablösen, sondern sinnvoll ergänzen. Um dies in der Lehre und der Gründerbegleitung sicherzustellen, ist noch einiges an Arbeit zu tun.

Unabhängig davon, welche Unterstützungsstrukturen Gründerinnen heute vorfinden, setzen auch Erstgründer Effectuation bereits intuitiv ein. Ein Beleg dafür findet sich im Abschnitt 5.2 »Unternehmensgründung« von René Mauer (S. 129 ff.), in dem der Fall einer technologiebasierten Gründung aus der Effectuation-Perspektive beleuchtet wird.

5.1.2 Führung und Management

Das Feld von Führung und Management ist weit und schwer abzugrenzen. Spricht man jedoch mit praktizierenden Führungskräften und Managern, so können diese unmittelbar und rasch mit Beispielen für Situationen aufwarten, in denen sie unter hoher Ungewissheit entscheiden und handeln. Konfrontiert man selbige Personen – etwa in Vorträgen und Workshops – mit Effectuation, so löst das Reaktionen aus. Die Palette reicht von »Jetzt verstehe ich endlich, wie mein Kollege X, mit dem ich immer wieder Meinungsverschiedenheiten habe, denkt« bis zu »So ähnlich gehe ich immer wieder vor, doch ich wusste nicht, dass es einen Namen dafür gibt.«

Als sinnvollen Schritt im Nutzbarmachen von Effectuation kann man den Akteurinnen in diesen Feldern Effectuation wertfrei anbieten. In der Regel entwickeln diese dann Vorstellungen über die praktische Anwendung im Einklang mit ihrem eigenen Führungs- und Managementverständnis. Häufige Anknüpfungspunkte sind die Mittelorientierung und die Frage, wie man trotz knapper Ressourcen an Zeit, Personal und Budget handlungsfähig werden kann. Diese Themen beschäftigen alle Ebenen von Organisationen – vom einzelnen Team bis zum Topmanagement. In firmeninternen Workshops ist es zielführend, in Übungen unmittelbar zur Arbeit an eigenen Vorhaben einzuladen. Durch die sofortige Umsetzung von Effectuation im »Tun als ob« werden Wirkung und Grenzen der Methode für die Teilnehmerinnen unmittelbar erlebbar.

Im Abschnitt 5.3 «Führung» von Ruth Seliger (S. 140 ff.) wird Effectuation mit einem Führungsverständnis verknüpft, das wesentliche Elemente von Effectuation aufweist. Es geht darin nicht darum, das Konzept des »Positive Leadership« zu verkaufen – der Beitrag soll vielmehr als Anregung für Praktikerinnen dienen, wie sich Effectuation in Führung und Management konkret umsetzen lässt.

5.1.3 Innovation

Bestehende, gut geführte Unternehmen verstehen es in der Regel, ihre Produkte, Dienstleistungen und Prozesse kontinuierlich zu verbessern. Sie sind innovativ in einem inkrementellen Sinne und schaffen es dadurch, Gutes noch besser und effizienter zu machen oder zu geringeren Kosten bereitzustellen. Wenn es allerdings um radikale Innovationen geht, in denen zum Beispiel neue Technologien bestehende Technologien ablösen, dann sind es oft junge Unternehmen, die den etablierten Firmen den Rang ablaufen (Christensen, 2000). Bestehende Unternehmen kennen und nutzen vor allem zwei Strategien, um mit diesem als »Dilemma der Innovatoren« (ebda.) bekannten Sachverhalt umzugehen: Sie investieren (a) in Forschung- und Entwicklungsvorhaben rund um Technologien und Verfahren, die sie als potenzielle Chancen oder Gefahr für ihr Geschäft einstufen und sie halten (b) Ausschau nach jungen Unternehmen, die neue Technologien und Verfahren kommerzialisieren und kaufen diese in einem frühen Stadium auf. Beide dieser Strategien sind stark vorhersagebasiert und führen oft nicht zum gewünschten Erfolg.

Bewusster Einsatz von Effectuation bietet bestehenden Unternehmen eine dritte Alternative zur Erschließung von vor allem radikalen Innovationen.[33] Effectuation baut auf die kreative Kraft einzelner Stakeholder in und um das Unternehmen, die das Machbare anpacken, anstatt das Erwünschte vorherzusagen. Damit Innovation durch Effectuation gut gedeihen kann, bedarf es allerdings einiger Voraussetzungen. Wesentlich ist beispielsweise die Art und Weise, wie in einem Unternehmen Entscheidungen über Innovationsvorhaben und die Verteilung von Mitteln auf selbige getroffen werden. Effectuation kann stattfinden, wenn diese Entscheidungen nicht von einigen wenigen Entscheidungsträgerinnen auf Basis ihrer Vorhersagen getroffen werden, sondern durch möglichst viele Akteure auf Basis ihres eigenen Wissens- und Erfahrungskorridors.[34]

Ist dieser dritte Weg der Innovation nun nur ein theoretisch schöner Gedanke, oder hat er sich bereits in der Praxis bewährt? Die Fallstudie im Abschnitt 5.4 (S. 151) zeigt, welche Innovationskraft frei wird, wenn Entscheidungsprozesse so strukturiert werden, dass sie Effectuation fördern.

5.1.4 Unternehmensführung

Wenn Unternehmen reifen und wachsen, dann bewegen sie sich in der Regel weg von Effectuation hin zu linear-kausalem Vorgehen. Das hat vor allem damit zu tun, dass viele der Ungewissheiten, die die Frühphase eines Unternehmens begleiten, sukzessive abgebaut werden. Sie schaffen dabei aber auch Organisationsstrukturen und Prozesse, die nicht nur kausales Vorgehen begünstigen, sondern auch Effectuation hemmen. Die Folgen davon sind, dass die Unternehmen zwar immer besser darin werden, bestehende Kundinnen zu bedienen und bestehende Märkte auszuschöpfen, gleichzeitig aber Flexibilität im Umgang mit Ungewissheiten einbüßen. Es stellt sich die Frage, ob das zwangsläufig so sein muss.

Eine Antwort geben die Effectuation-Forscher Stuart Read, Nicholas Dew, Saras Sarasvathy und Robert Wiltbank im Abschnitt 5.5 »Unternehmensführung« (S. 157), in dem ein Unternehmen beschrieben wird, das Effectuation intuitiv in

---

33 Eine aktuelle Studie der RWTH Aachen kommt zu folgendem Schluss: Je höher der Innovationsgrad eines Forschungs- und Entwicklungsvorhabens ist, desto wirksamer im Bezug auf den Projekterfolg ist Effectuation (Küpper, 2009).

34 Die führenden Effectuation-Forscher sprechen in diesem Zusammenhang von der »Pluralisierung von Entscheidungsprozessen in Unternehmen auf Basis unterschiedlicher Annahmen von Rationalität« (Dew, Sarasvathy, Read & Wiltbank, 2008).

all seine Geschäftsbereiche integriert hat. Das Forscher-Team beschreibt in der Folge auch genauer, worauf es ankommt, damit in Unternehmen effektuiert werden kann und welche Nutzen sich daraus ergeben.

5.1.5 Karriereentwicklung

Am Arbeitsmarkt hat die Dynamik und Komplexität in den vergangenen Jahrzehnten drastisch zugenommen. Ganz egal, ob man sich als Schülerin Gedanken über die Berufswahl macht, als Angestellter über berufliche Veränderungen nachdenkt, durch Veränderungen im Arbeitsumfeld zu Karriereüberlegungen gezwungen wird oder arbeitslos um seine berufliche Rolle in der Zukunft ringt – man ist mit großer Wahrscheinlichkeit mit Ungewissheit konfrontiert. Das wirft die Frage auf, was Effectuation in der beruflichen Karriereentwicklung beitragen kann.

Der Abschnitt 5.6 »Karriereentwicklung« von Helfried Faschingbauer (S. 166) widmet sich den Fragen, ob, warum und wie Effectuation für die Gestaltung beruflicher Karrieren eingesetzt werden kann und gibt erste Antworten anhand praktischer Erfahrungen aus der Begleitung von Arbeitssuchenden.

5.1.6 Beratung und Coaching

Lässt sich Beratung nach der Logik von Effectuation aufbauen? Nach den Erfahrungen des Autors lautet die Antwort eindeutig »ja«. Immer dann nämlich, wenn es um den Umgang mit Ungewissheit geht – für Einzelpersonen und Gruppen genauso wie für Organisationen. In diesem Buch befassen wir uns mit Beispielen aus der Karriereberatung (Abschnitt 5.6, S. 166) und aus der Organisationsberatung (Abschnitt 5.3, S. 140). Aber auch Führungskräfte-Coaching, Gründerberatung und Selbstmanagement sind potenzielle Beratungsfelder, in denen Effectuation eingesetzt werden kann.

Beratung nach Effectuation verzichtet zunächst auf die Rituale der Zielentwürfe und fragt nach den Mitteln, die zur Verfügung stehen. Dazu zählen auch geäußerte Wünsche und Zielvorstellungen über die eigene Zukunft – diese müssen also nicht tabuisiert werden. Die Beraterin kann sich am dynamischen Modell von Effectuation orientieren und fragen: »Was steht heute, hier und jetzt zur Verfügung?«, und was dies auch sein möge: »Was lässt sich heute damit – unter der Prämisse des leistbaren Verlusts – Sinnvolles anstellen?«

Wir sehen, wohin das führt: ins erkundende Handeln. Das ist ein zentraler Nutzen, den Effectuation im Beratungskontext stiften kann: ins Tun kommen und das Machbare in kleinen Schleifen angehen, auch wenn der Kopf noch nicht genau weiß, wo das hinführen kann. Das funktioniert auch dann, wenn das innere Erleben nicht auf Zielkurs gebracht ist, innere Multivalenz nicht aufgelöst ist und erst recht kein fertiger Plan auf dem Tisch liegt. Je nach Ausgangssituation und Ressourcen-Zugang fallen die erkundenden Schleifen der Kundinnen kleiner oder größer aus und in der Erkundung verändert sich das Erleben.

Wissen über und Erfahrung mit Effectuation ersetzen keineswegs fundierte Beratungs- oder Coaching-Ausbildungen. Deren Ansatz sollte allerdings Effectuation-kompatibel sein, was zum Beispiel bei systemischen (insbesondere hypnosystemischen) Beratungsansätzen der Fall ist. Diese verfügen jeweils auch über reichhaltige Werkzeugkoffer, deren Inhalt sich nach der Logik von Effectuation anpassen, anordnen und situativ einsetzen lässt. Im Abschnitt 5.7 (S. 178) setzt sich Gunther Schmidt mit Zielkonstruktionen, die Probleme verursachen, auseinander und beschreibt wirkungsvolle Interventionen aus der hypnosystemischen Beratungs- und Coachingpraxis. Auch die in der Toolbox (Kapitel 6, S. 195) beschriebenen Werkzeuge eignen sich gut zum Einsatz in Beratungs- und Coaching-Kontexten.

5.1.7 Weitere potenzielle Anwendungen

Je länger man sich mit Effectuation beschäftigt, desto öfter stößt man auf Handlungsfelder, in denen Effectuation bereits wirkt oder nutzbringend eingesetzt werden könnte. Einige davon werden im Abschnitt 5.8 (S. 189) skizziert.

5.2 Unternehmensgründung

Von René Mauer

Effectuation basiert auf Forschungsergebnissen, die in einer Studie mit Mehrfach-Gründern entstanden sind. Die Gründer wurden mit unternehmerischen Fragestellungen konfrontiert und zeigten erstaunlicherweise eine geringe Begeisterung für vorhersagebasiertes Verhalten. Die Frage, die sich hier stellt: Ist Effectuation damit ein reines Experten-Phänomen? Erlaubt lediglich langjährige Gründungserfahrung, dass man mit ungewissen Situationen gut umgehen kann? Oder greifen auch die Anfänger unter den Gründern in frühen Phasen zu Effectuation? Und wenn ja: Was macht unter diesen Umständen Effectuation aus? Dieser Abschnitt diskutiert Effectuation im Kontext technologiebasierter Unternehmensgründungen. Die Effectuation-Elemente werden dabei in folgender Reihenfolge angesprochen: Beginn bei verfügbaren Mitteln, Einbeziehung von Unvorhergesehenem, Aufbau von Partnerschaften, Wahl eines überschaubaren Risikos.

5.2.1 Fallstudie PicoLAS

Das Gründerzentrum an der RWTH Aachen (www.ae-portal.de) hat sich zur Aufgabe gemacht, Technologiegründungen aus der Universität heraus zu fördern. In diesem Prozess entwickelte sich folgende Kernfrage für eine erfolgreiche Gründungsförderung: Wie werden Technologien eigentlich auf den Markt gebracht? Die Erfahrungen aus dem Gründerzentrum der RWTH Aachen zeigen, dass unter den diversen Technologiegründungsprojekten immer einige einen erfolgreicheren Prozess durchlaufen als andere. Eine Studie des Gründerzentrums hat dies an acht technologiebasierten Gründungsprojekten genauer untersucht (Mauer, 2009). Keiner der Gründer war erfahrener Unternehmer. Stattdessen waren alle von einer Technologie aus gestartet, mit dem Ziel diese zu vermarkten. Die Kombination von geringer Vorhersagbarkeit über die Entwicklungs- und Einsatzmöglichkeiten der Technologie und die frühe Entwicklungsphase der Gründungsprojekte stellte Forscher und Praktiker vor folgende Frage: Entweder diese Personen zeigen in Teilen eine Vorgehensweise nach Effectuation, oder die Gründer müssen einen anderen Weg gefunden haben, mit wenig Informationen auszukommen.

PicoLAS (www.picolas.de) ist eines dieser acht Gründungsunternehmen, und PicoLAS hat die Frühphase erfolgreich durchlaufen. Das Unternehmen entwickelt und produziert kurzgepulste Stromquellen und Treiber für Laserdioden. Innerhalb kürzester Zeit konnte sich PicoLAS in diesem Segment europaweit einen Namen machen und sich erfolgreich im Markt etablieren. Es gibt Mitarbeiter, eigene Räumlichkeiten, und vor allem: Kunden. Abbildung 23 zeigt die zeitliche Entwicklung von PicoLAS im Überblick.

1999	März	Diplomarbeit in gründungsrelevantem Technologiefeld
2000	Februar	Beginn der Promotion
2003	März	Teilnahme an Gründertraining
2003	August	Gründung eines Ingenieurbüros
2004	Januar	Erstellung des ersten Businessplans
2004	Mai	Prämierung im lokalem Businessplanwettbewerb
2004	August	Einstellung des ersten Mitarbeiters
2004	Dezember	Abschluss der Doktorarbeit
2005	Januar	PFAU-Förderung* und Umzug in eigene Räume innerhalb des Instituts
2005	Februar	Erstkontakt mit Distributor
2005	Mai	Frühphasenfinanzierung durch lokalen Fonds und Gründung der GmbH
2005	September	Verkauf des ersten standardisierten Produkts
2006	Oktober	Bewilligung eines Forschungsprojekts mit PicoLAS als Industriepartner
2007	Juni	Risikokapitalfinanzierung
2009	November	Einstellung eines kaufmännischen Geschäftsführers

* PFAU = »Programm zur finanziellen Absicherung von Unternehmensgründungen aus Hochschulen« des Ministeriums für Wissenschaft in Nordrhein-Westfalen.

Abb. 23: Übersicht über die Entstehung von PicoLAS

2009 wird PicoLAS mit seinen Kunden eine größere sechsstellige Umsatzzahl erreichen. Bei Kindern würde man in diesem Stadium wohl davon sprechen, dass sie »aus dem Gröbsten heraus« sind. Niemand würde hier noch von einem Gründungsprojekt sprechen. PicoLAS ist in der Zwischenzeit ein Start-up-Unternehmen geworden, das sich nun verschiedenen Wachstumsherausforderungen gegenüber sieht.

Dr. Markus Bartram, Gründer von PicoLAS[35]: »*Wir sind als Spin-off aus dem Institut für Stromrichtertechnik und Elektrische Antriebe (ISEA) der Rheinisch-Westfälischen Technischen Hochschule (RWTH) Aachen gestartet. Und jetzt ist hier ein Unternehmen, und das entwickelt und produziert Stromquellen für Diodenlaser und andere Anwendungen.*«

5.2.2 Ungewissheit – Grundproblem technologiebasierter Gründung

Was macht ein Gründungsvorhaben eigentlich so ungewiss? Für ein Gründungsprojekt können mehr oder weniger Informationen vorliegen, die ein Gründer nutzen kann, um alle notwendigen Entscheidungen zu planen und zu treffen. Zusätzlich können diese Informationen unterschiedlich verlässlich sein. Will man eine Eisdiele in einer Stadt eröffnen, gibt es üblicherweise bereits ausreichend Beispiele anderer Eisdielen, anhand derer man Informationen sammeln kann, angefangen vom Produkt, über die Kunden, Preis, Marketing, Ladenausstattung bis hin zu Finanzierungsvolumen und Finanzierungsquellen. Das Vorhandensein dieser Informationen macht ein solches Geschäft in der Regel in weiten Teilen planbar. Für junge Technologien sieht das häufig anders aus. Informationen fehlen vollständig oder sind bestenfalls vieldeutig.

Während also Gründungsaktivitäten generell als ungewisse Projekte gelten, gibt es unter allen Gründungen starke Unterschiede. Das Geschäftsmodell beantwortet in der Regel die zentralen Fragen im Kontext einer Gründung: *Was* biete ich *warum* und *wie* an? *Was, warum,* und *wie* stellen jeweils eine Quelle für Ungewissheit dar: Die Eisdiele hat im Vergleich ein simples, auf Kundenbedürfnissen aufbauendes Geschäftsmodell. Die Gründung beginnt bei dem Bedürfnis des Passanten nach kühler Erfrischung. Dadurch ist das *Warum* (Erfrischung) geklärt, genauso das *Was* (Eis). Der Gründer muss sich in diesem Fall vor allem Gedanken um das *Wie* (Aufbau einer Eisdiele) machen. Technologiebasierte Gründungen starten im Gegensatz dazu am anderen Ende. Ausgehend von dem Was bzw. der Lösung (in der Regel aber lediglich einem technologischen Prinzip und noch keinem fertigen Produkt) suchen sie dazu im

---

35 Die Zitate basieren auf einer Datenerhebung im September 2007 sowie auf verschiedenen Coachingeinheiten in 2008 und 2009.

Anschluss das *Warum* (ein Anwenderproblem). Es existiert also häufig nur eine diffuse Idee des *Was*, es fehlen zudem Informationen zum *Wie*, und vor allem auch die Antwort auf das *Warum*. Der Gründer von PicoLAS, Markus Bartram, bringt die Ungewissheit der Frühphase auf den Punkt:

»*Ich hatte einen gewissen – eigentlich einen riesigen – Respekt vor dem Thema Selbstständigkeit, weil ich nicht wusste, was auf mich zukommt. Deswegen hatte ich zum Beispiel im Jahre 2003 das Gründertraining mitgemacht. Einfach, um überhaupt erst mal zu verstehen, was da auf mich zukommt.*«

5.2.3 Persönlichkeit, Wissen und Netzwerk des Gründers

Markus Bartram entwickelt von Kindesbeinen an ein ständig wachsendes Interesse an Lasertechnologie. Er genießt jeden Kontakt mit der Technologie und verbringt viel Zeit damit, an und mit Lasern zu arbeiten. Seine Studienwahl Elektrotechnik basiert auf frühen Erfahrungen mit Laser-Produkten der Unterhaltungsbranche, die er während eines Schülerjobs kennenlernt. Markus Bartram wird zu einem Fan der Lasertechnik.

»*Lasertechnik ist allgemein doch nur bekannt aus irgendwelchen James-Bond-Filmen oder Barcode-Scannern. Dass heute eigentlich jeder einen äußerst leistungsfähigen Laser besitzt, zum Beispiel im DVD-Brenner, ist kaum geläufig. Und dass der Laser, obwohl er eigentlich ohne sinnvolle Anwendung erfunden worden ist, aus keinem industriellen Prozess mehr wegzudenken ist, ist doch wirklich eine unglaubliche Geschichte. Ich entsinne mich, dass ich meinen Vater früher immer gelöchert habe, was ein Laser ist und wie der funktioniert.*«

Der Grundstein für die technologische Entwicklung wird im März 1999 gelegt:

»*Ich bin durch das Institut gegangen und habe nachgefragt, wer Diplomarbeiten vergibt. Mein späterer Betreuer machte daraufhin ein paar Vorschläge im Bereich Messtechnik. Ich wollte aber lieber große Ströme machen. Wir haben kurz diskutiert, und dann hatten wir uns geeinigt. Aus diesem Projekt ist dann irgendwann PicoLAS entstanden.*«

Mit den Ergebnissen seiner Diplomarbeit präsentiert Markus Bartram ein Verfahren, Laserdioden mit sehr kurzen elektrischen Stromimpulsen anzusteuern, ohne diese – im Gegensatz zu Vorgänger-Verfahren – zu zerstören. Die Begeisterung für die Technologie überträgt Markus Bartram auf seine Gesprächspartner. Der leidenschaftliche Sportschütze und mehrfache Deutsche Meister schießt zwar nicht mit Laserstrahlen, ist aber fasziniert von den Möglichkeiten der Technologie und entwickelt gleich zu Anfang der Gründungsaktivitäten eine konkrete Produktidee für ein komplexes Lasersystem. Es soll ein ultrakompakter und mobiler Laserbeschrifter zur Beschriftung von beispielsweise Halbleiterchips oder Verpackungsmaterialien entstehen.

»Ich habe dann auf einer Laserkonferenz in 2003 ein Paper mit Messergebnissen eingereicht, die ich tatsächlich bei mir zu Hause gemacht hatte. Das betreuende Institut hatte mir den alten Aufbau aus meiner Diplomarbeit zur Verfügung gestellt. Den hab ich dann noch mal aufgebaut, habe neue Messungen gemacht, habe neues Diodenmaterial getestet und habe damals schon gezeigt, dass es möglich ist, mit einer Halbleiterlaserdiode direkt zu beschriften. Dazu habe ich auf der Konferenz sehr viel positive Resonanz bekommen. Viele gaben mir Hinweise, was ich untersuchen sollte. Das hat sich zum Glück alles als nicht so problematisch herausgestellt. Ja, so dass ich im Prinzip dann so überlegt habe, so Ende 2003, ob das nicht doch irgendwas wäre, sich mit einem Laserbeschrifter selbständig zu machen. Ich hätte es einfach als zu schade empfunden, wenn die Technologie wieder in einem Pappkarton unter einem Schreibtisch verschwunden wäre.«

Der Laserbeschrifter wird zu einem konkreten Ziel in der frühen Phase von PicoLAS. Jedoch dominiert das Ziel nicht den Beginn der Unternehmensentwicklung. Bei PicoLAS wird deutlich, dass persönliche Präferenzen und die darauf aufbauende wachsende Expertise aus Ausbildung und Forschung im Vordergrund stehen. Dadurch entsteht für Markus Bartram die Möglichkeit, das Hobby zum Beruf zu machen. Die selbst organisierte Diplomarbeit verdeutlicht dabei die Energie aus der Kombination von persönlichen Präferenzen und gesammeltem Wissen, die Markus Bartram auf einen Effectuation-Weg in Richtung der PicoLAS-Gründung führt. Ebenso hat die Antwort auf die Frage »Wen kenne ich?« entscheidenden Einfluss. Markus Bartrams Netzwerk wächst. Kontakte zu Forschern in der lebhaften Aachener Forschungslandschaft bilden gemeinsam mit der steigenden Anzahl von Konferenzkontakten die Basis für wichtige Teile der Projektentwicklung.

»Viele Kontakte zu großen Unternehmen sind ehemalige Mitarbeiter der Institute, an denen ich beschäftigt war. Die kenne ich noch aus der Zeit damals, und die sagen jetzt: Das ist aber prima, dass du damit gegründet hast. Einige sind meine Kunden. Letztlich hat es die Summe aller Kontakte gebracht. Als Einzelkämpfer hätten wir, vor allen Dingen ohne einen Markt, ohne die guten Kontakte, keine Chance gehabt.«

Statt durch eine aufwändige Suche nach einer unternehmerischen Gelegenheit mit Potenzial entsteht PicoLAS auf Basis eines Informationenbündels, das in der Gründerperson selbst seinen Ursprung hat. Dieses Vorgehen erleichtert den Anfang des Gründungsprozesses, weil der Technologiegründer lediglich Selbstreflexion einsetzen muss, um die notwendigen Informationen für die ersten Effectuation-Schritte zu erhalten.

5.2.4 Ideen breitem Feedback aussetzen

Im Februar 2000 nimmt Markus Bartram eine Assistentenstelle am Institut für Stromrichtertechnik und Elektrische Antriebe (ISEA) der RWTH Aachen an. Parallel zu seiner Doktorarbeit im Bereich Windkraftanlagen forscht er privat weiter an der Laser-Technologie aus seiner Diplomarbeit. Die aus der Forschung resultierenden Messergebnisse stellt er schließlich auf einer Laserkonferenz vor. Sie werden mit großem Interesse aufgenommen. Im März 2003 besucht Bartram ein Existenzgründerseminar des Gründerzentrums der RWTH Aachen, um sich mit den notwendigen Schritten von der Idee des Ingenieurs bis hin zur Gründung des eigenen Unternehmens vertraut zu machen. Um die mittlerweile zunehmenden externen Anfragen für Entwicklungsarbeiten offiziell neben der Assistententätigkeit bearbeiten zu können, gründete er mit dem »Segen« seines Professors im August 2003 zunächst kurzerhand ein Ingenieurbüro. Noch im gleichen Monat kann der erste Prototyp einer Laserstromquelle an ein Institut in Karlsruhe verkauft werden.

»Ich durfte neben der Promotion das Ingenieurbüro betreiben. Dadurch konnte ich verschiedene Kontakte wieder aufwärmen, und ich habe für eine Laserfirma tatsächlich eine Stromversorgung gebaut, wenn auch nur für einen Gaslaser. Das hätte auch was werden können, habe ich aber später dann nicht weiter verfolgt.«

Einmal begonnen müssen die Gründungsaktivitäten eine Richtung erhalten. In der Effectuation-Logik entsteht diese Richtungsweisung durch Informationen, die auf einer Öffnung nach außen und dem Einholen von Feedback basieren. Überraschende Informationen und Anregungen sind dabei keineswegs unüblich, sondern vielmehr die Regel und sogar das Ziel. Bei PicoLAS ist Feedback aus dem Netzwerk dafür ausschlaggebend, dass der Ursprungsplan zum Bau des Laserbeschrifters zunächst zugunsten der Herstellung von Laserkomponenten geändert wird.

»Wir wollten den Fokus nicht aus den Augen verlieren. Trotzdem haben wir zu Anfang gesagt, dass wir lukrative Aufträge, die ziemlich dicht links und rechts neben der Fahrbahn liegen, nicht ignorieren können. Wir haben uns in der Anfangsphase wirklich von Auftrag zu Auftrag gehangelt. Das sah dann irgendwann anders aus, und dann wurde langsam auf so eine Art Kerngeschäft fokussiert.«

Kunden geben PicoLAS den wichtigen Hinweis auf ihre unmittelbaren Bedürfnisse und versorgen Markus Bartram auf diese Weise mit wichtigen Informationen über das Warum in Form eines real existierenden Marktbedürfnisses. Der Ursprungsplan wird nicht vollständig aufgegeben, aber unter Erwägungen zu Machbarkeit und vertretbarem Aufwand aufgeschoben. Zudem lernt PicoLAS von und mit seinen Kunden, denn es zeigt sich, dass erst der Anwender weiß, was das Produkt können und vor allem aushalten muss.

»Wir haben von einer Stromquelle einmal zehn Stück an ausgewählte Kunden geliefert. Kurz danach bekamen wir alle zehn kaputt wieder zurück. Alle hatten etwas komplett anderes damit gemacht als wir gedacht hatten.«

Das sich entwickelnde Interesse wird zunächst nicht kanalisiert oder in nur eine bestimmte Richtung verfolgt. Dies kann zu einer Überlastung in der Frühphase führen. Andererseits ergeben sich hier Möglichkeiten, die eigenen Lösungen an verschiedenen Stellen in Bezug auf ihren tatsächlichen Kundenwert zu prüfen. Markus Bartram vermeidet zunächst günstigerweise die Ablehnung von Kunden und erlebt die eine oder andere Überraschung.

»Ein Kunde kam auf uns zu, als wir stark überlastet waren. Ich wollte ihn aber nicht abweisen. Daher habe ich gesagt, dass es vermutlich sehr teuer werden würde. Und der Kunde sagte: Wir haben ein sehr großes Problem. Wir können uns sicher einigen.«

5.2.5   Reifung durch die Unterstützung von Partnern

Eine wichtige Stütze findet Markus Bartram im eigenen Forschungsinstitut. Er erhält Unterstützung durch Professoren und Forschungsgruppenleiter. Er kann auf unkompliziertem Wege Räume, Anlagen und Material mitbenutzen, ohne sofort sämtliche Strukturen selbst aufbauen zu müssen. Außerdem vermitteln die Unterstützer Kontakte über ihre eigenen Netzwerke. Das Institut entwickelt sich für PicoLAS zum Inkubator.

»Der Institutsleiter ist der Meinung, man möge eine Gründung doch einfach mal probieren. Das ist auf jeden Fall besser, als wenn eine gute Idee einfach in einer Schublade verschwindet. Es war besonders wichtig, dass gerade der Professor hier sehr offen für das Thema Gründung war.«

Im August 2004 stellt Markus Bartram seinen ersten Mitarbeiter für das Ingenieurbüro ein. Im Dezember 2004 beendet er erfolgreich seine Promotion. Einen Monat später wird PicoLAS das Förderprogramm PFAU bewilligt. Markus Bartram erhält so die Gelegenheit, die Konzeption der Existenzgründung für die Dauer von zwei Jahren im Rahmen einer halben Stelle an der Hochschule voranzutreiben. Kurz darauf werden die ersten eigenen Einrichtungen bezogen und ein Kooperationsprojekt mit einem Industriepartner angestoßen.

»Wir haben dem Institut einige Geräte verkauft, und die haben auch sehr gute Erfolge damit gehabt. Das hatte natürlich viele Vorteile. Die sind quasi Beta-Tester. Sie bekamen die Produkte etwas preiswerter, dafür fanden sie den Fehler.«

Mit einer wachsenden Zahl von Partnern wachsen die Erwartungen. Für Markus Bartram steigt der Druck, mit standardisierten Produkten Geld zu verdienen. In diesem Zusammenhang wird ihm bewusst, dass der Laserbeschrifter zu lange brauchen würde. Die Stromquellen rücken in den Vordergrund. Im Februar 2005 geht er dafür eine Partnerschaft mit einem Distributor ein. Dies ermöglicht die Ausweitung der Vermarktungsaktivitäten für die PicoLAS-Produkte.

»*Anfang 2005 saß der Chef eines Distributors hier – lange, bevor wir wirklich offiziell gegründet hatten. Der hatte von uns gehört. Ob er nicht unsere Stromversorgung in sein Produktprogramm mit aufnehmen könnte, er würde da eine Marktlücke sehen.*«

Auf dem Weg zum verkaufsfähigen Produkt entsteht für PicoLAS Kapitalbedarf. Ein Frühphaseninvestment wird durch die GründerStart GmbH geleistet, einem Joint Venture von Industrie- und Handelskammer (IHK) Aachen und der Rheinisch-Westfälischen Technischen Hochschule (RWTH) Aachen. Auf dieser Basis wird schließlich im Mai 2005 die PicoLAS GmbH gegründet und kurz darauf die Entwicklung des ersten standardisierten Produkts abgeschlossen.

»*Wir haben ein paar sehr interessante Projekte machen können, z. B. für ein Institut von der Universität Karlsruhe. Da ging es um Grundlagenforschung an organischen Laserdioden. Das Institut hat inzwischen unser Produktprogramm einmal rauf und runter gekauft. Ein wichtiger Partner wurde so zum Kunden.*«

Im September 2005 wird das erste Serienprodukt von PicoLAS verkauft. Im Oktober 2006 kann PicoLAS als Unternehmenspartner eines umfangreichen Forschungsprojekts eine Schlüsseltechnologie zur Erforschung von Faserlasern liefern. Im Juni 2007 beteiligt sich der High-Tech-Gründerfonds (HTGF) mit einer Investition von 500.000 Euro an PicoLAS. Die Entwicklungs- und Fertigungskapazitäten können dadurch weiter ausgebaut werden. Dies ermöglicht einen weiteren Wachstumsschritt. Aufbauend auf der Kerntechnologie können einige neue Anwendungen für Diodenlaser erschlossen werden.

5.2.6 Ein überschaubares Risiko wählen

In der gesamten Entwicklung investiert Markus Bartram nachhaltig. Dies bedeutet, dass er Zeit und Geld nur in einem Maß einsetzt, dass es sich in Summe um eine Investition von überschaubarem Umfang handelt. Dazu begrenzt er beispielsweise den Zeitraum, den er sich zunächst für PicoLAS nimmt; außerdem beginnt er die Aktivitäten als Teilzeitbeschäftigung. Für die weitere Entwicklung setzt Markus Bartram schließlich frühzeitig auf Partnerschaften und deren Beiträge für PicoLAS. Die Temperatur beim »Sprung ins kalte Wasser« wird durch diese Vorgehensweise deutlich angenehmer.

»Es gab eine echte Entscheidung, die ich gefällt habe, und zwar im Spätsommer 2004, als ich mir gesagt habe, dass für eine Gründung drei Faktoren zusammen kommen müssen: erstens, dass wir Räumlichkeiten zur Verfügung gestellt bekommen, zweitens, dass die PFAU-Förderung genehmigt wird, und drittens, dass ein Industrieprojekt anläuft, für dessen Akquise ich viel Aufwand betrieben hatte.«

Lehrbücher sprechen eine klare Sprache für die Investitionsplanung von Fällen wie PicoLAS. Sie gehen davon aus, dass die Marktbedürfnisse einfach zu identifizieren sind. Für das Ziel des Laserbeschrifters beispielsweise wären bestimmte Anlagen und Materialien notwendig geworden. Die Investitionssumme hätte finanziert werden müssen. Markus Bartram entscheidet anders.

»Uns fehlte einfach das Geld, um den Beschrifter zu realisieren. Da hätte die Finanzierung schon siebenstellig sein müssen. Wir wollten das Ziel nie aus den Augen verlieren, aber zunächst bot sich einfach eher das OEM[36]- und Modulgeschäft an.«

Anstatt das zu kaufen, was für das große Projekt notwendig gewesen wäre, beschränkt sich Markus Bartram auf die für die nächsten Schritte notwendigen Mittel. Auf diese Weise kauft PicoLAS zunächst nur das, was nicht auch anderweitig dem Projekt zur Verfügung gestellt werden kann. Markus Bartram beginnt bei sich selber, indem er in für ihn vertretbarem Maße private Mittel und Mittel aus vorhergehender Geschäftstätigkeit verwendet, und schließlich Mittel von Partnern in für diese vertretbarem Umfang erhält. Aus der gewohnten Umgebung des inkubierenden Instituts hat sich PicoLAS in der Zwischenzeit herausgelöst und damit einen Schritt in Richtung festerer Unternehmensstrukturen gemacht. Ein Stück Flexibilität geht dabei verloren.

»Wirklich den Schritt zu tun und die Räume hier jetzt zu verlassen, fällt mir eigentlich nur aus dem Grund schwer, dass wir die guten Kontakte, um irgendwelche Fragen zu klären und den unmittelbaren Zugriff auf Studien- und Diplomarbeiten ein bisschen verlieren würden.«

5.2.7 Effectuation und der Businessplan

Im Januar 2004 arbeitet Markus Bartram die eigene Geschäftsidee erstmals in Form eines Businessplans strukturiert aus. Im Mai 2004 bewirbt sich Bartram mit diesem Geschäftskonzept für das Programm zur finanziellen Absicherung von Unternehmensgründern aus Hochschulen (PFAU) des Ministeriums für Wissenschaft und Forschung in Nordrhein-Westfalen. Im gleichen Monat nimmt

---

36 OEM = Original Equipment Manufacturer

er am überregional ausgerichteten Gründungswettbewerb »start2grow« teil. Der angehende Unternehmer wird für einen der besten Businesspläne ausgezeichnet und mit einem Geldpreis von 5.000 Euro belohnt. Außerdem zählt das Konzept beim regionalen Gründungswettbewerb »AC^2« zu den zehn Gewinnern, die mit Preisgeldern in Höhe von jeweils 1.000 Euro prämiert werden.

Obwohl es in Deutschland eine Vielzahl von Gründungsförderern gibt, muss jedes Projekt auch hier erst einmal überzeugen. Businessplanwettbewerbe bieten dabei eine gute Möglichkeit, die Partnersuche zu üben. Komplizierter wird es dann früh genug, wenn die Suche auf Forschungspartner, Lieferanten und vor allem Kunden ausgedehnt wird.

»Ich wusste, dass es ein relevantes Problem gibt, als auf einmal so ziemlich alle der Großen begannen, mit uns zusammenarbeiten – wirkliche Konzerne mit vielen tausend Mitarbeitern. So hab ich das Gefühl entwickelt, dass es kein kleines Problem ist oder keine kleine Aufgabenstellung, so etwas umzusetzen. Wäre es trivial, hätten es die Großen längst selbst gelöst.«

Hat PicoLAS mit seinem Businessplan neben allen Effectuation-Elementen doch traditionelle Wege beschritten? Der Businessplan entsteht relativ früh. Allerdings unterstreicht Markus Bartram dabei vor allem seine Bedeutung für die Kommunikation mit Finanzierungspartnern. Damit stellt er eine Effectuation-Interpretation des Businessplans als Überzeugungsinstrument in der Partnergewinnung in den Vordergrund.

»Ohne einen Businessplan hätte es einfach keine Möglichkeit gegeben, Geld außerhalb von Forschungsprojekten für PicoLAS einzuwerben.«

Gleichzeitig offenbart Markus Bartram, dass ihm der Plan operativ in der Frühphase nur wenig geholfen hat. Er erkennt einen strukturierenden Effekt für den eigenen Denkprozess an. Auf der anderen Seite stört ihn, dass sich die Situation in der Frühphase immer so schnell verändert und er mit der Anpassung des Schriftstücks nicht mehr nachkommen kann. Darüber hinaus fällt es ihm schwer, die Zahlenspiele in der Finanzplanung auf Basis weniger oder wenig verlässlicher Informationen zu erstellen.

»Wir haben festgestellt, dass das Planen eigentlich nicht möglich war. Solange der Markt so dynamisch ist, kann ich nicht sagen, wie viel Stück ich wovon verkaufen werde. Also, ich behaupte, dass gerade in diesen Excel-Zahlenwerken, je nachdem wie man daran dreht, alles dargestellt werden kann. Sicherlich ist richtig, dass man sich mal strukturiert Gedanken macht: Wer sind denn die Kunden, wer sind Mitbewerber, kann das überhaupt gehen? Also praktisch zur Strukturfindung, um die Gedanken ein bisschen zu sortieren. Da kann ein Businessplan auch in der Anfangsphase richtig und wichtig sein.«

Vor diesem Hintergrund enthält eine frühe Businessplanversion von PicoLAS unter anderem eine vollständige Kostenplanung für den Bau des angedachten Laserbeschrifters, jenem System, das bis heute nicht zum Produktportfolio von PicoLAS gehört.

5.2.8 Fazit: Effectuation ist ein wertvolles Instrument für den ungewissen Gründungsprozess

Universitäten bringen besonders viele Technologien hervor, auf die die Geschichte von PicoLAS passen könnte. Da sich alle diese Technologien dem Problem gegenüber sehen, erst noch die Entwicklung zu einer Anwendung durchlaufen zu müssen, bieten sich Unternehmensgründungen als Vehikel für diesen Innovationsschritt an. Unternehmertum wird so zum Mechanismus für Technologietransfer. PicoLAS selbst konnte bereits von einigen Programmen profitieren, und der politische Wille wächst, die Mechanismen für erfolgreiche Technologieverwertung weiter zu verbessern.

Effectuation spielt in dieser Diskussion bislang keine Rolle. Alle Programme fokussieren stark auf den Sinn und Zweck von Businessplänen und Businessplanwettbewerben. Deren Sinn und Zweck sei hier auch unbestritten. Die Entstehung von PicoLAS zeigt deutlich, dass viele der existierenden Mechanismen zur Förderung und Realisierung von Gründungsprojekten einen wichtigen Beitrag leisten. Jedoch sind sie nur bedingt geeignet, die Ungewissheit der Frühphase von vor allem technologiebasierten Gründungsprojekten zu reduzieren. Diese Ungewissheit basiert auf Prozessunerfahrenheit (dem Wie), aber auch auf dem Fehlen von Informationen zu Produkt (Was) und Marktanwendung (Warum) in der frühen Phase der Entwicklung.

PicoLAS wäre allein auf Basis der derzeit existierenden Förder- und Begleit-Mechanismen nie zu einem Start-up-Unternehmen geworden. Auch die Planung eines entstehenden Geschäfts bleibt unerlässlich. Allerdings muss die Überbrückung ungewisser Phasen ermöglicht werden – und da bietet Effectuation einen viel versprechenden Ansatz. Die Studie der RWTH Aachen zeigt, dass technologiebasierte Gründungen aus Hochschulen dann schneller zu Start-ups reifen, wenn sie intuitiv Effectuation anwenden. PicoLAS zeigt einige Effectuationelemente: Markus Bartram startete von einer grundlegenden Mittelbasis, suchte und nutzte aktiv Feedback, knüpfte Partnerschaften und behielt das Investitionslevel stets im Auge. Die Ergebnisse legen nahe, Effectuation verstärkt in die Gründerausbildung aufzunehmen.

Effectuation kann also als pragmatisch-verständliches Konzept zur Ungewissheitsreduktion für die ungewissen Frühphasen präsentiert werden. Bei erfolgreichen Mehrfachunternehmern abgeschaut und mit wissenschaftlichen Methoden erfasst, ist es ein interessantes Zusatzmodul im Instrumentenkasten eines jeden Technologiegründers. Gerade in der frühen Phase hat Effectuation das Potenzial, ihnen die Last zu nehmen, sich für Businesspläne aufwändige Informationspakete oder Geschichten ausdenken zu müssen. Aus dem Konzept kann zudem ein Leitfaden abgeleitet werden, welche Schritte die Gründer in ungewissen Anfangsphasen gehen können. Die traditionellen Instrumente aus dem Bereich von Strategie und Planung (linear-kausale Logik) sind damit jedoch alles andere als hinfällig. Sie sind über Jahrzehnte aus der Praxis von Großunternehmen entwickelt worden und finden ihre Rechtfertigung bei steigender Informationsdichte. Erreichen Gründungsprojekte einen solchen Entwicklungsstand, muss nicht unbedingt ein vollständiger Wechsel von Effectuation zu linear-kausaler Logik erfolgen, es sollte jedoch zumindest eine Zunahme vorhersagebasierten Verhaltens angestrebt werden.

Ausgestattet mit dem erweiterten Instrumentenkasten, machen erfolgreiche Technologiegründer schließlich eine persönliche Entwicklung durch, die bei stark gründerbezogener Effectuation-Aktivität beginnt und bei planvollem Manager-Handeln endet. Markus Bartram hat diese Regeln im Entwicklungsprozess von PicoLAS ohne Lehrbuch gelernt. Er ist auf dem Wege, PicoLAS auf eine neue Entwicklungsstufe zu bringen. Die Herausforderungen werden dabei wohl nicht weniger, aber wahrscheinlich anders. Schließlich gilt ja auch: Wenn Kinder aus dem Gröbsten heraus sind, dann ist die Pubertät nicht mehr weit.

5.3 Führung

Von Ruth Seliger

Was kann Effectuation – die Expertise erfahrener Unternehmer im Umgang mit Ungewissheit – zur Führung von Menschen und Organisationen beitragen? Dieser Abschnitt wird diese Frage keinesfalls umfassend beantworten. Anstatt Effectuation zielorientiert an Führung anzupassen, arbeiten wir mittelorientiert mit Theorien und Methoden, die schon da sind: Wir stellen *Positive Leadership* vor – das ist der Überbegriff für mehrere Forschungs- und Praxisfelder, die erstaunlich viele Gemeinsamkeiten mit Effectuation aufweisen – und bilden Nahtstellen zwischen Effectuation und Positive Leadership.

Das Verständnis von Führung, das diesem Abschnitt zugrunde liegt, ist ein systemtheoretisches: Führungskräfte sind Personen, die eine Dienstleistung an der Organisation verrichten. Diese besteht aus vielen kleinen Schritten und Tätigkeiten, die insgesamt dazu beitragen, dass die Organisation ihren Zweck erfüllt. Im systemischen Verständnis ist Führung allerdings eine *unmögliche Aufgabe*. Führungskräfte sollen schließlich Menschen und Organisationen führen. Beides sind keine Maschinen, die sich durch Knöpfe und Hebel steuern lassen, sondern sie sind lebende Systeme. Sie sind autonom in ihren Entscheidungen und folgen ihrer eigenen, inneren Logik (Seliger, 2008).

Wer dem entgegenhält, dass sich doch in der Praxis beobachten lässt, wie Führung durch Motivation, Anreize und Anordnungen funktioniert, möge nochmals hinsehen. Wenn wir in der Praxis nach Beispielen des Musters »Wenn die Führungskraft A tut, dann passiert heute X und morgen Y (und nicht jeweils B)« suchen, werden wir mindestens ebenso häufig fündig. Lebende Systeme sind störrisch und autonom, und es ist letztlich ein Ding der Unmöglichkeit, sie zu kontrollieren. Der Erfolg von Führung ist also letztlich ungewiss, und es lässt sich nicht entscheiden, was in der Führung richtig oder falsch ist. Trotzdem kann man etwas aus dem lernen, was bereits für andere Führungskräfte in bestimmten Situationen zu erwünschten Wirkungen führte. Die folgende Beschreibung von Positive Leadership und deren Verknüpfung mit Effectuation ist also als Angebot für Führungskräfte zu verstehen, die an ihrer Führungswirkung arbeiten möchten.

5.1.3 Positive Leadership

Positive Leadership baut auf eine große Anzahl aktueller, empirischer Erkenntnisse darüber, wie die Stärken, die Zufriedenheit und der Erfolg von Menschen und Organisationen zusammenhängen. Der größere Kontext von Positive Leadership ist die Erforschung der Eigenlogik lebender Systeme. In diese wiederum fließen aktuelle Erkenntnisse der Gehirnforschung, der Komplexitätsforschung (zum Beispiel Schwarmforschung), der modernen Quantenphysik, der Biologie und der verschiedenen Sozialwissenschaften ein. Im engeren Sinne ist Positive Leadership der gemeinsame Nenner aus zwei Forschungs- und mehreren Praxisfeldern, die zunächst unabhängig voneinander entstanden sind. Heute bilden sie jedoch gemeinsam eine Bewegung, die die Praxis der Führung um eine nützliche Perspektive bereichert.

Die beiden Forschungsfelder hinter Positive Leadership:
- **Positive Psychology**: Seit den 1990er-Jahren hat es eine wachsende Menge von Psychologen satt, sich immer mit den Schattenseiten der menschlichen Seele auseinanderzusetzen. In seinem mittlerweile in über 20 Sprachen übersetzten Bestseller »Der Glücksfaktor« zeigt Martin Seligman – klinischer Psychologe und Professor an der University of Pennsylvania –, dass es bei Menschen einen direkten Zusammenhang zwischen positiven Emotionen, Erfolgen im Beruf und guten intellektuellen Leistungen gibt. Zufriedenheit und positive Emotionen der Mitarbeiter sind für Unternehmen also erfolgsrelevant. Beides kann man messen und – was für Führungskräfte höchst relevant ist – systematisch fördern (Seligman, 2003).

- **Positive Organizational Scholarship (POS):** Die Protagonisten des Positive Organizational Scholarship befassen sich mit positiver Abweichung auf der Ebene von Unternehmen. Sie untersuchen, was in Organisationen dazu beiträgt, dass diese Außergewöhnliches leisten und stellen Verbindungen zur Haltung gegenüber den Mitarbeiterinnen und zur Mitarbeiterzufriedenheit her. POS geht von Kim Cameron und der University of Michigan aus und hat eine gewaltige Fülle an empirischen Erkenntnissen gewonnen. Auch POS weist einen eindeutigen Zusammenhang zwischen individueller Zufriedenheit und Höchstleistungen von Organisationen nach. Das hat weitreichende Implikationen im Hinblick darauf, wie Menschen und Organisationen geführt werden (Cameron, 2003).

Positive Leadership ist jedoch viel mehr als ein schicker Überbegriff für Forschung und Theoriebildung. Es stellt auch ein Set von Methoden und Instrumenten bereit, die sich im Change Management und in der Personalentwicklung bereits bewährt haben. Zu ihnen zählen eigenständige Methoden wie Appreciative Inquiry (vgl. S. 147), Strengths Based Management[37] (Buckingham & Clifton, 2007), Positive Deviation[38] (Cameron, 2008) und Instrumente der systemischen Beratung wie zum Beispiel spezielle Fragetechniken. Diese Methoden und Instrumente kann man also als vorhandene Mittel aus dem Kontext der Beratung betrachten. Mit Positive Leadership ziehen diese in den Kontext der Führung ein.

Um einem Missverständnis vorzubeugen: Positve Leadership ist nicht mit dem Konzept des positiven Denkens zu verwechseln, das in Motivationsseminaren und in der Ratgeber-Literatur weit verbreitet ist. Das Wort *positiv* kommt vom Partizip des lateinischen Verbs *ponere* für *setzen, legen und stellen*. Positive Leadership kann als Haltung verstanden werden, die mit dem arbeitet, was bereits *gesetzt*, also da ist. Gearbeitet wird mit vorhanden Ressourcen und Stärken, anstatt gewünschte (und ungewisse) Stärken in eine ungewisse Zukunft zu projizieren. Positive Leadership möchte Defizite, Probleme, Angst, Missgunst, Misstrauen, Wettbewerb und dergleichen nicht »wegdenken«. Es geht vielmehr um eine gezielte Fokussierung der Aufmerksamkeit auf vorhandene Ressourcen, damit diese ihre volle Wirkung in der Gegenwart entfalten können.

---

37 Die Grundidee von Strengths Based Management besteht darin, Organisationen rund um die Stärken und Qualitäten von Mitarbeiterinnen zu gestalten und Aktivitäten der Personalentwicklung ausschließlich auf die Weiterentwicklung von Stärken anstatt auf die »Beseitigung« von Schwächen zu richten.

38 Positive Deviation ist ein ressourcenfokussiertes Konzept zur Messung der Effizienz von Organisationen. Demgemäß wird die Effizienz von Organisationen nicht an der Differenz eines Sollzustandes vom Istzustand gemessen, sondern an Situationen, die über einen geplantes Soll hinausgehen. Die Analyse dieser »positiven Abweichungen« gibt mehr Aufschluss über die Potenziale der Organisation als die Analyse der »negativen Abweichung«.

Es würde den Rahmen dieses Buches sprengen, die Forschungsfelder, Methoden und Instrumente von Positive Leadership im Einzelnen zu beschreiben. Die Ansätze sind jedoch bestens dokumentiert und können in diversen Fachpublikationen nachgelesen werden.[39] Im Rahmen dieses Buches ist es uns jedoch wichtig zu zeigen, dass Positive Leadership für eine eigenständige Perspektive der Führung steht (so wie auch Effectuation für eine eigenständige Perspektive im unternehmerischen Denken und Handeln steht). Diese Perspektive lässt sich gut zu einer kausalen Führungsperspektive kontrastieren, in der Führungskräfte im Wesentlichen dazu da sind, die Zukunft vorherzusagen, Ziele zu vereinbaren, Probleme zu lösen und den Fortschritt am Weg zu bestimmten Zielen zu kontrollieren.

Die Perspektive des Positive Leadership fokussiert radikal auf die in der Organisation vorhandenen Mittel und Ressourcen. Führungskräfte beschäftigen sich mit der Gegenwart und ihren Potenzialen, mit der Förderung und Entwicklung derer, die für die Organisation arbeiten, mit der Analyse von Erfolgen und Stärken und mit der Kommunikation und Kooperation mit allen, die zu einer wünschenswerten Zukunft beitragen können und wollen. Kurz: Führungskräfte weisen nicht den Weg im Bezug auf die vorhersehbaren Aspekte der Zukunft, sondern sie organisieren die Expedition derer, die eine ungewisse Zukunft gemeinsam gestalten.

5.3.2 Nahtstellen von Effectuation und Positive Leadership

Sowohl Positive Leadership als auch Effectuation handeln vom Umgang mit lebenden Systemen. Die Erforschung lebender Systeme kann man sich als neu erbautes Haus mit vielen Zimmern vorstellen. Es steht gegenüber dem Altbau, in dem seit langem kausale Ursache-Wirkungszusammenhänge erforscht werden und in dem unter anderem die traditionellen Naturwissenschaften, die klassischen Ingenieurswissenschaften und die Managementtheorien des vergangenen 20. Jahrhunderts beheimatet sind. Positive Leadership ist eine Art Wohngemeinschaft in diesem neuen Haus, in der Forscher wie auch Praktiker wohnen. Effectuation residiert gleich nebenan. Im Folgenden schließen wir eine Verbindungstür zwischen Positive Leadership und Effectuation auf. Im Einander-Kennenlernen werden eine Reihe von Gemeinsamkeiten in den Denkhaltungen und Praktiken sichtbar. Effectuation muss in der Führung also nicht erst neu erfunden werden – sie ist in ihren Grundzügen bereits dort angekommen.

---

39 Siehe beispielsweise Cameron, 2008; Cooperrider & Whitney, 2005; Whitney, Rader & Troston-Bloom, 2010

Kausales Führungsverständnis	Positive Leadership
Führung ist auf die **Zukunft** fokussiert. **Ziele** sind daher das wichtigste Instrument des Führens: Ziele geben Orientierung, reduzieren die Komplexität und bündeln die Kräfte.	Führung nimmt die **Gegenwart** in ihren komplexen Dimensionen wahr und arbeitet mit dem ihr innewohnenden **Potenzial**. Dabei gilt es, die Komplexität zu nutzen und nicht zu vereinfachen.
Führung zeichnet über Ziele einen SOLL-Zustand, also einen normativen Rahmen für Entscheidungen.	Führung zeichnet über die Analyse der Gegenwart einen IST-Zustand der Realität.
Führung hat die Aufgabe, Probleme zu lösen.	Führung hat die Aufgabe, Potenziale und Entwicklungen zu fördern.
Führung stützt sich auf Zahlen: Was messbar ist, ist gestaltbar.	Führung stützt sich auf Kommunikation: Was beobachtet und besprochen werden kann, ist gestaltbar.
Lernen entsteht durch Analyse von Fehlern.	Lernen entsteht durch Analyse von Erfolgen.
Führung hängt von den Eigenschaften der Führungskraft/der Person ab.	Führung hängt von der Kultur der Organisation ab.
Führung bedeutet: zu wissen.	Führung bedeutet: zu fragen.
Führung ist eine Machtposition.	Führung ist eine Dienstleistung.
Führung ist ein rationales Geschäft in einem rationalen (Organisations-) Umfeld.	Führung ist ein soziales Geschäft in einem kommunikativen und emotionalen (Organisations-) Umfeld.
Führung hat die Aufgabe der Kontrolle.	Führung hat die Aufgabe der Kooperation.

Abb. 24: Gegenüberstellung von kausalem Führungsverständnis und Positive Leadership

Zyklische Prozesse

In Bereichen, in denen sich Führungskräfte sicher sein können, was morgen auf sie zukommt, ist es nach wie vor sinnvoll, linear-kausale Pläne zu erstellen. Doch worüber können sie sich wirklich sicher sein? Nicht einmal beim Bau eines Gebäudes lässt sich die Ungewissheit ausschließen – beim Bau des Sidney Opera House wurden beispielsweise die Baukosten um das Zehnfache und der Fertigstellungstermin um acht Jahre gegenüber der Planung bei Baubeginn überschritten.

Effectuation wie auch Positve Leadership zielen darauf ab, die Zukunft zu designen und zu kreieren, anstatt sie vorherzusagen. Das funktioniert in zyklischen, erkundenden Schleifen wesentlich besser als in linearen Abläufen. Im Zentrum von Positive Leadership steht die systemische Schleife, in der jeweils in kleinen

Zyklen Informationen gesammelt, Hypothesen gebildet und Handlungen gesetzt werden. Das entsprechende Element von Effectuation ist das dynamische Modell (siehe Abschnitt 2.2.1, S. 25), das permanente Schleifen auf Basis der eigenen Mittel und dem, was man daraus Wertvolles machen kann, anregt. Handeln im Sinne von Effectuation bedeutet, mit anderen kommunizieren und diese durch Vereinbarungen ins Boot holen. Beide Ansätze verzichten darauf, nach dem zu suchen, was »wahr« oder »richtig« ist. Wer braucht schließlich Wahrheit, wenn man untereinander aushandeln kann, was für alles Beteiligten nützlich ist?

Prinzip der Mittelorientierung
Führungskräfte, die sich vor allem als Problemfinder und Problemlöserinnen verstehen, haben einen mühseligen Job. Die Konzentration auf Probleme, Defizite und Mängel bindet enorm viel Energie. Sobald ein Problem oder Defizit formuliert ist, denkt man an Analyse, Identifikation von Lösungswegen und Arbeit am Soll-Zustand, der über die Abwesenheit des Problems definiert ist. Wie soll man in diesem Sumpf jemals den Kopf dafür freibekommen, an Vorhaben für eine wünschenswerte Zukunft zu arbeiten?

Effectuation wie auch Positive Leadership beginnen daher nicht bei der Analyse von Problemen und Defiziten (um daraus Verbesserungsziele abzuleiten), sondern setzen bei den Mitteln an. Im Positive Leadership sind dies die in der Organisation bereit vorhandenen Stärken, Ressourcen und Potenziale. Es macht einen großen Unterschied, ob man seinen Blick auf negative Abweichung (Wo müssen wir besser werden?) lenkt, oder ob man stattdessen nach bereits vorhandener Spitzenleistung und positiver Abweichung sucht.

Der Blick auf vorhandene Mittel bzw. Ressourcen beruht zunächst einmal auf einer wertschätzenden Haltung gegenüber der Vielfalt. Diese Haltung ist nicht selbstverständlich, und es braucht einiges an Beharrlichkeit und Kooperation zwischen Stakeholdern im Unternehmen, um sie herzustellen. Mittelorientiert führen kann in einer Organisation nur funktionieren, wenn die Kultur der Organisation das zulässt. In einem Umfeld, in dem die Angst vor Fehlern und das Trouble-Shooting den Alltag beherrschen, können mittel- und ressourcenorientierte Führungskräfte schwer gedeihen. Effectuators würden die bestehende Kultur zunächst als Randbedingung zur Kenntnis nehmen und darüber nachdenken, welche Vorhaben die Situation zulässt. Bei der Entscheidung zwischen möglichen Alternativen – Love it, change it or leave it – kann das Effectuation-Prinzip des leistbaren Verlusts gute Dienste tun.

Mittel- bzw. Ressourcenorientierung erfordert aber auch Werkzeuge für den Alltag. Glücklicherweise ist der systemische Instrumentenkoffer gut mit Instrumenten der Mittelorientierung bestückt, derer sich Effectuators wie auch Praktiker des Positive Leadership bedienen können. Die »Analyse des Situationspotenzials« (Abschnitt 6.1.5, S. 201) und das »Best-Self-Feedback« (Abschnitt 6.1.2, S. 198) sind zwei konkrete Beispiele dafür.

> Siehe auch Toolbox: Analyse des Situationspotenzials und Best-Self-Feedback

Prinzip der Umstände und Zufälle

Traditionelles Führungsverständnis nimmt gegenüber dem Ungeplanten, Überraschenden und Zufälligen eine eindeutige Haltung ein: Unerwartetes stört die Pläne und damit die Zielerreichung – ist also unerwünscht. Aus dieser Haltung heraus bedeutet Führung, dass Unerwartetes (Risiken, Störungen) zu antizipieren und zu verhindern ist. Tritt das Unerwartete trotzdem ein, so weiß man auch, was zu tun ist. Man muss den Fehler im System finden, analysieren und beheben. Schlüsselbegriffe wie »Risikomanagement«, »troubleshooting« und »Task-Force« aber auch »Total Quality Management« und »Null-Fehler-Toleranz« sind Ausdruck dieser Haltung und allesamt darauf ausgerichtet, den »Feind Fehler« auszumerzen.

Positive Leadership und Effectuation nehmen gegenüber dem Unerwarteten eine völlig andere Haltung ein: Sie trachten danach, aus Fehlern Kapital zu schlagen. Das geschieht nicht, indem man das Unerwartete einfach als zu behebendes Problem betrachtet, sondern indem man es als Gelegenheit zur Transformation begreift. Ungeplantes wird also nicht nur als zu behebendes Übel, sondern als Einladung zum Wandel verstanden.

Ein Beispiel: Wenn sich bei einer Fluglinie der unangenehme Umstand häuft, dass Gepäck von Passagieren verloren geht, dann kann man auf mindestens zwei verschiedene Arten damit umgehen. Man kann das Ziel »99,9 % des Gepäcks kommen an« formulieren, kausal analysieren, wo heute Gepäck verloren geht, Maßnahmen zur Behebung des Problems anordnen und die Zielerreichung überwachen. Ebenso kann man fragen: »Wie können wir mehr aus unserer Situation machen, sodass auch verlorenes Gepäck für uns und unsere Kundinnen kein Thema mehr ist?« Eine mögliche Antwort: »Wir bauen unsere vorhandenen Stärke im exzellenten Service am Kunden aus.« Als Nächstes kann man auf Basis von vorhandenen Mitteln (Kultur, Fähigkeiten, Stärken, Netzwerk und Beziehung zu Kundinnen) nach neuen Möglichkeiten des Service am Kundinnen zu suchen. Daraus entsteht vielleicht ein GPS-Tracking oder ein Tür-zu-Tür-Service für Gepäck, aber auch neue Wege, mit dem Fall »Kundin in London, Gepäck in Rom« umzugehen. Die Organisation verwandelt sich aus Anlass eines Fehlers in etwas, das sie selbst und die Kundinnen zuvor nicht kannten.

Vereinbarungen und Partnerschaften

Betrachtet man eine Organisation als Maschine in einer prognostizierbaren Welt, so hat das praktische Konsequenzen auf die Art und Weise, wie über die Optimierung dieser Maschinen nachgedacht wird. Es gilt schließlich, eine (vorgegebene) Aufgabe in der Zukunft bestmöglich zu erfüllen. Es ist die Aufgabe von Ingenieuren (= Führungskräften), die Konstruktion der Maschine so zu verbessern, dass dieses Ziel erreicht wird. Maschinen (= Organigramme) plant man am Reißbrett. Als Nächstes wechselt man Räder, Riemen und Steuerungen (= Mitarbeiter) und spielt die neue Software (= Stellenbeschreibungen und Prozesse) ein. Wenn die Ingenieure gut gearbeitet haben und die Schnittstellen gut geklärt waren, läuft die Maschine danach besser als zuvor.

Positive Leadership und Effectuation betrachten die Organisation als lebenden Organismus. Lebende Organismen entwickeln mitunter Abwehrreaktionen, wenn man rein mechanisch in sie eingreift. Sie haben jedoch die Fähigkeit, sich selbst zu organisieren. Wie genau sich Zellen für einen gemeinsamen Zweck neu formieren, handeln sie durch Kommunikation untereinander aus. Effectuation und Positive Leadership sind daher kein rein rationales Ingenieursgeschäft, sondern nehmen soziale Aufgaben wahr. Führungskräfte haben darin die Aufgabe, für effiziente Kommunikation zwischen allen Teilen des Organismus zu sorgen.

Beobachtet man die Methoden und Instrumente von Positive Leadership in Aktion, so findet man an vielen Stellen Stakeholder-Verhandlung, in denen Vereinbarungen über die gemeinsame Zukunft getroffen werden. Methoden wie die Appreciative Inquiry erscheinen durch die Effectuation-Brille wie Großveranstaltungen zum Knüpfen eines Beziehungs- und Vereinbarungs-Netzwerks. Bestehende Mittel werden am offenen Markt angepriesen, verglichen, aneinandergehalten und schließlich durch Vereinbarungen so miteinander »vernäht«, dass ein neues, sinnvolles Ganzes entsteht.

> **Methode: Appreciative Inquiry**
> Die Appreciative Inquiry (AI) wurde als Methode zur Gestaltung von Veränderungsprozessen bereits in den späten 1980er-Jahren eingeführt und ist eines der tragenden Elemente von Positive Leadership. Als geistiger Vater der Methode gilt David Cooperrider von der Case Western Reserve University (Cooperrider & Whitney, 2005). AI kann als Effectuation-Prozess für Veränderung verstanden werden, in den alle Mitglieder eines lebenden System (Team, Unternehmensbereich oder Unternehmen) eingebunden sind. Ein AI-Prozess beginnt mit einer Reihe von ressourcenorientierten Fragen. In paarweise durchgeführten Interviews werden die Mittel jedes Einzelnen sichtbar gemacht. Die Mittel (Wer bin ich? Was weiß und kann ich? Wen kenne ich?) werden in den Interviews in Form von erinnerten Erlebnissen, Anekdoten und Geschichten erschlossen. Die besten Geschichten werden später vor allen Beteiligten (egal ob 20 oder 2000) erzählt. Dadurch werden vorhandene Mittel für die ganze Organisation sicht- und erlebbar.
> In den Interviews werden auch die aktuellen Themen für die Organisation erhoben. Der Ausgangspunkt für ein Thema kann natürlich auch ein wahrgenommenes, aktuelles Problem sein. Ein Thema soll jedoch über ein Problem hinausweisen: Das Thema »außerordentliche Kundenzufriedenheit« transformiert beispielsweise bereits das Problem »häufige Reklamationen« zu etwas Wertvollem, für das es sich zu arbeiten lohnt. Die Themen werden

in wechselnden Kleingruppen selektiert und bearbeitet und zu Elementen einer gemeinsamen Vision kombiniert. Diese Vision ist nicht als konkretes Ziel in der Zukunft zu verstehen, sondern wirkt eher als Mittel (Wer sind wir?). Sie stärkt die gemeinsame Identität und dient als Leitplanke für die gemeinsame Gestaltung der Zukunft. In den weiteren Schritten des AI-Prozesses geht es um das Aushandeln konkreter Vereinbarungen: Wie organisieren wir die weitere Veränderung? Welche konkreten Maßnahmen sollen folgen? Der gesamte AI-Zyklus steht unter dem Zeichen der Wertschätzung dessen, was war und ist. Dabei entstehen in der Regel auch starke Gefühle – ein Feuer, das für die Veränderung genutzt wird. Ein AI-Zyklus nimmt für die Organisation ein bis drei Tage in der Großgruppe in Anspruch. Er trägt das dynamische Modell von Effectuation im Zentrum und berücksichtigt die Prinzipien der Mittelorientierung, der Umstände und Zufälle und der Vereinbarungen mit (internen) Partnern. Ein AI-Zyklus ist jedoch kein isoliertes Event, sondern sollte in einen kontinuierlichen Prozess der Entwicklung eingebunden sein.

Leistbarer Verlust

Wir haben lange gesucht – aber das Effectuation-Prinzip des leistbaren Verlusts konnten wir weder im kausalen Führungsverständnis noch in der Praxis des Positive Leadership entdecken. Der Mitteleinsatz wird in der Führung selten grundsätzlich hinterfragt – es scheint so selbstverständlich, dass man sparsam mit seinen Ressourcen umgeht. Doch das Prinzip des leistbaren Verlusts bedeutet mehr, als nur die Wirtschaftlichkeit der getätigten Investitionen an Zeit, Geld und Energie zu betonen. Es bricht endgültig mit der Zukunftsbesessenheit eines kausalen Führungsverständnisses und lenkt die Aufmerksamkeit auf das, was heute, hier und jetzt zu tun ist. Führen nach leistbarem Verlust wirft die Frage auf: »Was ist uns der Versuch wert?«, anstatt sich an unbestimmbaren Erträgen des Versuchs in einer ungewissen Zukunft zu orientieren. Diese Frage hat nur dann einen Sinn, wenn Führungskräfte ernst nehmen, dass die Zukunft nicht vorhersehbar, aber trotzdem durch eigene Handlungen gestaltbar ist. Sie fördert das Führen in kleinen, erkundenden Schleifen und erlaubt, das eingegangene Risiko zu begrenzen. Das Effectuation-Prinzip des leistbaren Verlusts erscheint uns als wirklich neues, jedoch höchst sinnvolles Entscheidungskriterium in einem zeitgemäßen Führungsparadigma.

5.3.3 Die Wahl der Führungs-Perspektive

Zum Abschluss sei nochmals darauf hingewiesen, dass es nicht darum geht, die »richtige« Perspektive der Führung (im Gegensatz zu »falschen« Perspektiven) zu identifizieren. Stattdessen kann man danach fragen, welche erwünschten und unerwünschten Wirkungen aus unterschiedlichen Perspektiven und in unterschiedlichen Kontexten wahrscheinlich sind.

Ist beispielsweise Gefahr im Verzug, so spricht einiges für Führung aus kausaler Perspektive. Bevor man einen Zaun um den Teich bauen kann, gilt es zunächst, die Kuh vom Eis zu holen. Letzteres ist eine kausale Managementaufgabe, in der ein klares Ziel und die Auswahl und Koordination eines effizienten Wegs zur Lösung des dringenden und wichtigen Problems Priorität hat. Auch eine klare Befehlskette und der Einsatz von Macht können in diesem Beispiel rasch und effizient zur erwünschten Wirkung (Kuh ist weg vom Eis) beitragen. Auch die Analyse des Problems (Wie ist die Kuh auf das Eis geraten?) kann auf kausalem Weg zu guten Ergebnissen und zukunftsgerichteten Lösungen (Wir errichten einen Zaun um den Teich) führen.

Geht es jedoch um die Gestaltung einer aus Sicht der Organisation wünschenswerten Zukunft – eine zentrale Aufgabe der Führung – bietet die Effectuation-nahe Perspektive des Positive Leadership eine Reihe von interessanten Wirkungen. Zum einen macht sie Führungskräfte von der Vorhersage der Zukunft unabhängig. Das befreit von einer unmöglichen Aufgabe und macht den Blick für die Wahrnehmung der Gegenwart frei. Der Blick auf die Gegenwart fördert wiederum *Lernen* (eine Leistung des Verstandes in der Gegenwart) und erleichtert um das *Wissen-Müssen* (eine Leistung des Gedächtnisses im Bezug auf die Vergangenheit).

Das wahrscheinlich überzeugendste Argument für das Effectuation-nahe Positive Leadership – abgesehen von den rationalen und durch POS belegten Leistungsargumenten – ist ein emotionales: Womit beschäftigen sich Führungskräfte und deren Mitarbeiter lieber? Wollen sie eher daran arbeiten, sich auf einer Skala von minus 5 auf minus 3 zu bewegen, oder ist es motivierender für sie, sich von plus 7 auf plus 9 verbessern zu können? Wollen sie eher gegen alle Arten von Schwächen ankämpfen oder lieber die vorhandenen Stärken ausbauen? Wollen sie ihre Aufmerksamkeit vor allem mit der Vermeidung negativer Gefühle binden oder daran arbeiten, positive Zustände herzustellen? Und was, wenn es aus letzterer Perspektive heraus auch noch wesentlich besser möglich ist, Neues in die Welt zu bringen?

5.4 Innovation

Innovation ist in aller Munde. Sie gilt als zentrales Element der heutigen wissensbasierten Gesellschaft Europas, um den Chancen und Herausforderungen der Globalisierung wirksam begegnen zu können.[40] »Innovation umfasst die Einführung, Aneignung und erfolgreiche Verwendung einer Neuerung in Wirtschaft und Gesellschaft«, heißt es bereits in der Lissabon-Strategie der Europäischen

---

40 Homepage zum europäischen Jahr der Kreativität und Innovation 2009; www.ejki2009.de

Union aus dem Jahr 2000, in der das Ziel definiert wurde, die Europäische Union zum dynamischsten und wettbewerbsfähigsten Wirtschaftsraum der Welt zu machen. Die Europäische Kommission erklärt Innovation so: Unternehmen benötigen Innovation, um neue Märkte zu erobern oder sich im Wettbewerb zu behaupten. Innovation kann sehr unterschiedliche Formen annehmen, von der Erfindung als Forschungs- und Entwicklungsergebnis über die Anpassung von Produktionsprozessen bis zur Nutzung neuer Märkte, zum Einsatz neuer organisatorischer Ansätze oder zur Entwicklung neuer Vermarktungskonzepte.[41] Die Aufforderung der Politik an die Wirtschaft lautet also: Seid innovativ!

Wechseln wir die Beobachtungsebene und betrachten wir den Empfänger der Botschaft: Das Unternehmen. Fragen wir pragmatisch: Was tun Unternehmen, die als innovativ gelten? Wie schaffen sie es, sich Neues anzueignen und es in Wirtschaft und Gesellschaft zu verwerten? Ist dabei Effectuation im Spiel? Und noch wichtiger für das Anliegen dieses Buches: Wie können Effectuation-Elemente dazu beitragen, Innovation in Unternehmen wahrscheinlicher zu machen?

Mit einer umfassenden Antwort auf diese Fragen ließen sich Bücher füllen. Was uns hier erwartet, ist eine Darstellung ausgehend vom Einzelfall. Den Fall liefert ein Unternehmen, das global tätig ist und seit mittlerweile mehr als 50 Jahren durch seine Innovationskraft auffällt: W. L. Gore & Associates.

Gore ist privat geführt, global und branchenübergreifend tätig, technologieorientiert und seit über fünf Jahrzehnten im Geschäft. Durch seine Organisation in kleine, autonome Einheiten von jeweils weniger als 200 Mitarbeitern ist das Unternehmen eine gute Identifikationsfigur nicht nur für Großbetriebe, sondern vor allem für die wissensbasierten Klein- und Mittelbetriebe, die die europäische Wirtschaftslandschaft prägen. Eine Fülle an aktuellen Quellen[42] zu Gore macht das Unternehmen auch ausgezeichnet beschreibbar. Der Mehrwert dieses Beitrags entsteht aus dem Blick durch die Effectuation-Lupe und die Identifikation von Effectuation-Elementen in Gores Innovationstätigkeit – letztere lassen sich gut auf andere Unternehmen übertragen.

---

41 Mitteilung der Europäischen Kommission zur Innovationspolitik: Anpassung des Ansatzes der Europäischen Union im Rahmen der Lissabon-Strategie; 11.03.2003
42 Die wichtigste Quelle lieferte Hamel, 2008, der Gore aus dem Blickpunkt der Management-Innovation detailliert analysierte. Hamels Fallbeschreibungen beruhen auf umfangreichen Literaturrecherchen sowie einer Reihe von Interviews mit Mitarbeitern des Unternehmens. Weitere Quellen waren journalistische Reportagen (z. B. Bergmann, J., 2009: Der Talentschuppen, in: brand eins 11-2009) sowie die Hompage des Unternehmens www.gore.com.

5.4.1 Fallstudie Gore & Associates

Das US-Magazin »Fast Company« reihte W. L. Gore & Associates auf Platz 30 seines Rankings der »50 innovativsten Unternehmen des Jahres 2009«[43] und nennt es damit im gleichen Atemzug mit Google, Apple, Intel, Amazon, Nokia, Nintendo, Disney, Lego, Toyota und Microsoft. Das bekannteste Produkt des global tätigen 8000-Personen-Unternehmens W. L. Gore & Associates ist Gore-Tex. Das übrige Produktsortiment ist weniger bekannt, besticht jedoch durch seine Vielfalt. Gore schaffte es seit seiner Gründung im Jahr 1958 immer wieder, neue Märkte zu erobern und Spitzenpositionen in unterschiedlichsten Branchen einzunehmen – darunter die Textilindustrie, die Chemische Industrie, Luft- und Raumfahrt, Automobilindustrie, Halbleiterindustrie, Umweltschutz, Musikindustrie sowie Medizin und Gesundheitswesen.

Gores Firmengeschichte ist eine Effectuation-Geschichte. Der Chemiker Bill Gore, leitender Mitarbeiter bei DuPont, konnte seine Ideen für Anwendungen des Polymers Polytetrafluoräthylen (PTFE, besser bekannt unter der Marke Teflon) im Chemiekonzern, in dem er arbeitete nicht umsetzen und experimentierte daher in seiner Freizeit mit PTFE als Isoliermaterial für Drähte. Da DuPont nicht an dieser Anwendung interessiert war – sie lag außerhalb des Kerngeschäfts – machte er sich gemeinsam mit seiner Frau im Keller seines Hauses selbstständig. Isolierdraht und Kabel wurden die ersten erfolgreichen Produkte, 1961 entstand die erste eigene Produktionsstätte in Newark, Delaware, 1965 wurde Gore Deutschland GmbH gegründet.

Von Anfang an war Gore bemüht, auf all das zu verzichten, was er bei DuPont als Hemmschuh für Innovation erlebt hatte: Bürokratie, hierarchische Entscheidungsstrukturen, Titel und Befehlsketten. Der Managementtheoretiker Gary Hamel nennt Gores Organisationsmodell aus sich selbst organisierenden Expertinnen »Innovationsdemokratie«. Aus dieser gingen im Laufe der Jahre regelmäßig Innovationen hervor – alle davon sind Anwendungen von PTFE. Gore-Tex, ein Gewebe, das zu atmungsaktiver Sportbekleidung verarbeitet wird, ist nur eine davon. Doch Gore-Produkte findet man auch in Schutzbekleidung, Raumanzügen, Schuhen, Schlafsäcken, Seilen, Zahnseide, synthetischen Gefäßtransplantaten, Gipsverbänden, Filtern, Dichtungen, Musikinstrumenten, Batterien, LCD-Displays, Computerchips, Brennstoffzellen, Fahrzeugbelüftungsanlagen, Verpackungen und vielem mehr. Gore schreibt seit 30 Jahren permanent schwarze Zahlen und hat über die gesamte Firmengeschichte nichts von seiner Innovationskraft eingebüßt.

---

43 Quelle: www.fastcompany.com

5.4.2 Innovation als Aufgabe jedes Einzelnen

Die Ansicht, dass nur wenige Menschen kreativ und innovativ sind, ist weit verbreitet. In vielen Unternehmen ist Innovation nur einer bestimmten Gruppe von Mitarbeitern vorbehalten. Im Kleinbetrieb ist dies meist die Unternehmerin selbst oder eine ausgewählte Gruppe von Schlüsselmitarbeitern. In größeren Unternehmen fällt Innovation in den Aufgabenbereich der F&E-Abteilungen, der Produktmanager und der Innovationskoordinatoren – damit sich der Rest der Mitarbeiterinnen auf das Geldverdienen im laufenden Geschäft konzentrieren kann.

Unternehmen wie Gore sind da anders: Sie gehen davon aus, dass jede Mitarbeiterin innovative Ideen haben und umsetzen kann, wenn man sie lässt, und dass ein Unternehmen Potenzial verschenkt, wenn es die Innovationskraft der Mitarbeiter nicht nutzt. Gore hat Innovation zur Sache jedes einzelnen Mitarbeiters gemacht und Anreize für das Verfolgen innovativer Vorhaben geschaffen. Das Unternehmen stellt jedem Mitarbeiter einen halben Tag pro Woche zum Experimentieren gemäß den eigenen Interessen zur Verfügung. In den intern als »Steckenpferd-Zeit« bezeichneten Stunden hatte der Großteil des heute über 1000 Produkte umfassenden Sortiments ihren Ursprung.

5.4.3 Mittelorientierung

Natürlich ist es kein Geheimnis, dass Innovationen die in einem Unternehmen vorhandenen Ressourcen möglichst gut nutzen sollten. Das Unternehmen Gore ist jedoch durchdrungen von Mittelorientierung im Sinne von Effectuation.

Wer wir sind
Ein Kernelement der Mittel ist die Kultur und das ausgeprägte Wir-Gefühl des Unternehmens. Gore wollte die Atmosphäre eines guten Labors schaffen, in dem nicht Positionen und Titel, sondern die besseren Ideen zählen. Gore machte vier Prinzipien zum Herzstück seiner Unternehmenskultur: Fairness (untereinander und gegenüber allen Stakeholdern), Freiheit (sich Wissen, Fähigkeiten und Verantwortung anzueignen), Commitment (Vereinbarungen eingehen und einhalten) und »Waterline«[44] (Beratung im Team vor jeder Aktion, die dem Unternehmen schaden könnte). Positionen und Titel hat das Unternehmen gar nicht erst eingeführt (»no ranks, no ties«) – es kommt mit einer ultraflachen Hierarchie aus. Alle Mitarbeiter sind Associates und erhalten 11 % ihres Bruttogehalts in Form von Firmenanteilen. Erfolg wird nicht nur in Zahlen gemessen – Gore will nützliche Dinge herstellen und Spaß dabei haben. Bei Arbeitgeber-Vergleichen landet Gore in Europa wie auch in den USA regelmäßig auf den vorderen Plätzen.

---

44 Engl. Wasserlinie: der Bereich, in dem Schiffe besonders verwundbar sind.

Was wir wissen
Alles, was mit PTFE und ähnlichen Polymeren zu tun hat, kommt als Tätigkeitsbereich für Gore in Frage. Gore ist heute zwar in Bereiche für unterschiedliche Branchen gegliedert, jede Mitarbeiterin kann jedoch – auf Basis der eigenen Interessen und des eigenen Wissens – die Grenzen der bestehenden Zielmärkte überschreiten. Gore ist also hoch konzentriert auf die eigenen Mittel, ohne sich auf ein Kerngeschäft einzugrenzen. Die Frage »Was können wir auf Basis der uns zur Verfügung stehenden Mittel noch tun?« führt regelmäßig zur Neudefinition von Gores Zielmärkten.

Wen wir kennen
Bei Gore arbeiten typischerweise Entwicklerinnen, Ingenieure, Vertrieb, Chemiker und Maschinenbauerinnen im selben Gebäude. Die Standorte werden bewusst klein gehalten (meist weniger als 150 Mitarbeiter) und es wird für umfangreiche Möglichkeiten für persönliche Begegnungen von Angesicht zu Angesicht gesorgt. Mitarbeiter können für ihre Innovationsvorhaben auch Stakeholder aus anderen Unternehmensstandorten anwerben. Gore versteht sich als Netz an Beziehungen und nicht als hierarchische Organisation.

Zielvorstellungen entwickeln
Gore ermutigt seine Mitarbeiter dazu, aktiv und selbstorganisiert Innovationsvorhaben zu starten. An der Entscheidungsfindung für Projekte sind vor allem diejenigen beteiligt, die direkt damit zu tun haben: die Projektmitarbeiterinnen. Damit wird sichergestellt, dass in Innovationsvorhaben nicht vorgegebene Ziele verfolgt werden, sondern *das* umgesetzt wird, was die Projektmitarbeiterinnen auf Basis ihrer Mittel für machbar halten.

5.4.4 Leistbarer Verlust

Gewagte Innovationsvorhaben können Unternehmen Kopf und Kragen kosten. Die meisten Unternehmen stecken daher sehr viel Aufwand in Analyse und Beurteilung der Innovationsideen. Fällt die Entscheidung für ein Vorhaben positiv aus, gilt es als gute Praxis, dieses ausreichend mit Mitteln auszustatten, um eine zügige und professionelle Umsetzung zu gewährleisten.

Kleine Schleifen des leistbaren Verlusts
Gore steckt nie viel Geld in Innovationsvorhaben unter Ungewissheit. Dennoch darf ein Vorhaben so lange im Unternehmen vorangetrieben werden, wie es das Interesse einiger Mitarbeiter fesselt – in deren Steckenpferd-Zeit. Da die Projekte nicht vom Management vorgegeben, sondern von den Mitarbeiterinnen eigenverantwortlich betrieben werden, obliegt es auch ihnen, Ungewissheiten zu identi-

fizieren und kostengünstig abzubauen. Verlässt ein Vorhaben das Steckenpferd-Stadium, dann wird es regelmäßig abteilungsübergreifenden Prüfungen unterzogen. Kriterien der Prüfungen sind zunächst die *Effizienz* der Innovation (Löst das Vorhaben das Problem eines Kunden? Was ist dem Kunden die Lösung des Problems wert?). Später rückt das Thema *Marktfähigkeit* (Sind wir die Richtigen, um dieses Problem zu lösen? Gibt es unüberwindbare Hürden? Haben bzw. brauchen wir geeignete Partner?) ins Zentrum der Prüfungen. Fragen der *Rentabilität* (Wie können wir mit der Innovation Geld verdienen?) stehen erst an dritter Stelle, wenn eine Reihe von Ungewissheiten in Bezug auf die Effizienz und Marktfähigkeit der Innovation bereits abgebaut wurde. Gore gibt den Innovationen beliebig viel Zeit zur Reife, ist jedoch bei finanziellen Investitionen auf Basis von Prognosen äußerst zurückhaltend. Das Unternehmen setzt also nicht viel auf eine Karte, bleibt jedoch lange genug im Spiel, um kontinuierlich Erfolge erzielen zu können.

Leistbarer Verlust bei großen Entscheidungen
Gore nutzt die Talente seine Mitarbeiterinnen, vertraut auf deren Selbstorganisation und ermutigt sie dabei, Neues zu wagen und aus Fehlern zu lernen. Es gibt jedoch eine Regel des leistbaren Einsatzes, die intern als »Waterline« bekannt ist. Entscheidungen, die das Unternehmen existenziell gefährden könnten (finanziell oder durch Reputationsverlust), müssen intern auf breiter Basis besprochen und beschlossen werden. Setzt ein Mitarbeiter zu einer Handlung an, schätzt er ab, ob der mögliche Verlust für das Unternehmen leistbar ist. Ist er sich dessen nicht sicher, entscheidet eine größere Gruppe über die leistbare Verlustschwelle. Gore hat damit den leistbaren Verlust zum Firmenprinzip erhoben.

5.4.5 Umstände und Zufälle

Das Unternehmen Gore weiß, dass Entdeckungen auf Basis von Zufällen und Umständen jederzeit möglich sind. Der Sohn des Unternehmensgründers, Robert W. Gore, entdeckte nach eigenen Angaben zufällig eine Methode, mit der man PTFE dehnen kann. Dadurch wurde die Faser porös und haltbar. Was kann man also mit einer Faser mit diesen Eigenschaften anfangen? Das Ergebnis der weiteren Überlegungen und Experimente trägt heute den Markennamen »Gore-Tex« und wird in tausenden Produkten eingesetzt.

Ein weiteres Beispiel für die Wirkung von Umständen und Zufällen ist die Geschichte seiner *Elexir*-Produktlinie. Ein Ingenieur, der eigentlich an medizinischen Produkten arbeitet, überzog in seiner Steckenpferd-Zeit probehalber die Bowden-Züge seines Mountainbikes mit PTFE. Diese erwiesen sich dadurch als äußerst schmutzabweisend. Er kam dadurch auf die Idee, man könnte auch Gitarren-Saiten – die in der Regel durch das Fett der Haut rasch einen Teil ihrer

Klangeigenschaften einbüßen – mit PTFE zu überziehen. Er gewann eine kleine Gruppe von Mitstreiterinnen im Unternehmen für die Idee. In der Steckenpferd-Zeit experimentierte die Gruppe über drei Jahre immer wieder an Gitarrensaiten, ohne sich um Rückendeckung des Managements kümmern zu müssen. Gore war schließlich nicht in der Musikindustrie tätig. Das Ergebnis der Bemühungen waren Gitarrensaiten, die ihre Tonqualität dreimal länger behielten als alle am Markt befindlichen Saiten. Diese kamen 1997 unter der Marke Elexir auf den Markt und wurden innerhalb kurzer Zeit zum Marktführer. Unter der Marke Elexir sind heute nicht nur verschiedene Saiten für akustische Gitarren und E-Gitarren, sondern auch Bassgitarren, Mandolinen und Banjos erhältlich. Das Sortiment wurde mittlerweile auch um Instrumentenkabel aus dem Hause Gore erweitert, die durch ein patentiertes Verfahren besonders niedrige Kapazität aufweisen und dadurch ebenfalls zum perfekten Klangerlebnis beitragen.

Ein möglicher Schluss aus diesen Geschichten: Auch Unternehmen wie Gore können den Zufall nicht planen. Indem das Unternehmen jedoch freie Experimente ermutigt und dafür gute Bedingungen schafft, steigert es die statistische Wahrscheinlichkeit des glücklichen Zufalls.

5.4.6 Vereinbarungen

In der Art und Weise, wie Innovationsvorhaben bei Gore betrieben werden, erkennt man die Grundzüge des dynamischen Modells von Effectuation wieder. Wer ein Innovationsvorhaben startet, sucht sich Mitstreiter. Die Betreiberin eines Vorhabens gibt laut Gore-CEO Terry Kelly »Eigentum an einer Idee an Personen ab, die Beiträge leisten wollen«. Die Vorhaben sind daher nicht vom Wohlwollen professioneller Entscheiderinnen abhängig, werden aber auch nur dann verfolgt, wenn sich Mitstreiter finden, die es vorantreiben.

Jedes Engagement in einem Innovationsvorhaben beruht auf Selbstverpflichtung: Die Mitarbeiter handeln ihre Aufgabenstellung und ihre Zuständigkeiten untereinander aus. Man kann also Aufgaben ablehnen, die an einen herangetragen werden, die Unternehmenskultur verpflichtet jedoch dazu, einmal gemachte Zusagen penibel einzuhalten (Siehe Mittelorientierung: Wer wir sind). Innovationsteams formieren sich somit ausschließlich über Vereinbarungen und aus dem Eigeninteresse der beteiligten Stakeholder. Gore hat damit Bedingungen im Unternehmen geschaffen, wie sie sonst nur Innovatoren und Gründerinnen am freien Markt vorfinden.

Gore hat Selbstorganisation und Kooperation jedoch auch in sein Managementsystem integriert: Gore-Mitarbeiter sind nicht einem Vorgesetzten, sondern ihrem Team verantwortlich. An der jährlichen Leistungsbeurteilung, von der auch ein variabler Gehaltsanteil abhängt, sind mindestens 20 interne Stakeholder beteiligt. Auch Führungskräfte werden nicht »von oben vorgesetzt«, sondern im

Team gewählt – Führungskräfte werden also diejenigen, denen andere folgen. Rich Buckingham, Führungskraft in der Fertigung technischer Gewebe, bringt es auf den Punkt: »Wir stimmen mit den Füßen ab. Wenn man eine Sitzung einberuft und Leute erscheinen, dann ist man eine Führungskraft.«

5.4.7 Innovation durch Effectuation

Wenn man bei W. L. Gore und seinen 8.000 Associates nach Effectuation-Elementen im Innovationsgeschehen sucht, wird man reichlich fündig. Mehr noch: Effectuation scheint – viel eher als kausale Logik – die Basis dafür zu sein, dass Gore Innovationen am Fließband produziert. Doch was bedeutet das für all jene, die in bestehenden Organisationen Innovation betreiben oder fördern wollen?

»Seid wie Gore!« wäre ein schlechter Rat. Er wäre auch nicht im Geiste von Effectuation, da bestehende Unternehmen nur auf bestehende Mittel (Kultur, Organisation, Mitarbeiter, usw.) aufbauen können, und es wäre gewiss nicht im Sinne des leistbaren Verlusts, all das, was für ein Unternehmen bereits gut funktioniert, zugunsten des Ideals eines Musterbeispiels aufs Spiel zu setzen. Trotzdem kann man bei dem beginnen, was unter gegebenen Umständen möglich ist. Man kann denjenigen, die heute Ideen für innovative Vorhaben haben, Effectuation (z. B. anhand des Beispiels Gore) nahebringen. Man kann fragen, welche Elemente von Effectuation schon heute in der eigenen Innovationspraxis gelebt werden. Und man kann daran arbeiten, mehr von dem zu machen oder zuzulassen, was heute schon funktioniert.

Was spricht dagegen, denen, die Vorhaben starten wollen, die Möglichkeit dazu zu geben? Zum Beispiel in Form von Steckenpferd-Zeit? Was spricht dagegen, die internen Unternehmerinnen auf die Suche nach (internen und externen) Stakeholdern zu schicken, anstatt sie Businesspläne schreiben zu lassen oder sie schlichtweg abzuweisen, weil die Vorhaben in ihrer frühen Phase (noch) nicht ins Kerngeschäft zu passen scheinen? Wäre es nicht möglich, nach dem Prinzip des leistbaren Verlusts Experimente zu fördern, anstatt kausale betriebliche Vorschlagswesen oder Innovationspreise zu installieren? Könnte man Effectuation denen anbieten, die jetzt schon Vorhaben unter Ungewissheit begonnen haben, und wohlwollend beobachten, was diese daraus machen? Welche anderen Mittel (Ambitionen, Wissen, Fertigkeiten und Kontakte, aber auch handfeste Ressourcen wie Maschinen, Labors und nicht genutzte Kapazitäten) schlummern im Unternehmen, die man – mit geringem Aufwand – für Innovationsvorhaben aktivieren könnte? (Wie) könnte man all dies für viele potenzielle Innovatoren sichtbar und verfügbar machen? Und wenn Experimente wie diese Früchte zeigen, könnte man darauf weiter aufbauen und nach und nach die Innovationskraft der hauseigenen Effectuators aktivieren? Dabei entsteht bestimmt kein Unternehmen genau wie Gore. Was ein Unternehmen und dessen Mitarbeiterinnen Neues und Wertvolles daraus machen können, ist im besten Sinne des Wortes ungewiss.

5.5 Unternehmensführung

Von Stuart Read, Nicholas Dew, Saras Sarasvathy und Robert Wiltbank

Bis jetzt haben wir uns in diesem Buch mit Effectuation selbst und der Anwendung im Gründen, Innovieren, Führen, Beraten und Ähnlichem befasst. Doch wie steht es um die Organisation als Ganzes? Gibt es bei der Art und Weise, wie ein Unternehmen organisiert wird und arbeitet, Elemente, die Effectuation in *allen* Unternehmensbereichen ermöglichen oder fördern? Bevor wir versuchen, diese Frage zu beantworten, werfen wir einen Blick auf die Geschichte des Softwareunternehmens Guidewire.

5.5.1 Fallstudie Guidewire

Im Jahr 2001 gründeten John Seybold und seine Partner das Unternehmen Guidewire (ursprünglich Centrica Software) mit dem Vorhaben, große Versicherungsunternehmen mit Datenbanklösungen zu beliefern. Seybold und seine Partner wussten jedoch kaum mehr über die Geschäfte einer Versicherung als die Kunden, die eine Police für Auto und Heim haben. Als Chefarchitekt des Gründungsvorhabens wusste Seybold, dass er und sein Team rasch lernen mussten, um ein so bestechendes Produkt entwickeln zu können, das auch die durchschnittliche Versicherung davon überzeugen würde, ihr teures und in die Jahre gekommenes Großrechnersystem abzulösen und durch javabasierte Lösungen eines unbekannten und unerprobten Lieferanten zu ersetzen.

Seybold nahm an, dass er die benötigte Flexibilität und Geschwindigkeit über einen aktuellen Ansatz aus dem agilen Projektmanagement und einen Prozess namens »Scrum« erzielen könnte. Scrum steht für eine neue Art der Organisation: eine, die Produkte *mit* dem Kunden entwickelt, auf mittleres Management verzichtet, Projekte in monatlichen Zyklen abwickelt und es dem Team ermöglicht, Prioritäten und Prozesse am Ende jedes Monatszyklus neu zu durchdenken.

Der Kern von Scrum: Das Sprint-Team
Guidewire baute seine Organisation aus kleinen und schlagkräftigen Teams von nicht mehr als neun Personen auf – ganz am Anfang natürlich nur aus *einem* kleinen und schlagkräftigen Team. Jeder Auftrag für ein Team wurde maximal für die Dauer eines Monats definiert. Am Beginn eines Monats wählte sich jedes »Sprint-

Team« seine Aufgaben aus den wichtigsten zu bewältigenden Aufgaben aus. Das Team wählte einen »Scrum-Master« – eine spezielle Art des Projektmanagers – für den kommenden Monat und stürzte sich auf die Abarbeitung der Teamaufgaben. Am Ende jedes Monats wurden alle Ergebnisse integriert, der Prozess reflektiert, neue Prioritäten gesetzt, neue Aufgaben – und manchmal ein neuer Scrum-Master – gewählt, und der Zyklus begann von vorne.

Tun, was im Backlog[45] oben liegt
Der »Master-Backlog« eines Projekts war der Schlüssel dazu, die gesamte Organisation auf Erfolgskurs zu halten. Immer wenn neue Ideen entstanden oder der Kunde neue Wünsche entwickelte, wurden diese in den Backlog aufgenommen. Während eines monatlichen Sprints wurden niemals die Prioritäten geändert. Am Anfang jedes neuen Monats jedoch legte die Organisation neue Prioritäten für den gesamten Backlog fest und verteilte nur die Aufgaben unter den Sprint-Teams, die im Backlog ganz oben lagen.

Seybold merkte an: »*Wir haben nie Zeit in Sackgassen verloren. Wenn wir an etwas arbeiteten, bei dem sich herausstellte, dass es der Kunde nicht wollte, konnten wir es ganz einfach stoppen, indem wir es an das Ende der Prioritätenliste verschoben. Oder wenn etwas viel schwerer zu erreichen war, als wir ursprünglich dachten, und es uns nicht den dem Aufwand entsprechenden Ertrag versprach, konnten wir es ebenfalls durch Verschieben an das Ende der Prioritätenliste stoppen. Genauso konnten wir uns, wenn der Kunde eine neue Idee einbrachte, im nächsten Monat sofort an die Arbeit machen, indem wir das Thema im Backlog ganz nach oben setzten. Damit bleibt man flexibel, ohne die Organisation aufzureiben.*«

Kommunikation innerhalb der Organisation
Das mag alles nach Chaos klingen, doch im Scrum-Prozess gab es jemand, der dafür sorgte, dass die Teams stets produktiv blieben. Der Scrum-Master war – neben anderen Aufgaben – für die »Scrum-Zeremonien« verantwortlich. Dazu zählten zum Beispiel das tägliche 15-minütige Morgen-Meeting am Whiteboard, in dem das Team besprach, was es am Vortag geschafft hatte und was es an diesem Tag zu erreichen hoffte. Die Prioritäten und die Leistungen jedes Einzelnen wie auch des gesamten Teams waren vollkommen transparent – und das wussten sowohl das Team als auch das Management zu schätzen. Am Ende jedes Monats blickte das Team auf den Arbeitsprozess der vergangenen 30 Tage zurück und besprach, was gut und was weniger gut funktioniert hatte und was es im nächsten Sprint ändern würde.

---

45 Backlog = Anforderungsliste

Seybold: »*Diese Meetings, die wir GBUs (Good, Bad, Ugly) nennen, sind aus meiner Sicht der wichtigste Aspekt des Prozesses. Sie hatten großen Einfluss auf Guidewire. Sie schufen eine fixe Struktur für die Verbesserung jedes einzelnen Bereichs unserer Geschäftstätigkeit und sie prägten auch unsere Kultur. Wir haben unter anderem deshalb einen so hohen Grad der Dezentralisierung erreicht, weil wir die Verantwortung für nahezu alles an die Teams delegiert haben. Wenn es also ein Problem gibt, dann findet das Team heraus, wie man es lösen kann, anstatt nach einem Manager zu rufen. Dadurch kreierten wir auch eine ultraflache Organisation. Wir haben das nie geplant – es war einfach ein Resultat des Prozesses.*«

Für den Kunden entwickeln
In seiner ursprünglichen Form war Scrum darauf ausgerichtet, Aufträge für *einen* bestimmten Kunden abzuwickeln. Der Kunde war voll in Scrum integriert: Am Ende jedes Sprints erteilte oder verweigerte der, der schlussendlich auch die Rechnung zahlte, eine Abnahme für jeden einzelnen Lieferanteil. Da Guidewire Scrum in der Produktentwicklung einsetzte und dadurch mehrere Kunden bedienen musste, war es im Laufe der Zeit notwendig, ein paar Anpassungen am Prozess vorzunehmen. Produktmanager übernahmen die Rolle der Kunden, versorgten die Sprint-Teams mit Kundenanforderungen und erteilten oder verweigerten Abnahmen. Durch diese Anpassung wurde sichergestellt, dass einer der Grundsätze von Scrum – jede Aktivität soll auf Kundennutzen ausgerichtet sein – im Produktentwicklungsprozess von Guidewire umgesetzt wurde.

Nicht nur für die Entwicklung
Scrum war für die Kultur von Guidewire so prägend, dass der Prozess nicht nur in Forschung und Entwicklung genutzt wurde. Der Vertrieb, das Marketing, die Kundenberatung und sogar die Finanzabteilung organisierte sich in monatlichen Sprint-Teams, setzten die Prioritäten ihrer Backlogs kontinuierlich neu und rekonfigurierten sich laufend auf Basis der eigenen Leistungen und Erfolge.

5.5.2 Elemente von Effectuation-Organisationen

Seybold ist es gelungen, ein Organisationsmodell zu entwickeln, das Effectuation fördert. Sein Modell ist jedoch nur eines von vielen möglichen. W. L. Gore & Company, die Erfinder von Gore-Tex, haben eine ganz andere Struktur, die auf Teilung der Organisation beruht, sobald die Anzahl der Mitarbeiter einer Einheit 150 übersteigt (siehe dazu auch Abschnitt 5.4.1, S. 151). Auch das fördert Effectuation. Sogar der Gigant 3M, der es seinen Mitarbeiterinnen ermöglicht, eigenen Geschäftsideen nachzugehen, erlaubt Effectuation und das hat zu unzähligen Innovationen geführt – die bemerkenswerteste darunter sind wohl

Post-it-Notes. Anstatt also nach dem einen »richtigen« Modell zu suchen, ist es sinnvoller, die Grundelemente der vielen möglichen Organisationsformen herauszuarbeiten, die Effectuation fördern. Diese Elemente schaffen notwendigerweise Alternativen zu den drei Elementen, die Mitarbeiter dazu bewegen, kausal zu denken:

1. **Vorhersage**: Firmen wachsen normalerweise deshalb, weil sie es schaffen, Märkte für ihre Produkte und Dienstleistungen zu kreieren. Der Erfolg manifestiert sich typischerweise in regelmäßigen Umsätzen, einer bekannten Marke und einem großen Kundenbestand. All das generiert auch Vergangenheit: Dieselben Produkte und Dienstleistungen Jahr für Jahr zu verkaufen ermöglicht, fördert und verstärkt das Erstellen von Vorhersagen auf Basis der Vergangenheit. Entlang der Wertschöpfungskette von Rohstofflieferanten bis zu Distributoren bilden die durch vergangene Erfolge geschaffenen Muster nützliche kausale Planungswerkzeuge für die zukünftige Verfeinerung und Erweiterung des Geschäfts. Paradoxerweise untergräbt das Vertrauen auf Vorhersage die Fähigkeit der Manager, unternehmerischen Gelegenheiten für neues Geschäft nachzugehen – die Transformation von Ungewissheiten, die das ursprüngliche Wachstum erst ermöglichten.
2. **Struktur:** Wachstum muss man managen. Solange ein Gründungsunternehmen nur ein paar Einheiten seiner Produkte verkauft, kann der Unternehmer oder ein kleines Team das gesamte operative Geschäft überblicken. Doch wenn das Unternehmen wächst, sich geografisch ausbreitet, mehr Kunden bedient, mit mehr Lieferantinnen arbeitet und seine Leistungen standardisiert, wird auch das operative Geschäft unüberschaubarer. Im Laufe des Wachstums entwickelt sich die Organisation in spezialisierte Einheiten innerhalb einer Hierarchie oder Matrix und baut eine Struktur mit einer kleinen Anzahl von Entscheidern an der Spitze auf. Struktur trennt das Entscheiden vom Handeln. Diese Trennung verlangsamt die iterativen Entscheidungs-, Handlungs- und Lernzyklen, die Effectuation ausmachen, und da die Kommunikation zwischen Entscheidern und Ausführenden naturgemäß unvollständig ist, geht in jedem Zyklus wertvolle Information verloren.
3. **Prozess**: Das Wort »Prozess« ist sowohl positiv als auch negativ konnotiert. Prozesse sind ein natürliches Ergebnis des erfolgreichen Wachstums eines neuen Unternehmens und ein Aktivposten für große Unternehmen. Weil nicht jeder mit jedem interagieren kann, bestehen der Wunsch nach und die Notwendigkeit für Regeln, Richtlinien und Abläufen, die es der Organisation ermöglichen, reibungslos zu funktionieren. Doch viele Prozesse eliminieren Neues – die Quelle von unternehmerischen Gelegenheiten – aus dem System.

Bei einem potenziellen Gründer, Innovator oder Effectuator lösen die beschriebenen Elemente wahrscheinlich Unbehagen aus. Es handelt sich dabei jedoch um etwas, das es einer Firma erst ermöglicht, groß und erfolgreich zu werden und den Markt auszuschöpfen, den die Firma zuvor kreiert hat. Eine Effectuation-Organisation sollte diese kausalen Elemente also nicht beseitigen, sondern Räume in der Organisation schaffen, damit die Organisation sowohl bestehendes Geschäft abwickeln als auch neue unternehmerische Gelegenheiten erschließen kann.

5.5.3 Vorhersage

Konfrontiert man erfahrene Unternehmer mit einer unternehmerischen Fragestellung, merkt man rasch, wie wenig diese mit Vorhersagen arbeiten. Tritt man hingegen mit derselben Fragestellung an erfahrene Manager heran, stellt man fest, dass diese sich sehr stark auf Vorhersagen verlassen. Institutionen zwingen Manager geradezu zur Vorhersage. Von der Prognose zum Budget und von persönlichen Zielen bis zur Messung der Kundenzufriedenheit nutzen große Organisationen die Daten aus der Vergangenheit für ihre Planung und das Setzen von Zielen.

Tendenz zur Vorhersage
Manager großer Unternehmen lernen, so gut mit Vorhersagen zu arbeiten, dass diese zum Hammer werden, den sie in fast jeder Situation einsetzen – ganz egal ob sie einen Nagel vor sich haben oder nicht. In einem Experiment haben wir erfahrene Manager großer Unternehmen mit einem Entscheidungsszenario konfrontiert. Dieses Szenario nahm seinen Anfang in einer sehr ausgereiften Branche. Es ging darum, für einen Kühlschrankhersteller namens »Frigus« strategische Entscheidungen über mehrere Jahresperioden zu treffen. Für die Hälfte der Manager blieb die Branche die gesamte Zeit über reif und stabil und es gab nur kleine Veränderungen: Dieselben Mitbewerber produzierten dieselben Produkte und dieselben Kunden kauften sie. Für die andere Hälfte der Manager wurde die Umwelt nach einigen Perioden ungewiss: Bestehende Mitbewerber fusionierten, neue Mitbewerber tauchten am Markt auf, neue Technologien entstanden, neue Kundensegmente und neue Distributionskanäle entwickelten sich. In beiden Fällen maßen wir den Grad, in dem die Manager ihre Entscheidungen aufgrund von Vorhersagen trafen. Wie nicht anders zu erwarten war, machten die Manager in der reifen und stabilen Umwelt kontinuierlich Vorhersagen auf Basis der Vergangenheit und stellten im Lauf der Zeit fest, dass diese ein nützliches Werkzeug waren. Entgegen der Erwartung bauten allerdings die Manager, die mit Ungewissheit konfrontiert wurden, *noch mehr* auf Vorhersagen als ihre Kollegen, die unter stabilen Bedingungen entschieden. Obwohl die jeweils aktuellen Ereignisse offensichtlich entkoppelt von der Vergangenheit waren, griffen die erfahrenen Manager – in ihrer Unsicherheit bezüglich dessen, was nun zu tun wäre – auf das zurück, was sie aus Erfahrung gelernt hatten (Smit & Read, 2008).

Vorhersagelösungen
Sind erfahrene Manager also dazu verdammt, den Hammer der Vorhersage in jeder Situation anzuwenden? Keineswegs – schon das Sich-bewusst-Machen allein hilft. Das Verständnis dafür, dass Vorhersage nur eines von vielen möglichen Werkzeugen ist, bietet Abhilfe. Manager in die Lage zu versetzen, ihre eigene Vorhersageneigung in Entscheidungssituationen zu erkennen, nützt ebenfalls.

Darüber hinaus konnten wir in unserem Kühlschrank-Experiment zwei Elemente analysieren, die Manager ebenfalls in die Lage versetzen, sich in sinnvoller Weise über Vorhersage hinauszuwagen, wenn sie mit Situationen der Ungewissheit konfrontiert sind. Das erste Element ist die Art und Weise, wie sie die Situation betrachteten. Diejenigen, die Branche und Konkurrenzsituation rund um die Kühlschrankfirma als bedrohend einschätzten, setzen besonders stark auf Vorhersage. Denjenigen, die in den beobachteten Veränderungen neue Gelegenheiten witterten, gelang es rasch, einen Zugang ähnlich dem der erfahrenen Unternehmer (Effectuation) zu wählen. Der zweite Faktor hat mit Expertise zu tun. Die Manager, die bereits berufliche Erfahrung in ungewissen Situationen gesammelt hatten (neue Länder, neue Produkte, neue Märkte, ...) änderten ebenfalls rascher ihre Zugangsweise, als sie bemerkten, dass Vorhersagen nicht funktionieren.

Um Menschen in großen Organisationen offen für Effectuation-Heuristiken zu halten, scheint es also sinnvoll zu sein, sie dabei zu unterstützen, Situationen als Chancen wahrzunehmen und sie Erfahrungen in Positionen sammeln zu lassen, in denen sie mit Ungewissheit konfrontiert werden.

5.5.4 Struktur

Effectuation-Prinzipien werden durch die Struktur eines jungen Unternehmens generell eher begünstigt als durch die Struktur eines großen oder kausalen Unternehmens. Hasso Plattner verließ IBM, um den Software-Riesen SAP zu gründen, und Steven Wozniak drehte HP den Rücken zu, um Apple Computers zu kreieren – beide verzichteten bewusst darauf, diese unternehmerischen Gelegenheiten innerhalb ihrer Organisationen zu entwickeln. Doch zieht man die richtigen Lehren aus dem Gründer-Umfeld, kann man Strukturen sehr wohl so gestalten, dass sie die Kreation von Gelegenheiten fördern, anstatt sie zu behindern.

Effectuation-Struktur: Der interne Markt
Das Milieu, in dem sich junge Unternehmen bewegen, funktioniert wie ein Markt. Das Milieu in den meisten großen Firmen funktioniert jedoch als Hierarchie. Denken wir also darüber nach, wie die Funktion des Kreierens unternehmerischer Gelegenheiten in einem großen Unternehmen so umstrukturiert werden kann, dass sie einem Markt ähnlicher wird. In manchen Firmen gibt es bereits Märkte. In Silicon Valley können Mitarbeiter des höchst erfolgreichen Unternehmens

Google 20 % ihrer Arbeitszeit auf Projekte ihrer freien Wahl verwenden. Koch Industries, eine große private US-Firma, die mit Öl und Düngemittel handelt, praktiziert »marktbasiertes Management«: Koch räumt Mitarbeitern zur Kreation neuer Produkte und Dienstleistungen Entscheidungsrechte ein und entlohnt leistungsbezogen. Innovative Mitarbeiter profitieren dadurch direkt von ihren Ideen.

Der zentrale Gedanke: Eine Firma ist ein Portfolio aus differenzierten Gelegenheiten, mit einigen technologischen oder marktspezifischen Gemeinsamkeiten. Ideen könnten überall auftauchen und daher ist es zielführend, Strukturen zu schaffen, die deren Entwicklung auf der jeweils geeigneten Ebene fördern, damit Potenziale bei minimalem Risiko ausgeschöpft werden können. Ein interner Markt funktioniert nach einigen oder allen der folgenden Prinzipien, die aus den Strukturen junger Unternehmen abgeleitet wurden:

- **Autonomie:** Bieten Sie denen, die aufgeschlossen gegenüber neuen unternehmerischen Gelegenheiten sind, Zeit, Freiraum und Autonomie. Gestalten Sie eine bewegliche und dezentrale Struktur, sodass jeder, der eine Idee hat, auch Mittel und Unterstützung beantragen kann. Und jede, die Ergebnisverantwortung im Unternehmen trägt, kann sich (gemäß ihres leistbaren Verlusts) dafür bewerben, einen Teil der Finanzierung oder Unterstützung zu übernehmen. Entscheidungen für neue Projekte werden damit dezentral und außerhalb des CEO-Büros – vielleicht sogar außerhalb der Firma – getroffen. Zum Beispiel könnte man Personen aus der Risikokapital-Szene einladen, in interne Projekte zu investieren.
- **Belohnung:** Genau wie bei Risikokapital werden Eigentumsverhältnisse, Entlohnung, Umfang der Mittel, Art des Businessplans, Meilensteine und vieles mehr zwischen den Kapitalgebern und den Umsetzern ausgehandelt. Stammkapital an Innovationsvorhaben kann sowohl im internen als auch im externen Markt zu Marktpreisen gekauft und verkauft werden. Das geistige Eigentum der Firma kann vom Team des Vorhabens in Lizenz oder pauschal erworben werden – und umgekehrt.
- **Unterstützung:** Versichern Sie den Mitarbeitern, dass sie – wenn sie ein unternehmerisches Vorhaben anpacken und dabei scheitern – nicht entlassen oder bestraft werden. Bauen Sie eine Kultur und Struktur auf, in der Fehler ein Mechanismus der Iteration und des Lernens sind, und nicht einer, der Mitarbeitern zum Verhängnis wird. In einer aktuellen Studie untersuchten wir 6.000 Unternehmen mit in Summe 2,5 Mio. Mitarbeitern. Wir verglichen die Beziehung zwischen den Elementen »Autonomie«, »Belohnung« und »Sicherheit nach gemachten Fehlern« mit der Innovationskraft der Firma. Wir stellten fest, dass »Sicherheit nach gemachten Fehlern« am stärksten mit der Innovationskraft des Unternehmens verknüpft ist (Dew, Margery & Read, 2010).

HP integrierte diese Prinzipien und ging eine enge Partnerschaft mit dem Silicon Valley Risikokapital-Unternehmen Foundation Capital ein, um von den Risikokapitalgebern zu lernen, wie man unternehmerische Gelegenheiten managt und Ideen über Zukunftstrends austauscht. Aber auch in traditionelleren Branchen findet man interne Märkte: In Firmen wie Coca-Cola und Citigroup generieren interne Märkte neue Produkte, und bei American Express beleben sie das Talentmanagement.

5.5.5 Prozess

Prozesse haben die beabsichtigte und erwünschte Funktion, die Handlungen vieler Individuen innerhalb einer großen Organisation zu organisieren, zu koordinieren und zu fördern. Leider stellen Prozesse auch Hindernisse für Innovation, neue Ideen und Kreativität dar. Das Problem sind dabei nicht die Prozesse an sich, sondern ihre Implementierung. Ein Prozess leistet in der Regel das, wofür er designt wurde. Kehren wir zurück zu Guidewire: Seybold implementierte einen Prozess, der Innnovation fördert, anstatt sie zu blockieren. Wenn man über sein eigenes Unternehmen nachdenkt, muss man jedoch nicht genau das tun, was Guidewire getan hat. Einzelne Elemente des Scrum-Prozesses, wie zum Beispiel die monatlichen Prioritäten-Reviews oder Kundenabnahmen für Lieferanteile, können in einer Organisation eingeführt werden, ohne alles auf Sprint-Teams umzustellen. Auch muss nicht die ganze Organisation demselben Prozessmuster folgen. Teams, Gruppen, Zellen oder Bereiche, die neue unternehmerische Gelegenheiten kreieren sollen, können ihre eigenen Prozesse designen. Im Fall von Guidewire haben sich beispielsweise die meisten Software-Implementierungs-Teams auf Kundenseite – also in den großen Versicherungsunternehmen – dazu entschieden, das Scrum-Design zu spiegeln. Ganz egal, welche Art von Prozess in einem Unternehmen heute implementiert ist: Allein schon das Nachdenken darüber, wie man die Regeln einer Organisation verändern kann, um unternehmerisches Handeln zu fördern, wirkt befreiend.

5.5.6 Guidewire Epilog

Guidewire beschäftigt heute bereits 450 Mitarbeiter und zählt mehr als 70 internationale Versicherungsunternehmen zu seiner wachsenden Kundenbasis. Das ist groß für ein junges Unternehmen, aber klein im Vergleich mit den Versicherungsgiganten, für die das Unternehmen arbeitet. Nichtsdestotrotz funktioniert ihr Prozess – mit ein paar Adaptionen – immer noch.

In mancherlei Hinsicht ist Guidewire heute noch agiler als am Anfang. Als die Firma wuchs und die Entwicklungsvorhaben komplexer wurden, stellte der große Überhang an nicht beendeten Arbeiten am Ende jedes Zyklus das größte Problem der Entwicklungsorganisation dar. Es gab dafür keine systematische Evaluierung bis zu dem kritischen Moment kurz vor einer Freigabe. Erst zu diesem Zeitpunkt entdeckte das Team »dunkle Materie« – Probleme, die in den Lücken zwischen Teams und Modulen lauerten. Im Kampf gegen die »dunkle Materie« wurden die Iterationen von einem Monat auf zwei Wochen reduziert. Während die ursprünglichen Sprint-Teams aus neun Personen bestanden, liegt das Maximum heute bei sechs. Viele Teams (die jetzt »Pods« genannt werden, um ihre Kompaktheit und ihre Nähe zueinander auszudrücken) sind noch kleiner.

Um während des Wachstumsphase der Firma Überblick und Struktur zu schaffen, teilten Seybold und seine Partner die Firma in vier Produktteams: Eines davon war für die Kernplattform verantwortlich, die anderen drei für jeweils eines der drei Hauptprodukte (Policen, Schadensfälle und Verrechnung).

Seybold: »*Wir diskutierten darüber, wie sehr wir die Organisation des Unternehmens standardisieren sollten. Einerseits ist es gut zu standardisieren – es führt zu einer einheitlichen Optik und ermöglicht es, dass Teams voneinander lernen. Wir wollten jedoch den Teams die Freiheit geben, sich den Prozess auszusuchen, der am besten zu ihrer technischen Herausforderung passte. Vor einigen Jahren waren wir am anderen Ende des Spektrums: Verschiedene Teams taten völlig unterschiedliche Dinge. Die informelle Kommunikation zwischen den Teams war jedoch so gut, dass die besten Ideen von einem Team zum anderen transferiert wurden. Nach dieser Phase des ungezügelten Experimentierens näherten wir uns einander an – wir konvergierten organisch. Jeder arbeitet heute in zweiwöchigen Zyklen und an der frühzeitigen Abnahme. So behalten wir den Überblick. Wir sind dabei von allen computerisierten Ansätzen abgekommen und verwenden jetzt nur noch Stifte und Whiteboards. Das funktioniert gut, weil sehr viele Informationen auf einer weißen Wand Platz haben. Es funktioniert auch gut für die Mitarbeiter, da das Team zum Board kommt, um sich auf den neuesten Stand zu bringen. Da wir so viel an Prozess (kurze, tägliche Meetings) und Technologie (Fehlerverfolgung) aus dem Aufgabenbereich der Linienmanager eliminiert haben, haben diese jetzt Zeit für viele wichtigere Tätigkeiten (mit Kunden sprechen, Probleme verstehen, usw.).*«

Das derzeit größte Problem von Guidewire: Mitarbeiter finden. Guidewire ist sogar während der globalen Wirtschaftskrise 2008/2009 kontinuierlich gewachsen, aber Menschen, die effektiv in einer Effectuation-Organisation dieser Art arbeiten wollen und können, sind schwer zu finden. Das System funktioniert durch die Menschen, und Seybold warnt davor, dass *ein einziges* schwaches Mitglied einen ganzen Pod kaputt machen kann. Im Aufnahmeprozess sucht Seybold nach Mitarbeitern, die nicht nur intelligent, sondern auch heiter und tolerant gegenüber dem scheinbaren Chaos der Organisation sind. Wie er das macht? Nicht indem er ihnen eine Stunde an einem Tisch gegenüber sitzt und sie mit den üblichen Bewerbungsfragen löchert, sondern indem er die Kandidaten für einen Tag lang in einem Sprint-Pod arbeiten lässt.

5.5.7 Eine neue Perspektive

Das Verständnis für das Design einer Organisation nach Effectuation führt bei den Fragen, denen sich Manager mit Verantwortung für Innovation und Wachstum heute stellen müssen, zu neuen Sichtweisen. Ganz offensichtlich beinhalten diese Ansätze neue Erkenntnisse in Bezug auf das Management von Produktentwicklungsprojekten und die Bewegung in Richtung neuer Märkte. Darüber hinaus enthalten sie auch Ideen, wie man Mitarbeiter in großen Firmen auswählen, fördern und ausbilden kann und Gedanken dazu, wie man Unternehmerinnen im Unternehmen hält, wenn junge Firmen größer werden. Sie haben Implikationen auf den strategischen Planungsprozess, im speziellen beim Kauf von Start-ups und für firmeneigene Venture-Fonds. Schlussendlich wirken sie befruchtend auf F&E-Partnerschaften und die Lizenzvergabe für Technologien – und in deren Folge auf die Kreation unternehmerischer Gelegenheiten. Obwohl es unwahrscheinlich ist, dass große Unternehmen unternehmerisch bleiben, gibt es Wege, die drei größten strukturellen Hindernisse für unternehmerisches Handeln in großen Unternehmen zu überwinden. Vielleicht könnten auf diese Art und Weise die »Guten« und die »Großen« auch zu den »Unternehmerischen« werden?

5.6 Karriereentwicklung

Von Helfried Faschingbauer

5.6.1 Effectuation als Instrument auf dem beruflichen Karriereweg?

Auf dem Arbeitsmarkt im Allgemeinen und hinsichtlich beruflicher Karrierewege im Speziellen hat die Ungewissheit zugenommen. Dadurch werden langfristige, detaillierte Entwürfe der Zukunft sehr riskant. Parallel dazu haben sich die Möglichkeiten zu kommunizieren und sich zu vernetzen dramatisch verändert. Klassische kausale Planung scheint aufgrund dieser Veränderungen und der Arbeitswelt eine Ergänzung bzw. eine Alternative zu brauchen. Es fällt jedoch auf, dass sich die Karriereratgeber und »Kurse«, die arbeitslose Personen beim beruflichen Wiedereinstieg unterstützen sollen, trotzdem überwiegend der kausalen Logik bei der Arbeitssuche (Karriereplanung) verschrieben haben.[46]

---

46 Das Arbeitsmarktservice Österreich (AMS) verlangt von den Teilnehmern von Orientierungskursen (Klasse von Kursen, die unterschiedliche Namen und Titel haben) »Karrierepläne«, die ein klares Berufsziel (Arbeitsziel) aufweisen müssen und in denen der Weg zu diesem Ziel genau beschrieben sein muss. Falls der Plan scheitern sollte, ist auch noch ein Alternativplan vorzulegen. Diese Karrierepläne – hier besteht eine Parallele zu Businessplänen – dienen dann als Entscheidungsgrundlage für die Finanzierung von Ausbildungen und Förderungen.

Die individuellen Kontexte von Karriereplanung und Jobsuche sind sehr unterschiedlich: Der Start in das Berufsleben, das Streben nach klar gesetzten Karrierezielen, Wechsel zwischen Unternehmen sowie Tätigkeiten, Unterbrechungen der Karriere durch gravierende Lebensereignisse sowie Arbeitslosigkeit sind nur einige Kontexte, in denen das Nachdenken über die Zukunft stattfindet. Dabei kann die berufliche (Weiter-)Entwicklung eher zielorientiert-planend oder eher unternehmerisch (nach den Grundsätzen von Effectuation) gestaltet werden.

Was kann Effectuation in diesen unterschiedlichen Kontexten, was die kausale Planung nicht kann? Diese Frage soll im folgenden Text anhand von Überlegungen und Fallbeispielen aus Kursen, die der Autor als Kursleiter bzw. als Berater und Coach mit arbeitsuchenden Akademikerinnen und Künstlern durchgeführt hatte, beantwortet werden.

5.6.2 Entwicklung der Arbeits- und Berufswelt: Gezwungen in die Ungewissheit

Expertinnen für die Entwicklung der Arbeits- und Berufswelt sind sich darüber einig, dass die Komplexität des Geschehens in den vergangenen Jahrzehnten massiv zugenommen hat und längerfristig gesicherte Karrieren eher Auslaufmodelle darstellen:

- Die Entwicklung von der Industriegesellschaft über die Dienstleistungsgesellschaft zur Informations- und Wissensgesellschaft verändert die Tätigkeitsinhalte und die entsprechenden Ausbildungsanforderungen.
- Arbeitstätigkeiten, die institutionelle Einbindung der Arbeit und zeitliche Organisationsformen der Arbeit unterliegen der Flexibilisierung (Kress, 1989).
- Entberuflichung (Baethge & Baethge-Kinsky, 1998) verweist auf die Auflösung der klassischen Berufsgrenzen und Berufskulturen, die von Unternehmenskulturen abgelöst werden.
- Die durch Kommunikationstechnologien unterstützte (räumliche und zeitliche) Entgrenzung (Voß, 1998) der Arbeit verweist auf die Veränderungen des Arbeitslebens, die auch auf andere Lebensbereiche wirken.
- Auf der gesellschaftlichen Ebene treffen wir auf die »Individualisierung« der Arbeits- und Lebensverhältnisse.
- Krisen und Konjunkturschwankungen tun ihr Übriges, um die Komplexität und damit auch die Unsicherheit zu erhöhen

HR-Perspektive
Mit den angeführten Entwicklungen gehen gleichzeitig sich ständig verändernde Qualifikationsbedarfe einher, die zur Bewältigung rasch wechselnder Anforderungen notwendig sind. In dieser höchst unbestimmten Situation kommt der

Personalauswahl eine entscheidende Rolle zu; gleichzeitig sind Personalmanager in besonderem Maße von den zunehmenden Unwägbarkeiten betroffen. »Je unklarer und auf längere Zeiträume unsicherer die benötigten Qualifikationen sind, desto schwieriger wird die Auswahl von geeignetem Personal« (Krenn, Papouschek & Vogt, 2004).

Arbeitnehmerinnen-Perspektive
Die Beschreibung individueller Wandlungsprozesse erfolgt häufig unter der Konnotation der Verschlechterung der Situation für die Arbeitnehmer. Dabei wird oft unterschlagen, dass die »berufliche Mobilität« der Arbeitskräfte seit jeher sehr hoch ist: Lediglich ein Drittel der Beschäftigten sind fünf Jahre nach Abschluss ihrer Ausbildung noch im Beruf bzw. in der Branche tätig, in der sie ausgebildet wurden. Wandel ist für die konsequenten Planer eher eine Bedrohung, für die Effectuators jedoch eine Chance, weil sie auch das »Unvorhergesehene« zu nutzen in der Lage sind und ihm nicht von vorneherein ablehnend gegenüberstehen.

Markt-Perspektive
Wir finden auf den Arbeitsmärkten alle Formen der Prognoseunsicherheit gleichzeitig:

- **Risiko:** In abgegrenzten Märkten, auf denen die Stellen ausgeschrieben oder veröffentlicht werden, beschreibt die Anzahl der Bewerberinnen pro Stelle das Risiko, das Stellensuchende eingehen, wenn sie sich auf diesem Markt bewegen und bewerben. Auf Käufermärkten besteht die Tendenz, die Anforderungen zu erhöhen, weil für die Unternehmen genügend Auswahlmöglichkeiten bestehen. Zudem findet statistische Diskriminierung[47] statt, die die Risiken bestimmter Gruppen am Arbeitsmarkt nochmals verändert.
- **Unsicherheit** hinsichtlich der Zahl der Stellen, die für eine Person in Frage kommen, entsteht, wenn der verdeckte Arbeitsmarkt in die Suche einbezogen wird. Es ist aus der Perspektive des Suchenden nicht klar, wie viele Stellen es gibt. Klassische Methoden wie Initiativbewerbung, Netzwerken, genaue Recherche und ähnliche Instrumente können diese Unsicherheit verringern.
- **Ungewissheit** begegnet man überall dort, wo sich Technologie und Organisation von Arbeit drastisch verändern, dort also, wo neue Stellen geschaffen werden, deren Anforderungen noch nicht klar sind und die daher auch nur schwer veröffentlicht werden können. Wo Neues entsteht, greifen die herkömmlichen Methoden, mit einem gut geschnürten Bündel an Qualifikationen auf den

---

47 Da Arbeitgeber nur über unvollständige Informationen über die Produktivität einzelner Arbeitnehmerinnen verfügen, verwenden sie sozialstatistische Merkmale von Gruppen (z. B. Nationalität, Alter, Geschlecht) zur wahrscheinlichkeitstheoretischen Einschätzung der Eigenschaften einzelner Gruppenmitglieder.

Markt zu gehen, nicht mehr. Ziele in Form von konkreten Tätigkeiten und Strukturen, in denen man arbeiten will, werden zu gefährlichen Fallen.

Wie sollen zudem beispielsweise Absolventen geisteswissenschaftlicher Studien auf dem Arbeitsmarkt vorgehen? Wie wird aus einem Philosophen ein Bankdirektor? Reagieren Geisteswissenschaftlerinnen auf den offiziellen Stellenmarkt, so werden sie selten fündig. Sind sie bereit, unterhalb ihres Qualifikationsniveaus eine Stelle anzunehmen, werden sie als überqualifiziert abgewiesen.

Heyse und Erpenbeck (Heyse & Erpenbeck, 2009, S. XI) schließen: »Je komplexer und dynamischer der Markt, Wirtschaft und Politik werden, desto unsicherer sind alle Voraussagen. Die Menschen müssen mehr und mehr unter Unsicherheit entscheiden und ihr Handeln wie auch das von Gruppen, Teams und Organisationen selbst organisieren. Dazu benötigen sie *besondere Fähigkeiten*: Selbst-Organisationsfähigkeiten.«

5.6.3 Der Prozess macht den Unterschied

Prozesse der Karrieregestaltung – kausal oder nach Effectuation

Jenny A., 30 Jahre und verheiratet, ist seit drei Jahren arbeitslos. Sie ist Sängerin und ist sehr erfolgreich in Musicals und Operetten aufgetreten. Da ihre Stimme »mehr hergibt«, wie sie sagt, hat sie sich zum Ziel gesetzt, klassische Oper zu singen. Sie hat einen klaren Plan, wie sie zu entsprechenden Rollen und Auftritten kommen kann. Die letzten drei Jahre hat sie viel in die Entwicklung ihrer Stimme investiert und konsequent Ausbildungen gemacht. Diese sind großteils abgeschlossen und sie beginnt nun sehr systematisch, nach Engagements zu suchen. Sie kennt ihren Markt und hat klare Ziele. Ein Demoband wird gerade aufgenommen und sie singt in nächster Zeit auch im Rahmen eines Benefizkonzertes. Kontakte hat sie bereits geknüpft und sie weiß genau, wie sie es angehen muss, um zu Engagements zu kommen. Sollte doch etwas schiefgehen, so kann sie sofort auf zwei Alternativen zurückgreifen: Der »Worst Case« ist, wieder in Musicals aufzutreten, aber auch musikalische Früherziehung, für die sie eine entsprechende Ausbildung hat, und Gesangsunterricht sind für sie potenzielle Tätigkeitsfelder.

Tiberius G., 46 Jahre und mit einer Ärztin verheiratet, hat seine berufliche Laufbahn mit einem Chemiestudium, das er letztlich abgebrochen hat, begonnen. Neben dem Studium hat er schon im Unternehmen von Verwandten gearbeitet. Über den Kontakt mit Freunden hat es ihn dann zum Theater verschlagen, wo er über 1,5 Jahre als Schauspieler aufgetreten ist, kleine Stücke geschrieben hat und Konzepte z.B. für ein »Arbeitslosentheater« entwickelt hat. All diese Stationen haben sich aus Gesprächen mit Freunden ergeben. Seit acht Jahren fotografiert er und betreibt seit geraumer Zeit mit 13 anderen Personen eine Galerie, in der er auch seine Werke ausstellen kann. Da er in den letzten Jahren seine

Existenz nicht aus seiner künstlerischen Tätigkeit finanzieren konnte, war er als arbeitslos gemeldet. Die Möglichkeiten, die ihm vom AMS geboten wurden, hat er zu Ausbildungen genutzt: Eventmanagement, EDV-Kurse, Grafikkurse und sogar den EBDL hat er absolviert. Zahlreiche zielorientierte Jobcoachings konnten ihn nicht von seinem Weg abhalten – sich auf seine Mittel zu besinnen, diese mit anderen zu teilen, Zielfantasien zu entwickeln und dann sofort etwas zu unternehmen.

Jenny A. und Tiberius G. strahlen Feuer und Energie aus, wenn sie über ihre beruflichen Wege sprechen. Bei Jenny speist sich diese aus dem zielgerichteten Handeln, bei Tiberius vor allem aus dem Handeln, wobei er noch nicht genau weiß, wohin er geht. Jenny und Tiberius haben kaum ein Problem mit dem Tun. Jenny hat es jedoch genau geplant, während Tiberius wie ein ethnologischer Feldforscher unterwegs ist. Beide zählen nicht zu *jener* knappen Hälfte der Arbeitsuchenden (Bolles, 2007, S. 28), die nach kurzer Zeit die Suche einstellen oder drastisch reduzieren.

Eine wesentliche Frage bei der Karriereentwicklung ist: Wie komme ich ins Tun, auch wenn ich noch keine brillante Idee habe? Ein Tun, das gespeist wird von der Neugierde des ethnologischen Feldforschers oder auch von der Begeisterung, das tun zu können, was man am liebsten tut. Häufig erleben wir auch, dass eine *brillante* Idee zu einer *fixen*[48] Idee wird, zum Festhalten an einer Idee, deren Realisierung über längere Zeit nicht gelungen ist und in die die gesamte Energie des Suchenden gesteckt wird. Wenn es niemanden gibt, der die brillante Idee ebenfalls brillant findet, dann haben wir ein Problem. Effectuators am Arbeitsmarkt fragen daher: Was kann ich sonst noch mit meinen Mitteln tun und was bin ich bereit, dafür zu investieren? Dabei erleben wir sehr häufig, dass die Bereitschaft, sich auf neue Ziele und Wege einzulassen, erst wieder geweckt werden muss.

Effectuators und Planerinnen treffen sich am Ausgangspunkt des Prozesses: »Wer bin ich?« und »Was weiß (kann) ich?« Sie starten beide mit der Suche nach den übertragbaren Fähigkeiten (Bolles, 2007, S. 143 f.).

Kausale Planerinnen analysieren dann in der Regel »ihre« Märkte und entscheiden sich für ein Ziel bzw. ein Alternativziel. Dann wird nochmals überlegt, ob die Mittel dafür ausreichen bzw. welche Mittel – etwa in Form von Ausbildungen – noch beschafft werden müssen. Manche meinen, dass es ihnen nur an Glaubwürdigkeit fehlt und buchen dann spezielle Vorstellungstrainings oder feilen an ihren Bewerbungsunterlagen. Alle Überlegungen werden dann in einen »Karriereplan« verpackt und wenn dieser fertig ist, beginnt das Handeln. Die Energie zum Handeln speist sich hauptsächlich aus dem Ziel. »Wer ein *Wofür*

---

48 »Herunterholen von den fixen Ideen« wird häufig implizit und z. B. vom AMS auch explizit als Auftrag an Trainerinnen und Coaches im Rahmen von Karriereentwicklung formuliert.

im Leben hat, der kann fast jedes *Wie* ertragen«, formulierte schon Friedrich Wilhelm Nietzsche.

Auch im Effectuation-Prozess denken wir nach der Analyse (*Wer bin ich? Was kann ich? Wen kenne ich?*) über Ziele nach. Sie werden allerdings nicht »in Beton gegossen«, sondern bleiben offen. »Dialektisches Problemlösen« wie Dieter Dörner[49] es nennt, ist die Methode der Wahl. Das bedeutet, dass sowohl die Ziele als auch die Mittel während des Prozesses verändert werden können. Ambivalenzen oder Multivalenzen sind dabei keine Barrieren oder Handlungsverhinderer, sondern Hinweise auf die Vielfalt der Möglichkeiten. Ereignisse und Zufälle werden grundsätzlich nicht als Störfaktoren betrachtet, sondern als Gelegenheiten wahrgenommen. Das bei der Zielformulierung im kausalen Prozess *nicht Denkbare* bekommt eine Chance. Diese Vorgangsweise kommt auch jenen Personen entgegen, die sich schwer tun, Ziele zu formulieren. Aus der Sicht von kausalen Denkern wird das häufig als Defizit gesehen und von den Betroffenen meist auch so erlebt.

Kausale Planer sehen sich eher als Teil eines Puzzles, bei dem es darauf ankommt, der »richtige« Teil zu sein, der in eine vorgefertigte Schablone passt. Kompetenzprofile und Anforderungsprofile werden vorzugsweise maschinell aufeinander abgestimmt und die Trefferquote entscheidet dann letzten Endes wer zum Zug kommt – so wie bei Internet-Partner-Börsen. Was dabei aus dem Blick gerät, sind die Verhandelbarkeit von Anforderungen und Kompetenzen, der Wandel auf der Seite der Anforderungen und die eigenen Entwicklungspotenziale.

Dem Bild des Puzzles wird im Effectuation-Prozess das gemeinsame Weben eines Teppichs – des Crazy Quilt – gegenübergestellt. Diese Vorgangsweise ist auch eher mit dem neuen Karrieretyp, der »grenzenlosen Karriere« (Langer, 2004, S. 154 ff.) vereinbar.

Karriereplanung und Suche nach einem Arbeitsplatz nach Effectuation sind keine Schreibtischjobs, die man mit Nachdenken, dem Netz oder mit Gleichgesinnten in einer geschlossenen Gruppe erledigen kann. Denken spielt zwar eine große Rolle dabei, aber das Wichtigste spielt sich im Tun ab und das Tun ereignet sich im Felde. Günstig ist dafür die Neugierde, die den ethnologischen Feldforscher auszeichnet. Hier kann man klären, ob die eigenen Ziele in dieser Arbeitswelt Sinn machen und stößt auf neue Ressourcen – und auf Partnerinnen.

---

49 Dieter Dörner, 1992 nach Kibéd & Sparrer, 2003: Unterschieden wird zwischen »analytischem Problemlösen«, bei dem Ziele und Mittel feststehen, »synthetischem Problemlösen«, wo Ziele definiert sind und die Mittel offen sind und während des Prozesses noch neue Mittel erschlossen werden, und »dialektischem Problemlösen«, das sowohl Ziele als auch Mittel im Verlaufe des Prozesses offen lässt.

Mittelorientierung

»Die meisten Menschen, die bei der Jobsuche oder bei der Suche nach ihrem Traumjob scheitern, scheitern nicht an fehlenden Informationen über den Arbeitsmarkt, sondern an fehlenden Informationen über sich selbst.« Diese Aussage findet sich im weltweit wohl am häufigsten gedruckten und auch zitierten Karriereratgeber »What Color Is Your Parachute« (»Durchstarten zum Traumjob« in der deutschen Ausgabe) von Richard Nelson Bolles (Bolles, 2007, S. 141).

Das Nachdenken über die Mittel wird durch drei Leitfragen gesteuert: »Wer bin ich? Was kann und weiß ich? Wen kenne ich?« Das sind auf den ersten Blick sehr einfache Fragen, aber schon beim Nachdenken über die eigene Identität (»Wer bin ich?«) wird schnell klar, dass es schwierig sein kann, darauf einfache Antworten zu geben.

Die Antworten auf die oben gestellten Fragen sind zwangsläufig Schlussfolgerungen, Zuschreibungen und damit notwendigerweise abstrakt. Wie kommt man zu diesen Abstraktionen? »Offensichtlich sind Kompetenzen nur anhand der tatsächlichen Performanz – der Anwendung und des Gebrauchs von Kompetenz – abzuklären« (Erpenbeck & Rosenstiel, 2007, S. XVIII). Das führt uns in der Praxis zur Analyse unserer bisherigen beruflichen Stationen (einschließlich Ausbildungen) und Tätigkeiten, unserer privaten Lebensverhältnisse und Engagements (wie z. B. Bau eines Hauses, Tätigkeit in einem politischen Verein aber auch das Management einer Familie). Auch konkrete oder nur vermutete Fremdeinschätzungen können berücksichtigt werden, weil sie uns auch Informationen über unsere eigenen Einschätzungen und mögliche blinde Flecken geben können.

> ⚒ **Siehe auch Toolbox: Lebenslaufanalyse**

Die Beantwortung der drei Fragen erlaubt, die Richtung der nächsten Schritte abzustecken und in Kontakt mit anderen Menschen zu treten. Dabei geht es auch darum, Vertrauen in die eigene »Selbstwirksamkeit« (Bandura, 1997) aufzubauen oder zu stärken. Es geht um das Vertrauen in die eigenen Fähigkeiten, Vertrauen darauf, dass wir etwas bewirken können und mit schwierigen Situationen umgehen können (Hüther, 2004).

Die Detaillierung oder Differenzierung der eigenen Darstellung ist abhängig davon, ob sie aus dem Blickwinkel der Logik des Puzzles oder des Crazy Quilt erfolgt. Differenzierte Kompetenzprofile scheinen im Bewerbungsprozess oft erforderlich, wobei die Gefahr lauert, dass das Puzzle statt 100 dann plötzlich 300 oder 500 Teile hat. Die Wahrscheinlichkeit, die Stelle zu finden, in die mein Puzzleteil passt, wird jedoch geringer, je differenzierter die Analyse ist: »Im Extremfall: Jedes Individuum wird zu einem singulären Angebot, das eine singuläre Nachfrage sucht. Bis die Marktpartner einander finden, dauert es lange« (Prisching, 1997).

Mittel und Ziele
Genau zu wissen, wo man hin will, bringt Sicherheit und Energie. Wer ist nicht fasziniert von dem Feuer, das Menschen ausstrahlen, die genau wissen, wohin sie wollen. Ziellosigkeit wird gemeinhin als Schwäche betrachtet. Effectuation im Kontext unternehmerischer Karriereplanung und Jobsuche setzt primär auf das, »was ich gerne tue« und »was ich besonders gut kann«. Für Schauspielerinnen gibt es beispielsweise viele Bühnen und nicht nur das Burgtheater, wie es für Lehrer auch viele Schulen gibt:

> Gundula. L. (33), Schauspielerin ohne Engagement, hat klare Ziele: die Bühne eines größeren Hauses oder den Film. Sie geht zwar auf Premierenfeiern und spricht mit (meist ebenso arbeitslosen) Kollegen. Ihre Hauptaktivität besteht aber darin, sich mit weiteren Mitteln auszustatten, was sie schon seit Jahren von einer Ausbildung zur anderen führt. Ihr Engagement wird unter anderem von den Organisationen geschätzt, die ihre Ausbildungen finanzieren. Informationen über »alternative« Bühnen für ihre Leidenschaft und ihre Fähigkeiten wehrt sie meist ab oder geht ihnen nur halbherzig nach. Sie lebt mit der Einstellung, dass sie ihre Ziel erreichen wird, wenn sie sich nur genügend anstrengt und wirklich gut in ihrem Fach ist. Sie hat auch immer wieder »Hänger«, die sie mit Medikamenten und Therapie zu bewältigen versucht. Das ist ihr bisher auch immer gelungen.
>
> Miriam. S. (55). ist eine ausgebildete Schauspielerin, die auch als Lehrerin gearbeitet hat. Improvisation ist eine ihrer Lieblingstätigkeiten. Das hat sie auch zu einer guten Verkäuferin befähigt, was sie im Versicherungsgeschäft umgesetzt hat. Sie kann leicht Kontakte herstellen und mit Menschen ins Gespräch kommen. Ihre Fähigkeiten werden in Unternehmen gebraucht und auch von vielen Menschen, die in sozialen Berufen und in »Kommunikationsberufen« tätig sind. Zur Zeit bietet sie Seminare zum Thema Kommunikation und Networking an, die kabarettistische Züge tragen. Sie ist damit sehr erfolgreich. Was sie in Zukunft machen wird, weiß sie noch nicht genau.

Gundula hat klare Vorstellungen. Miriam hat auch Ziele, aber keine klaren Vorstellungen darüber, wie es sein muss, wenn sie am Ort des Zieles angelangt ist.

Mittelorientierung bedeutet nicht, keine Ziele zu haben. Die Frage ist vielmehr, wann und wie genau die Ziele formuliert werden. Die Funktion von Zielen ist, die Richtung des Weges zu zeigen und auch die Kraft oder Energie zu schaffen, den Weg tatsächlich gehen zu können. Die Kraft dazu bekommen Effectuators eher aus dem, was sie tun können und gerne tun, und nicht aus dem, was sie einmal sein werden. Die Frage ist nicht: »Was wäre ich, wenn ich alle Voraussetzungen, die ich mir wünsche (brauche), hätte?«, sondern, »Was kann ich jetzt, mit dem, was ich habe, tun?«

Bei der Arbeit mit arbeitsuchenden Menschen stoßen wir immer wieder auf Personen, die sich festgefahren fühlen und nur eingeschränkten Zugang zu ihren Ressourcen haben. Deren Kontexte sind unterschiedlich und umfassen z. B. existenzielle Notsituationen, Konflikte, Trennungserlebnisse oder Suchtprobleme.

Ihre Aufmerksamkeit gilt primär ihrem akuten Zustand, und die (Selbst-) Einschätzung ihres Potenzials ist nicht gerade optimistisch. Effectuation kann aus unserer Sicht auch für diese Situationen einen Unterschied machen: Es geht immer um den Einsatz der Mittel, die gerade verfügbar sind, auch wenn diese nicht dem gesamten Potenzial dieser Personen entsprechen. Einzelne, kleine Schritte zu gehen, kann auch aus festgefahrenen Zuständen zumindest vorübergehend herausführen.

Leistbarer Verlust

In Kursen für arbeitslose Personen trifft man häufig auf Personen, die ihre Erwartungen, einen für sie annehmbaren Arbeitsplatz zu finden, stark zurückgeschraubt haben. Sie suchen nur noch halbherzig und sind von Selbstzweifeln geplagt. Sie machen den Eindruck als würden sie bei jedem Schritt, den sie gehen »sollen«, ihre gesamte Existenz (ökonomisch, psychisch und sozial) riskieren. Ziele setzen sie sich kaum noch, weil die »Verluste« (Selbstwert, Selbstvertrauen) einfach als zu hoch eingeschätzt werden.

Doch was kostet die Karriereentwicklung eigentlich und was kann die Jobsuche kosten? In der Regel geht es um Zeit, Geld (Ausbildungen, Telefon, Internet, Vorstellungskosten, usw.), Energie, Sicherheit und Selbstvertrauen[50], verlorene andere Möglichkeiten (Opportunitätskosten) und vielleicht auch das, was bisher schon (an Mühen oder Ausbildungen) investiert wurde.

Es geht in solchen Situationen darum, wie man überhaupt (wieder) ins Handeln kommen kann, wenn das große Risiko vom Handeln abhält. Arbeitsuchende und Personen, die ihre Karriere planen, können zwei Arten von Fehlern machen: etwas tun, was keinen Erfolg bringt (Fehler 1) und etwas nicht tun, was Erfolg bringen könnte (Fehler 2). Fehler 1 wird sichtbar, Fehler 2 nicht. Wir wissen nicht, was uns entgeht, wenn wir etwas nicht getan haben. Wenn Menschen gefragt werden, was sie in ihrem Leben bereuen, dann sprechen viele über das, was sie nicht getan haben und nicht über das, was sie getan haben und das dann schlecht gelaufen ist.

Das Prinzip des leistbaren Verlusts hilft hier, bestimmte Strecken durchzustehen. »Ich muss nicht den ganzen Weg gehen, aber den Schritt, den ich setze, mache ich ganz« ist eine mögliche Devise. Und ich muss das, was ich jetzt tue, nicht immer tun. Es kann gestartet werden auch ohne eine »lebenslange« Bindung oder Verpflichtung einzugehen.

Umstände und Zufälle

Das Prinzip der Umstände und Zufälle begegnet uns in den Geschichten der beruflichen Karrieren in der Art und Weise, wie Menschen mit dem Umstand der

---

50 Gewählt oder abgelehnt zu werden hat Auswirkungen auf die Entwicklung der Persönlichkeit.

Arbeitslosigkeit oder sonstigen gravierenden Lebensereignissen wie Trennungen, Unfällen, Krankheiten oder einer Wirtschaftskrise umgehen.

> Elfriede G. ist aufgrund ihrer einschlägigen Ausbildung schon jahrelang im Gastgewerbe/Tourismus tätig. Sie kommt mit einem Gast ins Gespräch, der die Gründung einer Firma zur Produktion für Werbefilme plant. Eingeladen mitzumachen, wechselt Elfriede G. ihren Job und wird Produktionsassistentin und schließlich Produktionsleiterin. Aufgrund zunehmender Konflikte mit dem Unternehmer wird Elfriede G. jedoch nach 15 Jahren Zusammenarbeit gekündigt. Die Kündigung ist mit schweren Kränkungen verbunden, was zu massiven Schwankungen in Elfriede G.'s Selbstwertgefühl (Selbstvertrauen) führt. Ihre Situation als Chance wahrzunehmen fällt ihr zunächst ziemlich schwer und auch der Blick auf ihre Mittel ist dadurch ziemlich getrübt. Das drückt sie auch körpersprachlich aus – ihre Haltung, ihre Stimme, der Tonfall signalisieren ständig: Ich bin ein Problem. Sie steigert damit das Risiko, abgelehnt zu werden. Eine kurze Beschäftigung als Produktionsleiterin bei einer Fernsehproduktion scheitert, weil sie in diesem Segment keine Erfahrung hatte. Das stärkt ihr Vertrauen in ihre Ressourcen nicht unbedingt. Bei allem, was sie tut, steht nunmehr ihre gesamte Existenz auf dem Prüfstand. Gespräche mit Freundinnen, Kurse und Coaching bringen sie wieder in Kontakt mit ihren Ressourcen – ein neues Ziel taucht auf: Beschäftigung im Bereich der Produktion von Spielfilmen. Das hat sie schon immer interessiert. Wie angehen? Über eine Bekannte erfährt sie, dass eine Spielfilmproduktionsfirma eine Mitarbeiterin sucht. Sie bewirbt sich. Die Angst, abgelehnt zu werden, wird langsam abgelöst von der Neugierde auf das, was da passieren wird.

In den Kursen mit arbeitslosen Personen geht es zunächst darum, aus dem Problemzustand herauszukommen, um überhaupt über die Chancen, die die Situation bietet, nachdenken zu können. Dazu gibt es viele Möglichkeiten. Zum Beispiel eine Übung, die nach Erich Fried mit »Es ist, was es ist« überschrieben ist. Die Teilnehmerinnen werden in Gruppen bis zu fünf Personen eingeladen, über ihre derzeitige Situation zu sprechen. Das Gespräch soll in Form eines Dialoges geführt werden: einen Beitrag zum Verständnis der Situation leisten und nachfragen, wenn etwas unklar ist. Die Ergebnisse der einzelnen Gruppen werden dann der Gesamtgruppe präsentiert.

Mit dieser Übung wurden sehr gute Erfahrungen gemacht: Erleichterung wurde bei vielen sichtbar, weil sie spürten, dass sie in ihrer Situation nicht allein sind. Das gegenseitige Erzählen von Geschichten über die erfolgreiche Bewältigung derartiger Situationen trägt dazu bei, diese Erfahrungen und die damit verbundenen Ressourcen zu erinnern und zu aktivieren. Nebeneffekte sind meist, dass die Teilnehmerinnen sich und einander besser kennenlernen, was die spätere Arbeit in der Gruppe und die Kommunikation in der Regel nachhaltig verbessert.

Wie Kursteilnehmerinnen mit Umständen und Zufällen umgehen, hat viel damit zu tun, wie sie mit Zielen umgehen. Ziele sind starke hypnotische Rahmensetzungen (Kibéd, 2009). Ihre Funktion ist, die Aufmerksamkeit auf einen Punkt zu konzentrieren.

Ziele schirmen Wahrnehmungen von Ereignissen ab, die der Erreichung des Zieles hinderlich sein könnten und verstärken alle Wahrnehmungen, die der Erreichung förderlich sein könnten. Insofern begünstigen sie auch das Auftreten von Zufällen, wenn diese dem Weg zum Ziel dienen. Sie begrenzen aber auch den Wahrnehmungs- und damit den Möglichkeitsspielraum.

»Handle immer so, dass deine Möglichkeiten größer werden«, so die Haltung des begnadeten Effectuators Heinz von Förster (Foerster, 2007).

Vereinbarungen und Partnerschaften: »Auf den Markt gehen«
Kontakte, Beziehungen, Gespräche mit anderen Menschen haben eine überragende Bedeutung für die Entwicklung von beruflichen Karrieren. Häufig wird diese Bedeutung reduziert auf das sogenannte »Vitamin P« (für Protektion), das man angeblich braucht, um einen bestimmten Job oder einen Auftrag zu bekommen. Das ist jedoch nur die eine Seite der Medaille. Personen, die ausreichend Potenziale haben und die »entsprechenden Leute« kennen, haben in der Regel kaum Probleme, ihre berufliche Karriere zu gestalten. Sie machen ihren Weg, solange sie genügend eigene Güter zum Eintausch gegen gute Positionen und Aufträge anbieten können.

Ein Problem wird diese Marktstrategie für jene, die meinen, nicht über diese Beziehungsressourcen zu verfügen. »Ich kenne ja niemanden, der mir helfen könnte«, hört man sehr oft. Häufig werden diese Aussagen von resignativen Gefühlslagen begleitet, was sich in der Körperhaltung und in der Stimme ausdrückt. Mit dieser Haltung wird es dann auch schwierig, überhaupt auf den Markt zu gehen: Weit weg von seinen Ressourcen hat jeder Kontakt den Geruch des Benutzens anderer Menschen für die eigenen Zwecke und den Geruch des Verlierers – für viele ein zusätzliches Hindernis bei der Aufnahme von Kontakten.

In dieser Situation bietet der Effectuation-Ansatz gute Zugänge: Ausgangspunkte sind immer die eigenen Ressourcen, das Ziel ist nicht der sofortige große Gewinn, sondern die Frage, ob das Zusammenlegen von Ressourcen einen Sinn hat und daraus etwas gemeinsames Neues entstehen könnte. Es geht auch darum, gemeinsam etwas zu finden, was gar nicht gesucht wurde.

🛠 **Siehe auch Toolbox: Der Marktplatz**

> Daniela R. und Jaqueline W. hätten einander nie gesucht, weil sie ja nicht wissen konnten, welche Ressourcen und Ziele die andere Person jeweils hatte. Es war ein mehr oder weniger zufälliges Aufeinandertreffen der beiden Personen in einem Kurs und sie hatten auch schon – zumindest in den Pausen – Kontakt. Das systematische Ressourcen- und Zielgespräch hat dann zutage gebracht, dass Jaqueline schon vor einiger Zeit Danielas Vater begegnet ist – dieser hat damals schon Interesse an der Arbeit von Jaqueline gezeigt und könnte

> Jaquelines Arbeit gut für seinen Job brauchen. Sie sind im Gespräch auch darauf gekommen, dass Daniela, die gerne im »Hintergrund« arbeitet, mit Jaqueline kooperieren könnte, da diese Hilfe bei der Organisation ihrer Auftritte durch eine Managerin braucht. Daniela hatte diese Tätigkeit zwar noch nie hauptberuflich ausgeführt (nicht denkbar bei kausaler Planung), die beiden sind jedoch von sich als Team begeistert und haben vereinbart, diesbezüglich weitere Gespräche zu führen.

Es ist nie klar, welcher Kontakt wozu gut sein kann. Zwar wissen wir, dass die hilfreichsten Kontakte bei der Jobsuche nicht die direkten Kontakte sind, sondern die indirekten (Granovetter, 1973). Trotzdem ermutigen wir in unseren Kursen und Beratungen dazu, dort zu starten, wo es am leichtesten fällt: Bei jenen Menschen, die man schon kennt. »Ins Tun kommen« ist vorerst einmal der wichtigste Punkt. Später geht es darum, Menschen anzusprechen, die man nicht kennt.

5.6.4 Perspektive

Was bringt Effectuation für Karriereplanung und Jobsuche? Sie bringt Antworten auf die Fragen: »Wie bewege ich mich unter Bedingungen der Unsicherheit im Berufsleben und auf dem Arbeitsmarkt? Wie kann ich steuern, ohne genaue Landkarte, ohne Vorhersagen?« Ins Tun kommen mit der Haltung eines ethnologischen Feldforschers scheint dabei das wesentlichste Element zu sein.

Auffallend bei der Arbeit nach dem Ansatz von Effectuation war in der Karriere- und Bewerberberatung stets die Erleichterung, die viele Menschen geäußert haben: Sie können etwas systematisch und legitimiert tun, was sie in ähnlicher Form ohnehin schon immer getan haben, was sie gerne tun und/oder gut können.

Effectuation und Planung sind schlussendlich keine Ansätze, die einander ausschließen. Vielmehr sollten wir weiter untersuchen, wie die Ansätze kombiniert werden können. Es steht viel auf dem Spiel: Es geht um die Zukunft unter Ungewissheit, die Zeit in der wir leben werden.

5.7. Beratungs- und Coachingpraxis

Von Gunther Schmidt

Von Zielen, die Probleme machen, zu optimalem »polynesischem Segeln«: Erfolgreiche hypnosystemische Zielstrategien für Coaching und Beratung machen es möglich.

5.7.1 Situationsbedingungen von Beratungsprozessen

Dieser Beitrag beschäftigt sich – aus hypnosystemischer Perspektive – mit Zielentwürfen und Lösungsversuchen im Umgang mit Unsicherheit aus komplexen Coaching- und Beratungsprozessen. Coaching und Beratung wird als Mittel zum Zweck in Anspruch genommen, um mit Fremdhilfe vom unerwünschten »Ist« zum angestrebten »Soll« zu kommen. Problemerleben gibt es nur durch dieses Spannungsverhältnis zwischen »Ist« und »Soll«. *Ohne angestrebtes Ziel kann es kein Problem geben.*

Beratungsaufträge finden in der Regel unter Bedingungen der Ergebnis-Ungewissheit statt. Das Erleben der Klienten unterliegt innerlichen und interaktionellen Wechselwirkungen, die man nicht einseitig kontrollieren kann. Menschen sind autonome sich selbst erzeugende Systeme, Umweltbedingungen können ihre Wahrnehmung zwar »verstören«, aber nicht bestimmen (Maturana & Varela, 1987). Da fast alle Menschen ein hohes Bedürfnis nach Sicherheit haben, enthält jede Beratung eine Zwickmühle. Jeder Klient einer Beratung ist in der gleichen Situation wie ein Unternehmer, der bei noch so großer Anstrengung keine Klarheit über die Zielwirksamkeit seiner Entscheidungen haben kann. Jeder Klient kann daher in die Position eines Effectuators gehen, um sich optimal zu entwickeln.

Wie kann man unter solchen Bedingungen Beratung erfolgreich gestalten und die Ungewissheit sogar kompetenzstärkend nutzen? Die von mir entwickelten Strategien des »polynesischen Segelns« weisen eine hohe Kompatibilität mit dem Effectuation-Konzept auf. Während Effectuation zunächst ein eher kognitiv orientiertes Modell ist, organisieren Menschen ihr Erleben nicht nur über kognitive (Großhirnrinden-) Prozesse, sondern auch über unwillkürliches Erleben, das vom Stamm- und Mittelhirn gesteuert wird. Dort gelten andere Regelungsprinzipien als im »rationalen« Großhirn. In Beratungsprozessen sollte die Synergie des gesamten Systems von Erlebnis-Ressourcen und – teils unbewussten – Kompetenz-Reservoiren erreicht werden. Dazu sollte man die Prozesse des Stamm- und Mittelhirns einbeziehen, denn diese steuern das Erleben schneller und stärker als alle kognitiven Prozesse (Libet, 2007).

5.7.2 Hypnosystemische Prämissen

Menschen verfügen über viel mehr Potenzial, als ihnen bewusst ist. Während sie ein Problem erleben, ist der Kontakt zu diesen Kompetenzen aber oft nicht zugänglich (dissoziiert), da ihre Wahrnehmungsprozesse so gestaltet sind, dass Kompetenzen im Erleben und Handeln nicht mehr wirksam werden können. Grundaufgabe jeder Beratung nach hypnosystemischem Verständnis ist es daher, Kompetenzen aus dem bewussten und unbewussten Erfahrungsrepertoire zu aktivieren. Mit hypnosystemischen Interventionen kann dies auch dann erreicht werden, wenn jemand an seine Kompetenzen selbst nicht mehr glaubt (Schmidt, Dollinger & Müller-Kalthoff, 2009).

Erleben ist Ausdruck davon, dass neuronale Netzwerke auf unterschiedlichen Sinnesebenen »feuern« (Schmidt, 2004). Die Netzwerke entstehen durch inneres Zusammenfügen sinnlicher Erlebniselemente wie Denken, Fühlen und Handeln bei emotional intensiv erlebten Episoden (Gesetz der Hebb´schen Plastizität: »Cells that fire together wire together«). Menschen verfügen über ein enormes Arsenal an solchen Netzwerken mit jeweils unterschiedlichen Erlebnisinhalten und Kompetenzmustern.

Durch diese Vernetzungsprozesse wird auch das, was wir »Ich« nennen, in jedem Moment neu erzeugt: Das »Ich« eines Menschen ist nicht dauerhaft stabil, sondern verändert sich je nach Fokussierung (Gedanken, Außenreize) von einem »Ego state« zum nächsten (Watkins & Watkins, 2003). Gleichzeitig ändern sich damit auch körperliche Prozesse wie Hormonbildungen, Immunreaktionen, ja selbst Gen-Aktivitäten (Bauer, 2002). Jeder »Ego state« geht wiederum mit unterschiedlichem Zugang zu Kompetenzpotenzialen im unbewussten Erfahrungsrepertoire einher. Auch Veränderungen der Körperkoordination bewirken oder behindern den Zugang zu latenter Intelligenz (Storch, Cantieni, Hüther & Tschacher, 2006). Im modernen Verständnis bedeutet »hypnotisch«, dass Erlebnisprozesse vor allem außerhalb des bewussten Willens auf unwillkürlicher Ebene gesteuert werden. So gesehen »hypnotisieren« wir uns ständig selbst durch den Alltag (Schmidt, 2005).

5.7.3 Problemkonstruktionen und »Problem-hypnotische« Zielentwürfe

Durch das Zusammenfügen von Sinneselementen zu Netzwerken schaffen Menschen ihre erlebten Probleme selbst (Schmidt, 2004): Während eines Problemerlebens »feuern« die Netzwerke, bei denen man eine Diskrepanz zwischen dem »Ist« und einem gewünschten »Soll« wahrnimmt. Je nachdem, ob man mit mehr oder weniger Kontakt zu seinen Kompetenzpotenzialen über ein Problem oder einen Zielentwurf (das gewünschte »Soll«) redet, gestaltet man (unwillkürlich und unbewusst) sein Erleben.

Die Priming-Forschung zeigt, dass man sich quasi in ein Erleben »hinein reden« kann (Grawe, 2004). Wenn jemand in gewohnter Art und Weise über sein Problem redet, verstärkt er oft das Problem (Hüther, 2004). Aber auch Zielentwürfe und Ideen für Lösungsversuche werden oft aus diesem eingeengten Bewusstseinsprozess entwickelt – mit ungünstigen Auswirkungen auf das Erleben von Größe, Kraft, Beweglichkeit, Körperkoordination, Selbstvertrauen, Mut, Zuversicht und den Umgang mit sich selbst.

Zielkonstellationen, die zu Problemerleben beitragen
Wenn Probleme ungelöst bleiben, dann meist nicht weil es den »Problembesitzern« an Kompetenz mangelt, sondern weil sie sich an Zielen orientierten, die nicht aus eigener Kraft erreichbar sind. Durch Orientierung an SMART-Zielkonzeptionen[51] (Marents-Scholz, 2008) setzen sich viele Klientinnen unter Druck – viele Berater drängen sie in die gleiche Richtung. Wenn die Zielkonzeption und Zielverfolgung dann nicht gelingt, wird dies oft als Zeichen der Inkompetenz der Klienten gesehen, was massive Auswirkungen auf deren Selbstbild und Kompetenzzugang hat. In dieser Form wirken Zielentwicklungen hemmend.

Zielvorstellungen wie die Folgenden tragen zum Entstehen und Aufrechterhalten von Problemen bei:

- **Die »wirklich richtige« Entscheidung treffen wollen:** »Wirklich richtig« ist die Entscheidung dann, wenn sicher ist, dass am Ende das Gewünschte auch tatsächlich eintritt und dass man nach der Entscheidung dauerhaft zur Ruhe gelangt. Tritt Letzteres nicht ein und beginnt eine unwillkürliche »innere Diskussion« mit vielen Zweifeln, wird daraus geschlossen, dass die Entscheidung doch nicht die richtige sei. Der Druck wird erhöht und der Teufelskreis verstärkt sich.
- **Ziele, die nicht selbst erreichbar sind:** »Wenn mein Chef endlich X täte…« oder »Wenn ich wüsste, dass die Investition einigermaßen sicher ein gutes Ergebnis bringt …« – solche Aufträge bezeichne ich als »Fernheilungsaufträge«: Sie machen abhängig von Außenvariablen. Wenn diese nicht selbst gestaltet werden können, führen sie zwangsläufig zu Inkompetenz-Erleben.
- **Schwierigkeiten, das Ziel klar zu definieren:** Sich Druck machen, doch mal endlich Klarheit herzustellen, weil man sich anders nicht handlungsfähig erlebt. Situationen, in denen jemand handeln muss, können auch als unüberschaubar und unkontrollierbar erlebt werden. Daraus wird geschlossen, man sei ausgeliefert und gelähmt, was dann in Ratlosigkeit und Resignation mündet.
- **Hin- und her gerissen zwischen mehreren Zielen:** Sich nicht entscheiden für eine Priorität, weil man allem gerecht werden will, sich aber gleichzeitig unter Druck setzen, doch Prioritäten zu setzen und sich dann als inkompe-

---
51 SMART steht für »spezifisch, messbar, aktionsorientiert, realistisch und terminierbar«.

tent erleben, wenn beides nicht gelingt. Solche inneren Kämpfe führen oft bis zum Burnout. Oder man fällt immer wieder um, revidiert immer wieder seine Entscheidung und wertet sich dafür ab.
- **Nicht ins Handeln kommen:** Das Ziel erscheint klar definiert, auch so, dass die Lösungsbeiträge von einem selbst kommen können. Man setzt die nötigen Maßnahmen aber nicht um und erklärt sich dies wieder mit seiner Inkompetenz und Inkonsequenz.

»Hypnotische« Zieldynamik und deren Auswirkungen
Wer sich Ziele setzt, der schafft damit auch eine Beziehung zwischen sich, den Zielen und dem aktuellen Ist. Dabei wird alles, was man erlebt – alle Ideen, Erinnerungen, Zukunftsvorstellungen, innere Dialoge – räumlich repräsentiert. Das führt oft zu intensiven körperlichen und emotionalen Reaktionen (Schmidt, Dollinger & Müller-Kalthoff, 2009). Die örtliche Position eines Phänomens im inneren »Erlebnisraum« hat großen Einfluss auf psychophysiologische Prozesse. Wenn jemand »seine Zukunft hinter sich« erlebt, hat das eine andere Bedeutung, als wenn er »seine Zukunft vor sich« hat. Das unwillkürliche Erleben, gesteuert von archaischen Prozessen des Stamm- und Mittelhirns (Hüther, 2004), verarbeitet dies, als ob man tatsächliche Begegnungen mit lebenden Wesen hätte, und reagiert entsprechend.

Zielkonstellationen wie die oben beschriebenen werden im »inneren Erlebnisraum« dann zum Beispiel als überwältigend groß, erdrückend nah, bedrohlich inszeniert oder eher verschwommen, vage und verwirrend erlebt. Der Weg zum Ziel kann steinig, steil, voller Abgründe oder unerreichbar erscheinen. Es ist also nicht verwunderlich, wenn sich jemand in Beziehung zu solchen Zielen auf unwillkürlicher Ebene schwächer, kleiner, sehr jung oder uralt, verzagt, wie erdrückt und inkompetent erlebt und dies für die einzig gültige Realität hält. Man verwechselt sich dann mit einem »Opfer-Ich« und gestaltet oft auch Körperhaltung, Bewegungs- und Atemmuster einengend.

Gleichzeitig wirken innere »Antreiber«[52], die meist perfektionistisch orientierte (gelernte) Wert- und Erwartungshaltungen widerspiegeln. Diese werden als Gedanken oder innere Dialoge mit entsprechenden Beschreibungen, Erklärungen, Bewertungen und Schlussfolgerungen erlebt. Die »Antreiber« können heftige Selbstabwertungen und Vorwürfe erzeugen, wenn jemand seine Ziele nicht erreicht (Schmidt, Dollinger & Müller-Kalthoff, 2009). Man traut sich dann in der Folge nichts mehr zu und wird inaktiver und kraftloser.

Oft werden dann aber nicht die Ziele hinterfragt, sondern der innere Selbstabwertungsdruck verstärkt (Hüther, 1999), was ungünstige Prozesse des Verhaltens und der Kommunikation nach außen nach sich zieht. In der Hypnotherapie nennt man das eine »Problem-Trance« (Schmidt, 2005): ungünstige Prozesse im

---
52 Metaphorisch für die Art, wie man mit sich umgeht und sich bewertet.

Erleben, die nicht beeinflussbar scheinen. Wenn dann noch Erwartungen von außen (Familie, Vorgesetzte, …) dazu kommen, ist das »Versagens-Szenario« komplett.

Die innere Zieldynamik hat auch Auswirkungen auf die Beziehung zu anderen. Erlebt man sich als kleiner und schwächer, führt dies oft zu Rückzugstendenzen. Man verschweigt Belastendes oder bagatellisiert, was Hilfe von außen behindert oder unmöglich macht. Oder jemand reagiert offensiv und »kontraphobisch«, weist Rückmeldungen und Angebote zurück und antwortet mit Selbstüberschätzung. Weitaus häufiger lässt man sich aber übergehen, an den Rand drängen, von außen abwerten oder noch mehr aufhalsen.

5.7.4 Kompetenzaktivierende Transformationsprozesse

Im Zustand des »Opfer-Ich« sieht man keine Wahlmöglichkeiten und Kompetenzen. Die auch im Effectuation-Konzept zentralen Fragen »Wer bin ich?«, »Was kann ich?« und »Wen kenne ich?« sind aus einer solchen Bewusstseinslage schwer zu beantworten. Auch die Abwägung des leistbaren Verlusts führen im Zustand des »Opfer-Ich« eher zu entmutigenden Antworten. Um hilfreichere Antworten geben zu können, ist ein besseres Kompetenz- und Flow-Erleben erforderlich. Mit den im Folgenden skizzierten Strategien kann das Kompetenzerleben oft sehr schnell und nachhaltig wirksam aufgebaut werden (Schmidt, Dollinger & Müller-Kalthoff, 2009).

Es gibt übrigens Hinweise dafür, dass in Beratungen die Klientinnen erfolgreicher sind, die Unklarheit über ihre Ziele mitbringen, als jene, die von vornherein klare Ziele haben und an diesen festhalten (Gendling, 1981). Die Lernforschung zeigt zudem, dass Schüler bessere Lernergebnisse erzielen, wenn ihnen ein Lernstoff nicht als Wissen präsentiert wird, sondern als »Forschungsprojekt« mit offenen Fragen, die dann selbst experimentell beantwortet werden (Langer, 2001).

Metaziele der Beratung
Ein Metaziel in der hypnosystemischen Beratung besteht darin, mit den Klienten »maßgeschneiderte« Strategien und Zielentwürfe auszuhandeln, die Kraft, Kompetenzerleben, Lust, Neugier und Motivation freisetzen. Dies kann nur gelingen, wenn man sich an Zielen orientiert, für die man etwas selbst aus eigener Kraft tun kann und die mit einem stimmigen inneren »Ja« begleitet werden.

Personen, die zunächst stark mit dem »Opfer-Ich« identifiziert sind, werden dabei unterstützt, sich von diesem zu dissoziieren (es innerlich auf Abstand zu bringen) und sich stattdessen intensiv in Erlebnisprozesse hinein zu versetzen, in denen sie sich als kompetent, sicher, geschützt, flexibel, mit Überblick und mit Steuerungsfähigkeit erleben. Auch solche Erlebnisprozesse sind im

Erfahrungsrepertoire jedes Menschen gespeichert. Das systematische Vorgehen dafür wurde bereits an anderer Stelle ausführlich beschrieben (Schmidt, Dollinger & Müller-Kalthoff, 2009).

Das Dilemma der Zielentwürfe
Klienten sind meist stark mit ihren bisherigen Zielvorstellungen identifiziert. Diese stellen für sie ihre vertraute Realität dar, repräsentieren Werte (z. B. Loyalitätshaltungen) und geben Orientierung und Sicherheit. Klienten halten zunächst oft an ihnen fest, auch wenn sie mit ihnen ständig gelitten haben und zu keiner Lösung gekommen sind. Eine konstruktive Zielentwicklung erweist sich deshalb oft als schwierig. In der Beratung sollten daher zunächst die *Auswirkungen* der bisherigen Zielvorstellungen und Lösungsversuche verstehbar gemacht werden. Dadurch wird Klienten auch klar, dass es nicht an ihrem grundsätzlichen Unvermögen liegt, wenn sie bisher noch nicht erfolgreich waren.

Mit hypnosystemischen Strategien können mit den Klienten aus solchen Dilemmata sogar Chancen gemacht und »maßgeschneiderte« Vorgehensweisen entwickelt werden. Die differenzierten Vorgehensweisen dafür sind anderen Orts ausführlich beschrieben (Schmidt, Dollinger & Müller-Kalthoff, 2009).[53]

Aufbau einer optimalen Steuerposition (Squash-Punkt-Haltung)
Voraussetzung für erfolgswirksame Nutzung von mittelorientierten Strategien, wie sie Effectuation vorschlägt, ist ein entsprechendes Bewusstsein. Dazu muss das »Opfer-Ich«-Erleben, welches im Stadium einer Problem-Trance den Kompetenzzugang blockiert, transformiert werden. Um den eingeengten Blick wieder zu weiten, braucht man Kontakt zu einer Erlebnisposition mit Überblick, Flexibilität, Schutz und Sicherheit. Auch wenn viele Menschen sich dies zunächst nicht vorstellen können, kann mit entsprechenden Interventionen schnell und effektiv eine sichere Beobachterposition mit optimalem Kompetenz- und Flow-Erleben (Csikszentmihalyi, 1996) aufgebaut werden. Aus dieser Position können wesentlich hilfreichere und handlungswirksamere Antworten auf mittelorientierte Fragen entwickelt werden (Schmidt, Dollinger & Müller-Kalthoff, 2009).

Dafür wird dazu eingeladen, eine mit diesem Steuerungserleben assoziierte Körperkoordination einzunehmen (Embodiment). Die dafür hilfreiche Atmung, innere Erinnerungsbilder an erfolgreiche Steuerungssituationen und damit verbundene innere Dialoge werden aufgerufen und ein optimaler Erlebnisraum aufgebaut. Imaginationen und rituelle Bewegungsabläufe der Hände, mit denen man sich symbolisch wieder Raum schafft und alles Bedrängende innerlich auf gebührenden Abstand bringen kann, unterstützen dabei. Wir nutzen so die

---

53 Interessierte Leser können ausführlich beschriebene Strategien und illustrierende Fallbeschreibungen beim Autor dieses Beitrags erhalten.

Erkenntnisse der Embodiment-Forschung, die zeigt, wie körperliche Prozesse Erleben erzeugen, insbesondere das »Palm Paradigm«, welches beschreibt, wie durch entsprechende Handbewegungen wieder gesunde Abgrenzungskompetenz im Mittelhirn aktiviert werden kann (Storch, Cantieni, Hüther & Tschacher, 2006). Dies kann durch die Imagination einer schützenden Grenzbildung, die den »optimalen inneren Erlebnisraum« von Außeneinflüssen abschirmt und gleichzeitig nützlichen Kontakt zur Außenwelt ermöglicht, noch verstärkt werden.

Im »inneren Erlebnisraum« werden die Zielvorstellungen nun an genau den Platz hin imaginiert, mit dem wieder Kompetenzerleben, Kraft, Selbstvertrauen und auch Handlungslust (Motivation) spürbar wird. Auch die inneren »Antreiber« werden an Plätze außerhalb von sich und so weit weg imaginiert, dass man sich mit ihnen auseinandersetzen und sie nutzen kann, sie einen aber nicht mehr »terrorisieren«. Dabei wird auf körperliche Rückmeldungen (somatischer Marker) geachtet, die anzeigen, ob die gewählte Vorstellung als stimmig erlebt wird (Damasio, 1997). So wird oft schnell wieder ein Erleben von großer Energie und Klarheit reaktiviert, in dem Gedanken und differenzierte Überlegungen über stimmige Schritte möglich sind, die vorher blockiert waren. Die Fokussierung auf somatische Marker ermöglicht es, aus vielen Optionen diejenigen auszuwählen, die in der jeweiligen Situation und für die einzigartigen Werthaltungen einer Person stimmig sind.

In komplexen und widersprüchlichen Situationen mit so vielen Anforderungen, dass niemand diesen ganz gerecht werden könnte, ist es zudem hilfreich, elastisch aus einer »tänzerischen Balance-Haltung« heraus zu handeln, anstatt sich nur einer Aufgabe zu widmen. So kann dann auch auf Basis nicht vorhersehbarer Entwicklung flexibel gesteuert werden. Ich schlage dafür vor, sich in der inneren Vorstellung einen Punkt auszuwählen, von dem aus man jeweils zu allen Anforderungen und allen relevanten Einflussfaktoren die optimale Distanz hat. Ich habe dies den »optimalen Squash-Punkt« genannt: einen Punkt im Spielfeld, von dem aus man alle denkbaren Spielpositionen schnell und effektiv erreichen kann – jedoch nur dann, wenn man nach jeder Aktion sofort wieder an ihn zurückgeht und nicht an dem Punkt verweilt, den man gerade noch für eine Aktion aufgesucht hatte. Mit systematischer Imagination kann man eine dementsprechende Haltung auch im unwillkürlichen Reagieren wie selbstverständlich verfügbar machen. Dazu kann man sich zu den bisher aktiven inneren Anteilen einen weiteren dazu imaginieren. Dieser erlaubt, dass man nicht immer allem gerecht werden muss, sondern stattdessen für die tänzerische Balance-Kompetenz gewürdigt wird. Das schafft häufig große Erleichterung und intensive Lust und Handlungsfreude.

Polynesisches Segeln
Hätte sich Kolumbus zielfixiert verhalten, wäre er unter heutigen Bedingungen vermutlich mit starken Selbstwertproblemen und der Selbstdefinition, ein

Versager zu sein, in Therapie gegangen – denn immerhin wollte er ja nach Indien und kam ganz woanders an. Um unter Kontextbedingungen von Ergebnisunsicherheit und vielen Restriktionen in eine kraftvolle Entwicklung der eigenen Gestaltungskompetenz zu kommen, braucht man Ziele, für die man tatsächlich selbst etwas wirksam tun kann. Für diese Kontextbedingungen habe ich aus diversen Anregungen (Lewis, 1994) die Metapher vom »polynesischen Segeln« entwickelt:

> Von den Polynesiern wird gesagt, dass sie die damals kaum lösbar erscheinende Aufgabe, über weite Strecken im Pazifik doch immer wieder Landziele zu erreichen, mit Hilfe bestimmter Strategien bewältigten. Sie wählten eine Richtung und taten so, als ob in jener Richtung ihr Ziel liegen würde. Dabei war ihnen klar, dass sie das nicht exakt wissen konnten. Deshalb verpflichteten sie sich nicht dazu, genau in die angepeilte Richtung zu fahren, sondern schauten ständig in alle Richtungen und änderten sofort ihre Zielvorgabe, sobald sie interessante Hinweise sahen. Die Funktion des Ziels war also keineswegs, es unbedingt erreichen zu müssen, sondern überhaupt einmal in Bewegung zu kommen und in See zu stechen. Hätten sie sich einer vorgegebenen Zielvorstellung gegenüber »versklavt«, wäre das gefährlich geworden. Sie hätten nicht mehr elastisch auf überraschende Neuinformationen auf ihrem Weg (Feedback) reagieren können. Ihre flexiblen Reaktionen werteten sie aber auch nicht als Versagen, sondern als hohe Kompetenz.
> Während der ganzen Fahrten nutzten die Polynesier Wind, Sterne, Wellengang, Vogelflug, Fischverhalten, Wolkenformationen und andere Kontextfaktoren zur Navigation. Wichtig war dabei aber immer, dass sie sich nicht nur »nach vorne« orientierten, sondern auch »nach hinten« an ihrem Ausgangspunkt. So waren sie immer in der Lage, wieder umzukehren und zu ihrer logistischen Quelle zurück zu finden, wenn die Reise zu heikel für sie wurde. Erst dies trug zu ihrer kraftvollen inneren Zentrierung bei, die man für erfolgreiches Navigieren in niemals vollständig planbaren Kontexten braucht.

Metaphern und Geschichten wie diese erweisen sich oft als gute Einladungshilfen, um Klienten für neue Perspektiven gewinnen zu können.

»Problemfaktoren« als »Lösungswecker« nutzen

Ihre bisherigen Ziele erschienen den Klientinnen in der Regel als die besten. Andere Ziele, auch *das Beste des Machbaren*, sind zwar rational stimmig, auf limbischer, emotional bewertender Ebene jedoch nicht erstrebenswert und höchstens die *Zweitbesten*. Die bisherigen Ziele bleiben emotional vorrangig, weshalb ich sie auch *Sehnsuchtsziele* nenne. Aus diesem Grund ist es günstig, auf zwei Ebenen vorzugehen. Es gilt dabei, einerseits die Sehnsuchtsziele wertschätzend zuzulassen und sich andererseits auf das selbst Machbare zu konzentrieren. Man kann sich dabei aber immer auch erlauben, dies weiterhin als das »Zweitbeste« zu definieren. Erst dadurch werden die Sehnsuchtsziele selbst und die hohe Flexibilität, wenn jemand dann doch das Machbare angeht, gebührend gewürdigt. So kann der innere Friede zwischen den perfektionistischen und den pragmatischen, auf Machbares orientierten Anteilen hergestellt werden, der die Kraft für flexibles Steuern unter Ungewissheit gibt.

Aus der weiter oben beschriebenen, kompetenten und flexiblen Steuerungshaltung (Squash-Punkt) werden die bisher als schwierig und bedrohlich erlebten Kontextfaktoren (unsichere Ergebnisse, hohe Komplexität etc.) gezielt innerlich anfokussiert. Willentlich übertrieben und verlangsamt (Zeitlupe), wird nun »psychodramatisch rituell« durchgespielt, welche unwillkürlichen Opferreaktionen damit verknüpft waren. Dafür wird auch körperlich, wie in einer Pantomime, die damit verknüpfte Körperkoordination und Atmung ausgedrückt. So gewinnt man willentlichen Einfluss auf bisher ungewünschtes Unwillkürliches.

Als Nächstes wird die zuvor schon aktivierte Steuerungsposition (Squash-Punkt) mit neuer Körperkoordination und Atmung verbunden. Diese nachhaltig sehr wirksamen Interventionen habe ich »Problem-Lösungs-Gymnastik« und »Utilisation der Problemreize als Lösungswecker« genannt (Schmidt, Dollinger & Müller-Kalthoff, 2009). Damit kann man schnell wieder viel autonomer und kompetenter reagieren. Viele Klienten berichten sogar, dass sie so auf bisher als bedrohlich erlebte Situationen nun gelassen reagieren, weil diese sie daran erinnern, die optimale Steuerungs- und Flow-Haltung zu aktivieren. Mit neuer Zuversicht und Handlungsfähigkeit genießen dies viele Klienten sogar.

Innere Demokratie und Genuss von Ziel-Multivalenzen

Des Weiteren geht es um eine nützliche Haltung im Umgang mit Multivalenzen: Bei den Entscheidungsprozessen gibt es meist mehrere Optionen, die alle gute Argumente für sich aufweisen – sonst wäre es ohnehin leicht, zu entscheiden. Die einseitige Sichtweise aus der rationalen Großhirn-Logik passt nicht für »Limbisches«. Denn die Hin- und Her-Gerissenheit stellt für das Mittelhirn kein Problem, sondern den kompetenten Versuch dar, allen relevanten inneren Tendenzen gerecht zu werden.

Für Multivalenzen sind die Regelungsprinzipien einer parlamentarischen Demokratie hilfreich. Bei der Arbeit mit dem »inneren Parlament« (Schmidt, 1992) kann man die Organisation und Steuerung des Systems der Anteile eines Menschen so aufbauen, dass eine optimale Synergie der Anteile genutzt wird. Dazu sollten vor und besonders auch nach einer Entscheidung Multivalenzen willkommen geheißen und würdigend genutzt werden.

Fragt man, ob jemand eher das System einer Staatsdiktatur oder eine parlamentarische Demokratie bevorzugt, zieht fast jeder das Demokratiemodell vor. Fragt man hingegen, wie viel Prozent innerlich bei einer aus eigener Sicht »richtigen«, stimmigen Entscheidung auf die selbst gewählte Option entfallen müssten, sagen viele: »Mindestens 80-90 % müssten es schon sein.« Wenn wir darauf hinweisen, dass jemand zwar in politischen Fragen für eine parlamentarische Demokratie stimmen würden, innerlich aber offensichtlich Honecker'sche Diktaturverhältnisse bevorzugt, motiviert das meist für die »parlamentarische« Sichtweise.

Eine Demokratie ist aber nur dann voll funktionsfähig, wenn sich (a) eine Mehrheit ergibt, die mehr als 50 % beträgt, (b) die Opposition nicht still sein muss oder zum Schweigen gebracht wird, sondern sehr laut sein darf, sogar gerade, nachdem sie die Wahl verloren hat, und (c) die Wahlentscheidung immer wieder überdacht und revidiert werden darf (z. B. bei der nächsten Wahl).

Der innere Prozess (limbisch) läuft nach ähnlichen Prinzipien ab. Nach der Entscheidung für eine Option opponieren oft unwillkürlich wieder andere innere Anteile mit Zweifeln und »Ja-aber-Kommentaren«. Dies ist nicht vermeidbar und stellt sogar eine Kompetenz dar, denn damit wird das gewürdigt, was zurückstehen musste. Nicht das Auftreten solcher Multivalenzen, sondern deren negative Bewertung schafft Probleme. Mit dem Modell der »inneren Demokratie« können Multivalenzen wirkungsvoll für erfolgreiche Entwicklungen genutzt werden. Dies trägt zu innerem Frieden bei: Die Betroffenen entwickeln Selbstachtung und können ihre Multivalenzen wertschätzen, was die Kraft für wirkungsvolles Handeln stärkt. Mit Hilfe achtsamer Fokussierung auf innere Feedbacks (somatische Marker) können dann jeweils die aktuellen »Mehrheitsverhältnisse« zwischen den diversen Teilen des »inneren Parlaments« aufgespürt werden.

Maßnahmen zur Reduktion und Nutzung immaterieller leistbarer Verluste
Ein wichtiges Effectuation-Prinzip ist das Abwägen des leistbaren Verlusts bzw. Einsatzes, anstatt sich am erwarteten Ertrag zu orientieren. Die dabei zu kalkulierenden Kosten können auch immateriell – beispielsweise in Form von Loyalitätskonflikten oder Treue zur eigenen Visionen – sein. Selbst sich *nicht* zu entscheiden, kann – hinsichtlich des inneren Friedens und der Selbstachtung – kostenintensiv sein. Um mit Ergebnisunsicherheit gut umgehen zu können, ist entscheidend, sich an Sinnkriterien zu orientieren, die relativ unabhängig vom Ergebnis sind. Da die benötigte Sicherheit nicht von außen kommen kann, muss sie von innen heraus entwickelt werden. Dies entspricht der Devise von Václav Havel: »Hoffnung ist nicht die Überzeugung, dass etwas gut ausgeht, sondern die Gewissheit, dass etwas Sinn hat, egal wie es ausgeht.«

Hilfreiche Entscheidungskriterien liefert die Prüfung somatischer Marker: Man stellt sich vor, man wäre an einem Zeitpunkt angelangt, an dem man auf sein gesamtes Leben bilanzziehend zurückblickt. Aus dieser Position werden die relevanten Entscheidungsoptionen durchgespielt: Man stellt sich vor, man hätte sich für die eine oder andere Option entschieden und prüft, was sich stimmig anfühlt. Aus der Perspektive dieses »Zukunfts-Ich« kann meist schnell eine sinnvolle Wahl getroffen werden, selbst wenn man sich vorher lange ohne stimmiges Ergebnis gequält hatte (Schmidt, Dollinger & Müller-Kalthoff, 2009).

Da ein »Worst Case« nicht ausgeschlossen werden kann, ist eine Haltung liebevoller Loyalität zu sich selbst erforderlich, aus der man sich bei unerwünschten Ergebnissen trösten kann. Mit solch würdigender Haltung bleibt das Gefühl des eigenen Wertes unzerstörbar. Dies setzt voraus, sich in seiner Begrenztheit liebevoll anzunehmen und sich für den Mut anzuerkennen, unter Ungewissheit zu handeln: »Ich tue mein Bestes nach bestem Wissen und Gewissen und kann in Frieden mit mir sein, ganz unabhängig vom Ergebnis.« Diese relative Unabhängigkeit vom Ergebnis, obwohl man sich dies doch so sehr wünscht, gibt die nötige Stärke, Gelassenheit, Flexibilität und Lust, aktiv zu handeln.

Wichtig können auch Interventionen für potenzielle Folgekosten des erwünschten Ergebnisses sein: Manchmal reagiert jemand, wenn er etwas erfolgreich zu Ende gebracht hat, nicht mit Freude, sondern mit Leere oder »Entlastungsdepression«. Diese können gut aufgefangen werden, wenn man Erlebnisse aktiviert, die vernetzt sind mit einem Erleben von *Erfüllung, nachdem der Erfolg eingetreten ist*, und diese imaginativ mit der Vision des erwünschten Ergebnisses verankert.

Verbesserung der Wahrscheinlichkeit, doch noch »das Beste« zu erreichen
Wie gezeigt, bleibt die Sehnsucht emotional bestehen, doch über alles Wichtige die Kontrolle zu haben, auch wenn man weiß, dass dies nicht möglich ist. Da niemand die Zukunft kennt, kann man auch nie definitiv sagen, dass eine »Restriktion« für immer eine Restriktion bleiben wird (man denke dabei z.B. an das unvorhersehbare Ende der DDR, deren System für fast alle Menschen als Restriktion galt). Man kann daher getrost »mehrgleisig fahren« und die Sehnsucht bewahren.

Wie kann man also die Wahrscheinlichkeit für das Ersehnte erhöhen? Nach dem Hebb'schen Gesetz der Plastizität durchforschen wir den Erfahrungsschatz der Klienten nach Erlebnissen, in denen sie sich (a) schon einmal etwas sehr gewünscht hatten, dies aussichtslos erschien und sie es schließlich dennoch geschafft hatten, es zu erreichen, und in denen sie (b) Beziehungsnetzwerke nutzen bzw. andere für ihre »Sehnsuchtsziele« gewinnen konnten. Solche Situationen finden wir praktisch immer.

Dann werden imaginativ die mit solchen Erfolgsmustern assoziierten sinnlichen Prozesse reaktiviert (revivification) und auch innere Bilder von hilfreichen Netzwerkpartnern entworfen, welche diese als unterstützende, kooperative Helfer erlebbar machen. So assoziiert man sich wieder mit Kompetenzmustern, die schon einmal erfolgreich waren, die Erfolgswahrscheinlichkeit ihres Auftretens und die persönliche Ausstrahlung werden deutlich verbessert. Ebenso wird (wie hundertfach in Beratungen belegt) die Wahrscheinlichkeit verbessert, dass sich auch andere Menschen anders angesprochen fühlen und selbst unwillkürlich ein anderes, unterstützenderes »Ich« aufrufen. Der Effectuation-Aspekt der Vereinbarungen und Partnerschaften wird dadurch wirksam unterstützt.

5.8 Weitere potenzielle Anwendungen

Die Effectuation-Begründerin Saras Sarasvathy bezeichnet Effectuation nicht etwa als Werkzeugsammlung, sondern als Methode im Rahmen einer unternehmerischen Methodik[54], so wie Experimentieren zentral für die wissenschaftliche Methodik ist (Sarasvathy, 2008, S. 308). Eine Methode kann vielfältig eingesetzt werden, und das auch außerhalb der Methodik, der sie entstammt. Zum Abschluss dieses Kapitels folgen – als Anregungen zum Weiterdenken – weitere potenzielle Kontexte für den Einsatz des in diesem Buch beschriebenen Effectuation-Methodenkoffers.

5.8.1 Projektmanagement

Projektmanagement ohne fixe Ziele? In manchen Projekten sucht man letztlich etwas, das man noch nicht kennt. Bei Forschungsprojekten, Change-Projekten oder Netzwerk-Projekten entsprechen die am Anfang festgelegten Ziele oft noch nicht dem Potenzial des tatsächlich Möglichen. Und je mehr man dann plant, um so eher bekommt man, was man geplant hat – und nicht was tatsächlich möglich wäre. Projektmanagement nach Effectuation bedeutet, auf Basis vorläufiger Ziele möglichst rasch ins Handeln zu kommen. Wichtiger als die Konkretisierung der Ziele ist es, relevante Stakeholder ins Boot zu holen und zu einem frühen Zeitpunkt Vereinbarungen zu treffen. In der Interaktion mit allen Projekt-Stakeholdern wird schrittweise ausgehandelt, wie die vorhandenen Mittel aller Stakeholder im Sinne des Projektthemas produktiv genutzt werden. Wesentliche Faktoren sind offene und häufige Kommunikation, kurze Schleifen aus Denken und Tun sowie die Bereitschaft zur Veränderung der Ziele. Ob es dem Projekt gut geht, kann man dabei viel eher an der Zufriedenheit und Kommunikationsqualität der Stakeholder erkennen, als an Ziel- und Fortschrittsindikatoren.

In der Software-Entwicklung kommen beispielsweise die als »Agile Software-Entwicklung« bekannten Ansätze (Bleek & Wolf, 2008) Effectuation sehr nahe. Die Design-Phasen werden möglichst kurz gehalten und die Entwickler liefern so früh als möglich ausführbare Software. Diese wird in regelmäßigen Abständen mit dem Kunden abgestimmt. Dabei werden neue Prioritäten und Wünsche thematisiert und neue Ideen entstehen. Das Projekt darf und soll dabei die Richtung ändern können. Die Zufriedenheit des Kunden ist wesentlich wichtiger als die Erfüllung einer Spezifikation.

---

54 Mit »Methode« ist hier ein definiertes, planmäßiges Vorgehen gemeint. »Methodik« bezeichnet hingegen die Gesamtheit der Methoden einer bestimmten Disziplin wie zum Beispiel der Wissenschaft (wissenschaftliche Methodik) oder des Unternehmertums (unternehmerische Methodik).

5.8.2 Marketing

Marketing soll laut Lehrbuch dafür sorgen, dass durch Austauschprozesse in Märkten Kundenbedürfnisse befriedigt werden (Kotler & Bliemel, 2007). Klassisches Marketing laut Lehrbuch basiert auf einem linear-kausalen Prozessmodell, in dem ausgehend von Marktforschung und Zielformulierung Marketingstrategien entwickelt und im Marketing-Mix umgesetzt werden (ebda). Betreibt man Marketing im Sinne von Effectuation, so sind die 4Ps des Marketing Mix[55] nicht mehr das Ergebnis von auf Marktforschung basierender, kausaler Planung. Stattdessen werden Produkt, Preis, Kommunikationsschwerpunkte und Distributionskanäle mit Stakeholdern in Zyklen ausgehandelt. Effectuation bietet Marketingverantwortlichen konkrete und risikoreduzierende Handlungsanweisungen für den Umgang mit Ungewissheit und haucht dem Handlungsfeld den vielbeschworenen Unternehmergeist ein (Read, Sarasvathy, Song, Dew & Wiltbank, 2009).

5.8.3 Selbstmanagement

Schlägt man populäre Ratgeber und Sachbücher über Selbstmanagement auf und blättert das Inhaltsverzeichnis und das Stichwortverzeichnis durch, findet man viele Einträge rund um die Begriffe Vision, Ziel, Prioritäten, Planung und deren Umsetzung. Begriffe wie Ungewissheit, Zufall oder Situationspotenzial (Jullien, 1999) kommen hingegen äußerst selten vor. Die Selbstmanagement-Literatur ist dominiert von visionären Strategien: Man erfinde eine erwünschte Zukunft, lege Ziele und Prioritäten fest und verknüpfe diese mit der Realität des Hier und Jetzt. Dann weiß man, womit man seine Zeit heute, in einer Woche und in einem Jahr am besten verbringen sollte. Die Grundthese: Erfolgreiche Menschen haben eine klare Vorstellung von ihrer eigenen Zukunft (Seiwert, 2005).

Das ist grundsätzlich zunächst nichts Schlechtes. Die Frage ist nur: Wird diese Art und Weise, sich selbst zu organisieren, den vielen Ungewissheiten, der Dynamik und Komplexität unserer Lebensumstände gerecht? Kommen an dieser Stelle Zweifel auf, so bietet Effectuation einen ergänzenden Ansatz, der ohne Vorhersage auskommt und die Nutzung des Situationspotenzials und kumulatives Lernen in der Kreation der eigenen Zukunft betont. Effectuation kann auch einen Beitrag dazu leisten, die in der Selbstmanagement-Literatur häufig geweckten, jedoch in der Praxis oftmals enttäuschten Kontrollfantasien zu relativieren und Selbstmanagement auf den Boden des Machbaren zurückzuführen: Das Machbare *tun* kann spannender sein als Fantasien über das Erträumte nachzuhängen.

---

[55] Produkt, Preis, Promotion (Kommunikation) und Placement (Distribution).

5.8.4 Problemlösung

Effectuation lässt sich auch als Methode zur Bearbeitung komplexer Probleme verstehen. Von komplexen Problemen ist die Rede, wenn vielfältige Einflussfaktoren hochvernetzt und dynamisch ineinander greifen (Gomez & Probst, 1999). Angesichts von Fragestellungen mit diesen Eigenschaften – man denke an die Klimaproblematik, weltpolitische Fragen oder ganz lokal an Arbeitsmarktfragen, Regionalentwicklung oder die Wiederbelebung einer verschlafenen urbanen Einkaufsstraße – ist es natürlich sinnvoll, die Komplexität des jeweiligen Systems zu modellieren, um Hinweise auf das zu bekommen, was *man* tun *sollte*. Die dazu erforderlichen Analyseprozesse[56] sind jedoch weder leicht zu organisieren und durchzuführen, noch bieten sie eine Garantie dafür, dass die daraus resultierenden Lösungsansätze auch tatsächlich durch die jeweils zuständigen Stakeholder umgesetzt werden.

Effectuation verschiebt den Fokus vom analyseorientierten Was-*man*-tun-*sollte* hin zum handlungsorientierten und pragmatischen Was-*wir*-tun-*können*. Dadurch entstehen Handlungsenergie und Bewegung. Das Arbeiten an komplexen Problemen beginnt unmittelbar und noch lange bevor aufwändige Analyseverfahren zeigen, was die von allen beteiligten befürwortete, »richtige« Lösung für das Problem ist. Auch hier gilt: Effectuation ist eine Ergänzung und kein Ersatz für die bestehenden Methoden zur Lösung komplexer Probleme.

5.8.5 Forschung

Wenn Forscher mit wissenschaftlichen Methoden nach neuen Erkenntnissen suchen, dann assoziert man dies – insbesondere in den Naturwissenschaften – zunächst mit streng linear-kausalen Prozessen. Forschungsprozesse beginnen in der Regel bei einer klaren Zielsetzung in Form einer Forschungsfrage. Darauf folgt intensive Analyse, Erhebung des aktuellen Wissensstandes und die Planung und Durchführung von Versuchen. Die »Produkte« der Forschung sind dokumentierte, interpretierte und schlussendlich publizierte Versuchsergebnisse. Erfahrene Wissenschaftlerinnen wissen jedoch um die nicht planbaren und nichtlinearen Komponenten von Forschungsprojekten und verweisen auf die Effectuation-Elemente der Serendipität (siehe Abschnitt 3.3.3, S. 75) und Co-Kreation. Verknüpft man Forschung mit Effectuation, so wirft das Fragen auf: Welche Potenziale verschenkt man, wenn man Laborexperimente in Petrischalen unter Ausschluss aller Störfaktoren durchführt? Welche neuen Potenziale können geschaffen werden, wenn Experimentalphysikerinnen nicht nur mit Experimentalphysikern

---

56 Vgl. z. B. die auf den Kybernetiker Frederick Vester zurückgehende Methodik der ganzheitlichen Problemlösung (Gomez & Probst, 1999).

zusammenarbeiten, sondern zum Beispiel mit Architekten? Und was entsteht auf Forschungskongressen, wenn man anstatt des üblichen dichten Programms der Präsentation von Publikationen die Zeit der Pausen verlängert und größere Räume für informelle Kommunikation und Stakeholder-Interaktion schafft?[57]

5.8.6 Politik

Im modernen Staatswesen bezeichnet Politik aktives Handeln, das auf die Beeinflussung staatlicher Macht, den Erwerb von Führungspositionen und die Ausübung von Regierungsverantwortung zielt (Schubert & Klein, 2006). Aus der düsteren, neoklassischen Perspektive sind Politikerinnen rationale Nutzenmaximierer, die ihr Verhalten vor allem darauf ausrichten, gewählt beziehungsweise wiedergewählt zu werden. Was ändert sich, wenn man Politiker stattdessen als gemeinnützige Unternehmerinnen im Auftrag des Volkes betrachtet? Wie auch viele Unternehmer haben sie diese Berufslaufbahn nicht etwa eingeschlagen, weil sie sich dadurch ein überdurchschnittliches Einkommen und einen sorgenfreien Lebensabend mit Haus am Meer erhoffen, sondern weil sie auf Basis dessen, wer sie sind, was sie wissen und wen sie kennen, etwas bewegen wollen. Wenn Politiker in demokratischen Systemen ihre Vorhaben betreiben, dann tun sie gut daran, möglichst frühzeitig auf allen Ebenen Stakeholder einzubeziehen und die Zukunft gemeinsam mit anderen zu gestalten. Dabei handeln sie meistens unter ungewissen Bedingungen und müssen mit komplexen Umständen und vielfältigen Überraschungen konstruktiv umgehen. Die Vermutung liegt nahe, dass erfahrene Politikerinnen in hohem Maße effektuieren. Umgekehrt könnte Effectuation für die Akteure auf politischen Bühnen eine nützliche – weil lernbare – Methode für ihre ambitionierten Vorhaben darstellen.

5.8.7 Non-Profit-Organisationen und soziales Unternehmertum

Wenn von erfolgreichen Unternehmerinnen die Rede ist, dann denkt man zunächst wohl eher an die Gründer von Apple und Google als an jene vom Roten Kreuz oder der Grameen Bank. Unternehmerisch handeln und Gutes für das Gemeinwohl tun, scheint in den Köpfen der Mitteleuropäer noch an getrennten Stellen abgespeichert zu sein. Was beide Handlungsfelder verbindet: Wir

---

57 Interessante Antworten auf diese Fragen lieferten die Experimentalphysiker Ille Gebeshuber und Hermann Pietschmann in der Radio-Reihe »Was die Welt zusammenhält – Dialogische Annäherung an die Welt der Physik«, Österreichischer Rundfunk, Programm Ö1, 7 Audio CDs (2009).

finden jeweils Akteure am Werk, die das, was ihnen wichtig ist und was sie wissen und können, mit den Interessen anderer Stakeholder verbinden und all das zu Neuem und Wertvollem transformieren. Viele, die mit ihren Vorhaben nicht nur finanziell profitable Gelegenheiten erschließen, sondern zu einem besseren Leben für andere beitragen wollen, werden sich in Effectuation wiederfinden. Soziales Engagement beginnt meist nicht bei kausalen Zielen, sondern bei erkannten Missständen und dem Wunsch, etwas über die eigene Person Hinausgehendes, Sinnvolles zu tun. Liest man beispielsweise die Kette der Ereignisse nach, in denen Muhammed Yunus die Grameen Bank kreiert und dadurch einer großen Anzahl finanziell mittelloser Menschen ein besseres Leben ermöglichte (Duggan, 2007), dann stößt man auf alle Elemente von Effectuation. Ebenso kann Effectuation eine effektive Methode für all jene sein, die in ungewissen Situationen Vorhaben in Non-Profit-Organisationen oder als soziale Unternehmerinnen umsetzen wollen.

6 Toolbox

So einfach sich Effectuation in einem Prozess, vier Prinzipien und einer Handvoll Grundannahmen beschreiben lässt, so vielfältig sind die Facetten der Anwendung. Will man bewusst und erfolgreich effektuieren oder entlang dem Effectuation-Ansatz beraten, so sind einige nützliche Tools nicht nur hilfreich, sondern auch notwendig. Dieses Kapitel bietet eine repräsentative Auswahl an erprobten Tools für die Praxis – allesamt mit Beschreibungen und Anwendungshinweisen versehen. Diese sind in Rezeptform dargestellt – geübte Effectuators werden sie jedoch ebenso als Anregung verstehen, kreativ und frei mit Effectuation zu arbeiten. Zur schnellen Orientierung soll die folgende Übersicht samt Zuordnung zu Anwendungsfeldern dienen.

		👤	👥	🕒	UG	IN	FÜ	PM	KE	SM	CO
6.1	**Tools zur Mittelanalyse**										
6.1.1	Lebenslaufanalyse	✓	–	30-90	✓	–	–	–	✓	✓	✓
6.1.2	Best-Self-Feedback	✓	2-1.000	2-4 Wochen	–	–	✓	–	✓	✓	✓
6.1.3	Wissenskorridor	✓	–	30-45	✓	–	–	–	✓	✓	✓
6.1.4	Stakeholder-Analyse	✓	2-12	40-60	✓	✓	✓	✓	✓	✓	✓
6.1.5	Analyse des Situationspotenzials	✓	2-12	60	✓	✓	✓	✓	✓	✓	✓
6.1.6	Landkarte der Zielvorstellungen	✓	–	30	✓	–	✓	–	✓	✓	✓
6.2	**Tools zum Eruieren des leistbaren Verlusts**										
6.2.1	Kleine Entscheidungen nach leistbarem Verlust	✓	2-12	5-10	✓	✓	✓	✓	✓	✓	✓
6.2.2	Große Entscheidungen nach leistbarem Verlust	✓	2-12	30	✓	✓	(✓)	✓	✓	✓	(✓)
6.3	**Tools zum Nutzen von Umständen und Zufällen**										
6.3.1	Routine zum Management des Unerwarteten	✓	2-12	10-30	✓	✓	✓	✓	✓	✓	✓
6.3.2	Katastrophenfantasien	✓	–	60	✓	(✓)	(✓)	–	✓	✓	✓

	♦	♟♟	⏱	UG	IN	FÜ	PM	KE	SM	CO
6.4 Tools zum Aushandeln von Vereinbarungen										
6.4.1 Ein Netz aus Vereinbarungen knüpfen	✓	–	Offen	✓	✓	✓	✓	✓	✓	✓
6.4.2 Vorbereitung, Durchführung und Dokumentation von Gesprächen	✓	2-12	Offen	✓	✓	✓	✓	✓	✓	✓
6.5 Tools zum Handeln nach Effectuation										
6.5.1 Ins Handeln kommen (5-Minuten-Trick)	✓	–	5	✓	–	–	–	✓	✓	✓
6.5.2 Leitplanken-Planung	(✓)	2-20	30-60	✓	✓	✓	✓	(✓)	(✓)	(✓)
6.5.3 Ideen-Sondierung	✓	2-20	4-8 Stunden	✓	✓	✓	(✓)	(✓)	✓	✓
6.5.4 Lokale Aktionsplanung	(✓)	2-12	60-120	✓	✓	✓	✓	(✓)	(✓)	(✓)
6.5.5 Der Marktplatz	–	6-500	60-90	✓	✓	✓	(✓)	✓	–	–
6.5.6 Gegensätze transformieren	✓	2-6	45-60	✓	✓	✓	✓	✓	✓	✓

Legende:
- ♦ Einzelübung
- ♟♟ Gruppeneignung/Gruppengröße
- ⏱ Zeitbedarf in Minuten
- UG Unternehmensgründung
- IN Innovationsvorhaben
- FÜ Führung und Management
- PM Projektmanagement
- KE Karriereentwicklung
- SM Selbstmanagement
- CO Coaching und Beratung
- ✓ gut geeignet
- (✓) bedingt geeignet
- – nicht geeignet

Abb. 25: Tools auf einen Blick

6.1 Tools zur Mittelanalyse

6.1.1 Lebenslaufanalyse

♦	♟♟	⏱	UG	IN	FÜ	PM	KE	SM	CO
✓	–	30-90	✓	–	–	–	✓	✓	✓

Ziel:	Mittel aus persönlicher Lebensgeschichte aktivieren
Form:	Einzelübung
Medien:	Aktueller Lebenslauf
Design:	Helfried Faschingbauer

Schritt 1: Vorbereitung
Basis der Analyse ist ein aktueller Lebenslauf, der sowohl berufliche als auch private Stationen der eigenen Biographie abdeckt. Ist dieser nicht zur Hand, kann man die Stationen auch in Stichworten bzw. als Zeichnung über einen Zeitstrahl ad hoc zu Papier bringen.

Schritt 2: Ankerpunkte markieren
Sie gehen den eigenen Lebenslauf chronologisch durch und markieren Stationen, die subjektiv besonders wichtig waren, Zufriedenheit ausgelöst haben oder gut gelungen sind, aber auch jene (in einer zweiten Farbe), die mit unangenehmen Gefühlen oder Erlebnissen des Scheiterns verbunden waren. Dabei notieren Sie auch Namen von Menschen, die an den Situationen teilhatten und die möglicherweise zu einer ähnlichen Einschätzung (gelungen/gescheitert) gekommen sind – das können zum Beispiel Kolleginnen, Vorgesetzte, Freunde oder die eigene Familie sein.

Schritt 3: Mittel ableiten
Sie teilen ein Blatt Papier in drei Felder ein und verfassen in Stichworten oder ganzen Sätzen Selbstbeschreibungen zu den folgenden drei Bereichen:

1. **»Wer ich bin«**: Hier geht es um den eigenen Charakter, persönliche Eigenschaften, eigene Stärken und Vorlieben, Wünsche und Werte – all das, was die eigene Persönlichkeit und Individualität ausmacht.
2. **»Was ich weiß«**: Im Fokus stehen hier die eigene berufliche Ausbildung, der Werdegang, Fähigkeiten und Fertigkeiten, Erfahrungen und konkrete Tätigkeiten, die man ausgeübt hat. Hinzu kommen Wissen, Erfahrungen und Fähigkeiten, die außerhalb der Arbeitswelt erworben wurden – etwa durch Hobbys oder in anderen Bereichen des Privatlebens.
3. **»Wen ich kenne«**: Denken Sie an all die Menschen, die Sie in den einzelnen Stationen des bisherigen Lebens kennengelernt haben – besonders jene, die Sie gut kennen und die Sie sofort kontaktieren könnten.

Schritt 4: Muster erkennen und Unterschiede bilden
Gehen Sie nun noch einmal den gesamten Lebenslauf anhand folgender Fragen durch und halten Sie Erkenntnisse auf einem weiteren Blatt Papier schriftlich fest:

- Welche der einzelnen Stationen gleichen sich? Welche sind sehr unterschiedlich? Was macht die Unterschiede für Sie aus?
- Welche Situationen waren kritisch oder schwierig? Wie ist es Ihnen gelungen, diese zu bewältigen?
- Welche wesentlichen Veränderungen begleiteten die einzelnen Situationen? Was macht die Veränderung aus?

Anmerkungen:
Der Prozess der Lebenslaufanalyse fördert die eigene Selbstwirksamkeit. Danach bestehen gute Voraussetzungen für die Entwicklung von Zielvorstellungen, Eingrenzung nächster Schritte oder Interaktion mit anderen.

6.1.2 Best-Self-Feedback

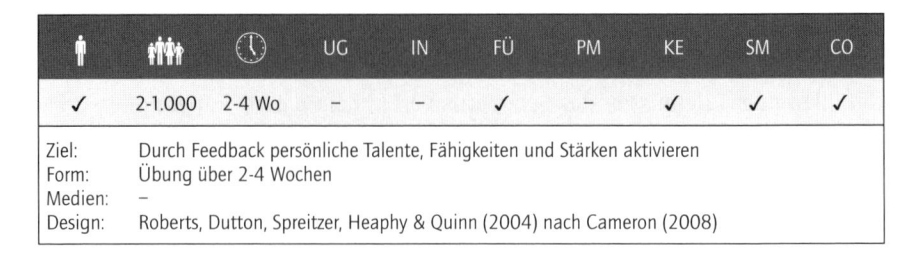

👤	👥	🕐	UG	IN	FÜ	PM	KE	SM	CO
✓	2-1.000	2-4 Wo	–	–	✓	–	✓	✓	✓

Ziel:	Durch Feedback persönliche Talente, Fähigkeiten und Stärken aktivieren
Form:	Übung über 2-4 Wochen
Medien:	–
Design:	Roberts, Dutton, Spreitzer, Heaphy & Quinn (2004) nach Cameron (2008)

Schritt 1: Vorbereitung
Die Teilnehmerinnen am Best-Self-Feedback wählen jeweils bis zu 20 Stakeholder (Kollegen, Mitarbeiter, Vorgesetzte, aber auch Freunde, Familienmitglieder oder Kundinnen) aus und bitten diese, ihnen anhand von Leitfragen jeweils drei kurze Anekdoten aufzuschreiben.

Die Leitfragen:
- In welchen Situationen hast Du/haben Sie mich in Bestform erlebt?
- Welche Stärken hast Du/haben Sie in dieser Situation an mir wahrgenommen?
- Was habe ich in dieser Situation Wertvolles kreiert?

Schritt 2: Auswertung
Die Empfänger des Best-Self-Feedback werden in den bis zu 60 Rückmeldungen Ressourcen finden, die sie an sich selbst noch gar nicht oder als nicht bedeutend wahrgenommen haben. Diese werden schriftlich festgehalten und daraus ein »Best-Self-Portrait« von rund einer A4-Seite abgeleitet. Das »Best-Self-Portrait« ist eine besondere Form der Mittelanalyse, durch die vor allem *die* Stärken, Fähigkeiten und Fertigkeiten hervorgehoben werden, die in der Wahrnehmung Anderer Bestätigung finden – das wirkt nicht nur auf kognitiver Ebene, sondern aktiviert auch emotional.

Anmerkungen:
Eine wichtige Nebenwirkung des Tools ist, dass es die Beziehung zwischen Feedback-Gebern und -Empfängern vertieft. Auch das kann für zukünftige Vorhaben genutzt werden. Daher eignet sich die Methode auch als Katalysator in Vorhaben oder Veränderungsprozessen von Gruppen oder Organisationen.

6.1.3 Wissenskorridor

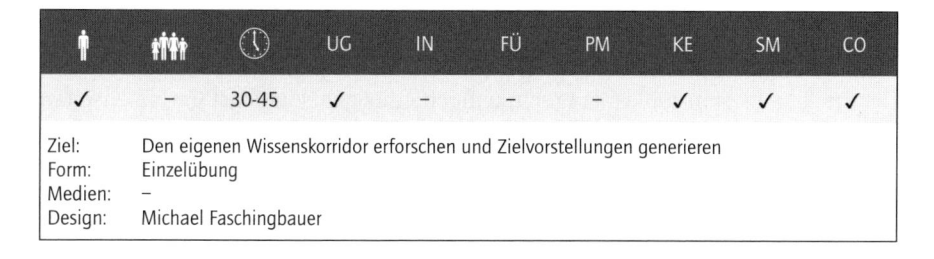

👤	👥👥👥	🕐	UG	IN	FÜ	PM	KE	SM	CO
✓	–	30-45	✓	–	–	–	✓	✓	✓

Ziel:	Den eigenen Wissenskorridor erforschen und Zielvorstellungen generieren
Form:	Einzelübung
Medien:	–
Design:	Michael Faschingbauer

Mittelorientiert vorgehen bedeutet, darauf aufzubauen, was man bereits weiß, kennt und kann. Mit diesem Tool lässt sich der eigene Wissenskorridor (Was ich weiß) erforschen und Zielvorstellungen daraus ableiten:

Schritt 1: Einstiegspunkte finden
Als Erstes schreibt man 10 beliebige Dinge auf, die man – bedingt durch die eigene, persönliche Lebensgeschichte – gut kann oder kennt. Diese können frei assoziiert werden und umfassen sowohl formales Wissen (die Automobilbranche oder das Bürgerliche Gesetzbuch kennen) als auch Fähigkeiten und Fertigkeiten (sich in andere Menschen hineinversetzen oder LKWs mit Anhänger lenken können). Es geht nur darum, einen Einstieg in den eigenen Wissenskorridor zu finden.

Schritt 2: Den Korridor ausleuchten
Im nächsten Schritt stellt man sich die Fragen:

- In welchen Kontexten habe ich all dieses Wissen und Können bereits eingesetzt?
- In welchen anderen Kontexten auch noch?
- Und welches andere Wissen und Können war in den gefundenen Kontexten noch von Bedeutung?

Aus den Antworten generiert man eine weitere Liste mit nunmehr wesentlich differenzierteren Beschreibungen dessen, was man alles weiß, gut kann und gut kennt.

Schritt 3: Den Korridor weitergehen
Aus der Bestandsaufnahme im Wissenskorridor aus Schritt 2 kann man direkt zur Erkundung neuer Zielvorstellungen und ins Handeln übergehen.

Die Leitfragen dazu:
- In welchen aktuellen oder zukünftigen Kontexten kann ich das Wissen und Können aus der detaillierten Bestandsaufnahme anwenden?
- Und in welchen anderen auch noch?

- Womit könnte ich schon morgen beginnen?
- Und was wäre der erste Schritt?

Anmerkungen
Der Trick an diesem Tool ist ein recht einfacher: Es geht zunächst um Innenschau und Kontaktaufnahme mit dem eigenem Wissen und den eigenen Fertigkeiten. Dazu ist fast jeder Ausgangspunkt recht. Dem Bild des Wissenskorridors folgend kann man sich von dort aus zur Gegenwart »durchfragen« und daraus mittelbasierte Entwürfe der Zukunft ableiten.

6.1.4 Stakeholder-Analyse

👤	👥	🕐	UG	IN	FÜ	PM	KE	SM	CO
✓	2-12	40-60	✓	✓	✓	✓	✓	✓	✓

Ziel:	Identifikation, Strukturierung und vorläufige Bewertung von Kontakten
Form:	Teamübung mit oder ohne Moderation
Medien:	Pinnwand, Moderationskarten, Stifte, Fotoapparat (Fotoprotokoll)
Design:	Michael Faschingbauer

Erst ein bestimmter Kontext gibt persönlichen Beziehungen eine konkrete Bedeutung und lässt uns abschätzen, ob eine Beziehung gerade relevant ist oder nicht. Wenn der Kontext formuliert ist, zum Beispiel in Form eines Projekt-Titels oder der Bezeichnung eines Vorhabens, dann ist die Stakeholder-Analyse aus dem Projektmanagement – mit kleinen Erweiterungen – ein brauchbares Werkzeug.

Schritt 1: Stakeholder visualisieren
Auf einer Pinnwand wird die Bezeichnung des Vorhabens in den Mittelpunkt gesetzt. Tatsächliche und potenzielle Stakeholder für das Vorhaben werden von den Team-Mitgliedern auf Moderationskarten notiert. Das können Organisationen (Firma A oder Institut B) aber auch Einzelpersonen sein. Die Stakeholder werden räumlich im Bezug zum Vorhaben angeordnet – je näher, desto größer der vermutete Einfluss des Stakeholders auf das Vorhaben.

Schritt 2: Beziehungsgüte markieren
In einem nächsten Schritt wird für jeden Stakeholder geprüft, zwischen welchen Personen bereits persönliche Beziehungen bestehen. Diese können noch mit Zeichen für ihre Güte (z. B.: -, +, + +, + + +) bewertet werden. Bestehen zwischen relevanten Stakeholdern und dem Team keine persönlichen Beziehungen, so kann nach »Kontakten um eine Ecke« geforscht werden. Die identifizierten Kontakte werden ebenfalls in die Stakeholder-Analyse aufgenommen.

6.1.5 Analyse des Situationspotenzials

👤	👥	🕐	UG	IN	FÜ	PM	KE	SM	CO
✓	2-12	60	✓	✓	✓	✓	✓	✓	✓

Ziel: Situationsanalyse und Zielvorstellungen (im Team) generieren
Form: Moderierte Teamübung
Medien: Flipchart, Stifte, Wachskreiden, ausreichend Pinnwände für Flipcharts, Fotoapparat (Fotoprotokoll)
Design: Ruth Seliger

Schritt 1: Individuelle Analyse
Alle Teilnehmerinnen zeichnen auf jeweils ein Flipchart konzentrische Kreise ähnlich einer Zielscheibe. Den Mittelpunkt bildet die eigene Person. Innerhalb der Kreise zeichnen sie Faktoren (Personen, Ereignisse, Randbedingungen, ...) ein, die ihre gegenwärtige Situation charakterisieren. Zwischen den einzelnen Faktoren machen sie Anmerkungen zum Handlungspotenzial (Was kann ich tun?), die sie im Spannungsfeld der Faktoren sehen.

Schritt 2: Zielvorstellungen
Aus der entstehenden Landkarte des Situationspotenzials können sowohl individuelle Zielvorstellungen als auch konkrete, erkundende Handlungen abgeleitet werden. Auch diese werden – zunächst als Möglichkeiten – in Stichworten oder Symbolen in die Karte aufgenommen.

Schritt 3: Abgleich und Handlungsplanung
Im Team können die Landkarten der Team-Mitglieder schlussendlich verglichen und zueinander in Beziehung gesetzt werden. Dadurch entsteht die Basis für eine gemeinsame Analyse des Situationspotenzials. Die wesentlichen Erkenntnisse daraus – Feststellungen über das Situationspotenzial sowie gemeinsame Zielvorstellungen und Handlungsoptionen – werden auf einem weiteren Flipchart festgehalten.

6.1.6 Landkarte der Zielvorstellungen

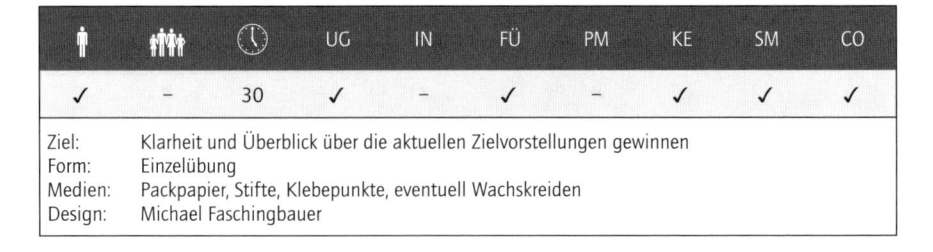

👤	👥	🕐	UG	IN	FÜ	PM	KE	SM	CO
✓	–	30	✓	–	✓	–	✓	✓	✓

Ziel: Klarheit und Überblick über die aktuellen Zielvorstellungen gewinnen
Form: Einzelübung
Medien: Packpapier, Stifte, Klebepunkte, eventuell Wachskreiden
Design: Michael Faschingbauer

Wenn wir uns die Zukunft »vorstellen«, dann weist schon der Begriff darauf hin, dass wir etwas körperlich so positionieren, dass wir es visuell betrachten können. Wenn uns etwas »fern liegt«, »nahe geht«, »im Weg steht« oder »auf uns zu kommt«, sind das Ausdrücke, die verdeutlichen, dass wir unsere Vorstellung sinnlich organisieren und räumlich repräsentieren. Das lässt sich beim Entwurf von Zielvorstellungen praktisch nutzen.

Schritt 1: Landkarte erstellen
Benötigt wird ein großes Blatt Papier – am besten ein Bogen Packpapier. Als Erstes legt man die eigene Position inklusive Blickrichtung fest – zum Beispiel mit einem (ablösbaren) Klebepunkt. Danach ordnet man alle aktuellen Zielvorstellungen räumlich an (z. B. durch verschieden große Kreise mit Nummern, im Klartext oder als Symbol). Dabei sollte man darauf achten, *wie* man die Zielvorstellungen zueinander anordnet.

Leitfragen dazu sind:
- Wie nahe oder fern der eigenen Position platziert man eine Idee?
- Wie groß oder klein?
- Wie stehen die Ideen zueinander?
- Welche Farben?
- Was ist gut zugänglich?
- Welche Zielvorstellungen stehen einander im Weg?
- Welche Hindernisse sollten sonst noch in die Karte aufgenommen werden?

Schritt 2: Navigieren
Man kann die Karte später ähnlich einer Landkarte zum Navigieren nutzen: Man konsultiert die Karte, stellt fest, wo man gerade steht und legt die Route für den Tag fest. Man kann dabei auch etwaige neu entdeckte Wege und Hindernisse markieren. Dazu verwendet man wieder Symbole und Farben – das regt die Kreativität an. Mithilfe seiner Zielkarte kann man Entscheidungen über die nächsten Schritte treffen und zugehörige Informationen organisieren.

Leitfragen:
- In welche Richtung gehe ich los?
- Wohin will ich heute?
- Und inwieweit verändert das, was ich unterwegs entdecke und erfahre, die Karte?
- Welche meiner Zielvorstellungen verändern sich dadurch?
- Welche neuen tauchen auf?

6.2 Tools zum Eruieren des leistbaren Verlusts

6.2.1 Kleine Entscheidungen nach leistbarem Verlust

👤	👥👥	🕐	UG	IN	FÜ	PM	KE	SM	CO
✓	2-12	5-10	✓	✓	✓	✓	✓	✓	✓

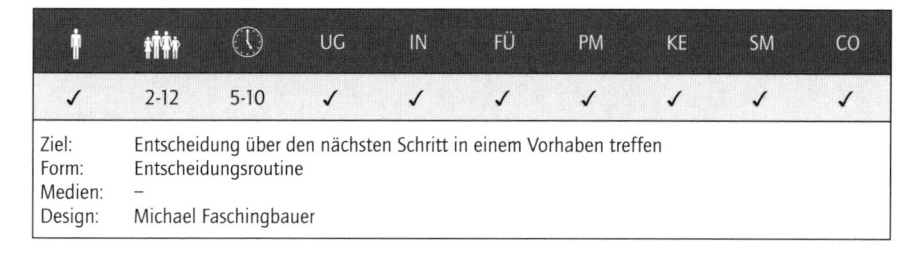

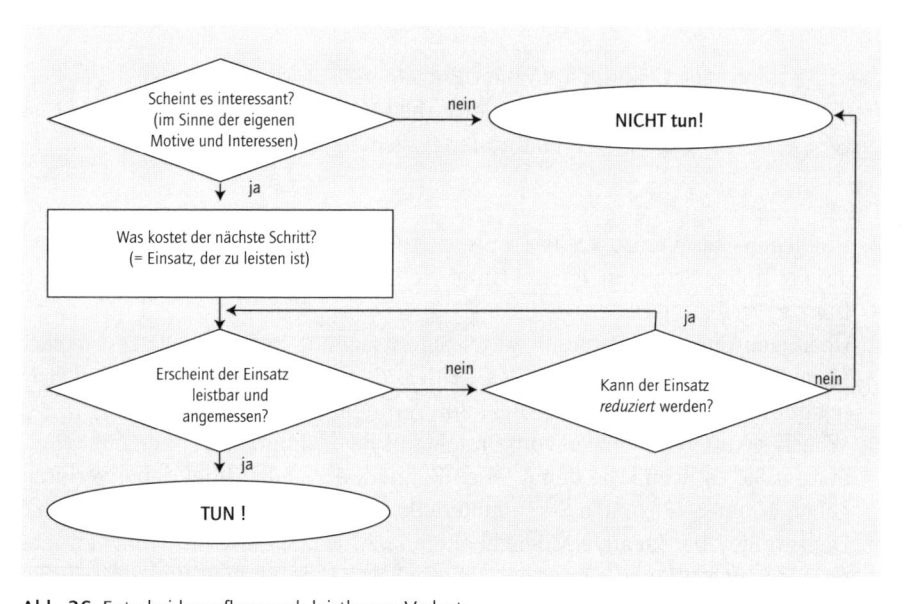

Ziel: Entscheidung über den nächsten Schritt in einem Vorhaben treffen
Form: Entscheidungsroutine
Medien: –
Design: Michael Faschingbauer

Abb. 26: Entscheidungsfluss nach leistbarem Verlust

Egal ob allein oder in der Gruppe, die Routine in Abb. 26 unterstützt dabei, rasch zu Entscheidungen unter Ungewissheit zu gelangen. Der Ausgangspunkt ist ein potenzieller Handlungsbedarf mit letztlich ungewissen Konsequenzen. Das kommt manchmal von außen (eine wahrgenommene Gelegenheit oder ein Angebot) und manchmal von innen (eine Idee oder Zielvorstellung).

Beispiele für die Definition (leistbarer) Einsätze: siehe Abschnitt 3.2.3, S. 51.

Anmerkungen:
Die Frage »Scheint es interessant?« dient als grober Filter. Hier ist ein rasches und beherztes Nein ein gutes – weil effizientes – Ergebnis. In den weiteren Fragen geht es darum, den Einsatz zu minimieren und nach leistbarem Verlust zu entscheiden.

6.2.2 Große Entscheidungen nach leistbarem Verlust

👤	👥	🕐	UG	IN	FÜ	PM	KE	SM	CO
✓	2-12	30	✓	✓	(✓)	✓	✓	✓	(✓)

Ziel:	Entscheidungen größerer Tragweite treffen
Form:	Entscheidungsroutine
Medien:	–
Design:	Nach Dew, Sarasvathy, Read & Wiltbank (2009)

Die folgenden vier Leitfragen können Einzelpersonen oder Gruppen dabei helfen, große Entscheidungen unter Ungewissheit zu treffen. Der Ausgangspunkt ist die Frage, ob ein größeres Projekt gestartet werden sollte oder nicht.

Die Leitfragen:
1. Überlegen Sie, was zu verlieren Sie sich leisten *könnten* – finanzielle Mittel auf der hohen Kante, materielle Güter, Zeit, Energie und andere Werte, die Sie frei zur Verfügung haben.
2. Überlegen Sie, welche dieser Mittel Sie tatsächlich aufs Spiel setzen *wollen* (Zum Beispiel nur die Hälfte des Geldes, damit Sie im Falle des Scheiterns noch Mittel für ein zweites Projekt zur Verfügung hätten …).
3. Wägen sie ab, wie sehr Sie vom Projekt auf Basis Ihrer Mittel überzeugt sind. Starten Sie es, wenn Sie damit leben können, dass alle Mittel dabei verloren gehen könnten. Beziehen Sie immaterielle Größen in Ihre Überlegungen ein.
4. Denken Sie über kreative Möglichkeiten nach, wie Sie Ihre tatsächlichen materiellen Investitionen so gering wie möglich halten können und streben Sie danach, Ihren Mittelabfluss nahe Null zu halten.

6.3 Tools zum Nutzen von Umständen und Zufällen

6.3.1 Routine zum Management des Unerwarteten

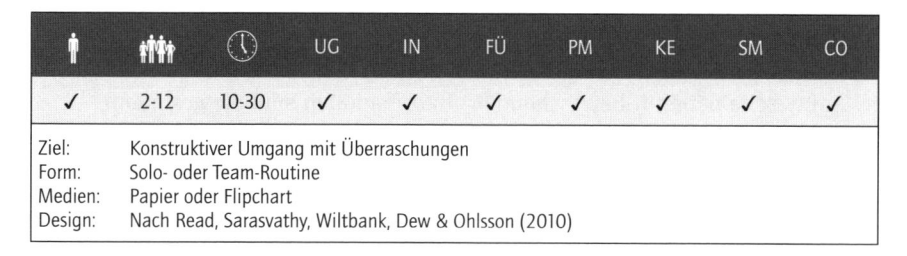

👤	👥	🕐	UG	IN	FÜ	PM	KE	SM	CO
✓	2-12	10-30	✓	✓	✓	✓	✓	✓	✓

Ziel:	Konstruktiver Umgang mit Überraschungen
Form:	Solo- oder Team-Routine
Medien:	Papier oder Flipchart
Design:	Nach Read, Sarasvathy, Wiltbank, Dew & Ohlsson (2010)

Obwohl man Unerwartetes nicht vorhersehen kann, muss man den Umgang damit nicht dem Zufall überlassen. Routinen können einem dabei das Leben erleichtern. Die folgende Routine dient dazu, planvoll mit Unerwartetem umzugehen und die sich daraus ergebenden Potenziale zu erschließen:

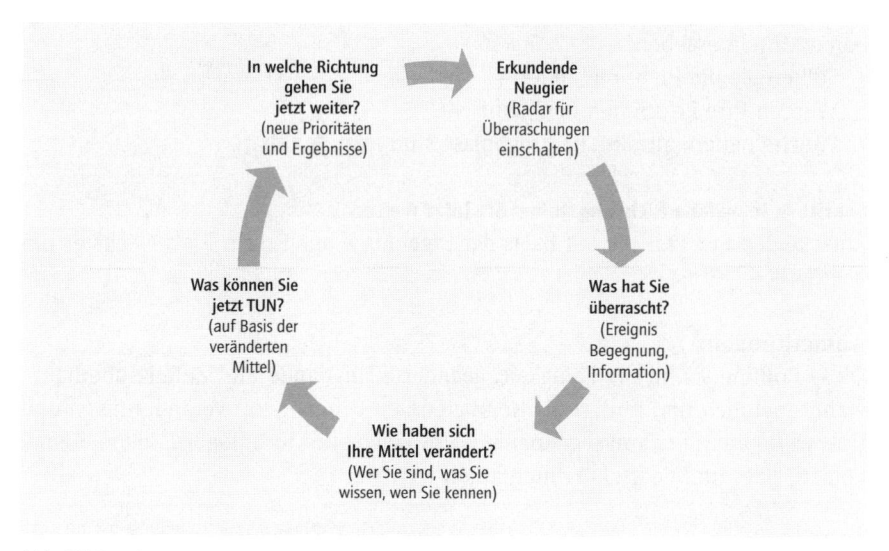

Abb. 27: Routine zum Management von Unerwartetem

Schritt 0: Erkundende Neugier
Die Teilnehmer sollten eine Haltung der erkundenden Neugier, des Interesses an Neuem und Offenheit gegenüber Ereignissen, Begegnungen und Informationen einnehmen. Das ist nichts Außergewöhnliches, es lohnt sich jedoch, die Aufmerksamkeit darauf zu fokussieren. Nimmt man sich vor, heute neugieriger und offener zu sein als gestern, wird das einen Unterschied in der Wahrnehmung machen.

Die weiteren Schritte werden unmittelbar hintereinander durchlaufen:

Schritt 1: Was hat Sie überrascht?
Leitfragen:
- Was ist unerwartet passiert?
- Wen haben Sie getroffen oder kennen gelernt?
- Auf welche neuen (überraschenden) Informationen sind Sie gestoßen?

Schritt 2: Wie haben sich Ihre Mittel geändert?
Leitfragen:
- Welche neuen Mittel (Wissen, Kontakte, Erfahrungen, …) ergeben sich aus Schritt 1?
- Welche Mittel stehen (aufgrund von Überraschungen) hingegen nicht mehr zur Verfügung?

Schritt 3: Was können Sie jetzt tun?
Überlegen Sie, welche neuen Optionen sich aus dem veränderten Pool an verfügbaren Mitteln ergeben:
- Sollten Sie die Richtung ändern?
- Wurden Ihre Prioritäten neu gemischt?
- Welche neuen, attraktiven Ergebnisse sind jetzt denkbar?

Schritt 4: In welche Richtung gehen Sie jetzt weiter?
Entscheiden Sie, was Sie auf Basis der Ergebnisse aus Schritt 3 als Nächstes tun werden.

Anmerkungen:
Diese Routine schult die Fähigkeit, geänderte Umstände und Zufälle überhaupt wahrzunehmen und fördert die Kompetenz im Umgang mit Veränderungen und Unerwartetem. Sie kann regelmäßig (zum Beispiel in turbulenten Zeiten einmal täglich) oder im Bedarfsfall durchlaufen werden.

6.3.2 Katastrophenfantasien

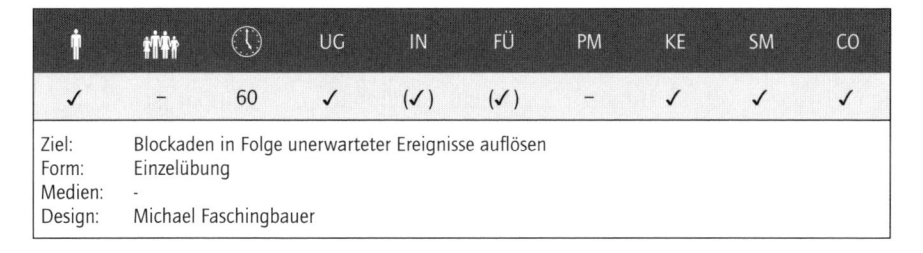

👤	👥👥	🕐	UG	IN	FÜ	PM	KE	SM	CO
✓	–	60	✓	(✓)	(✓)	–	✓	✓	✓

Ziel:	Blockaden in Folge unerwarteter Ereignisse auflösen
Form:	Einzelübung
Medien:	-
Design:	Michael Faschingbauer

Wenn das Unerwartete zuschlägt und ein laufendes Vorhaben grundsätzlich in Frage stellt, so hat dies mitunter massive Auswirkungen auf die Befindlichkeit der handelnden Akteure: Es treten unwillkürliche körperliche und emotionale Reaktionen (Enttäuschung, Ärger, Mutlosigkeit, Angst, Verzweiflung, Mangel an Energie, körperliche Stress-Symptome …) auf, die schneller und stärker als kognitive Prozesse und rationales Denken wirken (Libet, 2007) und die den Zugang zu Lösungsressourcen beeinträchtigen (Schmidt, 2009). Das folgende Tool dient dazu, diesen unwillkürlichen Prozessen Raum zu geben und Lösungsressourcen wieder zugänglich zu machen.

Schritt 1: Beschreiben, was passiert ist
Erstellen Sie auf einem Blatt Papier eine Beschreibung dessen, was passiert ist. Dazu eignen sich Haltung und Stil eines Journalisten, der Tatsachen recherchiert und sachlich darstellt.

Schritt 2: Auswirkungen beschreiben
Teilen Sie ein weiteres Blatt Papier in zwei Teile und beantworten Sie – wieder aus der Haltung eines Journalisten – folgende Fragen:

1. Wie wirken sich die in Schritt 1 beschriebenen Ereignisse auf Ihre aktuelle Befindlichkeit aus? Welche Gefühle und körperlichen Symptome wurden ausgelöst? Woran lässt sich festmachen, was anders als vorher ist?
2. Welche direkten Auswirkungen haben die Ereignisse bereits jetzt auf das eigene Vorhaben?

Schritt 3: Im »Sumpf baden«
Auf einem dritten Blatt Papier die eigenen Katastrophenfantasien erkunden: Welche zukünftigen, negativen Auswirkungen wird das Ereignis auf a) das eigene Vorhaben, b) die eigene Befindlichkeit und c) die Folgen aus a) und b) haben? Was ist das Schlimmste, das passieren könnte? Diesem Prozess so lange nachgehen, bis der Punkt erreicht ist, an dem keine schlimmeren Auswirkungen mehr denkbar sind und fest steht: Es geht hier nicht um Leben und Tod. An diesem Punkt ist in der Regel Erleichterung spürbar.

Schritt 4: Alternativen sondieren
Auf einem weiteren Blatt Papier Ideen sammeln, was getan werden kann, um die Wahrscheinlichkeit des Eintretens der Katastrophenfantasien zu verringern (5 bis 10 Handlungsalternativen). Davon eine auswählen, die mit dem eigenen aktuellen leistbaren Verlust (finanziell, zeitlich, emotional, …) vereinbar ist.

Anmerkung:
Es geht in den oben beschriebenen Schritten vor allem darum, emotionale Distanz zum unerwarteten Ereignis aufzubauen und wieder in Kontakt mit der eigenen Handlungskompetenz zu kommen. Wenn diese wieder hergestellt ist, kann dazu übergegangen werden, die eigene (veränderte) Mittelausstattung zu erheben und modifizierte Zielvorstellungen zu entwickeln.

6.4 Tools zum Aushandeln von Vereinbarungen

6.4.1 Ein Netz aus Vereinbarungen knüpfen

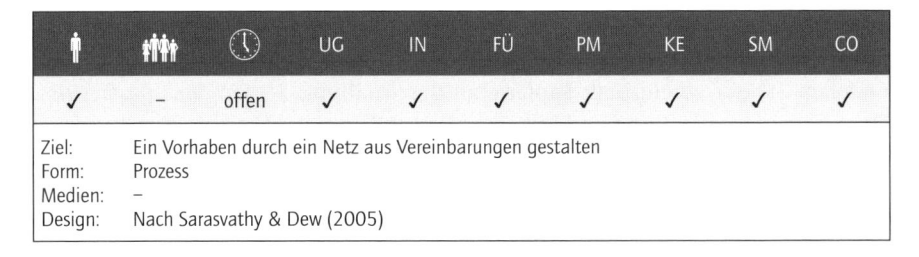

👤	👥	🕐	UG	IN	FÜ	PM	KE	SM	CO
✓	–	offen	✓	✓	✓	✓	✓	✓	✓

Ziel:	Ein Vorhaben durch ein Netz aus Vereinbarungen gestalten
Form:	Prozess
Medien:	–
Design:	Nach Sarasvathy & Dew (2005)

Die folgende Schrittfolge orientiert sich am dynamischen Effectuation-Modell (siehe Abb. 17, S. 86) und kann für Vorhaben unter Ungewissheit ähnlich einer Gebrauchsanweisung genutzt werden:

Schritt 1: Mittelanalyse
Sie legen das Rahmenthema für ein Vorhaben fest und erheben die eigenen Mittel (siehe Abschnitt 4.1, S. 97).

Schritt 2: Zielvorstellungen entwickeln
Sie überlegen, welche möglichen Ergebnisse (Ziele) mit den vorhandenen Mitteln angestrebt werden können (siehe Abschnitt 4.1, S. 97).

Schritt 3: Exponieren
Sie treten in Interaktion mit anderen Stakeholdern und legen die eigenen Karten auf den Tisch: Mittel, Zielvorstellungen, Motive und Intentionen.

Schritt 4: Verhandlungen führen
Während des Gesprächs treten idealer Weise diese symmetrischen Phänomene auf: Beide Seiten erfahren etwas darüber, was die jeweils andere Seite einbringen könnte und welche Motive dahinter stehen. Beide Seiten beeinflussen einander wechselseitig. Dabei werden Elemente (Mittel, Ziele) sichtbar und bewusst, die einander ergänzen könnten (siehe auch Abschnitt 4.3, S. 106).

Schritt 5: Vereinbarungen schließen
Die Vereinbarungen, die nach dem Prinzip des leistbaren Verlusts geschlossen werden (siehe Abschnitt 4.2, S. 101) betreffen entweder

1. neue Mittel für das Vorhaben (zurück zu Schritt 1) oder
2. ein gemeinsames Ziel (zurück zu Schritt 2).

Die Vereinbarungen bilden die Nahtstellen des Partnernetzes.

Schritt 6: Ergebnisse beurteilen
Jedes gemeinsam vereinbarte Ziel ist ein Teil des Neuen, das entsteht. Je konkreter und vollständiger dieses Neue wird, desto weniger Spielraum besteht für Verhandlungen in Schritt 4 und desto geringer ist die Ungewissheit. Es wird in der Folge zunehmend sinnvoller, kausal vorzugehen.

6.4.2 Vorbereitung, Durchführung und Dokumentation von Gesprächen

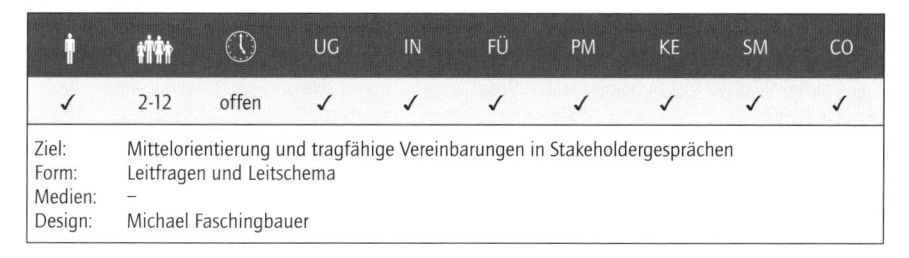

👤	👥	🕐	UG	IN	FÜ	PM	KE	SM	CO
✓	2-12	offen	✓	✓	✓	✓	✓	✓	✓

Ziel:	Mittelorientierung und tragfähige Vereinbarungen in Stakeholdergesprächen
Form:	Leitfragen und Leitschema
Medien:	–
Design:	Michael Faschingbauer

Schritt 1: Gespräch vorbereiten
Fragen können im menschlichen Bewusstsein wie Taschenlampen verwendet werden: Ähnlich einem Lichtkegel fokussieren sie die Aufmerksamkeit. Die folgenden Fragen können vor Stakeholder-Gesprächen die Aufmerksamkeit von Einzelpersonen aber auch von Gruppen auf die Bereiche lenken, die für Vereinbarungen unter Ungewissheit relevant sind.

- Welche Phantasien haben Sie bezüglich der Mittel Ihres Gesprächspartners?
- Welche gemeinsamen Ziele könnten Sie anvisieren?

- Wovon möchten Sie Ihren Gesprächspartner überzeugen?
- Was ist für Sie fix? Was ist verhandelbar? Was ist gänzlich ungewiss?
- Wodurch könnten Sie in diesem Gespräch zu einer attraktiven Gesprächspartnerin werden?
- Was können Sie Ihrem Gesprächspartner bieten, um sein Risiko und seine Ungewissheit zu reduzieren?
- Wie beschreiben Sie, was Sie wollen und was Sie nicht wollen?
- Was ist Ihr *leistbarer Einsatz* an Informationen, Zeit, Energie, …?
- Wie stellen Sie sicher, dass Sie nicht ausgebeutet werden?
- Was wäre ein gutes Gesprächsergebnis?
- Was soll im Gespräch keinesfalls passieren?

Schritt 2: Gespräch führen und dokumentieren
Mittelorientierte Vereinbarungen im Sinne von Effectuation werden zwischen Personen oder Gruppen im Spannungsfeld der wechselseitigen Mittel, Motive und Interessen ausgehandelt. Der offene Austausch über Mittel, Motive und Interessen ist die Voraussetzung dafür, dass tragfähige und symmetrische Vereinbarungen kreiert werden können. Das folgende Schema kann im Gespräch als Checkliste, aber auch als Protokoll genutzt werden:

Ich	Vereinbarung	Gesprächspartnerin
Mittel:		Mittel:
Motive & Interessen:		Motive & Interessen:

Beim Ausfüllen des Schemas kann an jedem beliebigen Feld begonnen werden. In welcher Weise und Reihenfolge Mittel auf den Tisch gelegt, Motive genannt und Vereinbarungen geschlossen werden, hängt stark vom Kontext und dem Stil der Beteiligten ab.

6.5 Tools zum Handeln nach Effectuation

6.5.1 Ins Handeln kommen (5-Minuten-Trick)

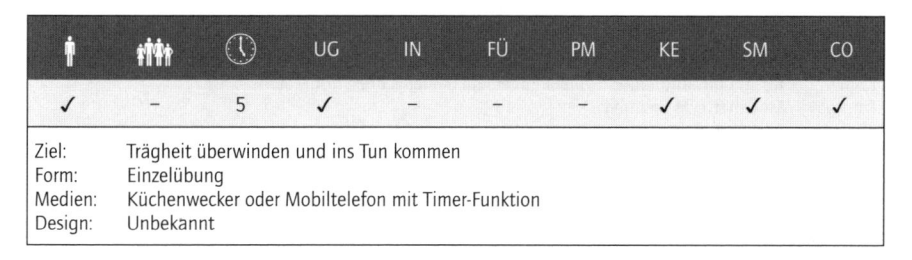

👤	👥	🕐	UG	IN	FÜ	PM	KE	SM	CO
✓	–	5	✓	–	–	–	✓	✓	✓

Ziel:	Trägheit überwinden und ins Tun kommen
Form:	Einzelübung
Medien:	Küchenwecker oder Mobiltelefon mit Timer-Funktion
Design:	Unbekannt

Neue Vorhaben unter Ungewissheit können an der eigenen Trägheit scheitern. Was besonders schwer fällt, ist oft der erste Schritt und die erste Handlung. Diese Trägheit hat natürlich auch eine wertvolle Funktion – sie sorgt dafür, dass wir uns nicht permanent auspowern. Das ist meistens gut so, aber nicht immer. Um trotzdem und bewusst ins Tun zu kommen, kann man den *5-Minuten-Trick* einsetzen. Der Einsatz sind 5 Minuten, der Ertrag ist ungewiss.

Schritt 1: Vorbereitung
Bereiten Sie ein Blatt Papier und einen Bleistift vor und stellen Sie einen Küchenwecker auf 5 Minuten ein. Die nächsten 5 Minuten Zeit sind dafür vorgesehen, ein neues Vorhaben zu starten – 5 Minuten sind ein leistbarer Einsatz.

Schritt 2: Probehandeln
Jetzt beginnt das »Probehandeln im Kopf« und es wird aufgeschrieben, was zu tun ist.

- Worum geht es bei dem Vorhaben und welche Mittel stehen unmittelbar zur Verfügung?
- Wer aus dem eigenen Netzwerk wird eingebunden?
- Welcher Punkt eignet sich für den Start?
- Was sind erste Schritte mit leistbarem Einsatz?

Unterbrechen Sie ihre Überlegungen, sobald der Küchenwecker läutet.

Schritt 3: Entscheiden
An dieser Stelle trifft man eine Vereinbarung mit sich selbst.

Es gibt drei Möglichkeiten:
1. Jetzt weiter machen, weil die Trägheit überwunden ist,
2. einen Zeitpunkt zum Weitermachen festlegen (wieder für begrenzte Zeit) oder
3. das Vorhaben hier und jetzt endgültig beenden.

6.5.2 Leitplanken-Planung

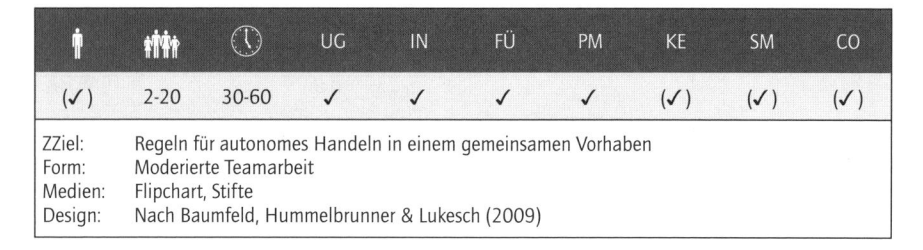

👤	👥👥	🕐	UG	IN	FÜ	PM	KE	SM	CO
(✓)	2-20	30-60	✓	✓	✓	✓	(✓)	(✓)	(✓)

ZZiel:	Regeln für autonomes Handeln in einem gemeinsamen Vorhaben
Form:	Moderierte Teamarbeit
Medien:	Flipchart, Stifte
Design:	Nach Baumfeld, Hummelbrunner & Lukesch (2009)

Mit diesem systemischen Werkzeug können Teams die Leitplanken für ein gemeinsames Vorhaben abstecken, ohne sich auf ein fixes Ziel festlegen zu müssen. Die Leitplanken schaffen einen Korridor, innerhalb dessen die einzelnen Akteure autonom handeln und Ziele vereinbaren können.

Schritt 1: Scheiter-Rezepte
In einem ersten Schritt werden »Scheiter-Rezepte« für das geplante Vorhaben erarbeitet. Über die (meist lustvolle) Auseinandersetzung mit dem, was das Vorhaben zum Scheitern bringen kann, werden die Voraussetzungen für das Überleben des Vorhabens sichtbar. Es wird klar, was für das Vorhaben mindestens getan und unterlassen werden muss. Damit soll reales Scheitern verhindert, jedoch Raum für unternehmerisches Handeln gesichert werden.

Leitfragen:
- Wie können wir es am schnellsten, einfachsten, effizientesten ... schaffen, unser Vorhaben zum Scheitern zu bringen?
- Was genau müssten wir dazu tun? Und was müssten wir unterlassen?

Schritt 2: Regeln
Die Scheiter-Rezepte können im nächsten Schritt in gemeinsame Regeln übersetzt werden. Es soll dabei auch geklärt werden, welche Konsequenzen ein Verstoß gegen diese Regeln haben würde.

Anmerkungen:
Bei größeren Gruppen empfiehlt es sich, Schritt 1 in Kleingruppen mit jeweils 4 bis 6 Personen zu bearbeiten. Die Ergebnisse werden sodann in einem Zwischenschritt im Plenum vorgestellt und Widersprüche im Dialog abgestimmt.

6.5.3 Ideen-Sondierung

👤	👥	🕐	UG	IN	FÜ	PM	KE	SM	CO
✓	2-20	4-8 Std	✓	✓	✓	✓	(✓)	✓	✓

Ziel:	Systematische Erkundung, Beschreibung und Beurteilung von Vorhaben
Form:	Einzelübung oder Gruppenarbeit
Medien:	Informationen zum Vorhaben und dessen Umfeld
Design:	Nach Saras Sarasvathy

Die Ideen-Sondierung ist ein semi-kausales Instrument, um systematisch an Ideen zu feilen. Sie kann alleine oder in Gruppen durchgeführt werden. Die Ergebnisse sind auch eine gute Basis für Verhandlungen mit Stakeholdern der Idee.

Bei der Ideen-Sondierung werden die Dimensionen »Machbarkeit« sowie »Wert & Nutzen« jeweils in Bezug zu den handelnden Akteuren und der Umwelt des Vorhabens systematisch erkundet:

	Machbarkeit	Wert & Nutzen
Umwelt	Q1 Kann die Idee umgesetzt werden?	Q2 Stiftet die Idee Wert und Nutzen?
Akteur(e)	Q3 Habe ich (haben wir) die passenden Mittel?	Q4 Will ich (wollen wir) die Idee umsetzen?

Abb. 28: Ideen-Sondierung

Schritt 1: Fragen entwickeln
Für die vier Quadranten der Ideen-Sondierung werden zunächst Detailfragen formuliert, die zur Art des Vorhabens passen (siehe Beispiel weiter unten).

Schritt 2: Antworten ausarbeiten
Die Fragen der Ideen-Sondierung lassen sich meist nicht linear und hintereinander beantworten – es ist sinnvoll, zwischen den Fragen hin und her zu springen und dazwischen auch Recherchen anzustellen. Dabei verändert sich meistens auch die Idee selbst. Die Ergebnisse der Ideen-Sondierung werden in einem Sondierungs-Papier festgehalten. Wird ein Vorhaben weiter verfolgt, so dient das Sondierungs-Papier zur Kommunikation mit Stakeholdern und zur iterativen Entwicklung des Vorhabens.

Schritt 3: Ideen-Bewertung (Optional)
Soll zwischen mehreren konkurrierenden Ideen entschieden werden, so können die vier Bereiche anhand von Skalen (0 bis 10) bewertet und miteinander verglichen werden. Viel wichtiger als das numerische Ergebnis, das immer einer subjektiven Färbung und Unsicherheit unterliegt, ist der Lernprozess im Zuge des Bewertens.

Beispielfragen für ein Vorhaben der Kategorie »neue Dienstleistung«
Q1: Kann die Idee umgesetzt werden?
- Woraus besteht die Idee und was macht sie einzigartig?
- Welche Nische bedient oder schafft die Idee? Wer bedient dieselbe Nische? Womit?
- Wer sind potenzielle Kundinnen und wie sind diese zu erreichen?
- Warum hat noch niemand anderes die Idee umgesetzt?
- Ist die Idee zeitlos oder gibt es für sie ein bestimmtes Zeitfenster?
- Wie leicht kann die Idee kopiert werden?

Q2: Stiftet die Idee Wert und Nutzen?
- Wie groß ist der Aufwand (Zeit, Kapital, …), damit die Leistung angeboten werden kann?
- Was sind die Kosten für die Leistung?
- Wie wird der Preis festgesetzt?
- Wie groß ist der maximale Verlust?
- Wie groß ist der Markt bzw. könnte der Markt werden?
- Wann könnte der Break-even erreicht werden?

Q3: Habe ich die passenden Mittel?
- Warum sollte gerade ich diese Idee verfolgen?
- Welche Stärken bringe ich ein?
- Was fehlt mir zur Umsetzung der Idee?
- Welche eigenen Mittel setze ich aufs Spiel?
- Welche Stakeholder kann ich einbeziehen?
- Welchen Nutzen kann die Idee diesen Stakeholdern bieten?

Q4: Will ich die Idee umsetzen?
- Warum möchte ich die Idee umsetzen? Warum außerdem noch?
- Begeistert mich die Idee?
- Worauf muss ich verzichten, wenn ich diese Idee umsetze?
- Ist die Idee im Einklang mit meinen Werten und meinem Selbstverständnis?
- Wie sieht mein Fallback-Szenario aus?
- Welche längerfristigen Fantasien verbinde ich mit der Idee?

6.5.4 Lokale Aktionsplanung

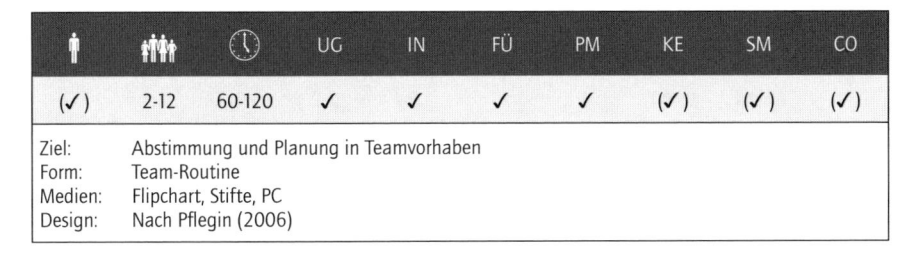

👤	👥	🕐	UG	IN	FÜ	PM	KE	SM	CO
(✓)	2-12	60-120	✓	✓	✓	✓	(✓)	(✓)	(✓)

Ziel:	Abstimmung und Planung in Teamvorhaben
Form:	Team-Routine
Medien:	Flipchart, Stifte, PC
Design:	Nach Pflegin (2006)

Die lokale Aktionsplanung ist ein Beispiel dafür, wie kausale Tugenden (Ziele setzen, Umsetzung planen) und Effectuation-Tugenden (kurze Schleifen, verhandelbare Ziele) miteinander kombiniert werden können. Dabei wird (monatlich, quartalsweise oder nach Bedarf) folgender Zyklus durchlaufen:

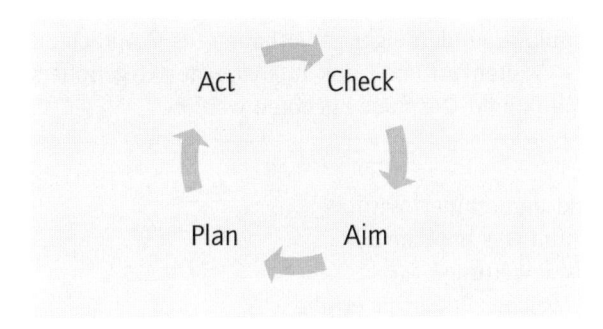

Abb. 29: Zyklus der lokalen Aktionsplanung

1. **Check**: Die aktuelle Situation analysieren
2. **Aim**: Mittel- oder längerfristige Verbesserungsziele festlegen
3. **Plan**: Festlegen, was jetzt konkret zu tun ist, um den selbst gesteckten Zielen näher zu kommen
4. **Act**: Geplantes in Handlungen umsetzen

Die Schritte 1 bis 3 werden in einem Team-Workshop gemeinsam bearbeitet. Die Ergebnisse aus dem Workshop werden in einem zwei- bis dreiseitigen Dokument festgehalten und vereinbart. Der Plan gilt, bis der nächste Planungs-Zyklus begonnen wird. Im nächsten Zyklus können sowohl Ziele als auch Aktionen aufgrund einer geänderten Realität neu verhandelt werden.

Anmerkung:
Diese Art der Planung entstammt dem Beyond-Budgeting-Ansatz und wird beispielsweise in Unternehmen wie der Svenska Handelsbank von Filialen und deren Mitarbeitern eingesetzt, um die eigene Leistung zu verbessern (Pflegin, 2006).

6.5.5 Der Marktplatz

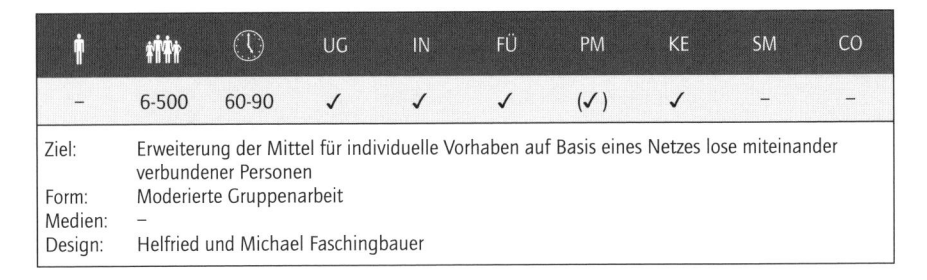

👤	👥	🕐	UG	IN	FÜ	PM	KE	SM	CO
–	6-500	60-90	✓	✓	✓	(✓)	✓	–	–

Ziel:	Erweiterung der Mittel für individuelle Vorhaben auf Basis eines Netzes lose miteinander verbundener Personen
Form:	Moderierte Gruppenarbeit
Medien:	–
Design:	Helfried und Michael Faschingbauer

Schritt 1: »Akustische Visitenkarten« formulieren

In Anlehnung an den »Elevator Pitch« – Präsentationen der eigenen Geschäftsidee in nicht mehr als 30 Sekunden – arbeiten die Teilnehmerinnen in einer Vorbereitungsphase von circa 10 Minuten akustische Visitenkarten aus. Diese werden mit der Intention formuliert, zu den eigenen Vorhaben ins Gespräch zu kommen. Mit der akustischen Visitenkarte soll das Interesse des Gegenübers gewonnen und Anknüpfungspunkte für Gespräche geboten werden.

Checkliste:
- Einstieg, der Interesse weckt und erinnert wird?
- Wer bin ich, was kann ich und was brauche ich?
- Attraktiv und frei von Selbstabwertung?
- Welches Problem löse ich? Welches Bedürfnis erfülle ich?
- Welchen Nutzen zieht der andere aus einem Kontakt mit mir?
- Was unterscheidet mich von anderen?
- Einladung zum Gespräch?

Schritt 2: Auf den Markt gehen

Die akustischen Visitenkarten mit den Eckdaten der eigenen (konkreten oder vagen) Vorhaben dienen als Einstig in Zweiergespräche zu je 10 Minuten. Ziele der Gespräche sind die Erweiterung der eigenen Mittel und die Entwicklung neuer Zielvorstellungen. Die Gesprächsergebnisse werden von den Teilnehmerinnen selbst protokolliert. Der Moderator sorgt dafür, dass die knappe Zeit pro Gespräch eingehalten wird und nach jeweils 10 Minuten ein Partnerwechsel stattfindet (Prozess ähnlich einem »Speed-Dating«). Der Prozess kann über eine zuvor festgelegte Anzahl von Runden oder bis jeder mit jedem gesprochen hat fortgesetzt werden.

Schritt 3: Präsentation (Optional)

In den Gesprächen gewonnene Erkenntnisse und getroffene Vereinbarungen können anschließend im Plenum präsentiert werden.

Anmerkungen:
Der Marktplatz in Zweiergesprächen hat gegenüber der Vorstellung und Diskussion eigener Vorhaben im Plenum wesentliche Vorteile: Da es keine (passiven) Zuhörerinnen gibt, sind jeweils beide Gesprächspartnerinnen zu 100 % involviert und können die Richtung des Gesprächs gemäß der eigenen Interessen formen. Dadurch entwickeln sich Gespräche über ein- und dasselbe Vorhaben je nach Partner in völlig unterschiedliche Richtungen. Die intensive, direkte Interaktion unter vier Augen begünstigt zudem, dass in sehr kurzer Zeit Vertrauensbeziehungen entstehen.

6.5.6 Gegensätze transformieren: Das erweiterte Tetralemma

👤	👥	🕐	UG	IN	FÜ	PM	KE	SM	CO
✓	2-6	45-60	✓	✓	✓	✓	✓	✓	✓

Ziel:	Neue Impulse gewinnen, wenn ein Vorhaben ins Stocken gerät
Form:	Einzelübung oder moderierte Gruppenübung
Medien:	Großer Raum, Moderationskarten als Bodenanker
Design:	Nach Kibéd & Sparrer (2003)

Das Querdenkermuster des erweiterten Tetralemmas erlaubt, Erstarrungen im Schubladendenken aufzulösen und von scheinbaren Gegensätzen zu Wertvollem und Neuem zu gelangen. Immer wenn ein Vorhaben ins Stocken gerät oder unklar ist, was nun zu tun ist, oder nach welcher Logik im nächsten Schritt vorzugehen ist, kann man diesen fünf Positionen einen Besuch abstatten.

Die folgende Routine des Perspektivenwechsels ermöglicht, wieder in Bewegung zu kommen:

1. **Das eine (Stellung beziehen):** Sie nehmen eine der beiden Haltungen (kausal oder Effectuation) ein – am besten die eigene Vorzugshaltung. Man kann dabei die gewählte Haltung ruhig als »die richtige« Haltung benennen. Aus dieser vertrauten Position heraus überlegen, was nun zu tun ist: Was würden wir jetzt tun, wenn es nur diese eine Perspektive gäbe?
2. **Das andere (Gegenposition einnehmen):** Diese Position entspricht dem exakten Gegenteil der ersten Position und kann daher neue Informationen für das Vorhaben liefern. Was wäre jetzt aus dieser Position heraus zu tun, um das Vorhaben voranzutreiben?
3. **Beides (scheinbar Unvereinbares kombinieren):** Jetzt geht es darum, das Beste aus beiden Welten zu nutzen. Wie kann man Sichten der beiden ersten Positionen so kombinieren, dass ein Sowohl-als-auch entsteht? Welche Kompromisse sind denkbar? In welchen Iterationen könnte man vorgehen?

4. **Keines von beidem (neuer Lösungsrahmen)**: Wenn man nun beide ursprünglichen Positionen außer Acht lässt und so tut, als ob es sie gar nicht gäbe, was bedeutet dies für das weitere Vorgehen im Vorhaben? Was würde eine weisere Variante des eigenen Selbst, die keine der beiden vorgefertigten Methoden braucht, als Nächstes tun?
5. **All dies nicht – und selbst das nicht (Muster brechen)**: Lösen Sie sich nun gedanklich ganz von allen vorigen Positionen und sogar vom Vorhaben selbst, und betrachten Sie all das von außen. Hier lauern neue Aspekte dessen, was möglich und sinnvoll sein könnte. Man kann sich von Verwirrung und Humor – beide typisch für diese Position – inspirieren lassen und auch aus dieser unvertrauten Position neue Einsichten und Handlungsimpulse gewinnen.

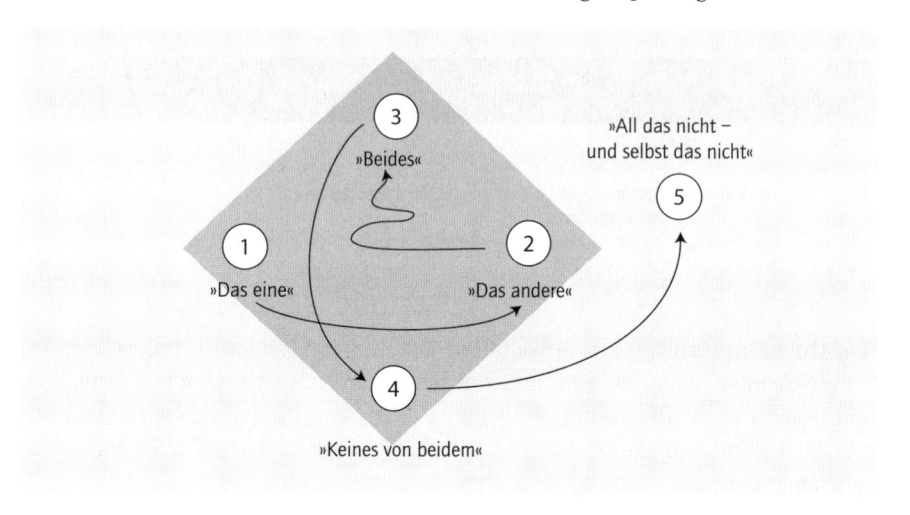

Abb. 30: Widersprüche transformieren: Tetralemma und seine Negation (Kibéd & Sparrer, 2003)

Das Querdenkermuster besteht also aus fünf Positionen, wobei die ersten beiden die Denkhaltungen »kausale Logik« und »Effectuation« repräsentieren. In den weiteren Positionen geht es darum, sich vom Einschränkenden vorgegebener Denkhaltungen zu lösen, ohne auf deren Nutzen und Vorteile verzichten zu müssen. Durch das Wechseln zwischen den Positionen und den damit verbundenen Perspektivenwechsel stößt man auf Einsichten und kreative Impulse für die nächsten Schritte und kann diese gegeneinander abwägen.

Anmerkung:
Es ist hilfreich, wenn die einzelnen Positionen nicht nur gedanklich, sondern auch physisch durch Positionswechsel im Raum eingenommen werden. Die einzelnen Positionen werden dabei durch Moderationskarten markiert und können mehrmals durchlaufen werden.

7 Effectuation-Forschungsergebnisse

Wer heute ein Studium der Volks- oder Betriebswirtschaftslehre beginnt, wird sich mindestens ein Semester lang mit dem Verschieben von Angebots- und Nachfragekurven beschäftigen. Die Idee von Märkten, auf denen im Spannungsfeld zwischen Angebot und Nachfrage von Gütern und Leistungen ein Gleichgewicht entsteht, das den Marktpreis bestimmt, lässt sich bis zu Adam Smith und David Ricardo zurückverfolgen. Seit dem späten 19. Jahrhundert wurde die Theorie vom Marktgleichgewicht – dem Schnittpunkt der Angebots- und Nachfrage-Kurve – zwar sukzessive um Fälle des Marktversagens[58] erweitert, doch im Grunde nehmen Volks- und Betriebswirte Märkte weitgehend als gegeben an.

Entrepreneure bringen diesen Marktprozess auf Anbieterseite überhaupt erst in Gang. Ihnen widmet sich der junge Forschungszweig der Entrepreneurship-Forschung. In den USA begann die Akademisierung des Entrepreneurship bereits in den 1960er-Jahren. 2008 gab es an US-amerikanischen Universitäten bereits 401 Lehrstühle. Die ersten Lehrstühle für Entrepreneurship im deutschsprachigen Raum wurden dagegen erst 1998 eingerichtet. Zehn Jahre später belief sich ihre Zahl immerhin schon auf 87 – davon 71 in Deutschland (Klandt, Koch, Schmude & Knaup, 2008).

Um Effectuation besser einordnen zu können, folgt nun ein kurzer Streifzug durch die Entrepreneurship-Forschung, in deren Kontext auch das Denk- und Entscheidungsverhalten erfahrener Entrepreneure untersucht wird.

7.1 Entrepreneurship-Forschung

Entrepreneurship zu definieren, ist gar nicht so einfach. Der österreichische Ökonom Israel Kirzner bietet die kurze und klare Definition »wettbewerbliche Verhalten, die den Marktprozess treiben«[59] an (Kirzner, 1973). Kirzners Definition betont den Aspekt des Handelns und die Orientierung am Ergebnis im Kontext des Markts und beschreibt ein Mikro-Phänomen, das Auswirkungen auf der Makro-Ebene zeigt (Davidsson, 2004). Entrepreneure nach Kirzner erkennen, wenn Märkte aus dem Gleichgewicht geraten, und nutzen diese Situation, indem sie neue Angebote platzieren. Liest man hingegen bei Schumpeter nach, findet man einen Entrepreneur, der das Gleichgewicht in einem Akt schöpferischer Zerstörung

---

58 Z. B. Monopole, nicht rational oder auf Basis begrenzter Informationen handelnde Akteure, Transaktionskosten (Marktbenutzungskosten)
59 Im engl. Original: *competitive behaviours driving the market process*

kippt und dadurch neue Märkte schafft. Vertreter der Neoklassischen Ökonomie beschreiben den Entrepreneur eher als jemanden, der bestehende oder latente Nachfrage erfüllen möchte oder durch Anpassung an die Marktgegebenheiten um sein wirtschaftliches Überleben kämpft (Sarasvathy, 2008).

Ungleichgewicht nutzen, schöpferisch zerstören, Nachfrage erfüllen, anpassen und ums Überleben kämpfen – all das klingt recht anstrengend, und man fragt sich, wer das freiwillig tun will. Dieses Bild spiegelt sich auch in der öffentlichen Wahrnehmung im deutschsprachigen Raum wieder. Deutschland weist laut den regelmäßigen Erhebungen des Global Entrepreneurship Monitors (GEM) eine der niedrigsten Gründungsraten unter den 18 als innovationsgetrieben eingestuften Teilnahmeländern auf (Bosma, 2008). Als Gründe dafür werden vom GEM kulturelle Ursachen und eine wenig kohärente Entrepreneurship-Politik genannt.

Die Entrepreneurship-Forschung befasste sich zunächst mit der Person des Entrepreneurs und dessen Attributen. Man ging davon aus, dass bestimmte Eigenschaften der Persönlichkeit eines Entrepreneurs maßgeblich dafür sind, ob ihre Unternehmen scheitern oder Erfolg haben. Doch denen, die nach dem idealen Entrepreneur suchen, blieb das ultimative Erfolgserlebnis bisher verwehrt. Ein weiteres Forschungssegment ist die Suche nach Erfolgsfaktoren und Hemmnissen für die Entstehung neuer Unternehmen. Die gestellten Fragen zielten auf die objektive Beschreibung des Phänomens Entrepreneurship ab: Was macht einen guten Entrepreneur aus? Was trägt dazu bei, dass neue Unternehmen entstehen und erfolgreich sind? Was behindert diejenigen, die Neues in die Welt bringen wollen?

Die weiter oben angeführten Beschreibungen dessen, was Entrepreneure tun, fußen auf der Annahme *existierender* unternehmerischer Gelegenheiten und Märkte. Es ist Aufgabe des Entrepreneurs, diese zu suchen, zu entdecken und zu verwerten. In den letzten zwanzig Jahren hat sich der Fokus der globalen Entrepreneurship-Forschung jedoch auf das »Objekt der Begierde« für Entrepreneure – die unternehmerische Gelegenheit – verlagert. Der neue Gedanke: Eine unternehmerische Gelegenheit besteht aus Ideen, Überzeugungen und Handlungen, die die Kreation zukünftiger Produkte und Dienstleistungen *in Abwesenheit* von Märkten ermöglichen (Venkataraman, 1997). Bevor es einen Markt gibt – so die Annahme – existieren bereits unternehmerische Gelegenheiten. Von besonderem Interesse sind folglich die Umstände und Attribute der Gründungsprojekte und ihrer Umwelt, die über Erfolg oder Scheitern des Unternehmens entscheiden: Wie können unternehmerische Gelegenheiten gesucht, erkannt und ausgeschöpft werden?

Doch wo kommen unternehmerische Gelegenheiten her? Erst in jüngster Vergangenheit wurde die Sichtweise der zu entdeckenden Gelegenheiten um alternative Sichtweisen erweitert. Sarasvathy und Dew stellen drei Perspektiven in den Raum:

1. Gelegenheiten als Ergebnis des Allokationsprozess von Nachfrage und Angebot (Neoklassizistische Sicht der unsichtbaren Hand des Marktes),
2. Gelegenheiten als Prozess des Suchens und Entdeckens und
3. Gelegenheiten als Ergebnis eines kreativen Akts (Sarasvathy, Dew, Velamuri & Venkataraman, 2005).

Letzteres ist der Bereich, in dem Effectuation seine Wirkung entfaltet: Unternehmerische Gelegenheiten warten nicht nur darauf, entdeckt und ausgeschöpft zu werden – sie können auch kreiert werden.

Wenn nun Märkte und Gelegenheiten nicht *gegeben* sind, sondern von Entrepreneuren durch ihr Handeln *kreiert* werden können, dann erweitert dies das Spektrum sinnvoller Fragen. An die Stelle der Warum-Fragen über das Erkennen und Ausschöpfen von unternehmerischen Gelegenheiten tritt eine Reihe von designorientierten Wie-Fragen. Statt zu fragen, was einen guten Entrepreneur auszeichnet, kann man fragen: »Wie werden Menschen zu Entrepreneuren?« Anstatt sich mit Hindernissen für Entrepreneurship herumzuschlagen, kann man Leitlinien dafür erforschen, welche Art von Entrepreneur eine bestimmte Person Kraft ihres eigenen Wertesystems, ihres Wissens und ihres persönlichen Netzwerks werden kann.

Im deutschsprachigen Raum dominiert nach wie vor die erkenntnisorientierte, quantitative Forschung: Erforscht werden die Rahmenbedingungen von Gründungen (Gründerkultur, Finanzierungsmöglichkeiten, Technologie- und Wissenstransfer), die Gründerperson (Persönlichkeitsmerkmale, fördernde und hemmende Bedingungen) und der Erfolg von Start-ups (Markteintritt, Ressourcenzugang, Wachstum, Marketing) (Witt, 2008). An den Ergebnissen der Forschung orientieren sich die universitäre Lehre und die Politik. Es werden Ressourcen bereitgestellt, Technologien zugänglich gemacht, Cluster und Inkubatoren gegründet, damit Gelegenheiten regional entstehen und von potenziellen Gründern wahrgenommen und verwertet werden können.

Global gesehen gewinnen jedoch die qualitative Forschung und die Wie-Fragen an Bedeutung. Wenn unternehmerische Gelegenheiten nicht nur gefunden, sondern auch *gemacht* werden können, dann müssen die Mikro-Phänomene – das, was potenzielle Entrepreneure tun können und sollen – erforscht werden. Die Ergebnisse haben Auswirkungen auf die Art und Weise, wie Unternehmertum gelehrt und politisch gefördert werden kann: Anstatt Gründern die rein technischen Aspekte der Gründung (Businessplan, Betriebswirtschaft, Unternehmensaufbau) nahe zu bringen, scheint es sinnvoll, Entrepreneure dabei zu unterstützen, wie sie aus vorhandenen Ressourcen neue unternehmerische Gelegenheiten *machen* können. Statt zu fragen »Was sind die Hindernisse für Entrepreneure?« oder »Warum werden manche Menschen trotzdem Entrepreneure?«, kann man überlegen »Wie kann ich ein Entrepreneur werden?« oder »Welche Art von Entrepreneur kann ich (auf Basis dessen, wer ich bin, was ich weiß und wen ich kenne) werden?« Diese Art des Nachdenkens über Unternehmertum birgt das Potenzial, das eingangs gezeichnete, eher abschreckende Bild vom Entrepreneur in den Köpfen potenzieller Gründer ins Positive zu verändern.

7.2 Die »Entdeckung« von Effectuation

Saras Sarasvathys Forschungsinteresse gilt der Expertise von Entrepreneuren, die aufgrund jahrelanger Erfahrungen ein hohes Leistungsniveau erreicht haben. Als sie 1995 an diesem Thema zu arbeiten begann, hatte sie selbst bereits mehrere Unternehmen gegründet. Ihre Feldforschungsarbeit wurde von Herbert Simon,[60] einem der einflussreichsten Sozialwissenschaftler des 20. Jahrhunderts, betreut und geprägt.

Doch wie erforscht man Kompetenz, Überzeugungen und Entscheidungsprozesse in einer so vielfältigen Domäne wie Entrepreneurship? Nicht indem man nachfragt, sondern indem man Expertinnen beim Denken »beobachtet«. Dies leistet die Protokollanalyse, eine Methode aus der Kognitionspsychologie, bei der Probanden ihre Gedanken laut aussprechen, während sie Probleme lösen. Bestückt mit einem Aufnahmegerät und einer 17-seitigen Beschreibung einer unternehmerischen Gelegenheit unter Ungewissheit machte sich Sarasvathy auf die Reise zu 30 Experten mit mehr als 10 Jahren Erfahrung als Mehrfach-Gründer, die Firmen mit Jahresumsätzen von 200 Mio. bis 6,5 Mrd. Dollar gegründet und mindestens eines ihrer Unternehmen an die Börse gebracht hatten. Ihre Probanden waren Unternehmer[61] zwischen 40 und 82 Jahren unterschiedlichster Branchen (Handel, Dienstleistungen, Haushaltswaren, Spielzeug, Computer, Software, Telekommunikation, Biotechnologie, Energiewirtschaft und andere). Diese mussten mehrere Stunden lang kontinuierlich sprechend über eine Geschäftsidee für ein erfundenes Computerspiel brüten. Bereits nach wenigen Interviews stach ins Auge, dass die Experten wesentliche Elemente dessen, was gemeinhin als *professionell* gilt, systematisch ignorierten. Sie stellten mehrheitlich die zur Verfügung gestellten Prognosedaten in Frage, gingen gedanklich weit über die vorgeschlagenen Zielmärkte hinaus und besonnen sich vor allem auf ihre persönlichen Interessen, ihr Wissen und ihr soziales Netzwerk, um die Geschäftsidee zu formen. Obwohl selbst gut mit Kapital ausgestattet, wählten

---

60 Herbert Simon (1916-2001) erhielt 1978 den Wirtschaftsnobelpreis für seine Pionierarbeit in der Erforschung von Entscheidungsprozessen in Wirtschaftsorganisationen. Seine Erkenntnisse zu Entscheidungsfindung, begrenzter Rationalität und der »Wissenschaft des Künstlichen« haben die Bildung der Effectuation-Theorie wesentlich beeinflusst.
61 Nur 1 % der den Kriterien entsprechenden Experten in US-Amerika waren Frauen. Nachfolgende Studien mit anderen Gruppen lassen vermuten, dass Effectuation keine reine Männerdomäne ist.

sie mehrheitlich Strategien aus, die mit einem Minimum an finanziellem Einsatz umgesetzt werden konnten. Vereinbarungen und Partnerschaften mit Kunden, Lieferantinnen und anderen Stakeholdern ihrer Vorhaben standen von Anfang an im Zentrum ihrer Überlegungen.

Die gesammelten »Laut-Denk-Protokolle« wurden kodiert und in einem aufwändigen Prozess ausgewertet. Dabei wurde zunächst die Existenz von Effectuation – definiert als Kontrolle, Formung und Kreation der Zukunft, ohne selbige vorherzusagen (im Gegensatz zu Vorhersage-basierter, kausaler Logik) – etabliert und verfeinert. Die ausgesprochenen Gedanken, Entscheidungen und Handlungspräferenzen wurden nach kausaler Logik oder Effectuation klassifiziert. Das Ergebnis in Zahlen: 89 % der Experten bevorzugten Effectuation gegenüber kausaler Logik und 63 % der Experten verwendeten Effectuation zu mehr als 75 % der Zeit.

2001 publizierte Sarasvathy erstmals Effectuation ausführlich in einem viel beachteten Artikel im Academy of Management Review (Sarasvathy, 2001a). Ihr Beitrag zum Academy of Management Meeting (Sarasvathy, 2001b) wurde mit dem »Newman Best Paper Award« ausgezeichnet. Eine Beschreibung von Sarasvathys aufregender Forschungsreise ist in »Effectuation: Elements of Entrepreneurial Expertise« (Sarasvathy, 2008) in Buchlänge nachzulesen. Sarasvathy ist heute Associate Professor an der Darden School of Business der University of Virginia und wurde 2007 vom Fortune Small Business Magazin als eine der Top 18 Entrepreneurship-Professoren ausgezeichnet.

Sarasvathy verknüpft Effectuation sorgfältig mit theoretischen Konzepten anderer Forscher: Für das Konzept der Ungewissheit beruft sie sich auf Frank Knight (Knight, 1921). Das Konzept des sinnvollen Handelns in Abwesenheit von Zielen lässt sich auf den Organisationsforscher James G. March und seine »Technologie der Torheit« zurückführen (March, 1990). Die Art und Weise, wie Effectuators Entscheidungen treffen, ist eng mit Karl Weicks Ideen des »Enactment« und des »Living Forward« verknüpft (Weick, 1979). Henry Mintzberg liefert ausführliche Argumente gegen Planung und Vorhersage unter Ungewissheit (Mintzberg, 1994). Wie Entrepreneure in einer Vielzahl von Vereinbarungen mit Stakeholdern ihrer Vorhaben neue Firmen und Märkte kreieren, ruht auf Herbert Simons Theorie der »Science of the Artificial« (Simon, 1996). Sarasvathy sieht ihre Arbeit im Geiste des Pragmatismus, der viel mehr daran interessiert ist, wie die Dinge funktionieren, als an der Frage, was nun wirklich ist (James, 1907). Effectuation erhebt keinen Anspruch auf allgemeine Wahrheit – es geht um Nützlichkeit in realen Kontexten.

7.3 Effectuation-Feldforschung

In der Weiterentwicklung der Effectuation-Theorie und deren Nachweis im Feld sind neben Sarasvathy vor allem drei Forscher zu nennen: Nicholas Dew, Stuart Read und Robert Wiltbank. Sie zeichnen für einen Großteil der seither erschienenen Effectuation-Publikationen verantwortlich. Als Autorenteam geben sie auch das erste Effectuation-basierte Entrepreneurship-Lehrbuch heraus (Read, Sarasvathy, Wiltbank, Dew & Ohlsson, 2010).

Sarasvathys Basisarbeit zeigte, dass die Experten unter den Entrepreneuren Effectuation eindeutig gegenüber kausaler Logik bevorzugen. Doch wie gehen Managerinnen ohne Gründungserfahrung vor? Oder die berufstätigen Studenten in MBA-Lehrgängen? Dazu wurde das Protokoll-Analyse-Experiment von Sarasvathy mit MBA-Studenten – überwiegend tätig in großen Unternehmen – wiederholt (Dew, Read, Sarasvathy & Wiltbank, 2009). Vergleicht man, wie Entrepreneurship-Experten und MBAs beziehungsweise Manager an die Erschließung einer Geschäftsidee heran gehen, wird eine ganze Reihe von Unterschieden sichtbar. Expertinnen sprechen mehr, entwickeln wesentlich mehr Zielmärkte, misstrauen Prognosedaten eher, denken in holistischeren Konzepten, bauen eher auf die ihnen zur Verfügung stehenden Mittel, setzen wesentlich weniger Mittel aufs Spiel und bauen wesentlich stärker auf Partnerschaften und Allianzen. Kurz gesagt: Während Experten überwiegend Effectuation einsetzen, gehen MBAs äußerst kausal vor. Das ist nicht nur im Zuge der Unterscheidung zwischen erfahrenen Entrepreneuren und Managern interessant. Die Autoren werfen auch die Frage auf, ob MBA-Ausbildungen ausreichend zur Bewältigung von Aufgaben unter Ungewissheit rüsten oder ob die vermittelten Inhalte am Ende sogar hinderlich sind.

Nicholas Dew analysierte die laufenden Ereignisse, die zur Kommerzialisierung der RFID[62]-Technologie führten (Dew, 2003). Dews und Sarasvathys Forschungsergebnisse bildeten die Basis für die Entwicklung des dynamischen Effectuation-Modells (Abb. 4, S. 27), mit dem schlüssig erklärt werden konnte, wie (ausgehend vom Individuum und der Interaktion einzelner Akteure) neue Artefakte (Produkte, Dienstleistungen, Firmen oder Märkte) kreiert werden (Sarasvathy & Dew, 2005). Solch eine Theorie der Mikro-Phänomene, welche die Entstehung von Produkten, Dienstleistungen, Firmen und Märkten erklärt, wurde von führenden Forschern schon seit geraumer Zeit eingefordert. Das dynamische Modell von Effectuation ermöglichte aber auch den Akteuren unter Ungewissheit Antworten auf die Frage: »Was soll ich als nächstes tun?«

Robert Wiltbank beschäftigte sich mit jenen, die Entrepreneuren in frühen Phasen Mittel zur Verfügung stellen: Business Angels. Während Risikokapitalgeber gut

---

62 RFID steht für Radio Frequency Identity, einer Technologie, die heute in unzähligen Anwendungen zur Lokalisation und Identifikation von Waren und Personen mittels eines preisgünstigen und kleinen RFID-Chips eingesetzt wird.

erforscht sind, existieren über Business Angels erstaunlich wenig Informationen, obwohl Letztere in den Vereinigten Staaten mindestens ebenso viel Kapital investieren wie Erstere. Wiltbanks Forschungsfrage lautete: Welche Logik wenden Angels an und welche Resultate erzielen sie damit? Wiltbank wertete die Daten von 121 Angels über mehr als tausend Investitionen und über 400 Exits aus. Zusätzlich erhob er, welche der Angels auf Vorhersage der Zukunft setzten und welche auf selbige verzichteten. Die Resultate: Business Angels, die (gemäß Effectuation) überwiegend auf Vorhersagen verzichten, investieren kleinere Kapitalmengen, erzielen seltener negative Investment-Ergebnisse, sind jedoch an ebenso vielen »Homeruns«[63] beteiligt wie ihre vorhersageorientierten Kollegen. Dies lässt den Schluss zu, dass Effectuation das Risiko für Kapitalgeber reduziert, ohne ihre Gewinnchancen zu mindern (Wiltbank, Read, Dew & Sarasvathy, 2009). Aus dieser Erkenntnis können durchaus auch Risikokapitalgeber, die vorwiegend kausal vorgehen, etwas lernen. Die Ergebnisse von Wiltbanks Forschungen stellen zudem auch vorhersagebasierte Entscheidungswerkzeuge wie zum Beispiel Realoptionsberechnungen für Unternehmen unter Ungewissheit in Frage.

Stuart Read untersuchte, wie sich Effectuation auf den Erfolg von jungen Unternehmen auswirkt. Diese Frage erscheint einfach, ist aber sehr schwierig zu greifen, denn man muss zuerst definieren, was den »Erfolg«[64] eines Unternehmens ausmacht. Noch schwieriger ist es, an verlässliche Daten für eine wissenschaftliche Analyse obiger Fragestellung zu kommen. Stuart Read griff dazu auf Publikationen im Journal of Business Venturing zurück und wertete in einer Meta-Analyse die Daten aus 9897 Unternehmen aus (Read, Song & Smit, 2009). Die Ergebnisse: Drei von vier Effectuation-Prinzipien – Mittelorientierung, Nutzung von Umständen und Zufällen sowie das Prinzip der Partnerschaften – haben einen nachweislich positiven Einfluss auf den Erfolg der analysierten Unternehmen. Effectuation scheint sich also für junge Unternehmen auszuzahlen. Für Praktiker empfehlen die Autoren der Studie, je nach Ungewissheit der jeweiligen Entscheidungssituation vorhersagebasierte (kausale) und designorientierte (Effectuation-) Strategien kombiniert einzusetzen.

---

63 Als »Homeruns« wurden die 20 % der Investitionen zusammengefasst, die eine mittlerer jährliche Rendite von mehr als 100 % einbrachten.
64 In der Studie von Read wird der Begriff »Performance« verwendet. Performance wurde über Begriffe wie Wachstum, Gesamtkapitalrendite (ROI), Eigenkapitalrendite (ROE), Überleben des Unternehmens und steigende Mitarbeiterzahl definiert.

7.4 Aktuelle Forschungsschwerpunkte

Sarasvathy schließt ihr Effectuation-Buch mit einer 13-seitigen Diskussion noch zu bearbeitender Themen. Allem voran stehen Fragen, denen sich Praktiker stellen müssen, wenn sie in Situationen der Ungewissheit Neues wagen: Was können wir kontrollieren? Was nicht? Wann gilt es, Gelegenheiten zu suchen und zu entdecken, und wann ist das Design von Gelegenheiten das Mittel der Wahl? Wann ist es klüger, sich auf Vorhersagen zu stützen, und wann nicht? Wie sehr soll man auf die eigene Vision vertrauen und wann eher auf andere hören? Wann und wie ist es sinnvoll, von Effectuation zu kausaler Logik überzugehen? Wie kann man Effectuation und kausale Logik miteinander kombinieren? Und was können bestehende Organisationen (Unternehmen, Verwaltungen, Vereine, Verbände, Non-Profit-Organisationen) von Effectuation lernen und anwenden? Welche Konsequenzen sollte die Politik aus den Erkenntnissen der Effectuation-Forschung ziehen, wenn es darum geht, Entrepreneurship zu fördern?

Sarasvathy geht es um die Erforschung einer Methode für die Kreation neuer Produkte, Dienstleistungen, Institutionen oder anderer von Menschen gemachten Artefakte. Dieses Feld ist weit und Sarasvathy verwendet sehr viel Energie darauf, Forscher aus unterschiedlichen Disziplinen und mit unterschiedlichen Hintergründen zur Klärung der vielen Fragen zu inspirieren. Ein wesentlicher Teil der Forschungsenergie wird dabei darauf verwendet, den Anwendungskontext von Effectuation zu erweitern. Die folgenden Beispiele zeigen, wohin die Reise geht:

Marketing Die kausale Basis des Marketings ist in den letzten Jahren von Seiten der Marketingforschung unter Beschuss geraten, weil sie den aktuellen Anforderungen nicht mehr gerecht wird. Ein Effectuation-Artikel im renommierten Journal of Marketing regt die laufende Diskussion mit neuen Argumenten an (Read, Sarasvathy, Song, Dew & Wiltbank, 2009). Die Autoren arbeiten darin praktische Empfehlungen für das Marketing neuer Produkte und Dienstleistungen im Bereich der Marktforschung und der Preisbildung heraus, die im deutlichen Gegensatz zu den Empfehlungen klassischer Marketingausbildungen stehen.

F&E[65]-Projekte In einer deutschen Studie wurden 400 F&E-Projekte unter die Effectuation-Lupe genommen: Während bei Projekten mit geringem Innovationsgrad der Einsatz kausaler Logik laut Studie zu größerer Effizienz und besseren Projektergebnissen führt, korrelieren Effizienz und Ergebnis in Projekten mit hohem Innovationsgrad mit dem Einsatz von Effectuation (Küpper, 2009).

---

65 Forschung & Entwicklung

Strategisches Management Die traditionellen Ansätze im strategischen Management weisen vor allem in zwei Richtungen: Planung, wenn Vorhersagen über die Zukunft möglich sind, und rasche Anpassung an die Gegebenheiten, wenn sich Ereignisse nicht vorhersagen lassen. Beides beruht auf der Annahme, dass nur kontrolliert werden kann, was auch vorhergesagt werden kann. Im Artikel »What to do next« (Wiltbank, Dew, Sarasvathy & Read, 2006) zeigen die Autoren, dass Vorhersage und Kontrolle unabhängig voneinander sind und ordnen Effectuation als Ansatz zur Strategiebildung ein, der Kontrolle ohne Vorhersage erlaubt.

Innovationsmanagement Oft sind es junge Firmen, die mit neuen Technologien neue Märkte erobern und in weiterer Folge etablierten Unternehmen bestehende Märkte streitig machen (Christensen, 2000). Aus Effectuation-Sicht ist es allerdings wenig sinnvoll zu versuchen, die Technologien der Zukunft durch Vorhersage zu erraten. Viel eher wäre es angebracht, in bestehenden Unternehmen Effectuation-Zellen zu installieren, die mit den Methoden von Entrepreneuren neue Märkte kreieren (Dew, Sarasvathy, Read & Wiltbank, 2008).

Technologiebasierte Gründungen In einer qualitativen Studie wurden acht Gründungsprojekte deutscher Universitäten in ihrer Frühphase unter die Effectuation-Lupe genommen: Diejenigen Unternehmen, die in frühen Phasen effektuierten, entwickelten sich wesentlich schneller und effektiver als jene, die von Anfang an eher kausal vorgingen. Der Autor der Studie empfiehlt daher, Effectuation als Alternativprozess in der Begleitung technologiebasierter Gründungen zu vermitteln (Mauer, 2009).

Geschäftsplanung »Sollen Entrepreneure planen oder die Burg stürmen?« Unter diesem Titel führten drei deutsche Forscher eine Meta-Analyse zu Planungsverhalten und Erfolg von über 11.000 jungen Firmen durch. Diese liefert wichtige Ergänzungen zur Pauschalaussage »Planen führt zu mehr Erfolg«. Wenn neue Firmen unter Ungewissheit mit wenig verfügbaren Informationen operieren, stößt das Muster »zuerst planen, dann umsetzen« rasch an seine Grenzen. Die Autoren empfehlen, Planung und Ausführung zu kombinieren und Pläne laufend anzupassen. Dies ist in Kulturen mit hoher Unsicherheitsvermeidung – also beispielsweise in Deutschland, Österreich und der Schweiz – besonders wichtig, da dort die Tendenz größer ist, unter Ungewissheit nach Plan vorzugehen, anstatt diesen flexibel zu adaptieren (Brinckmann, Grichnik & Kapsa, 2009).

Gründerbegleitung Eine wachsende Zahl an universitären Einrichtungen integriert Effectuation bereits in Lehre und Gründerbegleitung. Auch im nichtakademischen Kontext gibt es erste Erfahrungen: Der Autor dieses Buches hat Effectuation im Rahmen einer qualitativen Studie in der Gründungsbegleitung in österreichischen Gründerprogrammen erprobt. Die Studie kommt zum

Schluss, dass vorhandene kausale Unterstützungsstrukturen das Vorgehen nach Effectuation hemmen und durch die strukturelle Benachteiligung »natürlicher Effectuators« volkswirtschaftliche Ressourcen vernichtet werden (Faschingbauer, 2008).

Der Kreis derer, die Effectuation als Methode erforschen, wächst kontinuierlich und die Anzahl der wissenschaftlichen Publikationen nimmt laufend zu. Was in der Forschung aktuell geschieht, kann man auf der Internetplattform von Sarasvathy, Read, Wiltbank und Dew unter **www.effectuation.org** nachlesen. Für deutschsprachige Forscher gibt es die Internetplattform **www.effectuation.de**, die in enger Zusammenarbeit mit der Praktikerinnen-Plattform **www.effectuation.at** operiert.

Über den Autor

Michael Faschingbauer, MBA, Jahrgang 1969, ist selbständiger Unternehmensberater, Coach und Dozent. Er hat Effectuation nach Österreich und aus der Forschung in die Wirtschaftspraxis gebracht. Für seine Projekte mit Gründerinnen, Führungskräften, Selbständigen, Beraterinnen und im Non-Profit-Bereich entwickelt er Konzepte und Methoden für unternehmerische Zukunftsgestaltung, die er auch in Vorträgen, Workshops und Seminaren vermittelt.

Im Netzwerk mit der globalen Effectuation-Forschung arbeitet er daran, Effectuation für Zielgruppen außerhalb von Wissenschaft und universitärer Gründung bekannt und nutzbar zu machen. Für dieses Buch schöpft er aus 13 Jahren Managementerfahrung in der Automobilindustrie (1989-2001) sowie seiner Beratungs- und Trainingserfahrung im eigenen Unternehmen, der Klein & Faschingbauer Coaching OG (seit 2000). Er betreibt die anwenderorientierte Internetplattform »Effectuation Praxis« (www.effectuation.at) und hat die Plattform »Effectuation Forschung« (www.effectuation.de) mitbegründet.

Der Autor freut sich über Feedback, Anregungen, Fragen, Erfahrungsberichte, Effectuation-Geschichten aber auch ganz konkrete Kooperationsangebote.

Kontakt:
Michael Faschingbauer
Mühlgasse 40,
A-8020 Graz
office@effectuation.at
www.effectuation.at
www.pave-test.com

Gastautorinnen und Gastautoren

Dr. Nicholas Dew, MBA
Professor für Strategisches Management an der Naval Postgraduate School, Monterey, CA; davor 8 Jahre Managementerfahrung in der Ölindustrie; Pionier in der Erforschung von Effectuation, u.a. im Kontext der Evolution der RFID-Industrie; Autor zahlreicher wissenschaftlicher Publikationen.

Dr. Helfried Faschingbauer
Studium Psychologie, Soziologie und Mathematik; ehem. Landesgeschäftsführer des Arbeitsmarktservice (AMS) Steiermark; Arbeitsmarktexperte und Berater in arbeitsmarktpolitischen Belangen; Geschäftsführer der Gesellschaft für Qualifizierungsmanagement; setzt Effectuation im Coaching und in Kursen für Arbeitssuchende (Akademikerinnen, Künstler) um.

Dipl.-Kfm. René Mauer
Studium an der WHU – Otto Beisheim School of Management, Vallendar; Promotion zu technologiebasierten Gründungsunternehmen; Leiter des Gründerzentrums an der RWTH Aachen; Felderfahrung bei 3M, in Start-ups und als Unternehmensberater; Gesellschafter eines Familienunternehmens; Betreiber der Internetplattform »Effectuation Forschung« (www.effectuation.de).

Dr. Stuart Read
Professor für Marketing, Innovation und Entrepreneurship am IMD in Lausanne, Schweiz; davor 20 Jahre Erfahrung in Technologieunternehmen (z.B. Oracle) und beteiligt an der Gründung von sechs High-Tech-Unternehmen, die allesamt entweder an Branchenriesen verkauft oder an die Börse gebracht wurden; Pionier in der Erforschung von Effectuation; Autor zahlreicher wissenschaftlicher Publikationen.

Dr. Saras D. Sarasvathy
Professorin für Entreperneurship und Ethik, Darden, Virginia; Expertin für Entrepreneurship, Kognitionswissenschaften und Verhaltensökonomie; Gründerin mehrerer Unternehmen in ihrem Herkunftsland Indien; Begründerin der Effectuation-Theorie und Autorin des Grundlagenwerks »Effectuation – Elements of Entrepreneurial Expertise« (2008).

Dr. Ruth Seliger
Studium der Pädagogik, der Wirtschafts- und Sozialgeschichte sowie der Philosophie; 1988 Gründung der Firma TRAIN Consulting; seither geschäftsführende Gesellschafterin. Ausbildungen in systemischer Beratung, Appreciative Inquiry und Großgruppenmethoden. Fachbuchautorin: »Das Dschungelbuch der Führung: Ein Navigationssystem für Führungskräfte« (2008).

Dr. Gunther Schmidt
Dipl.-Volkswirt und Facharzt für psychosomatische Medizin und Psychotherapie; Gründer und Leiter des Milton-Erickson-Instituts Heidelberg und der SysTelios-Klinik Siedelsbrunn; Mitbegründer und Senior Coach des Deutschen Bundesverbands Coaching (DBVC); Pionier in der Integration systemischer Modelle und der Konzepte Erickson'scher Hypnotherapie zu ressourcenorientierten, hypnosystemischen Modellen für Organisationsberatung, Coaching und Therapie.

Dr. Robert Wiltbank
BS, Professor für Strategisches Management, Willamette, Salem, Oregon; Partner des Risikokapital-Unternehmens Buerk Dale Victor LCC; langjährige Berufserfahrung im Investment-Bereich; Pionier in der Erforschung von Effectuation, u. a. im Bereich der Finanzierung durch Business Angels und Risikokapital in jungen Unternehmen.

Danksagung

Dieses Buch ist ein Ergebnis meiner unternehmerischen Reise der letzten Jahre als Berater, Coach und Trainer. Viele Menschen haben diese Reise beeinflusst und dazu beigetragen, dass es dieses Buch gibt – ihnen allen möchte ich danken und gleich auch um Nachsicht bitten, dass ich im Folgenden nicht alle namentlich nennen kann.

Die Entrepreneurship-Forscher Saras Sarasvathy, Stuart Read, Robert Wiltbank und Nicholas Dew gaben unternehmerischer Expertise Namen und Struktur und mir ihre wohlwollende und tatkräftige Unterstützung für dieses Buch. Dietmar Grichnik und René Mauer brachten Effectuation in die Forschung im deutschen Sprachraum und bestärkten und unterstützten mich darin, das Thema auch für Praktiker unterschiedlicher Handlungsfelder nutzbar zu machen. Meine Beraterkollegen Ruth Seliger und Gunther Schmidt erkannten sofort Nutzen in Effectuation und inspirierten an vielen Stellen meinen Zugang in meiner täglichen Arbeit. Mein Vater Helfried Faschingbauer erkannte sich in Effectuation wieder – gemeinsam brachten wir schon einiges Neues in die Welt und haben dabei viel erlebt und gelernt. Wache Geister in unterschiedlichen Institutionen schenkten mir die Chance und das Vertrauen, die im Buch beschriebenen Konzepte in ihre Handlungsfelder einzubringen und gemeinsam mit ihnen weiterzuentwickeln. Meine Kunden in Beratungsprojekten, Workshops, Lehrveranstaltungen und im Coaching ließen mich mit ihnen und an ihnen lernen und forderten dieses Buch geradezu ein. Zahlreiche Freunde und Kolleginnen brachten sich in vielen Gesprächen mit Anregungen und konstruktiver Kritik ein. Meine Frau Andrea Klein durchforstete an unzähligen Abenden mein Manuskript auf sperrige Formulierungen und hielt mir an vielen Tagen den Rücken frei. Marlies Winterleitner und Claudia Senn zerlegten die Erstfassung des Buches und gaben mir wertvolle Hinweise dafür, wie ich alles wieder zusammenbauen könnte. Stefan Brückner und sein Team vom Schäffer-Poeschel Verlag schenkten mir Vertrauen, gaben mir Führung und betreuten mich wertschätzend und professionell.

Literatur

Axelrod, R. (2000). *Die Evolution der Kooperation.* München: Oldenbourg.

Baethge, M. & Baethge-Kinsky, V. (1998). *Jenseits von Beruf und Beruflichkeit? Neue Formen von Arbeitsorganisation und Beschäftigung und ihre Bedeutung für eine zentrale Kategorie gesellschaftlicher Integration.* In: Mitteilungen aus der Arbeitsmarkt- und Berufsforschung, 3, S. 461-472.
Bandura, A. (1997). *Self-Efficacy: The Exercise of Control.* New York: Freeman & Company.
Bauer, J. (2002). *Das Gedächtnis des Körpers: wie Beziehungen und Lebensstile unsere Gene steuern.* Frankfurt/Main: Eichborn.
Baumfeld, L., Hummelbrunner, R. & Lukesch, R. (2009). *Instrumente systemischen Handelns.* Leonberg: Rosenberger Fachverlag.
Bhidé, A. (2000). *The origin and evolution of new businesses.* Oxford: Oxford University Press.
Bleek, W.-G. & Wolf, H. (2008). *Agile Softwareentwicklung.* Heidelberg: dpunkt.
Bolles, R. N. (2007). *Durchstarten zum Traumjob: das ultimative Handbuch für Ein-, Um- und Aufsteiger,* 8. Aufl., Frankfurt/Main: Campus.
Bosma, N. (2008). *Global Entrepreneurship Monitor: 2008 Executive Report.* GEM Consortium.
Brettel, M., Grichnik, D. & Mauer, R. (2010). *Entrepreneurship: Unternehmerisches Denken, Entscheiden und Handeln in innovativen und technologieorientierten Unternehmungen.* Stuttgart: Schäffer-Poeschel.
Brinckmann, J., Grichnik, D. & Kapsa, D. (2010). *Should entrepreneurs plan or just storm the castle? A meta-analysis on contextual factors impacting the business planning-performance relationship.* In: Journal of Business Venturing 25-1.
Buckingham, M. & Clifton, D. (2007): *Entdecken Sie Ihre Stärken jetzt!: Das Gallup-Prinzip für individuelle Entwicklung und erfolgreiche Führung.* Frankfurt/Main: Campus.

Cameron, K. (2003). *Positive organizational scholarship: foundations of a new discipline.* San Francisco: Berrett-Koehler.
Cameron, K. (2008). *Positive Leadership.* San Francisco: Berrret-Koehler.
Chatterjee, S. (2005). *Failsafe Strategies.* New Jersey: Wharton School Publishing.
Christensen, C. (2000). *The Innovator's Dilemma.* Boston: Harvard Business School Press.
Cooperrider, D. & Whitney, D. (2005). *Appreciative Inquiry: A Positive Revolution in Change.* San Francisco: Berrett-Koehler.
Csikszentmihalyi, M. (1996). *Flow: das Geheimnis des Glücks.* Stuttgart: Klett-Cotta.
Csikszentmihalyi, M. (1997). *Kreativität: Wie sie das Unmögliche schaffen und ihre Grenzen überwinden.* Stuttgart: Klett-Cotta.

Damasio, A. (1997). *Descartes' Irrtum: Fühlen, Denken und das menschliche Gehirn.* München: dtv.
Davidsson, P. (2004). *Researching Entrepreneurship.* New York: Springer.
Dew, N. (2003). *Lipstick and razorblades: how the auto id center used pre-commitments to build the »internet of things«.* Dissertation, University of Virginia.
Dew, N., Margery, P. & Read, S. (2010). *Hybrids, Governance and Innovation: A Meta-Analysis.* Working Paper.
Dew, N., Read, S., Sarasvathy, S. & Wiltbank, R. (2009). *Effectual versus predictive logics*

in entrepreneurial decission making: differences between experts an novices. In: Journal of Business Venturing 24-4.
Dew, N., Sarasvathy, S., Read, S. & Wiltbank, R. (2008). *Immortal firms in mortal markets? An entrepreneurial perspective on the »innovator's dilemma«.* In: European Journal of Innovation Management, S. 11-3, S. 313-329.
Dew, N., Sarasvathy, S., Read, S. & Wiltbank, R. (2009). *Affordable Loss: Behavioral Economic Aspects of the Plunge Decision.* Strategic Entrepreneurship Journal (3).
Duggan, W. (2007). *Strategic Intuition: The cretive spark in human achievement.* New York: Columbia University Press.

Erpenbeck, J. & Rosenstiel, L. v. (Hrsg.). (2007). *Handbuch Kompetenzmessung,* 2. üb. Aufl., Stuttgart: Schäffer-Poeschel.

Faschingbauer, M. (2008). *Gründen mit Effectuation: Erprobung eines innovativen Ansatzes in der Gründerbegleitung.* MBA-Thesis, Donau-Universität Krems.
Fodor, J. (1983). *The Modularity of Mind.* Cambridge, MA: MIT Press.
Foerster, H. v. (2007). *Teil der Welt: Fraktale einer Ethik.* Heidelberg: Carl-Auer.

Gendling, E. (1981). *Focusing: Technik der Selbsthilfe bei der Lösung persönlicher Probleme.* Salzburg: Müller.
Gilbert, D. (2006). *Ins Glück stolpern: Über die Unvorhersehbarkeit dessen, was wir uns am meisten wünschen.* München: Riemann.
Gomez, P. & Probst, G. (1999). *Die Praxis des ganzheitlichen Problemlösens.* Bern: Haupt.
Granovetter, M. (1973). *The Strength of Weak Ties.* In: American Journal of Sociology. 78-6, S. 1360-1380.
Grawe, K. (2004). *Neuropsychotherapie.* Göttingen: Hogrefe.

Hamel, G. (2008). *Das Ende des Managements: Unternehmensführung im 21. Jahrhundert.* Berlin: Ullstein.
Heyse, V. & Erpenbeck, J. (2009). *Kompetenztraining.* Stuttgart: Schäffer-Poeschel.
Holm-Hadulla, R. (2007). *Kreativität: Konzept und Lebensstil.* Göttingen: Vandenhoeck & Ruprecht.
Hülsbeck, M. & Benyaa, Y. (2009). *Die Organisation globaler Innovation: Post-Merger-Integration pharmazeutischer Forschung und Entwicklung bei Novartis.* In: Fisch, J. & Ross, J. (Hrsg.) (2009): *Fallstudien zum Innovationsmanagement.* Wiesbaden: Gabler.
Hüther, G. (1999). *Biologie der Angst: wie aus Streß Gefühle werden.* Göttingen: Vandenhoeck & Ruprecht.
Hüther, G. (2004). *Die Macht der inneren Bilder: wie Visionen das Gehirn, den Menschen und die Welt verändern.* Göttingen: Vandenhoeck & Ruprecht.

James, W. (1907). *Pragmatism: a new name for some old ways of thinking.* London. New York: Longmans, Green & Co.
Joas, H. (1992). *Die Kreativität des Handelns.* Frankfurt/Main: Suhrkamp.
Jullien, F. (1999). *Über die Wirksamkeit.* Berlin: Merve.

Kibéd, M. V. (2009). *Stark durch den Sturm (Hörbuch).* Rainmarker & Sun.
Kibéd, M. V. & Sparrer, I. (2003). *Ganz im Gegenteil,* 4. erw. Aufl., Heidelberg: Carl-Auer.
Kirzner, I. (1973). *Competition and Entrepreneurship.* Chicago: University of Chicago Press.
Klandt, H., Koch, L., Schmude, J. & Knaup, U. (2008). *FGF-Report 2008: Entrepreneurship-Professuren an deutschsprachigen Hochschulen.* Bonn: FGF Förderkreis Gründungsforschung e. V.

Knight, F. (1921). *Risk, Uncertainty and Profit* (1971 Ausg.). Chicago: University of Chicago Press.
Kotler, P., Keller K. L. & Bliemel, F. (2007). *Marketing Management*. München: Pearson Studium.
Krasser, N. (1995). *Kritisch-rationales Management*. Wiesbaden: DUV.
Krenn, M., Papouschek, U. & Vogt, M. (2004). *Die Bedeutung und Berücksichtigung außerfachlicher Aspeke bei der Personalauswahl und -einstellung*. Wien: Forba Forschungsbericht, Nr. 3.
Kress, U. (1998). *Vom Normalarbeitsverhältniss zur Flexibilisierung des Arbeitsmarktes*. In: Mitteilungen aus der Arbeitsmarkt- und Berufsforschung, Nr. 3, S. 488-505.
Küpper, D. (2009). *Effectuation in the context of R&D-Projects: Characteristics an impact on project performance*. AOM Best Paper Proceedings.

Langer, E. (2001). *Kluges Lernen: Sieben Kapitel über kreatives Denken und Handeln*. Reinbek: Rowohlt.
Langer, K. (2004). *Neue Karrieren, neue Karrierekompetenzen*. Dissertation. WU Wien.
Lewis, D. (1994). *We, the navigators: the ancient art of landfinding in the Pacific*. Honolulu: University of Hawaii Press.
Libet, B. (2007). *Mind Time: Wie das Gehirn Bewusstsein produziert*. Frankfurt/Main: Suhrkamp.

March, J. G. (1990). *Technologie der Torheit, Entscheidung und Organisation: Kritische und konstruktive Beiträge, Entwicklungen und Perspektiven*. Wiesbaden: Gabler.
Marents-Scholz, H. (2008). *Mit High-Tec-Motivation zu mehr Erfolg und Lebensqualität*. Wiesbaden: Gabler.
Maturana, H. & Varela, F. (1987). *Der Baum der Erkenntnis*. Bern: Scherz.
Mauer, R. (2009). *Learning from technology ventures: the impact of causal and effectual behavior on uncertainty*. Academy of Management Proceedings.
Merton, R. K. (1995). *Soziologische Theorie und soziale Struktur*. Berlin: Walter de Gruyter.
Mintzberg, H. (1994). *The rise and fall of strategic planning*. New York: Free Press.
Mintzberg, H. (1999). *Strategy Safari: Eine Reise durch die Wildnis des strategischen Managements*. Frankfurt/Wien: Ueberreuter.

Nölke, M. (2002). *Anekdoten, Geschichten, Metaphern für Führungskräfte*. Freiburg/Breisgau: Haufe.

Pflegin, N. (2006). *Führen mit flexiblen Zielen: Beyond Budgeting in der Praxis*. Frankfurt/Main: Campus.
Prisching, M. (1997). *Paradoxien rund um den Arbeitsmarkt*. In: Zilian, H.-G. & Flecker, J. (Hrsg.). Pathologien und Paradoxien der Arbeitswelt, Wien: Forum Sozialforschung 1997, S. 185-202.

Read, S., Sarasvathy, S., Song, M., Dew, N. & Wiltbank, R. (2009). *Marketing Under Uncertainty: Logic of an Effectual Approach*. In: Journal of Marketing, 73-3.
Read, S., Sarasvathy, S., Wiltbank, R., Dew, N. & Ohlsson, A. (2010). *Entrepreneurship*. Abingdon/New York: Routledge.
Read, S., Song, M. & Smit, W. (2009). *A meta-analytic review of effectuation and venture performance*. In: Journal of Business Venturing, 24-6.
Reisach, U. (1994). *Bankunternehmensleitbilder und Führungsgrundsätze*. Stuttgart: Sparkassenverlag.

Ripsas, S., Zumholz, H. & Kolata, C. (2008). *Der Businessplan als Instrument der Gründungsplanung - Möglichkeiten und Grenzen.* Berlin: FH für Wirtschaft.
Roberts, L., Dutton, J., Spreitzer, G., Heaphy, E. & Quinn, R. (2004). *Composing the reflected best self-portrait.* University of Michigan: Center of Positive Organizational Scholarship.
Rubik, Ernö (19981): Interview, 31.1.1981 auf http://cubeland.free.fr/infos/ernorubik.htm.

Sarasvathy, S. (2001a). *Causation and Effectuation: Towards a theoretical shift from economic inevitability to entrepreneurial contingency.* In: Academy of Management Review, 26, S. 243-288.
Sarasvathy, S. (2001b). *Effectual reasoning in entrepreneurial decision making: Existence and bounds.* AOM Best Paper.
Sarasvathy, S. (2003). *Entrepreneurship as a science of the artificial.* In: Journal of Exonomic Psychology, 34, S. 203-220.
Sarasvathy, S. (2008). *Effectuation: Elements of entrepreneurial expertise.* Cheltenham: Edward Elgar.
Sarasvathy, S. & Dew, N. (2005). *New market creation through transformation.* In: Journal of Evolutionary Economics, 15, S. 533-565.
Sarasvathy, S., Dew, N., Velamuri, R. & Venkataraman, S. (2005). *Three Views of Entrepreneurial Opportunity.* In: Acs, Z. & Audretsch, D. (eds.). Handbook of Entrepreneurship Research, S. 141-160. New York: Springer.
Schmidt, G. (1992). *Wer bin ich, und wenn ja, wie viele? Hypnosystemische Utilisationskonzepte für Arbeit mit der inneren Familie.* Müllheim-Baden: Auditorium-Netzwerk.
Schmidt, G. (2004). *Liebesaffären zwischen Problem und Lösung: hypnosystemisches Arbeiten in schwierigen Kontexten.* Heidelberg: Carl-Auer.
Schmidt, G. (2005). *Einführung in die hypnosystemische Therapie und Beratung.* Heidelberg: Carl-Auer.
Schmidt, G., Dollinger, A. & Müller-Kalthoff, B. (2009). *Gut beraten in der Krise.* Frankfurt/Main: ManagerSeminare.
Schreyögg, G. (1991). Kann und darf man Unternehmenskultur ändern? In: Dülfer, E. (Hrsg.), *Organisationskultur,* 2. Aufl., Stuttgart: Schäffer-Poechel.
Schubert, K. & Klein, M. (2006). *Das Politiklexikon.* Bonn: Dietz.
Seiwert, L. (2005). *Wenn du es eilig hast, geh langsam,* 9. Aufl., Frankfurt/Main: Campus.
Seliger, R. (2008). *Das Dschungelbuch der Führung: Ein navigationssystem für Führungskräfte.* Heidelberg: Carl-Auer.
Seligman, M. (2003). *Der Glücksfaktor: warum Optimisten länger leben.* München: Ehrenwirth.
Shine, E. (1985). *Organizational Culture and Leadership. A Dynamic View.* San Francisco: Jossey-Bass.
Simon, H. (1993). *Altruism and economics.* In: The American Economic Review 83, S. 156-161.
Simon, H. (1996). *Sciences of the artificial,* 3. Aufl., Cambridge: MIT Press.
Smit, W. & Read, S. (2008). *Why Look Back when Trouble is Ahead? How Environmental Frames Delay or Accelerate Strategy Adaptation to Uncertainty.* Lausanne: Workingpaper, IMD.
Staudt, E. (2002). *Kompetenzentwicklung und Innovation.* Münster: Waxmann.
Stolz, M., (2009). *Die Rückkehr des Zaubers.* In: Die Zeit, Nr. 4, 15.1.2009.
Storch, M., Cantieni, B., Hüther, G. & Tschacher, W. (2006). *Embodiment: die Wechselwirkung von Körper und Psyche verstehen und nutzen.* Bern: Huber.

Taleb, N. N. (2008). *Der schwarze Schwan: Die Macht höchst unwahrscheinlicher Ereignisse.* München: Hanser.

Venkataraman, S. (1997). *The Distinctive Domain of Entrepreneurship Research.* In: Shane, S. (ed.) (2002). Foundations of Entrepreneurship, Cheltenham: Edward Elgar.

Voß, G. (1998). *Die Entgrenzung von Arbeit und Arbeitskraft.* In: Mitteilungen aus der Arbeitsmarkt- und Berufsforschung, Nr. 3, S. 473-487.

Watkins, H. & Watkins, J. (2003). *Ego states – Theorie und Therapie: ein Handbuch.* Heidelberg: Carl-Auer.

Weick, K. (1979). *The sozial psychology of organizing.* Reading: Addison-Wesley.

Weick, K. (1993). *The collapse of sense making in organizations: The Mann Gulch disaster.* In: Administrative Science Quarterly, 38-4.

Weick, K. E. & Sutcliffe, K. M. (2007). *Das Unerwartete managen.* Stuttgart: Schäffer-Poeschel.

Whitney, D., Rader, K. & Troston-Bloom, R. (2010). *Appreciative Leadership: Focus on What Works to Drive Winning Performance and Build a Thriving Organization.* Columbus: McGraw-Hill

Wernerfelt, B. (1984). *A resource-based view of the firm.* In: Strategic Management Journal (5-2), S. 171-180.

Wiltbank, R., Dew, N., Sarasvathy, S. & Read, S. (2006). *What to do next? The case for non-predictive strategy.* In: Strategic Management Journal, 27-10.

Wiltbank, R., Read, S., Dew, N. & Sarasvathy, S. (2009). *Prediction and control under uncertainty: Outcomes in angel investing.* In: Journal of Business Venturing, 42-2, S. 116-133.

Witt, P. (2008). *Stand und offene Fragen der Gründerforschung (Studie).* Bonn: FGF Förderkreis Gründerforschung e.V.

Zotter, J. (2006). *Schokolade: Die süßen Seiten des Lebens.* Wien: Styria.

Sachregister

A
Aktionismus 48
Anpasser 106 ff., 121
Appreciative Inquiry 147
Arbeitsfragen 17, 30, 38, 40, 47, 53, 57, 63, 68, 71, 73, 75 ff., 82, 88, 91 ff., 100, 116 ff.
Arbeitslosigkeit 167, 175
Arbeitsmarkt 128, 166, 168, 170, 177
Arbeitssuche 63, 166
Ausbildung 25, 168, 170
Ausschreibung 83
Autonomie 163

B
Banken 54
Barwert 53
Bedeutung 42 f., 71, 73, 76
Beratung 24, 29, 129 ff., 188 ff., 229
   systemische 129, 142
Beyond Budgeting 215
Business Angels 54, 93, 224
Businessplan 54, 103, 137, 221
Wettbewerb 103, 139

C
Change Projekte 142, 147, 189
Charakter 38 f,, 197
Coaching 129 ff., 188 ff.
Controlling 114

D
Denken
   linear-kausales 21 ff.
   nach Effectuation 21, 27 ff.
Denkgewohnheiten XI, 1, 21, 115
Dilemma 91, 121, 183
   der Innovatoren 126
Doppelstrategien 84, 117
Dynamik 15, 25, 128

E
Effectuation XIII
   Anwendungsfelder 129 ff., 193 ff.
   dynamisches Modell 27 ff., 85, 145, 208, 224
   Erfolg 29, 54, 225
   Forschung X, 12, 115, 228 ff.
   im Team 100
   Präferenz für 116, 118
   Prinzipien (Def.) 36, 51, 66, 80
Effectuator XIII, 106 ff., 111 ff.
Effizienz 3, 23, 36, 85, 112, 149
Eigeninteresse 86
Eintrittsbarrieren 81
Embodiment 183
Entdeckung
   zufällige 66, 75
Entrepreneurship XIII, 28
   -Forschung 219 ff.
Entscheidungen 59, 62, 186, 203 f.
Erfolg 23, 50, 64, 79, 96, 141, 160
Erlebnisraum 181, 183 f.
erwarteter Ertrag 51, 55 ff. 99
Expertise 3, 21, 62, 98, 162, 222

F
Fallbeispiel 4, 42, 46, 55, 57, 60, 70, 83, 87, 94, 100, 102, 105, 108, 113, 117, 123
Fallstudien
   Gore & Associates 157 ff.
   Guidewire 166 ff.
   PicoLAS 140 ff.
Fehler 58, 146, 163, 174
F&E-Projekte 166, 226
Fertigkeiten 38, 41, 43, 156
Finanzierung 93, 163
Forschung 75, 123, 189, 191
Framing 60, 76, 175
Führung 126, 149 ff.
Führungskräfteentwicklung 124
Führungsverständnis 146
   kausales 143, 148
   systemisches 140

G
Geschäftsmodell 131
Geschäftsplanung 227
Gesprächsvorbereitung 86, 209
Glück 11, 62
Gründerbegleitung 94, 100, 117, 125, 139, 227
Gründerprogramme 100, 117, 125, 227
Gründung 23, 28, 88, 125
   aus der Arbeitslosigkeit 125
   technologiebasierte 129, 227

H

Handeln 26, 101 ff., 174, 177
  Theorie des 98
  Tools 218 ff.
Heuristiken, *siehe* Denkgewohnheiten
Hierarchie 160, 162
Highly Reliable Organizations (HRO) 74
Hypnosystemik 179 ff.

I

Ideen
  bewerten 102, 104, 213
  brillante 101
  transformieren 105
Identität 38, 41 ff., 45, 56, 147, 172, 179
Improvisation 99, 107
Innovation 70, 77, 126, 157 ff., 164, 166
Innovationsmanagement 227
Internet 4, 18, 87, 102
Intuition 12, 103
Isotropie 59

K

Karriereentwicklung 29, 128
Karriereplan 25, 166, 170
Kerngeschäft 151, 153, 156
Kernkompetenz 43
Kompetenzprofile 171 f.
Komplexität 16, 74, 128, 191
Kontrolle 25, 58, 67, 88, 94, 112, 114, 118, 223, 227
Kontrollfantasien 190
kontrollieren, *siehe* steuern
Kreativität 41, 45, 49, 89, 164
Krisen 42, 76
Kultur 38, 40
Kunden gewinnen 83
Kybernetik 111, 191

L

lebende Systeme 14, 18, 141, 143, 178
leistbarer Verlust 64 ff., 99, 112, 188
  Beispiele 137, 148, 154, 174
  Tools 204 ff.
Leitbild 41
Leitplanken-Planung 212
Leitwissenschaften 14
Lernbereitschaft 89
Logik (Def.) 35

M

Macht 107, 149
Management 126, 143, 149
Manager 116, 161, 166, 224
Marketing 124, 159, 190, 226
Marketing Mix 190
Märkte
  bestehende 127, 227
  interne 164 ff.
  neue 99, 150 f., 162, 219, 227
Marktforschung 11 ff. 103
Metaphern 37, 79, 80, 82, 185
Methodik 189
Mitbewerb 18, 24, 77, 81
Mittelanalyse 45 ff., 196
Mittelorientierung 50 ff., 112
  Beispiele 133 ff., 145 ff., 153 ff., 186 ff.
  Tools 203 ff.
Motivation 99, 141, 182
Motive 29, 84, 86, 210
Moving Targets 47, 100
Multivalenz 37, 128, 171, 186

N

Nahtstellen 80 f., 143
Naturwissenschaft 14, 191
Nichtwissen 14
Non-Profit Organisationen 192

O

Opportunitätskosten 56 ff., 92, 174
Organisation 40, 145, 157, 158, 160
  als Maschine 146
  als Organismus 140, 147
  nach Effectuation 164 f.
Organisationskultur, *siehe* Unternehmenskultur

P

Partner
  die richtigen 80, 92
  komplementäre 121
PAVE 109
PAVE-Modell 109 ff.
PAVE-Test 116
Personalauswahl 168
Planer 106 ff.
Planung 23, 215
  Nutzen 120 ff.
  strategische 166
Politik 10, 16, 18, 150, 169, 192, 220 f., 226

Positive Leadership 149 ff.
Positive Organizational Scholarship 142
Positive Psychology 141
Pragmatismus 223
Prinzipien 35
Prioritäten 158, 164
Problemlösung 22, 36, 191
    dialektische 171
Produktentwicklung 159, 166
Prognosen 1, 11, 31, 104, 161, 224
Projektmanagement 84, 189
    agiles 157, 189
Protokollanalyse 222
Prozesse 160, 164, 169
    linear-kausale 23

R
Rahmen, *siehe* Framing
Religion 14
Reputationsverlust 56 ff.
ressourcenbezogene Sicht d.U. 43
Restrisiko 69
Risiko 5 ff., 53, 168
Risikokapital 163 f.
Risikokapitalgeber 54, 224
Risikomanagement 68, 146

S
Scheiter-Plan 120
Schnittstellen 79 f.
Schubladendenken 61, 121, 217
schwache Bindungen 44, 72, 177
Schwächen 43, 149
Selbstmanagement 190
Selbstorganisation 147
Selbstwert 174, 187
Selbstwirksamkeit 89, 172
Serendipität 75, 191
Situationspotenzial 98, 145, 201
soziales Kapital 45, 176
soziales Unternehmertum 192
Spezialisierung 61
Spieltheorie 91
Spitzenleistung 61, 145
Stakeholder XIII, 16, 27 f., 44, 80, 87, 99, 103, 113, 119, 156
Stakeholder-Analyse 200
Stärken 43, 120, 141 f., 145, 149
Steuermechanismen 114 f.
steuern 33, 112 f.
Steuerungs-Haltung 184 ff.
Strategien 111 ff.

Strategisches Management 227
Suche und Auswahl 22, 221
SWOT-Analyse 76
systemische Schleife 144

T
Tetralemma 122
Transaktionskosten 44, 93
transformieren
    Gegensätze 121 f., 196, 217
Trendforschung 10
Trends 13, 112

U
Überzeugungskraft 89
Umstände und Zufälle 79 ff., 113
    Beispiele 135 ff., 146 ff., 155, 176 ff.
    Tools 206
Umwelt
    gestaltbare 33
    stabile 31
Unabhängigkeit 88
Unerwartetes managen 74
Unfälle 70
Ungewissheit 5 ff., 9, 16
    Arbeitsmarkt 169 ff.
Unsicherheit 5 ff., 7, 168
Unsicherheitsvermeidung 227
Unternehmensführung 127, 166 ff.
Unternehmensgründung, *siehe* Gründung,
Unternehmenskultur 40, 70, 145 ff.
unternehmerisch denken XIV
unternehmerische Gelegenheit 23, 162
    existierend 220
    kreieren 21, 166, 221

V
Vereinbarungen 26, 90, 113
Vereinbarungen und Partnerschaften 96
    Beispiele 136 ff., 148 ff., 156 ff., 177 ff.
    Tools 210 ff.
Verhaltensökonomie 86
verhandeln 83 ff., 98, 209 f,
    Prozess 84
Vernetztheit 15
Verteilungen 18
    bekannte 3
    unbekannte 3
Vertrauen 91
Vielfalt 15
Visionäre 106 ff., 121, 190

Vorhaben XIV, 7, 8, 22, 25, 59, 81, 104 f.
  im Team 101
    Konzeption 99
    Lebenszyklus 34, 118
Vorhersageneigung 160 f.

W
Wahrscheinlichkeit 13, 62
Werte 38 ff., 49, 56
Wettbewerbsvorteil 17
Wirtschaftskrise 17, 76, 165, 167, 175
Wissen 3, 15, 18, 26, 34, 41, 43, 61
Wissenskorridor 41 f., 199
Worst Case 68, 119, 187

Z
Ziele 31
  SMART 47
  strategische 49
  verhandelbare 33
Zielentwürfe 182 ff.
Zielfindung 22, 31, 45
Zielgruppe 24, 84, 124
Ziellosigkeit 47, 49
Zielorientierung 36, 50
Zielvorstellungen 47 ff., 201 f.
Zufälle
  Begegnungen 72
  Ereignisse 69
  nutzen 74 ff.
Zufriedenheit 54, 63, 141, 189
Zukunft 31 f.

Nebel

> Stehenbleiben / langsamer werden
> auf Instinkt verlassen
> Hilfe holen (Technik / Ortskundige)